袁祺 编

The Rock and the Rainbow
Selected Essays on Life Writing by Zhengrun Yang

岩石与彩虹
杨正润传记论文选

广西师范大学出版社
·桂林·

真实具有岩石般的坚硬，个性具有彩虹般的光彩，但是罗丹和他以前的希腊雕刻家们有时能把人的肌肉难以言述的曲线和变化不定的光泽注入大理石之中。

——莫洛亚《传记面面观》

目录

学术自传

理论与方法

作家、文本与问题

鉴赏与评论

人物研究

书序与后记

编者序

袁　祺

作为学生能协助恩师杨正润先生编选一本他的传记论文集，是我多年的一个心愿。现在终于有机会得偿所愿，却未料在编好后，先生嘱我为文集写作序言，且不得推辞，实是让无名后辈小子惶恐之至。然师命难违，只好斗胆一试。

2004 年秋，我考入南京大学中文系师从先生攻读比较文学与世界文学专业的博士学位。我至今仍清楚记得当时先生第一次见面时给我们新入学的博士生说的一句话，他说："南京大学在国内是一流的高校，我们培养出的博士也应该是国内一流的……"这句话对我这样学术起步较晚的学生而言，既是无形压力，又是莫大鼓舞。随着对先生学术研究的深入了解，我想这句话更是体现了先生的学术自信。

莫洛亚在评价普鲁斯特为二十世纪小说所作的贡献时认为，许多作家满足于开发众所周知的"矿脉"，普鲁斯特却发现了新的"矿藏"。借用这样的评价来概括先生的学术探索也许并不为过。先生 1970 年代末跟随张月超教授攻读世界文学专业硕士学位，毕业后留在南京大学中文系任教，主要的研究领域是西方文论，硕士论文研究的是亚里士多德的悲剧理论，后又涉足莎士比亚、弗洛伊德以及比较文学等领域。可以说，这些多为学术中的正统显学，经过多年不懈耕耘，先生在这些领域也的确做出了许多令人瞩目的成就，专著《人性的足迹》(1992)在比较文学界的反响以及他的新历史主义研究等成果被广为引用便是明证。也许在许多学界前辈看来，沿着这条正宗的学术之路走下去，假以时日，必将收获更丰硕的成果。

然而，令人颇有些诧异的是，先生在学术势头正旺之时，却将大部分的精力转向了一个全新的领域——传记研究。我时常会想，先生选择这一当时极其边缘甚至是否具有很高学术价值都尚存争议的领域，并最终将之作为自己终生奋斗的事业，无疑是一种冒险(尽管现在看来，这是先生基于对国内外学术前沿的敏锐判断，预感到"传记时代的来临"的契机)，其间肯定也有过纠结和彷徨。究竟是什么支撑先生坚持走下来的？先生学术生涯始自1980年代，那是一个充满理想主义和浪漫激情的时代，读先生文章、与先生交谈，总能从中或隐或现领略到那个时代的精神气质。而先生治学广涉亚里士多德、莎士比亚、弗洛伊德和司马迁等思想大师，想必在与这些大师的对话中，分享到的不光是思想的财富，更有"影响的焦虑"下渴求独立存在的宏愿。也许正是这些共同构成了支撑先生学术追求的精神底色。显然，在这种精神的驱动下，先生并不满足于开发众所周知的"矿脉"，而是要发掘新"矿藏"。

开拓一个新的领域固然激动人心，但其苦辛和孤寂也可想而知，尤其是在后来学术日益体制化和功利化的背景下，更要面对各种来自非学术性的压力。莫洛亚在《传记面面观》中曾说："真实具有岩石般的坚硬，个性具有彩虹般的光彩，但是罗丹和他以前的希腊雕刻家们有时能把人的肌肉难以言述的曲线和变化不定的光泽注入大理石之中。"在莫洛亚看来，"岩石般的坚硬"和"彩虹般的光彩"是优秀传记的精髓，可我觉得这又何尝不是先生学术生涯的写照？从先生初涉传记领域，至今已有三十余载，随着《传记文学史纲》(1994)、《雪莱传》(1998)、《外国传记鉴赏辞典》(2009)、《众生自画像——中国现代自传与国民性研究(1840—2000)》(2009)以及鸿篇巨著《现代传记学》(2009)的相继问世,艾德尔曾憧憬的“传记诗学”在先生这里成为现实。在许多人赞羡先生取得如此“彩虹般的光彩”成就之时,我却更希望人们去触摸那“彩虹”背后所折射出的“岩石般的坚硬”品格。先生数十年如一日,执著于自己的学术理想,视学术创新为其毕生事业,又何尝不是对当下学界热衷于制造学术泡沫的浮躁之风的一种无言反拨呢?

传记源于人类纪念的需要,也出于学习的需要,编选先生这部论文集的目的大致于此,抑或说将先生写于不同时期有关传记的文章汇聚在一起,本身也可视作先生的一部“学术传记”。也正是出于这样的考虑,在编选之时,我们尽量保持文章发表时的原貌,只在格式等方面作了些技术性处理和统一。细心的读者不难发现,文集中收入的文章,有的最早写于1980年代末,有的则写于近期,前后跨度长达数十年,这期间先生关于传记的学术观点也有所变化,个别地方难免有前后不统一甚至矛盾之处;不过这些地方都予以原样保留,其目的也是为了更加忠实地呈现先生思想演变的轨迹。同时,文集收录的也并非都是清一色的结构严谨、论证缜密的长篇论文,更有许多篇幅较短却寓思想火花于灵动文笔间的传记赏析、学术随笔和书序、后记等,这也是希望读者可以更为全面地了解先生在传记领域所作的探索。

如今,传记研究已经成为新的学术热点,吸引着越来越多的中青年学者来“掘金”,当年先生的宏愿正在变为现实,然而先生在传记领域探索的脚步却未停止。从南京大学退休之后,先生又受聘于上海交通大学人文学院,在这里创立传记中心,主持国家社科基金重大项目“境外中国现代人物传记资料整理与研究”,创办国内第一本研究传记的刊物——《现代传记研究》,推出系列丛书“现代传记文库”……

生命不息,探索不止,吾辈学人,当以先生为范。

2015年12月于扬州

学术自传

传记研究：我终生的事业

——写给青年朋友的学术自传

三十多年前，我在南京大学读研究生。学习西方哲学史和文化史的时候，一个现象引起我的注意：有许多天分甚高，也非常勤奋的人物，为自己的研究几乎是花费了毕生的精力；但是他们的成果并没有产生什么影响，也没有引起后人的注意。

比如欧洲中世纪的绝大多数学者就是这样，他们认为"一切学问都在《圣经》之中"，把一切学科都变成神学的婢女，成为对《圣经》的注释。他们对《圣经》中的某句话、某个细节，进行无数繁琐的注疏、考证，或是引申为经院哲学的问题。他们的那些手稿，至今还保存在欧洲一些古老的图书馆里，那密密麻麻、一丝不苟的文字向参观者诉说着主人的辛劳，但是却摆脱不了蛛网尘封的宿命，只能作为一件古董而存在，没人关心其内容。连篇累牍讨论"把猪牵到市场去的是手还是绳子"这类问题的论文，自然不会引起人们的兴趣。

我也发现，我见过的一些人物有同样的命运。我童年时代见过父亲的塾师，人人都尊称他"大太爷"，是个秀才，家乡著名的博学人物，据说他每天五更必定起床读书，几十年如一日；他骑着毛驴赴京赶考，路上几个月不停地背书，能把"十三经"一字不差地背完。我在南大图书馆把他的一部著作找了出来，看到其内容是把中国史上的大事编成四字一句供学童背诵，这样的启蒙读物有其用处，但类似的读本已有很多，我真为他那满肚子学问惋惜。还有一位比我年长的同事，他多少年中只做一件事：翻译和注释二十世纪初期的一些英国通俗小说，这些小说其实并没有多大价值，也早已过时，其中又涉及许多背景资料，翻译起来并不容易。我忘不掉严冬季节，在没有火炉而又朝北的房间里，他戴着棉帽、放着护耳、裹着厚厚的棉大衣缩在一个角落，一边呵手，一边查字典的情景。这位先生执著于此，花费了多年时间，听说他译完了，但是没有一家出版社愿意接受他的译稿。他的中英文都不错，我想他如果做一件更有意义的事，也许会有更大的成就吧。

我终于悟出了一个道理：勤奋固然是学业成功的前提；但是，勤奋并不一定就能成功。对一位学者来说，确定研究的方向至关重要，有些课题是注定做不出什么成果的。我很庆幸，我刚开始自己的学术生涯时，就注意到了这一点。

1981 年，国务院学位委员会公布了中国第一批博士点和博士生导师的名单。这在大学，特别是我们这些即将毕业的硕士生中引起巨大的反响。"博士生导师"，那时同"学部委员"即后来的"院士"一样，是非常尊贵的头衔，让人肃然起敬。我们都关注这个名单，我看到复旦大学中文系朱东润教授的大名就在其中。

朱先生的招生方向是"中国各体文学"中的传记文学，从此"传记"两个字牢牢吸引了我。说来好笑，我毕业于大学中文系，此后教过十年中学语文，少年时代也翻过家里的一部线装《史记》以及一些现代传记作品，但是对"传记"二字却很茫然。我的一些同事好像也差不多，记得一位朋友就对我说过："你要研究传记，好啊，我也写过唐人传奇的文章，我们可以交流的。"

这些都验证了胡适的一句话："我觉得二千五百年来，中国文学最缺乏、最不发达的是传记文学。"事实正是如此，各种版本的中国文学史，除了《史记》外，就好像没有提到过其他"传记"作品。外国的情况也差不多，流行的几种西方文学史教材，也只说到罗马时代普鲁塔克的《希腊罗马名人传》和十八世纪英国鲍斯威尔的《约翰生传》，好像再没有其他传记作品可谈。至于传记理论，更是少见，那时翻遍大学图书馆的中英目录，也没有查到几本。

带着疑惑，我进一步考查历史。我又发现，中国和西方国家不是没有传记，而是出现过大量传记作品，中国的“二十四史”就是纪传体，主体就是人物传记。此外广义的传记，诸如日记、书信、游记等等更是车载斗量。西方国家同样如此，传记作品很多，但是其中优秀传记太少，难以传世。

这种状况，到二十世纪初期开始逐步改观。首先是英国，著名的现代小说家伍尔芙带头写过四部传记作品，而且对传记进行了研究，她写出的传记论文，奠定了现代西方传记理论的基础。此后传记迅速发展，传记作品的数量以几何级数增加，优秀作品也不断出现。1917 年，美国著名的普利策奖就设立了“传记和自传奖”。

五四运动前后，中国受到西方这一潮流的影响。胡适、郁达夫、茅盾、朱东润等人，他们都指出中国传记的落后，大声疾呼要求人们关心传记、写作传记，并且身体力行带头写传记。尤其是胡适，显示出他作为新文学领袖人物的远见。在他的倡导之下，二十世纪三十年代，中国现代传记诞生了，很快形成了一个高峰，出现了许多优秀作品，特别是自传，胡适、沈从文等人都写出了中国现代自传中的经典之作，新文学左翼的代表鲁迅和郭沫若也都写有大量自传类作品。但是由于战争、动乱等原因，这一高潮并没有延续多久。

到了八十年代，随着“文革”的结束和改革开放的新局面，中国现代传记逐步形成第二个高峰，每年出版的长篇传记从几十种攀升到几百种；九十年代达到几千种；近年来更是达到上万种，远远超过小说的年出一千多种。这一现象并不奇怪，文学是属于时代的，先秦是散文，其后楚骚、汉赋、唐诗、宋词、元曲、明清小说，每个时代都有自己的标志性文类。小说从明清延续下来，现在开始让位于传记了。美国《纽约时报》1996 年在一篇专文中惊呼：

“现在是一个文学回忆录的时代。”文学回忆录是传记的一种形式，我同意一些学者的说法：二十一世纪是属于传记的时代。

传记热使我产生了强烈的探索愿望，传记的繁盛需要学术的支持。人文社会科学研究最重要的是创新，要创新应当考虑两个因素：新材料和新方法。王国维说得好：“一时代之学术，必有其新材料与新问题。取用此材料，以研求问题，则为此时代学术之新潮流。”“古来新学问起，大都源于新材料。”在清末民初之际，中国学术的大发展就有赖于大量新史料的发现，包括殷墟甲骨文字、敦煌卷轴、流沙简牍、宫廷档案等，有了这些材料，就有了学术发展的空间。

另一方面，除了新材料，还需要新方法，有了新方法才能有新视角，提出新问题，得到新发现。我很幸运，在我关注传记、决定从事传记研究的时候，不但传记正在进入高峰期，提供了大量新材料，而且新方法也出现了。1980年代，中国学术界称之为方法论的年代，国外那些已经并不很新的方法和那些刚刚出现的新方法，比如文学批评中的新批评、俄国形式主义、精神分析、原型批评、女权主义、结构主义、解构主义、接受美学、新历史主义等都被一一介绍到中国来，新的学科，特别是比较文学在中国得到迅速发展，它打开了人们的眼界，中国的人文和社会科学开始了复苏和发展。今天看来，那个时代虽然免不了幼稚，其中包含着种种偏激、肤浅、误解，但成就也是空前的。

我读研时的专业方向就是西方文论。我发现，西方文论新方法的引入，带来了传记研究革新的可能。长期以来把传记同小说靠拢，用小说的标准来评论传记，或是依靠一些传记家写下写作感受来指导传记，这种状况应当结束了，应当从二十世纪的西方文学批评中汲取养料建立现代传记理论。这样，我确定了自己的学术方向，传记研究从此成为我终生的事业。

为了实现这一目标，我做了两件事。一件是阅读大量传记作品，掌握材料。前后总共花了大约十年工夫，我对这些材料进行清理和研究，写成一部

《传记文学史纲》。在这部著作中，我把世界传记文学看成一个整体，考察了十个主要国家或民族三千多年传记文学的历史，重点论析了其中几百部代表作品。这样我对研究对象就有了比较充分的把握。

另一件是研究西方文艺理论，掌握新方法。我曾听到一位著名的前辈学者介绍治学经验：要把什么学问吃透，最好的方法是给学生开这门课。于是我开设了西方文学批评方面的课程，给硕士生开了二十年的“西方文学批评专题研究”，给博士生开了八年的“西方文学与文化理论”。课程名称没有变，但我每年讲授的内容都不同，讲课的过程是我一步步深入西方文学批评的过程。为了避免现代西方文论研究中浮于表面、泛泛而谈和生吞活剥的通病，对各种流派，我不仅关注它们的理论建构，而且考察它们的批评实践。我的老师张月超教授是一位莎士比亚专家，受老师的影响，我对莎士比亚戏剧也有浓厚的兴趣。我发现莎士比亚是一切文艺理论流派的试金石，莎剧是公认的西方文化的伟大代表，任何西方文学批评流派，只有在莎剧研究中有所建树，这一流派才能在文学批评中真正立足。于是我在研究现代西方文论的时候，特别注意它们对莎剧的解读，这样我对它们有了比较深入的理解，更容易把它们融入传记理论。我发现西方古典的柏拉图和亚里斯多德的摹仿理论，西方的主体理论、身份理论、对话理论、叙事理论等，都是传记理论中可以参考和吸收的。我还指导了九篇研究传记的博士论文和几篇硕士论文，带领他们编写了一部《众生自画像——中国现代自传与国民性研究(1840—2009)》和一部《外国传记鉴赏辞典》，指导他们写作的过程同样是我深化对传记认知的过程。我还为自己喜爱的英国诗人雪莱写了一部《雪莱传》，得到了对传记的感性认识。

在有了比较充分准备的基础上，我完成了一部《现代传记学》，这也花了我十多年的时间。我的传记理论包括本体论、范畴论和书写论三个部分，我试图建立一个比较完整的现代传记理论体系。每当我看着这七十多万字、厚厚的一部书，心中会升起许多感慨。传记是一个古老的文类，正在焕发青春。我在传记领域所做的工作,也只是第一步,其中有许多缺陷、不足和遗憾。越来越多的青年学者,包括我的学生,正在传记研究的领域崭露头角,我相信他们一定会比我做得更多、更好。但是我也感到庆幸:当学术的发展使传记研究成为必要、也成为可能的时候,我选择了它,这是一个正确的、及时的选择。

同样使我感到庆幸的是,现在我又有机会来到上海交通大学继续我的事业,主持国家社科基金重大项目“境外中国现代人物传记资料整理与研究”。我觉得,在交大这所以理工科为主的大学里进行这项工作有着特殊的意义。人是社会生活的主体,任何学科都是人的创造,传记则是人的历史。随着现代学术的发展,不同学科的学者越来越注意到传记,把本领域代表人物的成就同他们的经历联系起来考察,传记已经成为任何学科史不可分割的部分。英国当代物理学家霍金在他的名著《时间简史》中就包含了伽利略、牛顿和爱因斯坦这三位物理学家的传记。一些自然科学家、工程师、诺贝尔奖获得者的传记,在读者中产生过巨大的影响。传记和传记研究不但进入了人文和社会科学的核心领域,而且它也在更高的层次上推动着各种学科的发展,其中包括自然科学和工程技术。工具理性在物质活动中或许是不可缺少的,但是也只有伴随着人文关怀,它才会具有更强大的力量。传记是人生和人性的记录,传记是人类精神的纽带,在人类盼望着和谐共存的今天,世界需要传记;我也相信,交大这所历史悠久的著名大学,同样需要传记。我当继续努力。

2013 年

理论与方法

自传死亡了吗?

——关于英美学术界的一场争论

一

二十世纪六十年代初,美国著名传记家詹姆斯·劳里·克利福德不辞辛劳,把过去四百年的西方传记理论论著筛选一遍,选编出一本只不过256页的《传记艺术批评文选(1560—1960)》,做完这项工作,他非常失望地说:"同诗歌、小说和戏剧不一样,传记从来不是进行认真的批评研究的对象。"①西方许多批评家也持有与克利福德相似的观点,传记研究可以说是文学研究范围内最落后的一个分支。

到了九十年代,其间虽然不过三十年,这一现象却有了根本的改观。一位美国的自传研究者收集了一些数字以后得意地宣称:对传记,主要是对自传的研究已经"从文学研究的边缘进入了主流",所出版的论著在二十五年

① James Lowry Clifford, "Introduction," *Biography as an Art: Selected Criticism 1560-1960*, New York: Oxford University Press, 1962, p. ix.

中增加了2 500%。[①] 不但是研究论著成倍增加，而且文艺批评界的一批著名人物，如法国的德里达、加拿大的弗莱、美国的保罗·德·曼等人，也开始关注自传问题。“新批评”在二十世纪西方文艺批评中曾占据过显赫的地位，新批评把诗歌看作文艺的最高形式、予以最大的注意，一位研究者评论说：“现在自传所占据的位置就如同新批评盛期诗歌所占据的位置。”[②]自传研究已经成为当前英美乃至西方文艺批评中最重要的内容之一。

但是尽管进行了大量研究，却很难取得一致的意见，特别是在“自传是什么”、“哪些作品属于自传”这样两个最基本的问题上众说纷纭、莫衷一是，在过去三十年中，自传“是争论最多的文类之一，其定义和范围一直不断被重新确定”。[③]

二十世纪下半叶，西方学术界关于自传曾经有过几个重要的、有广泛影响的定义，比如德国学者乔奇·米希认为“只能概括‘自传’一词的含义来给它定义——由一个人自己(auto-)来描述(graphy)此人的一生(bio)”[④]，这是从字面作出的解释，也是一个非常传统的定义。美国学者阿伯特·E.斯通关于自传的定义是：“对一个人的一生，或者一生中有意义的部分的回顾性的叙述，由其本人写作并公开表明其意图：真实地讲述他或她公众的和私人的经历故事。”[⑤]我们看到，这个定义已经比较复杂，对自传的内涵作了种种限定。在各种定义中最著名的一个是法国学者菲力浦·勒居恩所下的：“由一个真实的人，关于自己的存在所写作的回顾性的散文叙述，重点在于他的

① Joseph Hogan, "Life Writing Canon and Traditions," *Auto/Biography Studies*, Vol. 9, No. Fall, 1994, p. 163.

② Robit Folkenflik, ed., "Introduction," *The Culture of Autobiography: Construction of Self-Representation*, Stanford: Stanford University Press, 1993, p. 11.

③ Jerzy Durczak, "Introduction," *Selves Between Cultures: Contemporary American Bicultural Autobiography*, San Francisco: International Scholars Publications, 1999, p. 1.

④ Georg Misch, *A History of Autobiography in Antiquity*, Cambridge: Harvard University Press, 1951, p. 5.

⑤ Albert E. Stone, "Autobiography and American Culture," *American Study*, 12(1972), p. 24.

个人生活，特别是他的人格的故事。”[①]勒居恩的这一定义，同斯通的定义一样，都突出了自传的故事性，这是人们所发现的现代自传的一个重要特征，但是也因此带来了种种争论。

既然自传要求“真实”，自传又具有故事性，这两者能够同一起来吗？一些学者认为，既然在讲故事，真实性就难以保证，而且上述所有这些定义都不能解决一个问题：如何确定自传的真实性？怎么能断定一部作品是自传而不是小说？他们认为，故事化的写作方式，使自传同小说无法区分开来；反过来说，任何小说中也都有自传的成分，自传不过是小说的一种形式，或者说某一类小说可以称为自传。如有学者就把霍桑的《红字》和狄更斯的《大卫·科波菲尔》等历来公认是小说的作品列为自传。[②] 还有人更进一步，认为各种写作形式，都包含自传的成分，都可看作自传：“对一位读者来说，是自传，对另一位读者来说，是历史或哲学、心理学或抒情诗、社会学或形而上学。”[③]

这些说法的共同点是反对自传作为一种文类存在的理由，不承认自传是一种独立的文类。这些说法可以统称为“自传死亡”论。

应当说，对自传作为文类的怀疑首先是因为自传本身发生了某些变化。在二十世纪，自传中所谓“故事化”的倾向越来越明显，那种编年式的叙事方法很少再为人所用，越来越多的作者采用“场面”的方法自叙生平，在采用这种方法的时候，作者需要对自己的经历经过筛选，把他认为最有意义的部分保留下来，同时还要剔除大量内容，对留存的内容还要经过种种加工、修饰以至补充。也有一些自传文本，作者出于各种理由，通过种种方法，在叙述中或者故意模棱两可，或者有意无意地掩盖以至歪曲某些事实的真相。最

① Philippe Lejeun, *On Autobiography*, edited by Paul John Eakin, Minneapolis: University of Minnesota Press, 1988, p. 4.

② Willian C. Spengemann, *The Form of Autobiography*, New Haven: Yale University Press, 1980, p. 12.

③ James Olney, ed., *Autobiography: Essays Theoretical and Critical*, Princeton: Princeton University Press, 1980, p. 5.

近三四十年出现的所谓“后现代”的自传文本，作者在自我的经历之外，还加上其他种种内容，如调侃、戏拟、反讽、自嘲等，显示出复杂的、杂糅的特征，一些学者称之为“嘲讽性自传”、“先锋自传”等，这类作品同传统的自传相距甚远，同现代或后现代小说则很难区分。

否定自传文类的另一方面原因是传记和自传理论研究的深化。我们可以看到，七十年代以来，长期处于孤立状态的英美传记和自传研究出现了新的面目，二十世纪的一些新理论流派开始关心自传问题，正是这些理论新潮向自传研究发起了挑战，它们给传记理论家提出了难题，也在推动着传记理论的发展。我们在本文中着重考察这些理论方面的问题。

二

自传的基础是作者对自我经历的回忆，或者说，自传的主体是自我回忆的记录。二十世纪西方心理学和神经科学对记忆(包括回忆、认知等)以及与之有关的、人类发展过程中的叙述活动表现出强烈的兴趣，进行了深入的研究，这对自传理论研究产生了重大影响。

一些传记理论家早就对回忆的可靠性表示了怀疑。法兰西学院院士安德烈·莫洛亚是二十世纪西方最重要的传记家和传记理论家之一，他在英国剑桥大学所作的著名讲演《传记面面观》是西方第一部现代传记理论著作，其中专门用一章讲了自传问题。莫洛亚敏锐地发现了自传同他传本质的区别，指出自传的内容可能不准确或者有错误，这里有六种原因：

1. 遗忘。比如歌德和托尔斯泰对自己童年的回忆都是一些小事夹杂着一些感情和联想。这证明记忆并不可靠。

2. 作者出于美学的目的，有意删改内容。

3. 记忆出于本能的审查过程，对不愉快的事情，对不想记住的事情会进行修正，逐渐会用想象性的记忆代替实际过程。

4. 羞愧感，比如很少有人敢真实地谈性生活。

5. 记忆是理性的，它在事件以后制造了感情和观念，找出行动的原因，但实际上人们的行为最初常常是不自觉的、无意识的。

6. 出于保护同伴的愿望，即使准备说出自己的真相，但也感到无权说出别人的真相。

莫洛亚说的这六种情形，包括了自传作者有意识的或无意识的对自身经历的修改，后一种情形关系到记忆的可靠性问题。莫洛亚 1928 年提出这些观点的时候主要是依据观察和猜测，并没有多少理论的支持，而现在，一些学者重新注意到莫洛亚的看法，并力图在心理学和神经科学中找到根据。

精神分析心理学常常被这些理论家所引用。弗洛伊德在医治精神病患者的时候发现过一些心理现象，证明记忆是不可靠的。比如心理系统出于自我保护的目的，有所谓"记忆屏障"的功能，即对那些否定性的记忆进行压制，遗忘那些不愉快的事情，不让它长久停留在记忆之中。弗洛伊德还发现，许多心理现象，如哀悼作业、强迫症、歇斯底里症、强迫性重复动作、移情等，都是生活经验的重复（一般说来，是一种创伤或一种失败），它们带有一种意图（一般是有意识的，虽然不是必然的）：控制那种经验并指定其意义。一些学者认为，日常生活中的记忆活动是如此，自传回忆也有着类似的过程，"因为自传显然是从记忆而来的材料的扩大了的描述，对记忆的编辑和赋形是同每个人在日常生活中对记忆的描述相似"①，日常生活中记忆的不可靠造成了自传的不可靠。

莫洛亚说过："记忆是个伟大的艺术家，它把任何一个男人或女人对生活的回忆改造成一件艺术作品。"②一些当代学者与莫洛亚持相同观点，认为

---

① Tom Smith, "Autobiography in Fresh Contexts," *Auto/Biography Studies*, Vol. 13, No. 1, Spring 1988, p. 1.

② André Maurois, *Aspects of Biography*, Cambridge: University Press, 1929, p. 142.

记忆同历史事实并不是同一的，记忆本身就是一种虚构的结果，“你开始写作的第一分钟……你就想写得好……写得好是一种同真实没有一点关系的活动”，记忆是“我们设计出来，保护自己离开真相的东西”。① 在记忆的过程中，为了达到记住的目的，人们总是对事实进行加工，把那些自己看来似乎是不重要、没有意义的材料舍弃掉，保留个别的、可以联系起来和构成因果关系的材料，也就是把事实“故事化”或“因果化”。这样，人们所记忆下来的东西并不符合本真；同时由于人们的立场和利益的不同，认识事物的方法和视点的差异，对于同一件事，也完全可能有不同的记忆。

因此，自传家不仅仅是在写作自传的过程中，根据记忆进行虚构，而且记忆本身就是在无意识中完成了的一种虚构，一位美国学者的观点是具有代表性的：“记忆并不是文本形成过程中必须修饰、组织和描述的原材料，它们本身就已经是文本，是经过组织、选择和意义化的结果，并且具有（内部的）可以看到的描述。记忆的形成已经是理解的手段，人们所认定的自己一生的意义决定了意识的记忆所具有的内容和形式。因此，记忆已经是虚构的作品……进行虚构的不只是文学家，虚构是人类的一种基本活动，必然存在于自我或身份的形成之中，当然这并不是说，笔录的或口述的自传仅仅是记忆的自传性的复写，在把记忆改造为文本的过程中，有进一步的曲解、审查和组织活动，对美学效果的考虑也在发挥着作用。”②

记忆具有虚构性，这已经成为一些理论家的共识。1998 年美国《自传/传记研究》春季号是一个“自传与神经科学”的特辑，专门讨论自传与记忆的关系问题，汤姆·史密斯教授在主导性的论文中采用了类似的观点：“这就是说，它（记忆）有自己的造型力量，在它的变化力面前我们都是无能为力的……如果说记忆在成为文本之前就是一种想象性的重构，那么自传作者

① Frank Kermode, “Memory and Autobiography,” *RARITAN*, 15(1995), p. 37,42.

② Jane Maric Todd, *Autobiography in Freud and Derrida*, New York: Garland Pub., 1990, p. 50.

从记忆得到的材料已经以他们无法意识的方式成型了。如果是这样,对记忆进行选择、赋形为自传就是第二位的工作,思想和意愿对材料的运用,在其进入意识之前就已经形成……记忆可以根据自传作者的需要出现,不过在写作之前或之后,对同样的经验会出现不同的记忆。"①

按照这些学者的意见,记忆不是历史的本真,而是在一定的形境影响下对历史的重建,因为在记忆的过程中,选择和赋形的能力已经在发挥作用。自传家在写作时对记忆又作了进一步的组织和加工,这样自传就更加远离了本真,或者就如柏拉图的名言:"影子的影子,同真理隔着三层。"

三

神话—原型批评在二十世纪西方文论界有重大影响,这一学派也在逐步扩大自己的领域,向自传和传记理论渗透。按照其原理,原始人类的思维会以集体无意识的形式一代代遗传,形成历史的积淀,制约着现代人的思维方式。四季的交替、昼夜的变更孕育了原始人类最早的神话,各种文学作品都可以追溯到这一源泉。原型即集体无意识的内容,它会在后世一代代的文学作品中反复出现,文学是"移位的神话",或者说集体无意识的回声。按照神话—原型批评的这些原理,自传作为一种文学形式,传主就同其他各种文学形式中的人物一样,不过是古老的原型穿上了时代的服装。否定自传文类的存在是神话—原型学派必然得出的结论。

神话—原型批评的集大成者弗莱在他的名著《批评的剖析》中就没有给自传留下独立的位置。从古代开始的西方批评传统是把文学分为三类:史

① Tom Smith, "Autobiography in Fresh Contexts," *Auto/Biography Studies*, Vol. 13, No. 1, Spring 1988, p. 2.

诗、戏剧、抒情作品，弗莱在这一基础上把文学划分为四种基本类型：史诗、散文、戏剧、抒情诗。至于自传，弗莱把它归为散文体虚构，属于这一类的还有小说、浪漫故事、剖析性作品等，他认为："自传是另一种形式，它通过一系列难以察觉的等级同小说合为一体。大多数自传是被一种创造性的，因此也是虚构性的冲动所激励，作家只是在自己的生活中选择事件和经验构建成一个综合的模式，这个模式可能是比作家本人更大的东西，他却把它和自己同一起来，或简单地说，同他的性格和看法一致起来。"①按照弗莱的观点，自传也可以被称为"忏悔录"，奥古斯丁的《忏悔录》开创了这一体裁，卢梭的《忏悔录》确定了这一体裁的现代形式。自传或"忏悔录"中总是包含着各种虚构的成分，在不同程度上等同于小说。弗莱说自传作者把自己同一个更大的模式同一了起来。这种模式实际上就是古老的"原型"。

弗莱从原则上取消了自传作为独立文类的可能，当代一些英美学者则把神话—原型批评的一般理论应用于具体的文本分析，进一步发挥了弗莱的观点。其中苏珊娜·伊耿教授所做的工作是有代表性的，她研究了一些西方现代自传作品以后，得出一个结论：自传已经形成了固定的写作方式，自传家也是把自己的一生纳入固有的轨道。叙述自我是个非常复杂的任务，而自传作者却把它当作一种叙事模式来完成，他在叙述时，并没有严格地、如实地写下自己的实际经历，而是更多地按照文学传统所形成的模式来写作。他一般把自我分成童年期、青年期、成年期和老年期这四个阶段来进行追溯。

童年时代。作者把自己的童年时代都写成是那么幸福、无忧无虑，如同生活于伊甸园之中，充满了美感，他自己也在天真无知中逐步积累了人生的经验。

青年时代。一般故事作品中的主人公在青年时代通常是到新的土地上去探险，在宗教作品中他们是去朝圣，在史诗中他们是去求宝，总之，他们经历了英雄式的长途旅行。自传作品的主人公的经历也同样是这一模式。

---

① Northrop Frye, *Anatomy of Criticism*, Princeton: Princeton University Press, 1957, p. 307.

成年时代。文学作品中的主人公在这一时期常常遇到一种精神的危机。英雄的死亡、再生和宗教的皈依是这一阶段经历的核心内容。自传也不例外。

老年时代。当然，许多自传并没有讲到作者的老年时代，如果讲到的话，这时主人公讲他一生的故事，并进行忏悔。这同小说等其他形式的文学作品是一样的。

苏珊娜·伊耿认为，依次描写“伊甸园”、“旅行”、“皈依”、“忏悔”，这种公式或叙事模式在文学中已经牢固地、长久地确立。小说、诗歌和历史各有自己的传统，但到人们写自传的时候也都转向这一传统。“换句话说，自传作者不只是具有一种精巧的文学传统，他还具有一种我们称之为‘神话’的东西，可以用于描绘他的秘密和内在经验的性质，这既是因为它对这种经验的、情感的、一般说来也是精确的描述，也是因为它对自传作者和对读者都意味着同一个东西。”“现在应当考察这四种模式的一个共同特点：它们同实际的生活根本没有什么关系：它们全都是想象性的词语结构，全部是虚构。”[①]苏珊娜·伊耿举出一批自传作品来证明她的观点，其中有奥古斯丁的《忏悔录》，卢梭的《忏悔录》，歌德的《诗与真》，高尔基的自传体三部曲《我的童年》、《在人间》和《我的大学》等，她认为这些作品都是按照上述同一模式写作的。

苏珊娜·伊耿认为自传受着传统的制约，把自传看作古代神话的移位；另一位女教授、英国肯特大学的玛丽·伊万斯则把自传和传记看作是社会根据自己的需要制造出来的一种现代神话，她写了一部题为《失踪的人》的专著，她用这个书名就是为了表明：“自传/传记事实上是建立在虚构的基础上的，既是关于某一个人，又是关于任何一个人，我们可能知道些什么。”“在

---

① Susanna Eagan, *Patterns of Experience in Autobiography*, The University of North Carolina Press, 1984, p. 5.

自传/传记这种样式中不可能描绘出它们所宣称描绘的东西——一个人'完整的'一生。再进一步说,这个'完整的'人在任何情况中都是虚构,正是由自传/传记这种形式所创造出来的一种信仰。我们习惯于把自传/传记归类为非虚构性作品,然而不这样考虑问题,而是把它看作我们的社会和我们的社会需要的一种神话性结构,也许更有用。"①

伊万斯也以一些西方自传名著为例证明她的观点:人们在写作自传或传记的时候,很难把关于个人的事实同那种十分强大的、虚构的成规区分开来。西方有句老话:"如果上帝不存在,我们就得造出一个来。"比如德·波伏娃写过四部自传:《一个循规蹈矩的少女的回忆录》、《年富力强》、《事所必然》、《总结》,她在自传里要把自己的形象塑造得符合她作为女权主义领袖的身份,就改动和虚构了许多事实,虚构了许多人物关系,伊万斯称波伏娃讲的是"谎话,全是谎话!"伊万斯还分析了有关英国王室的一些自传和传记,这些作品被禁锢在传统的传记期待之中,为了符合人们对王室的传统观念,或者说一种强加的必要性,显示出王室同平民之间的绝对差异,这些作品对传主的生平都进行了深度歪曲。

伊万斯认为自传中的自我是一种想象性的自我,它出现的目的是要把不确定的东西变成固定的东西。"自传/传记的形式有一种巨大的责任:让作者传达一种印象:生活是有序地、前后一致地度过的,因此,在自传/传记的任何叙述中所组织起来的东西,无论是有意还是无意,都是自传/传记作家同二十世纪晚期社会对秩序和稳定性的深刻的愿望,是这两者之间的共谋。"②为了在自传和传记中显示出所谓"社会秩序"这种现代神话结构,自传和传记家通常是对传主个人经验中真正有意义、有价值的方面常常不予重视,把它们置于次要的地位,而把那些似乎符合社会秩序的材料进行组织、

① Mary Evans, *Missing Person: The Impossibility of Auto/Biography*, Routledge, 1999, p. 1.

② Ibid., p. 34.

加工和编排,成为自传和传记的主体。

一种传统的观点是:自传与传记毕竟只记录了个别人的历史,比起实际生活在世上的人们,他们只是极少数,而千百万人永远沉默着,失踪于历史之中。但是伊万斯却认为,现代神话结构使自传和传记的主人公失去了个性,消融在社会秩序的需要之中,所以不光是那些没有自传或传记问世的人失踪了,那些被写进自传或传记作品的人也同样失踪了——就失踪在自传或传记之中。

四

解构主义的兴起,在欧美许多国家引起强烈的反响,其盛期虽已过去,但流风所及,对自传也形成巨大的冲击。解构主义从对逻各斯中心主义的批判,到提出"互文性"和"作者死亡"的理论,试图实现最终"消解"文本的目的。按照这一逻辑,消解自传是解构主义必然的结果。

德里达关于自传问题有过一系列的论述,这些论著同他的其他著作一样,也十分晦涩难懂,而且比较分散,我们可以采用一位美国学者对他的观点所作的一个概括:"写作并不是具有全部自我意识的主体所承担的,或是由他的意图所指导的一种活动,它是已经形成的语言独断论的重复,在这一语言中,主体必然占有其位置。写作是一种'再次演出'或表演出来,因为主体必然担任了他自己有限度地控制着的角色。自传不可能具有绝对的自我意识,使它可以同强迫症'种类不同',自传至多在程度上与强迫症有所不同,有时就毫无区别。"①从这里我们可以看到,德里达关于自传的观点同他的解构主义原理是一致的:自传家写作时的意图并不具有决定意义,他被语

① Jane Marie Todd, *Autobiography in Freud and Derrida*, p. 2.

言所制约，或者说被语言所“强迫”，语言在自传写作中，发挥了一种动力的功能，自传家的写作是被动的，他所叙述的一切并不具有客观性，而是同其他种种文字材料形成了一种“互文性”，自传家无法超越他处身的语境。

解构主义的另一位代表人物保罗·德·曼对自传的看法也同德里达相似，德·曼认为关于自传的全部争论都是没有意义的，不存在任何自传的参照基础，因为自我——这是自传权力的基本源泉——仅仅是一种语言结构。无论从经验上看还是从理论上看，都难以给自传下一个定义。

从表面看来，自传似乎比小说更要依赖于确实的，或者是可以核实的事件，但是实际上，自传可能包含许多幻想和梦想的材料，这些脱离现实的东西，仍然来自传主本人，比如卢梭在《忏悔录》中的叙述，比起他在《朱丽或新爱洛绮丝》中所说的，似乎更多地受到卢梭的名字和署名的限制，但是尽管如此，这并不能证明《忏悔录》中所叙述的就具有客观的真实性，德·曼反问道：“我们就那么确信自传依赖于参考材料，就如同照片依赖于主体，（写实的）画像依赖于模型？我们假定生活产生了自传，就如一个动作产生了种种后果，难道我们就不能同样合理地推断：自传写作本身也可以产生生活和限定生活，无论自传家在做什么，他事实上都被自我描述的技术要求所制约，因此在各个方面也被他的媒介资源所限定。”①

德·曼的结论是，自传不可能具备独立的品格，“自传不是一种文类或样式，而是在某种程度上出现于一切文本之中的一个供阅读或理解的人物”。“正如我们似乎要断言的一切文本都具有自传性，由于同样的原因，我们也应当说，没有任何文本是或者可能是自传。”②按照这样的理论，自传文本中所叙述的内容同自传的作者并不是同一的，“出现在书名页上的姓名，并不是一个能够自我认识、自我了解的主体的专有名词，而只是一个使合同

---

① Paul de Man, *The Rhetoric of Romanticism*, New York: Columbia University Press, 1984, p. 69.

② Ibid., p. 70.

合法化的署名，在认识论上并不具有权威性”。[①]

按照德·曼的看法，自传是不能被当作一种特别的文类对待的，他的这一理论被美国后现代理论家哈桑称之为“自传死亡”。

有学者认为，解构主义对自传的观点在本质上同精神分析有共同之处：“二十世纪被广泛接受的无意识观念削弱了我们的这种想法：作家完全制约着他们写出的文字。后结构主义的理论让我们进一步怀疑控制语言的要求，可以看到，语言有自己的动力，有时是同作家的意图不一致的。现在看来有一种更现实、也更有趣的想法：作家处理他们的材料，比我们一切人处理我们日常事务并不困难多少，这包括‘写自己’。”[②]其实，对自传的看法，解构主义不但同精神分析有共同之处，同神话—原型批评也有共同之处：解构主义认为自传家写作时被语言所驱动，精神分析则认为他们被个体无意识，包括性意识、俄狄浦斯情结和精神变态等所影响，而神话—原型批评则认为他们被原型即集体无意识所制约，总之，它们从不同的理论出发得出一个共同的结论：自我是无法独立的被动者，他被一种更强大的力量所左右，所以自传不可能写出自我的本真。自传中总是包含着虚构的内容，无法同小说区分开来，因此自传不能成为独立的文类。

五

“自传死亡”只是某些英美理论家提出的观点，并不为自传的研究者普遍接受。但是应当说，这些观点提出了一些值得深入讨论的问题。

心理学和神经科学正处于重要的发展时期，可以预见这些学科的研究

---

① Ibid., p. 71.

② Tom Smith, “Autobiography in Fresh Contexts,” *Auto/Biography Studies*, Vol. 13, No. 1, Spring 1988, p. 1.

成果，比如对于“记忆”，以及建立在记忆基础上的“叙述”的研究，对我们进一步探讨人类的认识史具有重要的意义，对我们理解自传的本质也有重要的参考价值。人文科学的进步常常是以自然科学的发展为先导和借鉴，传记理论界应当欢迎这种介入。又比如神话—原型批评和解构主义把人类的自传活动放入一个宏大的历史—文化框架中予以动态的考察，试图发现思维结构或语言结构对自传的影响，这种思辨方式也有助于深化我们对自传的认识。

如克利福德等一些西方学者常说，自传和传记理论是文艺学中最保守的一个领域。新理论的介入，极富挑战性地提出了一系列新课题，打破了传统的传记理论的狭隘、保守和封闭，也吸引普遍的注意，传记理论原始和落后的面貌再也不能维持下去了，传记家不得不去研究和解决他们所面临的挑战。尽管新理论是从消极的方面介入了传记，但是这一介入具有积极的后果。

但是，这并不意味着“自传死亡”的说法具有充分的理由。这一命题的内涵非常复杂，有待更详尽的考察，但在这里我们还是可以确定一个基本的前提：“自传死亡”说失误于脱离实践，也脱离文学的历史传统。

心理学和神经科学至今还远非一门精密学科，关于记忆的研究还远未成熟，比如关于否定性记忆遭到压制的观点并没有得到普遍的证明。极端的情绪可能会影响记忆的建立，但未必就会造成大量的遗忘。相反，历史上有很多例子证明痛苦的经历给当事人留下特别深刻的印象，如柏拉图回忆苏格拉底之死，俄裔美国作家纳博科夫回忆父亲的死，都是传记或自传作品中非常著名的篇章。这证明痛苦的经历也可能是记忆的重要资源。

心理学和神经科学现有的成果只是说明了一点：记忆不可能完全地把握对象，回忆不可能绝对准确地和完整地重现经验，在回忆中必然有遗忘，也必然有变形，随着时间距离的增加，遗忘和变形也会有所增加；但是，无论怎样，记忆是脑神经的一种运动，它不能脱离物质的基础，记忆虽然不能完全等同，但总是近似于经验。不能因为是近似而不是等同,就否认记忆的客观真实性。这不是通过理论的推导得出的结论,而是由人类亿万次的实践所证明了的,人们的一切心理活动、人类之间的社会交往,也是以此为基础的。

记录的历史总是近似于事实的历史,自传文本对于传主的人生经历也是一种近似的关系,不可能绝对精确和完整,但也不能因为这种近似性就否认其客观真实性。随着各种自传的现代形式的出现,包括自传作品中出现的故事化倾向,当然可能影响到自传的真实性,但总体而言,依旧是在一定限度内的偏离。我们可以卢梭的《忏悔录》为例,确实,作者在这部作品中对自己的一生事迹有所隐瞒,也有所夸张、有所歪曲,但是谁也不能否定其中大部分内容和主要内容的真实性,以及卢梭完整而生动的人格,人们完全可以指着这本自传说:"这就是卢梭!"

当然在叙写自我的时候,也有人可能对本真的偏离超出了限度,他所写作的就不再是自传而是小说。要区分这两者并没有一个公认的、可以实际操作的工具,如何把自传同自传体的小说区分开来,是一个棘手的问题。自传中所描写的作者的思想感情活动,他幼年和童年时代的生活、他的隐私等,在文本内部是无法判别真伪的,在文本之外也很难得到实证,特别是那些细节,是根本不可能核实的。

菲力浦·勒居恩为了解决这个难题,提出了著名的"自传契约"的概念,即自传作者要承担义务,诚实、准确地叙述自己的一生。这个"自传契约"的说法为许多自传批评家所赞同,我们也认为,在没有找到更适合的方法之前,这仍然是一个有效的理论命题。

也正如同一些反对者所说的,这一"契约"自然没有任何法律的意义,甚至不具备道德的约束力,但是勒居恩说得好:"传记史首先是传记阅读模式的历史。"[①]"(自传)是一种阅读模式,同样也是一种写作模式,历史形成它的不断变

---

① Philippe Lejeun, *On Autobiography*, p. 30.

化的契约效果。”[①]自传应当真实地记录生平和自我的发展，这是在几千年的文学发展史中所形成的一种共识，作者诚实地写作，读者信赖作者的叙述，这就是游戏的规则。可能有人违背了这个“契约”或规则，但并不影响其普效性，因为在漫长的历史中，它已经成为人类文化心理中的一种积淀，它既是自传活动的规范，也是对自传史的客观总结。如果说古代的原型和现代的神话会成为一种无意识的力量制约着作者，为什么对自传真实性的追求，同样是漫长的历史所形成的一种集体意识，“自传契约”就不能制约自传家的写作呢？

所谓“自传死亡”的说法是把自传中可能存在的虚构成分无限地夸大，以纯粹的理论演绎取代自传家的实践。这里我们想起了解构主义的“作者死亡”理论，英国学者肖恩·布鲁克称这一理论是罗兰·巴特、福柯和德里达理论上的盲点，他们竭力把“作者问题”这样一个实际问题变成一种理论问题，“以冗长的、纠缠不休的风格把它变成理论既不能解释又不能取消、令人困惑不安的存在问题。”[②]对解构主义的这一著名批判是我们在考察“传主死亡”论时可以参考的。

总体而言，在自传作品中，自我的经验是一条基本的线索，作者的叙述在这里或那里，有意或无意地会有所偏离，但又总是不断回复到这一条线索上来。这两者之间形成了一种张力，个体生命的本真构成基础，在作者的选择、组合、变形之中，人性显示出光彩。这是历史和文学的交融，科学和艺术的结晶，也是自传作品特有的魅力。每一部自传和传记作品都可能有失真之处，但正是传记史上无数的作品，汇集成为人们自身的历史，真实地记载了人类的过去和现在。

2001 年

---

① Philippe Lejeun, *On Autobiography*, p. 39.

② Sean Bruke, *The Death and Return of the Author: Criticism and Subjectivity in Barthes, Foucault and Derrida*, Edinburgh University Press, 1992, p. 174.

论忏悔录与自传

按照通行的说法，西方历史上第一部自传是奥古斯丁的《忏悔录》，第一部现代自传是卢梭的《忏悔录》。以“忏悔录”的名目出现的西方作品，以英文为主，传世至今的估计在一千种以上。此外还有许多自传或回忆录，被人们称作是“忏悔录”：比如萨特的《词语》英译本刚问世，保罗·德·曼就发表书评，称其为“萨特的忏悔录”；歌德说他的全部作品，包括自传《诗与真》在内，都是“一部大忏悔录的片段”；还有托尔斯泰的《童年　少年　青年》也都被人称为“忏悔录”。看来，在西方文学中，自传与忏悔录有着不解之缘，那么很自然就带来一个问题，即自传同“忏悔录”的关系问题。

弗莱可以说是第一位以现代眼光认真研究了文学文类问题的批评家。近半个世纪之前，自传还没有引起理论界普遍注意的时候，他就考察了这个问题。弗莱把文学划分为四种基本类型：史诗、散文、戏剧、抒情诗，他把自传归入散文体虚构，属于这一类的还有小说、浪漫故事等。弗莱认为：“自传是另一种形式，它通过一系列难以察觉的等级同小说合为一体。大多数自传是被一种创造性的，因此也是虚构性的冲动所激励，作家只是在自己的生活中选择事件和经验构建成一个综合的模式，这个模式可能是比作家本人更大的东西，他却把它和自己同一起来，或者只是同他的性格和看法一致起来。我们可以把这个非常重要的散文虚构的形式称之为忏悔录形式。”[①]弗莱把自传同忏悔录看作基本上是同一的，他在书后附录的文学术语中还专门下了一个定义：忏悔录是“被看作散文体虚构的一种形式的自传，或者说散文体虚构装扮为自传的形式”。[②]

弗莱的上述观点包括两个重要的内容：自传或“忏悔录”中总是包含着各种虚构的成分，在不同的程度上等同于小说。关于这一问题，笔者已有讨论。[③] 我们在本文中考察的是另一个问题：自传同忏悔录是什么关系，如弗莱以及其他一些西方学者所说的，它们是同一的吗？

一

忏悔录作为一种文类，其主旨是忏悔，在英文和法文中，忏悔一词都源于拉丁文 confessio，含有“承认”的意思。“忏悔”是对罪恶、过错、弱点的一种宣告，也是一种揭露、承认、坦白。人们通常把忏悔看作是基督教所特有的话语，其实据笔者对英文文本的统计，“忏悔”一词在《圣经》“旧约”和“新约”中出现的次数并不多（confess/confession，三十六次），远低于另一相关概念“罪”（sin，一百九十九次）。到了被称为基督教的“第三约”的奥古斯丁《忏悔录》，忏悔才成为全书的主要内容，奥古斯丁的根本目的是赞美上帝，但是这种赞美是通过对自我罪恶的忏悔而具有了叙事的基础并得以完成。奥古斯丁认为，自我从属于一种更高的存在，人生的全部价值只能从《圣经》中发现。这部《忏悔录》在西方思想史和文化史上具有深远的影响，忏悔也

---

① Northrop Frye, *Anatomy of Criticism*, Princeton: Princeton University Press, 1957, p. 307.

② Ibid., p. 365.

③ 参见拙文《自传死亡了吗？——关于英美学术界的一场争论》，《当代外国文学》2001 年第 4 期。

从此成为西方社会一个重要的价值准则和话语模式。

基督教成为西方社会的统治力量以后，忏悔又成为基督教（天主教）的一种固定仪式。罗马帝国末期，一些基督教派已有公开认罪的规定，那些犯了重罪的人，只有当众悔改，才能保留教籍。不过这一教规当时没有得到推广。到了中世纪，随着修道院制度的建立和发展，在爱尔兰和英格兰的修道院中出现了一种制度，犯了过错（包括骄傲、虚荣、嫉妒、愤怒、悭吝、贪饕、迷色等）的修道士必须当众承认错误，请求同修的宽恕和上帝的赦免。后来这种形式扩大到修道院外的教士，再扩大到一般教徒，并流传到欧洲大陆。公元 789 年，法兰克王国查理大帝下令，规定教士均可听取本教区信徒的忏悔。[①] "忏悔"从此成为天主教的主要仪式之一。教会对忏悔仪式的解释是把它同"原罪"、"救赎"等形而上的教义联系起来，赋予极大的神圣性。但是当代一些学者指出，天主教的忏悔作为一种仪式，起源于非常功利的目的，比如福柯认为"历史上曾经有过两种展示性真相的重大方略"，忏悔就是其中之一，教会通过忏悔了解和控制信徒的性生活。[②]

在基督教范围内，忏悔的范围不断在扩大，信徒的行为、生活方式以至思想中一切有违教义、属于异端的东西，在忏悔时都必须交代，并予以摈弃和改正。在世俗生活中，由于基督教的影响，忏悔作为一种价值原则也牢固地确立了其地位。到了十八世纪后期，发展成为一种完备、丰富和复杂的话语体系。

在文学领域，卢梭《忏悔录》的出现是一个重要的标志，此外在英、法、德语文学中，特别是当时流行的书信体和日记体文学中也出现了一大批包含忏悔话语的作品，如理查生的《克莱丽莎・哈娄》、菲尔丁的《汤姆・琼斯》、歌德的《少年维特的烦恼》等。这一时期，西方先进国家开始进行教育的现

---

① 参见 G. F. 穆尔：《基督教简史》，商务印书馆，2000 年，页 153—156。

② Michel Foucault, *The History of Sexuality*, tran. Robert Hurley, New York: Vintage Books, 1978, p. 57.

代化改革，废除了体罚，犯了错误的学生只要公开或向老师私下承认错误并决心改正，就可以得到原谅，这是忏悔话语向教学法和教育学领域的渗入。法学也进行了改革，罪犯在法庭上招认自己犯下的罪行并表示悔过，就可以从轻处罚，忏悔话语进入了法律制度。忏悔话语还影响到医学，一些医生特别是精神病医生，因为治疗的需要，要求病人讲出真实的病因，也应允为患者严守秘密；到二十世纪弗洛伊德的精神分析法就更为典型，他所谓的“卡塔西斯疗法”诱导病人和盘托出自己最隐秘的、通常是有悖伦常的性心理活动，并予以疏导，以达到治疗精神疾病目的：这种治疗方法也包含了忏悔话语。

忏悔同宗教有过密切的关系，忏悔包含着道德改善的要求和一种向上的价值追求，但是其文化和社会意义超出了宗教和道德的范围，它作为一种话语体系发挥着重要的影响，当然也正是由于基督教巨大的意识形态功能，忏悔话语才能进入西方社会的许多领域，甚至常常出现在日常生活和普通人相互间的交往中。正是在这样的意义上，福柯指出：“西方社会成了特殊的忏悔的社会”，“西方人已经变为忏悔的动物”①，忏悔意识是西方现代人普遍的心理特征。

二

忏悔录是忏悔话语的文学形式，它既不同于宗教中的忏悔仪式，又同医疗、教育、法律等领域的忏悔话语有重要的区别，文学忏悔录一个鲜明的特点是其彻底的公开性，这就造成它同其他忏悔话语的差异。

在天主教的忏悔仪式中，忏悔是向某个神职人员进行的，神父有为其保

---

① Michel Foucault, *The History of Sexuality*, p. 59.

密的责任，医院、学校、法庭中的忏悔话语都有特定的听众对象，他们对忏悔话语的内容也有保密的义务。文学忏悔录的读者是任何一位愿意阅读它的人，而且同任何作家一样，忏悔录作者也希望自己有一个广大的读者群。

但是也因为这种彻底的公开性，忏悔录中可能有更多的顾忌和保留，其真实性就常常让人怀疑，关于卢梭《忏悔录》的真实性至今争论不休，而且很可能继续长期争论下去，这就是一个证明。忏悔录是公开正式出版的，当然比其他忏悔话语有更长的篇幅、更丰富的内容和更强的力度，也会有更多的文学色彩，这些都是不言而喻的。

虽然有这些差异，文学忏悔录同一切忏悔话语一样，也有着一系列的共同点。忏悔话语总是以明确的价值准则为前提，否则忏悔就不可能发生，忏悔内容也无从确定，而且忏悔本身就是一种价值准则的体现，忏悔过程中也包含着对价值准则的寻找、发现、修正或强化。

我们以几部最著名的忏悔录为例。托尔斯泰《忏悔录》的最后记录了他做的一个梦：他睡的床垫被吊在高空，下面是无底的深渊，掉下去必定粉身碎骨，他只有照一定的方式躺着，才不会跌落，这时好像有人对他说："你可要小心，要记住。"这就是托尔斯泰对人生的意义进行痛苦的思索以后所得出的最重要的结论。奥古斯丁所遵循的准则是《圣经》，他主张"原罪说"，认为人从婴儿起就带有从亚当、夏娃所犯而遗传至今的罪恶，他在《忏悔录》第二卷，从第四至十章，用七章篇幅对他少年时代一次偷梨的故事进行忏悔，奥古斯丁自认"罪孽深重"，犯下无数"罪恶"，但他为这件事特别感到沉痛，因为他的偷梨，正如亚当、夏娃在伊甸园里偷"智慧之果"，是人类始祖犯下的第一次罪恶的重演，是他"为作恶而作恶"的劣性的暴露。与之相反，卢梭主张"性善论"，认为自己善良的本性被社会所玷污，罪恶在社会，他忏悔中的核心的事件是一次撒谎：他偷了女主人的扎头发的丝带，被发现以后反而诬赖是女仆玛丽永送给他的。这件罪过四十多年里始终沉重地压在他的心头，主要不是因为他的偷窃，而是他的撒谎；卢梭最自负的则是他忏悔时的真诚，真诚是他写作《忏悔录》，也是他同社会对抗的精神支柱，又是对他的罪过的弥补，他认为忏悔可以证明他的真诚，因此也就在一定程度上抵消了他的过错。奥古斯丁和卢梭的忏悔都同偷盗有关，都同基督教教义相连，但又反映了不同的价值标准，而且这种价值标准在忏悔的过程中不断深化和丰富，正如牛津大学斯蒂芬·斯宾德教授所说："忏悔可以是依据价值准则对错误进行改造的记录；或者可以是对价值准则的一种探索；甚至也可以用于证明作家对价值准则的缺乏所发出的诉求的正确。奥古斯丁的过错正是在他忏悔它们的时候，被他的供认所改造，变成了拯救他的上帝的力量的证明。卢梭所揭示的不仅是他自己的过错，也揭示了他以为别人具有同样的过错，自己的过错就得到了赦免，这不过是一种可怜的幻想。"①

忏悔话语中都包含着价值准则和道德判断，包括自我批判的成分；但是对任何忏悔来说最重要的是说出事实真相，德·曼关于自传的观点被称之为"自传死亡"，即认为自传不可能成为一种独立的文类，这一观点令人难以接受②，但是他关于自传还是提出了一些很有价值的见解，比如他指出，忏悔的真正意义不在于道德价值而在于认识价值："忏悔就是以真理的名义克服内疚和羞耻：它是在认识论上对语言的运用，其中善与恶的伦理价值观被真与假的价值观所取代，其含义之一就是：诸如性欲、嫉妒、贪婪之类的罪恶所以成其为罪恶，主要就是因为它们强迫人去说谎。""忏悔出现于绝对真理——即是说'为真理本身'而存在的真理——的名下，而特定的那些真理仅仅是派生的和其次的方面。"③

忏悔话语必须叙述真相，但并非一般的、人所共知的事实，而必定是个人的私密。成为私密的东西，总是道德、法律、习俗所不允许的思想、感情或

---

① Stephen Spender, "Confessions and Biography," *Autobiography: Essays theoretical and Critical*, ed. James Olney, Princeton: Princeton University Press, 1980, pp. 121-122.

② 参见拙文《自传死亡了吗？——关于英美学术界的一场争论》。

③ Paul de Man, *Allegories of Reading*, New Haven: Yale University Press, 1979, p. 279.

行为，因为不能或不便公开才成为私密，也就是说，忏悔话语的言说者总是受到历史和文化传统所构成的外力的压迫，他不能把自己的某些东西公开，但是无论压力多么强大，他也必须冲破，袒露内心的秘密。

卢梭《忏悔录》的出现是惊世骇俗的，他所暴露的私密使道德家们胆战心惊。即如托尔斯泰的《忏悔录》，以探讨"生命的意义"为主旨，但既然是"忏悔录"，其中仍然包含私密，托尔斯泰自认"我的同辈过去和现在都认为我是一个道德比较高尚的人"，但是他也坦承了他不为公众所知的另一面："在打仗的时候我杀过人，为了置人于死地而挑起决斗。我赌博，挥霍，吞没农民的劳动果实，处罚他们，过着淫荡的生活，吹牛撒谎、欺骗偷盗、形形色色的通奸、酗酒、暴力、杀人……没有一种罪行我没有干过。"(《忏悔录》，第二章)如果不是出于托尔斯泰本人之口，人们无法想象他也犯下了这么多罪过。

忏悔者内心的私密，一方面，受到外力的压迫，但是另一方面，他进行忏悔又是出于自由意志而非被迫的行为，忏悔者公开私密的程度和公开的方式受到文化背景的影响，忏悔话语中总是包含着心灵的某种创伤，忏悔者之所以冲破阻力展示自己的私密，是出于一种自救的选择，其必经的途径就是讲出真相。因为一切忏悔话语还有一种共同的目的：心理的松释和自我的解放。这就是福柯所说的："现在，忏悔的责任感通过那么多不同的细目在传送着，已深深植根于我们内心。我们已经不再把它看作是一种压迫我们的权力的结果，相反，对于我们来说，似乎只是因为存在于我们最秘密的本性中的真相，'要求'浮现到表面。"①

忏悔者通过忏悔向自己预选的对象，或者是个人，或者是社会群体，发出吁求，希望得到他们的谅解、同情和接纳。他向读者，或是向老师、医生、法官、亲友讲述自己的私密，未为人知的事实向他们公开了，虽然他违背了

---

① Michel Foucault, *The History of Sexuality*, p. 60.

习俗，犯下过错或罪恶，但是忏悔就意味着他进行了自我批判，他的坦诚赢得了好感，他对情境的描述，也容易得到同情。《圣经》里，耶稣基督宽恕罪人和欢迎浪子的故事在西方已经成为一种信仰、一种普遍的集体无意识。忏悔话语的私密性越高，忏悔者的态度越真诚，就越容易得到宽恕和谅解。

斯宾德教授还指出："即使那些最不知羞耻地揭示出来的内心生活，在外部客观生活的道德体系前面，也要找出理由来辩护。最深刻的忏悔所证明的一件事就是：即使那些最遭遗弃的人，也不可能孤身独处。确实，忏悔的本质是那些感到被遗弃的人向人类的全体发出恳求，讲述他的孤独。他恳求被原谅、被宽恕，甚至被谴责，这样他可以回到万物总体中来。"①最好的证明就是卢梭在其《忏悔录》一开头就宣称"我的内心完全暴露出来了"，他之所以敢这么做，是因为他坚信，没有人敢说"我比这个人好！"（第一部第一章），他甚至说如果有谁读过他的这部作品或对他进行过考察，"还相信我是个坏人，那么他自己就是一个理应掐死的坏人"（第二部第十二章）。卢梭写作这部《忏悔录》就是坚信他能够回击敌人对他的一切攻击，赢得广大读者的同情。

一般说来，出于种种原因，读者和听众也是愿意接受忏悔话语的，听取忏悔话语就是接受一种信任，同时得到道德感或好奇心的满足，并从别人的忏悔话语中认识人生、认识自我，获得有用的经验。

法国研究自传问题的著名学者菲力浦·勒热纳（勒居恩）说"自传是一种建立在信任基础上的体裁"，自传作者和读者之间有一种"契约"关系②，忏悔话语同样有一种契约关系：忏悔者真实地叙述自己的私密，甚至是暴露了自己的丑恶和罪过；但是忏悔也是一种吁求，忏悔者以叙述私密为代价，获得听众的信任、宽恕和谅解。忏悔是一种话语言说姿态，以此建立言说者和听取者双方的亲密关系，这是其他话语形式或文类所无法获得的效

---

① Stephen Spender, "Confessions and Biography," *Autobiography: Essays theoretical and Critical*, p. 120.

② 菲力浦·勒热纳：《自传契约》，杨国政译，三联书店，2001年，页14。

果。正如美国弗吉尼亚大学丽特·菲尔斯基教授所说，在忏悔录中，“写作，这种似乎是最与世隔绝的行为，变成了一种建立理想的亲密关系的手段”。①

忏悔话语发出之前，由于其内容的私密性及其同社会习俗的冲突，忏悔者必须认真选择和确定听众的范围，对听众，他要有清醒的估计，他要周密地确定忏悔的时间、地点和方式，使自己的忏悔能够得到他们的信任和谅解，亲密关系能够确立，他能够成为他们中的一员。在其他话语模式中，听众常常是既定的，话语的内容常常以客观的形式出现，言说者的自我只能投射于某一对象，他只能通过这一对象描述自己的身份。在忏悔话语中，听众是自己设计或选择的，忏悔者直接描述自我，展示了自我最私密的内容，确证自己的身份，主体性在更高的层次得到了实现。因此，我们赞同一些批评家的观点：“忏悔是一个人试图以一种深思熟虑的自我意识确定自己的身份，他向听众解释他的本性，听众代表着他需要存在于其中、并得到支持的那个群体”②，“忏悔的目的是剥去习俗的表层，揭示自我真正的核心，充分显示其意义”③。忏悔既是一种联络也是一种表述行为，忏悔是忏悔者与其自我同一的叙述，他重建自我的过去，也构建了自我的现在。

三

斯宾德教授是一位作家，也是一位研究现代文学大半个世纪的著名专

---

① Rita Felski, "On Confession," *Women, Autobiography, Theory: A Reader*, ed. Sidonie Smith and Julia Watson, Madison: The University of Wisconsin Press, 1998, p. 89.

② Terrence Doody, *Confession and Community in the Novel*, Baton Rouge: Louisiana State University Press, 1980, p. 185.

③ Rita Felski, "On Confession," *Women, Autobiography, Theory: A Reader*, p. 89.

家，他的研究还得出一个结论："当我们观察现代文学的时候，发现它被忏悔式的自传材料所淹没，虽然很少作品明确地写出来。"①这是非常精辟的见解。我们确实可以看到西方历史上，特别是现代历史上，自传作品，无论书名或内容中是否有"忏悔"的字样，实际上大都包含着忏悔话语。任何一部自传，只要作者愿意真实地叙述自己的一生，就不会回避自己的过失，并且为此感到痛心。卢梭之后的西方自传史上的一些名作，比如歌德的《诗与真》，富兰克林的《富兰克林自传》，赫尔岑的《往事与随想》，亚当斯的《亚当斯的教育》，马克・吐温的《马克・吐温自传》，高尔基的《童年》、《在人间》、《我的大学》，萨特的《词语》，都明显地包含忏悔话语。当然，不同民族和不同时代的作家，忏悔话语的内容可能有很大差异。

但是并非一切自传都包含忏悔话语，也不是出现忏悔话语的自传就是忏悔录，也就是说，不能把自传等同于忏悔录，忏悔录是西方自传的重要形式，但不是唯一形式。忏悔录式的自传，同其他形式的自传(为方便起见，以下分别简称忏悔录和自传)有许多共同之处：它们都是作者讲述自己的故事，都要求真实，都以一定的价值准则为前提，都反映了作者自我实现的愿望。但是它们的差别也是明显的：忏悔录在这些方面总是显示出更强大的力度。"忏悔录式的自传材料"是不是忏悔录，还要看其中的忏悔话语是否具有主题意义。卢梭的《忏悔录》把他的自我歌颂推向了极致，但并没有抵消其忏悔主题，所以仍然是忏悔录中的经典。我们也可以看到许多自传作品，其主要宗旨是叙述往事，作者没有谈陈自己为习俗所不容的私密，更谈不上自我批判和鲜明的价值准则。这样的自传就难以归入忏悔录的范围。

忏悔录公开展示了违背习俗的私密，其作者表现出一种鲜明的叙事心

---

① Stephen Spender, "Confessions and Biography," *Autobiography: Essays theoretical and Critical*, p. 122.

态：真诚。

忏悔录的作者很清楚，自己的内心世界、自己的本真是其他任何人不可能知道的："他们听我谈我自己，怎能知道我所说的真假？因为除了本人的内心外，谁也不能知道另一个人的事"（奥古斯丁《忏悔录》，第十卷第三章），"只有本人，没有人能写出他的一生。他的内心活动、他的真实生活只有他本人才知道"（卢梭《忏悔录·讷沙泰尔手稿本序言》），但是他们都表示要把自己的私密毫无保留地公布出来。卢梭在《忏悔录》开头第一章，就发出他那句名言："我要把一个人的真实面目赤裸裸地揭露在世人面前，这个人就是我。"卢梭在世人面前最自负的就是他的真诚，他攻击蒙田的《随笔集》也正是因为蒙田缺乏真诚："他们用说真话来骗人。蒙田让人看到自己的缺点，但他只暴露一些可爱的缺点。"（《忏悔录·讷沙泰尔本手稿序言》）

真诚不同于一般自传叙事所要求的真实。卢梭在《忏悔录》开头，就说到自己"记性不好"，晚年回顾这部著作时他又承认，他的记忆有问题，"竟然编造了这么多的谎话。我记得当时是把它们当作真话讲的"，但是他坚持："我的良心保持着它最初的真诚"（《一个孤独者的漫步遐想录·第四篇》），这就是说他承认《忏悔录》可能有不真实的地方；确实，他略去了一些事实，其中最为人诟病的是他没有提到他把五个亲生的孩子送进了育婴堂，他也夸大了一些事实，比如他的某些过失，以致有人攻击他"玩世不恭"。但是即使这样，他仍然是真诚的：他没有伪饰自己的性格。当代一些卢梭的研究者认为，他隐瞒或夸大了某些事实，这可能因为他把自己的过去故事化和理想化，以符合他关于"自我"的概念，也可能他的记忆出于自我保护的本能，对不愉快的东西进行抗拒的结果，这里包含着复杂的原因。读者从《忏悔录》中发现卢梭人格中的种种弱点，对他自我辩护的理由并不能完全认同，但是读者也可以感觉到他的写作心态确实是真诚的，他没有有意造假和欺骗读者，正如对卢梭持批评态度的法国传记大师莫洛亚所说："有一切理由这样想：卢梭在人类思想存在的缺点所许可的限度里说出了真话——他的真话。”①

西方思想和文化中对真实的理解是随历史发展的。英国克伦威尔革命带来了欧洲封建秩序的崩溃和民主意识、主体意识的发展，人们对自我的兴趣日益增强，自我的外部形象也得到前所未有的重视（镜子在十五世纪进入民间，逐步为人们普遍使用，文学理论中也出现了“镜子”说），人们越来越感觉到自我的外部世界和内在世界可能是不一致的，甚至是分裂的；于是，自我意识发展过程中一个重要概念“真诚”出现了。五世纪奥古斯丁的《忏悔录》表现出一种信仰的真诚，到了十八世纪，真诚成为一种现实的道德理想。真诚意味着一个人公开宣称的东西同他私下的体验是一致的，言和行是一致的，真诚概念的基础是发现自我同其身份的分裂以及克服这种分裂的愿望。自传要求真实，主体按照自己的认识把自我当作客体来描述，忏悔录要求真诚，这时主体不再把自我视为客体，不再存有私密，这是自我与身份的同一。真诚意味着主客体协调的、更高层次的真实。

四

在考察忏悔录在西方的发展情况时，可以看到一个非常值得思考的现象：几部经典的文学忏悔录，又都是哲学名著：奥古斯丁是基督教的第一位神学家，他的《忏悔录》同他的另一著作《上帝之城》一道奠定了基督教哲学的基础。卢梭的《忏悔录》虽然很少思辨色彩，但在十八世纪启蒙哲学中仍然具有无可替代的地位。托尔斯泰是位小说家，他的《忏悔录》却是托尔斯

① 莫洛亚：《为一九四九年法国勃达斯版〈忏悔录〉写的序言》，卢梭：《忏悔录》（第二部），商务印书馆，1997年，页835。

泰哲学的一个范本——一种以东正教为基础的人生哲学。

与此相似的是，许多哲学家也把自己的著作称为“忏悔录”。尼采说：“迄今为止，任何一部伟大的哲学著作都是其作者个人的忏悔录和一种不自觉的和无意识的回忆录”①；黑格尔的《精神现象学》被说成是黑格尔精神生活的《忏悔录》；还有一位哲学家一再把自己的作品同忏悔录等同起来，这就是维特根斯坦。

维特根斯坦在其代表作《哲学研究》的一开头就引用奥古斯丁的《忏悔录》，他的许多作品使人感到有一种忏悔的语调，他自己还写过一篇文章，对自己所做的两件错事进行忏悔。一件是他在小学任教时体罚过学生，后来又当着学生父亲的面抵赖；另一件是他在第二次世界大战期间隐瞒了自己的犹太血统。在维特根斯坦看来，忏悔是生活中一件十分重要的事情，“忏悔必定是你新生活的一部分”②，只有爱才有忏悔，忏悔是出于对人性完美的追求：“一个人在别人面前裸露自己只能是出于一种特殊的爱，这种爱可以说是承认我们全都是坏孩子。”③在他看来，真正的哲学同忏悔录在精神上是相通的，正如他的一位传记作者所指出的：“对于维特根斯坦来说，所有的哲学，只要是诚实的和公正的，都是从一种忏悔开始的。”④维特根斯坦一再指出，哲学包含着对自己、对自己的工作、对自己观察事物的方法的解释，在这方面，哲学同忏悔录是一致的。但是一个人要写出自我的本真是一件十分困难的工作，人们常常会自我欺骗，“没有什么比不欺骗自己更困难的了”⑤，要写出自我的本真，需要诚实，也需要艰巨的自我探索，在这里哲学同忏悔录又是一致的。

---

① Friedrich Nietzsche, *Beyond Good and Evil*, trans. Walter Kaufmann, Vintage, 1966, p. 6.

② Ludwig Wittgenstein, *Culture and Value*, ed. G. H. Von Wright, trans. Peter Winch, Oxford: Basil Blackwell, 1980, p. 18.

③ Ludwig Wittgenstein, *Culture and Value*, p. 46.

④ Ray Monk, *Ludwig Wittgenstein: the Duty of Genius*, New York: Free Press, 1990, p. 366.

⑤ Ludwig Wittgenstein, *Culture and Value*, p. 34.

维特根斯坦把哲学比作忏悔录，也是依据他的哲学原理所进行的更深层次的考虑："我常这样那样想：一部忏悔录的真实标准，不同于对一个过程描述的真实标准。一部真实的忏悔录的价值，不在于它是对某一个过程的正确的记录，而是在于特定的事件的真实性，以一种特定的真实性标准予以了保证。"[①]按照维特根斯坦的"日常语言哲学"，语言同游戏一样是一种活动，语言的意义只存在于使用它的"生活形式"之中，维特根斯坦所说的忏悔录的真实标准，属于写作时所使用的特定的语言的游戏，语言游戏的实践构成了生活的文化形式。忏悔录是一个人可以写出自己的本真的最直接的形式，因为在忏悔录的形式里，人们使用了自己的语言，形成了自己的风格，描述了自己的生活，作者和他的作品形成了一个整体，一位评论家对维特根斯坦作出这样的评价："维特根斯坦的风格，我们可以称之为既是哲学化的、又是书写自我的忏悔录的模式。他的哲学化的忏悔录模式同他的生活有紧密的联系。对他来说，哲学首先是一种生活形式。"[②]维特根斯坦把自己的哲学看作忏悔录，因为它们都意味着真诚，主体与客体得到了协调，自我与其身份取得了同一。

尼采的超人哲学同样强调真诚。尼采认为，伟人的伟大，就是在于两个方面："自由和真诚"，并且因此同周围的环境进行战斗。从这一点看，尼采和维特根斯坦把哲学比作忏悔录，出于同样的理由。

但是把哲学比作忏悔录只是在一个有限的范围内适用，哲学并不能等同于忏悔录，同忏悔录不是一个文类，因为哲学著作中没有自传(包括忏悔录)不可或缺的自我的生活故事，个人私密的展示不可能成为哲学著作的主体。

---

① Ludwig Wittgenstein, *Culture and Value*, p. 222.

② Michael Peters & Nicholas Burbules, "Wittgenstein/Styles/Pedagogy," *Wittgenstein: Philosophy, Postmodernism, Pedagogy*, ed. Michael Peters and James Marshall, Bergin and Garvey, 1999, http://faculty.ed.uiuc.edu/burbules/ncb/papers/wittgenstein.html.

卢梭在《忏悔录》中自称："我的心像水晶一样透明。"当代西方研究卢梭的权威、瑞士日内瓦大学的让·斯塔罗宾斯基教授指出，对于卢梭来说，最重要的概念就是这种"透明性"。[①]《忏悔录》中的卢梭就是这样出现在读者的面前，在西方历史上，恐怕还找不到第二部著作，让读者能这样透彻地认识一个人。

真诚是忏悔录中主体的叙事心态，透明是其客观的叙事效果，卢梭是如此，一切忏悔录也是如此。当然，彻底的"透明"是无法做到的，因为正如斯塔罗宾斯基所指出的，无论自我的心理结构还是文化环境的规定，都在设置种种"障碍"，"透明"是一种追求、一种理想，"对一个作家来说，自传是最富有刺激性的形式，因为在这里，他毫无遮掩地对待他的一生，同时也是毫无遮掩地对待他的艺术。"[②]只有在自传的忏悔录形式中，人们才可能渐近于"毫无遮掩"，趋向"透明"。真诚是忏悔录写作中不可或缺的前提，真诚地展示私密，这就是忏悔录与一般自传形式主要的分野。

2002 年

① Jean Starobinski, *Jean-Jacques Rousseau: Transparency and Obstruction*, tran. Arthur Goldhammer, Chicago: University of Chicago Press, 1988.

② Stephen Spender, "Confessions and Biography," *Autobiography: Essays theoretical and Critical*, p. 116.

论传记的要素

历史性和文学性，这两者构成了传记的支柱，在这一基础上，建立起传记的大厦。这座大厦由哪些材料所构成，是传记研究中一个十分重要的问题。鉴于传记的范畴极其广泛，无论是自传还是他传都包含着众多的分支，具有不同的形式，其间可能有相当大的差异，所以我们这里以标准传记——即历史性和文学性取得平衡的主流传记为对象，论析传记的基本要素。

一

传记的历史性首先表现为叙述传主个人的历史，写出传主的生平。

所谓"生平"，就意味着从出生到死亡这样完整的一生。但是实际上，这种完整性并不是所有传记都具备的。许多民族出于对青少年进行道德教育的目的，常常把本民族英雄人物的青少年时代的生活写成传记。也有传记专门叙述传主活跃期的生活，具有比较强的趣味性，以致带有通俗传记的倾向。精神分析问世以后，一些传记家受到影响，集中写作传主的童年和青少年时代，从中发掘传主人格形成的秘密，比如埃里克·埃里克森的《青年路德》写十六世纪德国宗教改革领袖马丁·路德的青少年时代，目的是探索路德宗教革命思想产生的原因。至于自传,可以说多数是写作者前半生的事迹,涉及晚年的就不多见。这种片段的传记可以达到特定的写作目标,但是没有完整地叙述传主的一生,也不可能向读者提供对于传主的全面认识。

为了完整和准确地把握传主的一生,传记家应当对传主分阶段进行考察和叙述,可以参考生理学和心理学等学科的方法,把传主的一生划分为初始期、学习期、活跃期、退隐期四个阶段。传记家在写作是可以有所侧重,但对这四个阶段都应当给予充分的重视。

初始期包括传主的童年和少年时代,这是多数传记家,特别是古代传记家所忽视的一个阶段。这是传主人格最初形成的时期。精神分析学关于俄狄浦斯情结的理论虽然至今不能得到实验科学的支持,但是也提醒了传记家:童年是人生一个非常重要的时期,儿童同父母以及同家庭中其他人物,包括祖父母、兄弟姐妹、保姆等的关系可能对他一生的发展起着潜在然而深远的影响。学习期是传主进入社会的准备期,他在积累着知识和经验,同时基本确定了他的人生观,并且形成了他最初的社会关系,这些都在一定程度上决定了他今后发展的方向,这是传主一生一个重要的过渡期。活跃期是传主的成熟阶段,也是他一生中生命力最活跃的阶段,这时他是一位行动者,他的能力和精力、聪明和才智得到最充分发挥。这个时期一般是传记家写作的重点,在传记文本中也占据着主要的甚至绝大部分的篇幅。这部分的材料一般最丰富,既要突出传主的主要活动,又兼顾到其他方面和其他阶段,选材成为对传记家写作能力的一种考验。退隐期中,传主逐步失去他的辉煌,他精力衰退,失去了光彩,回到了家庭或故乡,传记家一般不愿意在这一阶段多花费笔墨。实际上,传主一生的种种因缘都会在这时进行最后的清算,他会总结自己,传记家也应当对他进行总结。

这四个阶段在什么年龄出现,延续多长时间,对于不同的传主是不一样的,但是任何一位传主都必然经历这四个阶段,传记家应当认真研究每一个阶段的具体内容、各阶段的转化及其外部标志,缺少其中任何一个阶段都会带来对传主认知的不足。

传主总是生活在一定的背景之中,传记叙述传主的历史,不能离开社会的历史,这包括那一个时代的政治、经济、文化、教育、科学、宗教、道德等状况。诚如丹纳所说,“要了解一件艺术品,一个艺术家,必须正确地设想他们所属的时代的精神和风俗概况。”[①]其实不光是艺术家,任何传主都是在这样的背景中生活和成长的,即使是伟大的天才,也只是站在时代的前列,而不可能超越历史所限定的范围。叙述传主的历史也不能离开生活的形境,这包括传主的家庭、学校,他的工作和活动环境以及与他发生关系的各种人物。生活形境是历史背景的个性化,由历史背景所规定,又有着极其丰富的具体内容。

没有背景的叙述就无法说明传主成长的动因。一些华盛顿的传记作者认为,如果华盛顿不是生活在美洲而是在英格兰,他不过是一个老派的乡间绅士,他之所以能够成为美利坚合众国的首任总统和一代伟人,离不开那个特定的时代和他的家庭背景。一些拿破仑传记的作者也认为,如果早生或晚生几年,错过法国大革命所造成的机遇,或者不是出生在科西嘉而是巴黎,拿破仑就不会成为法兰西的皇帝,而只是一个怀才不遇、默默无闻的小人物。中国现代传记的奠基之作、朱东润的《张居正大传》也证明,如果不是明神宗时代表面繁荣稳定,实际上岌岌可危的政治、经济、军事形势,就不会出现一个张居正。

十多年前,美国有关里根总统人格形成的一场争论对我们可能有所启发。按照新历史主义的看法,“罗纳德·里根显然产生于一个更巨大、更久远的美国结构——不仅是权力结构、意识形态上的极端主义和军国主义,而且是美国式的娱乐、消遣和趣味的结构。这个结构造就了我们为自己建造的住所,我们报道新闻的方式,我们在电影和电视中消费的幻想作品,我们

---

① 丹纳:《艺术哲学》,《傅雷译文集》第十五卷,安徽人民出版社,1985年,页47。

所欣赏的、特有的种种节目。”①无论是里根还是其他任何一位传主，都不能脱离这个宏大的社会结构。

如果只写出生活形境而没有历史背景，那就无法把握时代精神而会流于琐碎；如果只写出历史背景而没有生活形境，那就会停留于一般的表述，缺少具体内容而失之空洞。在这两种情况下，都没有给传主提供完整的活动舞台，也无法为传记其他要素的实现提供必要的条件。丹麦批评家勃兰兑斯的《十九世纪文学主潮》不是一部传记，但传记在其中占有重要成分，勃兰兑斯对作家的历史背景和生活形境的分析，特别是他对十九世纪初期英国自然主义(即浪漫主义)作家的分析，对传记家来说也是一种很好的示范。勃兰兑斯首先分析“时代的普遍特点”：拿破仑建立全球帝国的企图威胁着各个民族，英国人和其他各民族一样，都在力图振作起来，爱国主义情绪高涨，人们热切地研究自己民族的历史和文化。接着，勃兰兑斯分析英国的“民族特色”：英国人有一种独有的气质，即“生气勃勃的自然主义”，这表现为对大自然的热爱，也表现为个人的独立性，“这个岛国上的人，每个人自己就是一个岛”，以及他们对政治的兴趣和对正义的追求。最后，勃兰兑斯具体分析了这一时期的“政治背景”：这个时代是黑暗的，这个民族“那种崇高的对自由的热爱最初被用来推翻拿破仑的专制主义，然后又被误用于重新扶植起一切旧的腐朽的王位”，“最可悲的民族缺点即压迫别人的倾向，被积极地归纳成了一套制度”。② 勃兰兑斯还逐一分析英国的统治者，如国王乔治三世、摄政王(后来的乔治四世)和主要内阁大臣的个性特点。在这样的基础上，勃兰兑斯又分析传主的生活形境，比如拜伦，勃兰兑斯着重叙述了拜伦家族的历史，他父亲生活的放荡、母亲性格的乖戾以及他们没有爱情的

---

① Stephen Greenblatt, “Towards a Poetics of Culture,” H. Aram Veeser, ed., *The New Historicism*, New York: Routledge, 1989, p. 8.

② 勃兰兑斯：《英国的自然主义》，《十九世纪文学主潮》第四分册，人民文学出版社，1984 年，页 1—35。

婚姻和没有关爱的家庭。有了这样完整的介绍，对拜伦人格和作品的分析就有了令人信服的基础。

无论关于传主个人的生平还是关于他的历史背景和生活形境，传记家都面临着大量的材料，什么样的材料才是传记家应当选择的？歌德在他的自传《诗与真》中这样回答："我们生活中的事实，不是当它是真实的，而是当它有意义的时候，它才是重要的。"[①]传记家应当选择有意义的材料，但是传记中的"意义"，不同于历史学中的"意义"，在历史学中，那些影响了千百万人的命运和历史发展方向的事件当然是最有"意义"的，但是在传记中却未必如此。比如，拿破仑是欧洲历史上建立了最伟大武功的少数君王之一，对历史的进程产生了巨大的影响。二十世纪德国传记大师埃米尔·路德维希在他的名作《拿破仑传》中却是这样处理的："关于拿破仑叱咤风云的一生，文治武功的非凡业绩，在本书中被压缩到最低限度"，相反，拿破仑"他跟诸兄弟或妻子的每次龃龉，他每时每刻的情绪，或消沉，或欢跃，他的勃然大怒与脸色发白，他对友人或敌人的善举或诡计，他对将领或女人们的每句话（根据可靠的谈话记录），都远比马伦哥战役的战斗序列，远比吕内维尔和约的条款或大陆体系的细则重要"。[②] 又如英国维多利亚女王在位六十余年，史称维多利亚时代，在英国历史上占有重要的地位；但是，英国"传记革命"的旗手斯特拉奇的《维多利亚女王传》中，女王经历的那些重大的事件几乎都没有提到，传记中的主要内容是女王同她的丈夫阿尔伯特亲王的关系。

这些例子都说明传记中的"意义"有着特定的内涵。所谓"意义"，就是因果的联系，科学研究的实质就是探索原因和结果的关系，只有在这种关系之中，才会显示出事物的意义。传记是关于传主的科学认知和艺术再现的统一，传主的活动及其活动的背景，只有显示出内在的联系才是有意义的。

---

① See Catherine Drinker Bowen, *Adventure of a Biographer*, Boston: Little Brown, 1959, p. 64.

② 埃米尔·路德维希：《拿破仑传》，花城出版社，1999 年，页 2。

那些重大的历史事件，在历史学著作中当然占有主要的篇幅，但是在传记家那里却可以“压缩到最低程度”。这是因为传记关注的首先是人，其次才是事件；对传记家来说，揭示那些以传主为中心的意义联系才是他们的更高任务。

二

郁达夫在谈到传记的时候说：“若要写出新的有文学价值的传记，我们应当将他外面的起伏事实与内心的变革过程同时抒写出来。”[①]他所说的“内心的变革”就是传主的个性或人格，它同“外面起伏的事实”构成因果关系，传主一生的发展，即是其个性同其外部世界互动的结果，传主的个性在传记中具有重要意义，如梁启超所说：“传记要紧的是写出这个人与别人的不同之处”，“凡记人的文字，唯一职务在描写出那个人的个性”。[②] 如果一部传记只有传主的生平和背景而不写出传主的个性，那就只是传主的年谱而不是完备的传记。

“个性”又称“人格”(personality)，这一心理学概念源于希腊文 Persona，原指希腊悲剧演出时演员戴的面具，心理学借用这个术语，用来说明每个人在人生舞台上各自扮演不同的角色，有着不同于他人的精神面貌。换句话说，人向世界所显示的就是自己的人格。在现代意义上，人格是个体独具的各种特质或特点的总称，通常被理解为个人的社会倾向性，即气质、性格、兴趣、爱好的综合表现。人格又是多层次的，包括情感、品质、情操、态度、心理状况、兴趣、理想以至无意识的表露，它们能确定人的特性或特有的行为和

① 郁达夫：《什么是传记文学》，《郁达夫文集》第六卷，花城出版社，1983 年。

② 梁启超：《中学以上作文教学法》，中华书局，1932 年，页 34。

思想。人格以人的先天素质为物质前提，经过后天的社会实践，不断接受环境和教育的影响而形成，人的生理本能同社会环境和自然环境的互相作用带来人格的发展。[①]

古代的传记，除了少数最优秀的作品，现代读者大都失去了兴趣，其中一个重要原因是对传主个性的简单化描写不能满足现代读者的需要。这就是莫洛亚所说的："我们时代的作家比起他们的先辈来在更大的程度上感觉到人的复杂和多变，而在更小的程度上感觉到他们的统一性。"[②]到了二十世纪，在现代心理学的影响下，传记家越来越注重于表现人物的个性和心理世界，艾德尔是二十世纪美国最重要的传记家之一，他甚至给传记作出这样的定义："对某种飘忽流动的气质和情绪的协约，对人类精神本身，所作的文字的记录。"[③]中国也有越来越多的传记家突破传统的局限，把表现个性看作是传记更高的任务，李长之就曾这样评价《史记》："司马迁的历史已经能够探求到人类的心灵。所以他的历史，乃不惟超过了政治史，而且更超过了文化史，乃是一种精神史、心灵史了。"[④]在李长之看来，《史记》对传主的精神世界的出色描绘是其最高价值。

对各种文学类型来说，表现个性都是具有决定意义的，也是非常困难的任务，但是对于传记来说尤其如此。因为传记所依据的材料是历史事实，传主的生平经历是不能、也不应当改动的，这就如弗吉尼亚·伍尔芙所说："一方面是真实，另一方面是个性，如果我们想到真实是某种如花岗岩般坚硬的东西，个性是某种如彩虹般变幻不定的东西，再想到传记的目的是把这两者

---

① 在心理学中，"个性"和"人格"的含义是一致的，但这两个词分别从英文和俄文翻译而来，在使用中还是具有某些细微的差别：个性更多指先天的资质和潜能，人格更多地指后天的、社会的塑造和发展。

② André Maurois, *Aspects of Biography*, Cambridge: The University Press, 1957, p. 24.

③ Leon Edel, *Literary Biography*, R. Hart-davis, 1957, p. 1.

④ 李长之：《司马迁的人格与风格》，《历代名家评史记》，北京师范大学出版社，1986 年，页 45。

融合成浑然一体，我们承认这是个棘手的难题。”①

对于传主个性可以作平面的和静止的介绍，这是古代传记常见的方法，而现代传记更重要的是对传主人作立体的、动态的描述，在冲突中展示传主的人格及其发展。传主是生物学意义上的人，也是社会学意义上的人，从这两种意义上看，他都处于一系列的冲突之中，包括他同自然的冲突和同社会的冲突，其中有阶级或阶层的冲突、同家庭的冲突、同环境的冲突、同文化传统的冲突、性和性别冲突；此外，还有传主自我的冲突，其中有理性与感情的冲突、意志与欲望的冲突等。有些冲突处于尖锐的对抗之中，有些则是僵持或缓慢发展，有些冲突可能是公开的，有些是隐含着的，有些可能愈来愈激烈，以致导向最后双方的决战，有些则可能逐步化解，趋于无形……

社会本身是一个十分复杂的网络，特别是那些一生经历了许多重大事件，经历和性格都很复杂的传主，可能处于多种冲突之中。传记家的任务是一方面发现这种种冲突，一方面要分清哪一种或几种冲突是主要的、对传主的一生具有决定意义，也要注意到有些传主可能一生都由一种冲突所制约，也可能在不同的阶段，不同的冲突占据着主要的地位。

总之，冲突的类型、性质、产生、演变、结局、意义、影响都有各种各样的可能，冲突是传主人格的动态叙述，适应着传主成长和发展的过程。人格不仅仅是一个心理学的问题，它是在先天的心理资质同历史条件、生活形境的相互作用中确立和发展的，离开了这种互动关系，就无法显示人格。传记应当写出这种互动关系。优秀的传记家总是善于发现传主所面临的冲突，把握它们并描述它们，在这些冲突中显示出传主的人格及其发展。可以设想一下，那些经典的传记作品，如果取消了其中对冲突的揭示，或是把冲突简单化，这些作品的价值会荡然无存。

---

① See David Novarr ed., *Lines of Life, Theories of Biography 1880-1970*, Purdue University Press, 1986, p. 53.

司马迁就是一位发现冲突和描写冲突的能手,《史记》中那些个性最生动的传主,都是在冲突之中让读者永远记住他们的。《项羽本纪》中的项羽经历了“钜鹿之战”、“鸿门宴”、“垓下之围”几个主要场面,《廉颇蔺相如列传》的蔺相如,经历了“完璧归赵”、“渑池相会”、“将相和”等重要场面,在这些场面里各种性质的冲突,有敌对阵营之间的,有自己营垒内部的,也有家族或家庭中的,它们交织在一起,传主的个性就在这些冲突的发展中表现得愈益鲜明和丰满。

司马迁以后的正史中的传记作品,传主多数缺少鲜明的个性,因为这些史学家只是记载历史事件,却对这些事件中所包含的冲突缺少认真的研究和细致的描述。比如陈寿的《三国志》是“二十四史”中比较成功的一部,三国时代风云变幻,其间英雄辈出,但是《三国志》中的人物就远不如《史记》生动,正如清代史学家赵翼所说,这段历史如果由司马迁来写,不知道要精彩多少倍。

对于古代传记家来说,由于心理学的落后,除了极少数例外,还只能描写传主同外部世界的冲突,没有涉及心理世界。鲍斯威尔的《约翰生传》代表着西方现代传记的诞生,他开始认真观察和分析约翰生的内心冲突,其中包括约翰生因童年时代的苦难经历留下的精神创伤,以及他同自己内心深处的那种孤独感、负疚感和耻辱感进行的顽强斗争。精神分析学家对此也给予很高的评价:“在弗洛伊德以前,传记写作还没有带上精神分析的发现所带来的好处或负担时,伟大的传记作品,如普鲁塔克的《希腊罗马名人传》、奥古斯丁和塞里尼的自传、鲍斯威尔的《约翰生传》,都有了弗洛伊德精神分析的发现,这是天才的标志:对人的冲突和他的动机不寻常的透视。”①精神分析进入传记以后,对传主内心冲突的揭示成为许多西方传记家几乎

① Samuel H. Baron & Carl Pletsch, ed., *Introspection in Biography, The Biographer's Quest for Self-Awareness*, Hillsdale: The Analytic Press, 1985, p. 41.

是压倒一切的任务，这带来不少弊病，但是对传主心理冲突的忽视从此也永远成为历史。

黑格尔在分析戏剧的时候最早提出冲突的概念，此后为戏剧理论所沿用。传记冲突并不等同于戏剧冲突。戏剧通常是围绕着一个贯穿始终的主要冲突展开情节，冲突又分为“开端”、“中段”、“结尾”三部分。“开端”部分双方的冲突发生了；“中段”用来展开冲突，冲突的双方进行了几个回合的较量，一次比一次激烈，直推向高潮，在高潮部分冲突双方进行了最后一次具有决定意义的决斗；“结尾”部分一般很短，用来向观众交代冲突的结局，即人物最终的命运。冲突每一次发生就是一场戏，每场戏的内部又有着各自的启、承、转、合。戏剧冲突是戏剧家不断总结戏剧创作的经验得出的一套程式，同时也适应着观众的心理需要和习惯。戏剧冲突当然也需要从生活中汲取素材，不过其中也包含着大量的编剧技巧和人为因素，总是比传记冲突更集中、发展更迅速，常常还需要偶然因素的推动。传记中的冲突不同于戏剧，传记冲突源于真实的历史，它必须在总体上和细节上都有历史的依据，传记冲突对应着实际的生活内容，比戏剧更为复杂多样。

传记中的冲突，同写实主义的小说也有重大的不同，任何一位传主，无论有过多么传奇式的经历，他一生中绝大部分时间也是同常人一样度过的，传记要完整地、真实地而且精确地叙述传主的一生，就不能不注意存在着这些并无光彩的岁月，不能完全撇开它。传记家只能努力寻找和发现冲突，却不能自己去虚构。这些限制对现实主义小说家来说都不存在，小说家可以根据自己的需要把主人公的故事放在几年甚至几天之内，可以把那些平凡的日常生活的内容撇开，把故事讲得尽量动人。传记在叙述冲突的发生、发展和结局的时候，都应当依据事实，时间、地点、人物都应当准确可靠，所以，传记也不可能具有小说的那种紧张性，传记冲突不可能像小说那样尖锐和激烈。

三

如果传记家描述了传主的个性，又叙写了传主的外部世界，并且表明了两者之间的联系，这时他实际上就已经开始对传主进行了解释。

中国古代就有“知人论世”的传统，如孟子所说：“颂其诗，读其书，不知其人，可乎？是以论其世也。”(《孟子·万章下》)所谓“知人论世”，即是对人物及其时代的认识和解释。

司马迁继承了这一传统，《史记》常用“太史公曰”的形式对传主进行评价和解释。在《项羽本纪》中，司马迁批驳了项羽自杀前“天亡我，非用兵之罪也”的谬说，他认为项羽的失败在于“自矜功伐，奋其私智而不师古，谓霸王之业，欲以力征经营天下”，这就是司马迁对项羽悲剧命运的探讨。在《太史公自序》中，司马迁还对自己人格的形成和写作《史记》的原因进行了分析：司马家族世代为史官，写作历史是义不容辞的责任；父亲学识渊博，受其熏陶，受其遗命；自己二十壮游天下，开阔了视野，拓展了胸襟；李陵之祸，无辜受辱，转而发愤著书。

在西方第一位伟大传记家普鲁塔克的《希腊罗马名人传》中也可以发现对传主所作的解释，比如《克拉苏传》一开头就写道：“马可·克拉苏是一位曾享有凯旋式荣誉的监察官之子，但他和两个哥哥却是在一个小康之家里抚养成人的。他的兄长在父母仍健在时便已娶妻成亲，合家同桌共餐，这似乎就是克拉苏在生活作风上总是稳健而有节制的主要原因。”[①]这一解释虽然还很简单，但也反映了古代作者已经萌发的传记解释的倾向。

解释是传记的一种优秀传统，到了二十世纪，随着自然科学、社会科学

① 普鲁塔克：《希腊罗马名人传》上册，商务印书馆，1999年，页577。

和人文科学的发展，社会民主化的进程和人们自我意识的强化，解释则成为传记家的一种自觉追求。对西方传记界产生过重大影响的法国传记家莫洛亚就多次强调："如果说传记家没有权利杜撰事实，然而他完全有权利甚至有义务解释事实。——有些情况下，甚至很多情况下，事实本身是说不清楚的，有时读者不知道该怎么理解它们，在这些情况下，传记家就有权利停下来尝试进行解释。"①

所谓解释，包括对传主的命运作出解释，对其人格的形成和发展以及他一生中重大事件和行为作出解释，还有对传主生平中某些特殊的事件以至细节的解释。从传记解释的实践看，一些传记家试图解释那些长期使人们困惑不解的问题；也有人试图推翻定论，作出新的结论；还有一些传记家在没有过疑问、常人看来不存在问题的地方发现了问题并予以回答。

传主的命运是传记解释中的核心问题。传主为什么是这样而不是那样的命运常常引起传记家和读者深长的思考。赛珍珠是中国读者熟悉的美国传记家，她的《战斗的天使》获得了诺贝尔文学奖，传主是她的父亲。这个年轻的美国传教士来到万里之外的中国，在一个语言不通、文化差异极大、生活习惯迥异的国度里待上四五十年，把一生中最宝贵的时光留在异国他乡，他的动力究竟是什么呢？"如果说他的一生有什么意义的话，那就是：他是他的国家和时代的某种精神的产物，因为他就是一种精神的化身。这种精神是我们祖先的遗赠：盲目的坚信、纯粹的偏执、对天职的热诚、对凡俗的尘世的蔑视、对天堂的崇高的信心。"②时代所造成的对基督教的狂热的信仰，就是赛珍珠对她父亲的性格和命运的解释。

对同一位传主，不同的传记家会作出各不相同的解释，甚至引起激烈的争论，这是现代传记中一种引人注目的现象。一个著名的例子是十六世纪

① André Maurois, "Morality of Biography," James Lowry Clifford, ed., *Biography as an Art: Selected Criticism 1560-1960*, New York: Oxford University Press, 1962, p. 169.

② 赛珍珠：《战斗的天使》，载《东风 · 西风》，漓江出版社，1998 年，页 12。

苏格兰女王玛丽·斯图亚特。玛丽的第一任丈夫——法国国王病死后，她回到苏格兰登上王位，并嫁给了一位青年贵族唐莱，第二任丈夫在一次宫廷爆炸中丧生，玛丽又嫁给了第三任丈夫，这引发了苏格兰贵族普遍的叛乱，玛丽逃到英格兰，被伊丽莎白女王长期软禁后处死。三百年来，玛丽女王一直是西方传记家十分感兴趣的传主，人们在问，这位美艳惊人而又多才多艺的女王到底是个什么样的人，她一生的悲剧究竟是出于什么原因？已经出版的关于她的传记有三百多种。

茨威格的《玛丽·斯图亚特》是这些传记中最著名的一种，也是二十世纪西方经典传记之一。茨威格动笔前就发现，“对于玛丽的生活和性格的答案既多种多样，又相互矛盾。有些人把她看成谋杀犯，另外一些人则把她看成牺牲品；有人说她是私通者，另外一些人则说她是圣人。——每一个得到充分证明的‘是’总是有同样得到充分证明的‘不’来加以反对，每一种指责都遭到反驳；错误和真实、事实和虚构那么复杂地混合在一起，任何一种可能证明她有罪或无罪的观点（特别是她是否是杀死唐莱的共谋犯），似乎同样都有可信的证据来支持。”[①]面对这种复杂的情况，茨威格没有回避一位现代传记家不应回避的任务：解释玛丽的命运。他认为，玛丽·斯图亚特属于那种很少见的女人，她在二十三至二十五岁期间有一个短暂但活跃的兴旺期，这两年之间她的激情在燃烧，无法遏制的情欲导致她最后的悲剧。

许多传主一生中留下一些问题，是所谓“千古之谜”，在历史上有着重大的意义，但是由于缺乏直接的和充分的证据，难以说清，引起后人的困惑和种种猜测。解释这些问题也是传记家的一个重要任务，因为这些问题不但读者感兴趣，而且也关系到对传主的思想、感情和人格的认识，关系到对他一生的评价。

比如英国浪漫诗人雪莱的生平中就有许多令人费解的事：他的好友豪

---

① Stefan Zweig, *Mary, Queen of Scotland and the Isles*, trans. by Eden and Cedar Paul, New York: The Viking Press, 1935, p. v.

格调戏他的妻子哈丽艾特，雪莱知道后十分生气，但是几年以后，雪莱的第二任妻子玛丽同豪格相爱了，雪莱知道这件事却采取了支持的态度。又如周作人是中国五四新文化运动中的重要作家，得到广大青年的爱戴，他同鲁迅素来友爱，但几乎是一夜之间亲兄弟突然反目为仇，再不往来；在抗日战争中，周作人又不顾自己的身份和名望，叛变投敌，出任伪职。对于这类看来反常的问题，可能涉及传主未为人知的秘密，或是同其思想和感情中的深层因素联系在一起，传记家是无法回避的，而且合理的解释必然可以深化对传主的认识，所以它们一直是雪莱和周作人传记的作者们试图解释的问题。

传主生平和个性中还有些看似细微末节的东西，但是也涉及对其人格的理解，一些著名传记家正是在这些细节的解释中显示出他们严肃的写作态度和对传主的深刻理解。约翰生的《诗人传》中就充满着对传主生活细节的解释，十七、十八世纪的那些英国诗人们，有些人豪饮成性，有些人非常节俭，也有些人骄傲自负，约翰生不是只写出它们的这些个性，而且逐一解释了他们个性形成的不同原因。

美国当代传记家艾德尔的《亨利·詹姆斯》是美国现代传记的扛鼎之作，传主是一个看似平平淡淡度过一生的小说家，但是艾德尔却把这部长达五卷的巨著写得波澜起伏、趣味盎然，他的主要方法就是对詹姆斯一生的种种作为都力图探析其背后的动因，作出合理的解释，其中不单是詹姆斯一生中一些重要的决定，而且还有许多看来很平常的小事。比如詹姆斯小说中常常出现气球的意象，艾德尔把它解释为詹姆斯无意识自由联想的结果：詹姆斯喜欢拜伦，拜伦是跛足，他父亲也是跛足，父亲的跛足是一次气球爆炸炸伤的，詹姆斯写作时常想到拜伦，就联想到父亲，又联想到气球，于是写进了小说。又如詹姆斯出了一套文集共二十三卷，为什么是二十三卷而不是二十四或二十五卷，艾德尔解释说，这是詹姆斯崇拜巴尔扎克的缘故，他手头有一部巴尔扎克的文集就是二十三卷。艾德尔这种不断深入底蕴的解释，同詹姆斯丰富的心理世界是一致的，也形成了这部传记精致、细腻的风格,正适合着詹姆斯小说的特征。

英国传记理论家塞西尔说:"小说家主要通过创造性显示自己,他尽其所能去创造场面和人物;传记家是通过解释显示自己,他竭力去发现一个既定故事的意义。"[①]传记家们从不同的角度、使用不同的方法、解释传主不同的问题,成为现代传记家风格的标志,也使传记具有了极大的魅力。

综上所述,传主的生平、传主的人格和对传主的解释,这三者是传记的基本要素,从这一意义上说,传记是对一种个性化历史的解释。传记具有悠久的传统,在近几十年中,又进入了文学的主流,而且可以预料,传记将会在二十一世纪取得更大的发展,传记强大的生命力正是因为它同时具备着这三种要素,因而满足了读者对于文学的人性需求。

2002 年

① David Cecil, "Introduction to an Anthology of Modern Biography," in *Biography as an Art: Selected Criticism 1560-1960*, p. 153.

“解释”与现代传记理念

一、现代传记的要素

西方传记在其诞生之初，以叙述传主生平为要旨，然而在其漫长的发展过程中越来越重视描述传主的人格特征和个性发展。到现代传记，传记又彰显第三种要素：“解释”。生平、人格、解释，这三者构成了现代传记的本体。

西方古代传记是历史学的一个分支，那时就产生了一种理念：要真正认知传主，就必须把他的生存环境和历史背景同其人格联系起来进行考察，用他的生活条件来说明他的个性和人生选择。这在西方第一位伟大传记家普鲁塔克的《希腊罗马名人传》中就有所反映，比如普鲁塔克在《克拉苏传》一开头就写道：“马可·克拉苏是一位曾享有凯旋式荣誉的监察官之子，但他和两个哥哥却是在一个小康之家里抚养成人的。他的兄长在父母仍健在时便已娶妻成亲，合家同桌共餐，这似乎就是克拉苏在生活作风上总是稳健而有节制的主要原因。”[①]普鲁塔克是用克拉苏的家庭状况说明其生活作风的成因，当然这还是对传主人格一种非常简单的解释，它以历史条件为依据，

① 普鲁塔克：《希腊罗马名人传》上册，页577。

可称为历史解释，它反映了古代传记家具有的传记意识。

不过，在西方古代传记中，解释还是一种潜在的或边缘的因素，它只是在那些经典作品中才比较明显，而且是一种浅层解释，大多数传记作品还是以叙述传主的生平为主要目的。在大量传记文本中，注意到传主人格的并不很多，对传主作出解释的就更为难得。十八世纪西方传记进入现代形态的初期，解释因素也逐步彰显出来。撒缪尔·约翰生是一位重要的人性论者，对人性的强烈兴趣和博大的人文关怀使他的《诗人传》出现了更多的对传主的解释。比如斯威夫特一年一次去看母亲，他一般是徒步旅行，除非天气恶劣，才乘马车去，他住每晚一便士的小旅店，在那里再花六便士买干净床单。对他这种非常节俭的做法，约翰生列举了几种可能：有人说这反映了斯威夫特天生的对粗俗卑陋的喜爱；有人说这出于斯威夫特的一种了解人们各式各样的生活的愿望；也有些人说这是深植于斯威夫特内心深处的一种情欲——对金钱的喜爱。约翰生最后用自己的话说："因为这是他自己的钱。"这些是直接的，也比较简单的传记解释。

在《诗人传》中也出现更具深度的解释指向。约翰生笔下的那些英国诗人们，有些人豪饮成性，有些人非常节俭，有些人显得骄傲自负，约翰生不是只写出他们的这些性格，而且让读者看到这些性格形成的原因。其中最出色的是《塞维奇传》，塞维奇本性善良、天真甚至颇有孩子气，他出生贫贱，有一个不幸的家庭，少年时代就备尝生活的艰辛，但他狂妄自大、喜欢卖弄、不近人情。读完这篇传记，读者会感到：塞维奇的人格是被他的生活条件所扭曲的，他用傲慢来抵挡社会对他的歧视，他要时时显示自己的价值，但这又使他在社会中更加孤独无助，导致最后悲剧的结局，读者的这种理解其实正是文本中的解释指向带来的阅读效果。

在约翰生的巨大影响下，鲍斯威尔写出《约翰生传》，这是西方传记中最重要的作品之一，这部传记最大的成就是通过记行和记言生动描绘了约翰生的性格。全传卷帙浩繁，看来杂乱无章，充塞着各种各样零碎的细节、人物对话和私人信件等，其实作者进行了精心构思，通过戏剧化的手法，把各种材料组成一个整体，读者从中会感到无穷的兴味，也可以看到出身贫困的约翰生同那个贵族—资产者社会及其统治阶级和文化代表、同那个社会的价值观和习俗都处于不同程度的矛盾冲突之中，约翰生具有强大的心灵，他有丰富的阅历和渊博的知识，也有率真的性情和狂傲的个性，其实在滔滔不绝的雄辩后面，他心情忧郁，充满对疾病和死亡的恐惧，他的内心也始终处于矛盾冲突之中。鲍斯威尔通过这样多层面的冲突描述，让读者看到一个圆形人物约翰生的各个方面，同时也指引着读者去理解约翰生。

在现代传记初期，无论约翰生的《塞维奇传》还是鲍斯威尔的《约翰生传》，生平和人格是传记家关注的核心，传记家虽然也对传主进行了解释，解释的成分比古代增加了，但是这种解释或者依附于对传主的生平和人格叙说，比较简略和单薄；或者主要是高层次读者所获得的一种阅读体验。传记中相对独立的解释话语还比较少见。优秀的传记家们注意到用环境或经历说明传主的人格形成和个性发展的原因，但是还没有把“解释”明确地置于自己的写作目标之内。

这一状况到二十世纪有了根本改观，这时西方传记进入成熟的现代形态，“解释”不再只是一种文本指向，而成为传记的重要因素，成为传记家普遍的、自觉的追求，解释话语在文本中占有重要地位，解释理念进入传记意识的核心，浅层解释转为深度解释，即从外部现象转入心理层面（包括无意识），追求深度真实成为现代传记的鲜明特点。西方最重要的一些传记家也都对传记解释进行了明确的理论定位，并给予积极的评价。

二十世纪西方传记的第一位名家是英国的斯特拉奇，这位“新传记”的代表早在 1909 年就在一篇论文里讲了一句后人经常引用的名言：“没有解释的事实正如埋藏着的黄金一样毫无用处；而艺术就是一位伟大的解释者。”①

① Lytton Strachey, “New History of Roma,” *Spectator*, Jan. 2, 1909.

斯特拉奇的传记作品得到伍尔芙的高度评价，也是伍尔芙提出了著名的“新传记”概念。她发现，“解释”是“新传记”一个很重要的特点，因为新传记家把“事实的真实”和“虚构的真实”结合了起来：“这样传记家的想象被激发，应用小说家布局和暗示的艺术以及戏剧化的效果去解释私人的生活。”①此后，英国另一位重要传记家戴维·塞西尔进一步把“解释”看作是传记同小说的主要区别：“小说家主要通过创造性显示自己，他尽其所能去创造场面和人物；传记家是通过解释显示自己，他竭力去发现一个既定故事的意义。”②

在法国，莫洛亚是这一世纪最重要的传记家之一。他多次强调，传记家应当帮助读者更深刻地认识传主：“如果说传记家没有权利杜撰事实，然而他完全有权利甚至有义务解释事实。——有些情况下，甚至很多情况下，事实本身是说不清楚的，有时读者不知道该怎么理解它们，在这些情况下，传记家就有权利停下来尝试进行解释。”③

埃米尔·路德维希是德语传记的代表之一，他同样把解释视为传记家的重要任务，这类同于肖像画家：“一位肖像画家除了把他的传主描绘成一个人以外，还怎么描绘呢？除了把他的每一种思想和行动、每一种动机和冲动追溯到他人格的最小因素，他还有什么任务呢？为了达到这一目的，他必须具有不局限于一个时期的知识，必须精通对人的研究，必须是一位心理学家和分析家。他还必须通过直觉和它所经受的训练，用人物行动的朕兆，熟练地对他进行解释。”④

---

① Virginia Woolf, "New Biography," J. L. Clifford, ed., *Biography as an Art: Selected Criticism 1560-1960*, New York: Oxford University Press, 1962, p. 127.

② David Cecil, "Introduction to an Anthology of Modern Biography," J. L. Clifford, ed, *Biography as an Art: Selected Criticism 1560-1960*, p. 153.

③ André Maurois, "The Ethics of Biography," J. L. Clifford, ed., *Biography as an Art: Selected Criticism 1560-1960*, p. 169.

④ Emil Ludwig, "Genius and character," J. L. Clifford, ed., *Biography as an Art: Selected Criticism 1560-1960*, p. 136.

里翁·艾德尔是二十世纪下半叶美国传记也是西方传记的大师，他十分赞赏和多次引用前文引用过的斯特拉奇关于传记解释的那段话。他进一步指出，所谓解释，就是传记家要探寻传主"人性中的迷人的秘密"（弗洛伊德语），努力揭示传主人格中的"动因"和"神话"。①

传记中解释因素的强化反映了时代的要求和特征。二十世纪可以称为解释的时代，无论自然科学还是人文科学、社会科学，都跨越了平面描述的阶段，越来越具有多维解释的特性，对于各种领域的认知对象，人们不仅要求知道"怎么样"，而且要求知道"为什么"。随着科学的发展，人文学科涌现出许多新的领域，旧有的学科也更加成熟，对人的认知越来越全面和深化。随着社会的民主化进程和教育程度的普遍提高，主体意识在强化，人文关怀成为社会的普遍吁求，清理历史、认识人和人性的要求更加迫切，于是解释愈益成为传记写作和阅读的自觉目标。

传记中的解释成为一种潮流，既是切合时代的需要，也是对前期传记中隐含的解释因素的一种极大发扬，更是得力于现代心理学的发展和成就。虽然心理学早在古代希腊就已萌芽，但是它长期以来作为哲学的一个分支，并没有得到充分发展。心理学也曾引起过传记家的注意，比如法国的圣勃夫称"一个心灵就是一个世界"，强调揭示传主的个性，他还把自己的传记作品称为"心理传记"。但是在那个时代，心理学还没有大的突破，圣勃夫也只是加强了作品中对传主个性探析的成分。

十九世纪七十年代以后，随着实验心理学的确立，心理学得到巨大发展并成为独立的学科。心理学对传记最早发生影响的是柏格森的直觉主义。柏格森是一位哲学家，他的哲学包含心理学的内容，并以心理学为基础，这就是他的直觉主义。按照柏格森的说法，感觉和理性都不可能真正认识"实在"；要认识"实在"，必须通过直觉，直觉是不带任何空间性和社会功利性的

① Leon Edel, *Writing Lives: Principia Biographica*, New York: W. W. Norton, 1984, p. 63.

思维方法。认识外在世界和外在自我，可以经过理性的思维，通过分析与综合、抽象与概括来实现。而认识内在的生命和真正的自我，则必须摆脱理性思维的习惯，通过直觉才能实现。“直觉引导我们正是要达到生命的真正内部——我用直觉是指那种本能，它是已经脱离了利害关系的，有自我意识的，能够反省它的对象并无限扩展对象的。”[①]按照柏格森的说法，直觉并非神秘的自在之物，也不是天才的心灵所特有，它是在任何生物中都能想象得到的一种认知力量，它与生命本身同一，凡有生命之处也就有直觉。柏格森在学术界有重大影响，1900 年就担任法兰西学院教授，此后又当选法国科学院院士并获得诺贝尔文学奖，柏格森的理论为许多知识分子所信仰，其中包括传记家，直觉主义主张以直觉为手段认知一切，也真正认识人，这种理论很容易为传记家所接受。

对传记解释影响更大的是弗洛伊德精神分析学。精神分析的本质是用无意识，特别是性意识来说明人类的行为，以及文明的起源和社会的发展。按照弗洛伊德的说法，人类从婴儿时代就产生了对母亲（或父亲）的性欲望，这种欲望为道德所不容，被压制在无意识中，成为“恋母情结”或“俄狄浦斯情结”，为了避免精神的崩溃，它会升华为一种伟大的创造力，人类文明即由此而来。精神分析的核心就是用个体无意识对人所进行的解释。精神分析是一种理论，也是一种实践，弗洛伊德及其信徒用这种方法来医治精神疾病，弗洛伊德本人所写的《达·芬奇》是用精神分析的方法对一个具体历史人物所进行的解释，弗洛伊德解释了达·芬奇人格的两个方面，即他艺术创造力和科学创造力的源泉，弗洛伊德认为，在达·芬奇的俄狄浦斯情结中，他被压抑的对母亲的性欲望，升华为伟大的艺术创造力，使他画出《蒙娜丽莎》这样伟大的作品；他童年时代所形成的对父亲的敌视，升华为对权威的反抗，使他做出一系列科学的发现和创造。弗洛伊德《梦的解释》1900 年问

---

① 柏格森：《创造进化论》，华夏出版社，2000 年，页 176。

世以后,被视为鼓吹乱伦而一度遭受思想界和学术界的强烈谴责,其后经弗洛伊德本人及其弟子不懈的宣传,到了二十世纪二三十年代又在欧美风行一时。精神分析同传记写作虽然是属于完全不同领域的智力活动,但是包含一个共同点:即对一个真实存在的人及其人格的研究,精神分析提供了一种解释人和人性的新方法,同样得到传记家的欢迎。

二十世纪西方一批重要的职业传记家,都在不同程度上接受了精神分析的理论,并把精神分析的方法运用到传记解释中。斯特拉奇曾被称为"心理传记之父",他的《维多利亚时代名人传》中还没有见到精神分析的色彩,但此后他弟弟詹姆斯和弟媳阿里克丝都同弗洛伊德一道工作,詹姆斯还曾被弗洛伊德作为精神分析的对象,并翻译过弗洛伊德的作品。这引起斯特拉奇对精神分析的兴趣,他后来的作品中精神分析的色彩越来越浓。弗洛伊德本人还曾写信给他,祝贺他最具精神分析色彩的《伊丽莎白与埃塞克斯》的出版,称赞他"大胆与谨慎",特别是他对伊丽莎白女王童年时代的一些生活细节的分析。斯蒂芬·茨威格是现代德语传记的旗手,他同弗洛伊德一样,都是出生在维也纳的犹太人,二十年代末,茨威格同弗洛伊德有了直接的交往,1931 年他还写了一篇弗洛伊德的传记,此后他就把精神分析用到传记之中,其代表作《玛丽·斯图亚特》贯穿着对传主的精神分析的解释。至于艾德尔,他本人一度因为精神方面的疾病接受过精神分析的治疗并取得较好的效果,此后他对精神分析进行了专门研究并有专著问世,他的《亨利·詹姆斯》从头至尾贯穿着对传主的精神分析。

解释不仅是二十世纪西方传记的一种鲜明特征,而且对某些传记家来说,解释甚至成为传记作品的重要目标。为了适应这种变化,一位重要的理论家保罗·墨莱·坎道尔(Paul Murray Kendall)还在传记中专门划出一个门类,称之为"解释传记"(interpretative biography)①。

---

① *The New Encyclopaedia Britannica*, Vol. 23, 15th edition, p. 198.

二、方法的革新

传记解释的基础是传记家对传主的认知，现代心理学包括直觉主义和精神分析都提供了新的认知方法，成为传记解释的工具。传统的历史解释继续存在并有所发展；此外，还有传记家在上述方法中吸取自己所需要的东西，进行综合解释。这样，就出现了历史解释、直觉解释、精神分析解释、综合解释四种主要方法。

历史解释是历史最悠久，至今仍然是最基本的解释方法，这种方法实质上是把传主的人生道路、人格形成和个性发展都看作是由历史条件所决定的，可以从他的生存环境中得到解释。传主是历史的存在，任何一位尊重历史的传记家，无论采用何种其他方法，都不可能根本抛弃对传主的历史解释。

当然，历史解释只是一种趋向，生存环境是个庞大而繁杂的概念，所以传记解释可以有各种切入点，大到传主时代的政治、经济、文化和意识形态状况，小到传主的家庭生活、亲友师长的影响、同各种人物的关系等，传记家依据自己的兴趣和关注点，一般选择其中的一个或几个方面，作为解释的主要方向。

西方传记历来以罗马的普鲁塔克和塔西佗为正统（绥通纽斯二十世纪以后才引起人们的重视），他们都是以帝王和英雄为传主，以传主的政治和军事活动为主要内容。普鲁塔克和塔西佗出于对传主性格的兴趣，也注意到轶事和细节，但这只是他们传记天才的一种表现，并没有为后代那些帝王传记、英雄传记和圣徒传记的作者所接受。在漫长的传记史上，传记始终是历史学的一个分支，对传主的记述也只能着眼于一般时代背景和生活环境，对传主做出总体的评价，要具体解释传主就不太可能。

约翰生作为人性论者，提出了新的传记主张，他主张写小人物，同时主张写琐事和细节，他不但反复宣传这种主张，而且身体力行，把它贯穿于《诗人传》中。鲍斯威尔基本沿着约翰生所开辟的方向前进，约翰生和鲍斯威尔在传记史上有崇高地位，他们写轶事、写细节的主张在二十世纪得到强烈的呼应：精神分析就是试图从常人认为不足道的无意识琐事中发现意义，一些学者主张传记应当从历史学分离出来，是关注轶事和细节还是关注重大事件，是传记同历史学的区别。这样，二十世纪的传记家在解释传主的时候，主要是从轶事和细节着手，历史解释也出现了同样的变化。

君主传记历来是传记中的重要门类，这类传记在罗马以后通常非常乏味，成为君主以至国家的编年大事记，这种状况到二十世纪由于轶事和细节的大量出现才有根本改观，斯特拉奇的两部君主传记《维多利亚女王传》和《伊丽莎白与埃塞克斯》就是范例。又如法国俄裔传记家亨利·特罗亚，他以《叶卡捷琳娜大帝》、《亚历山大一世》、《伊凡雷帝》等几部俄国君主传记名噪一时，这几部作品对帝王的活动和个性都有非常具体生动的描述。叶卡捷琳娜是个荒淫无耻的暴君，专制独裁，但是她又勤奋好学、彬彬有礼；亚历山大一世狡猾奸诈、虚伪多疑，既专横又优柔寡断；伊凡雷帝残暴凶狠，常以杀人为乐，但是在治理国家时却有着一种神圣的使命感，显示出极大的智慧和热情。这几位俄国历史上的重要君主，性格都很复杂，特罗亚通过大量的轶事和细节，既写出了他们的个性，也通过那个贫穷落后的俄罗斯和腐败愚昧的俄罗斯宫廷，以及他们的家世、生活环境和人物关系，解释了造就他们的特定历史条件。

历史解释方法的现代革新，不但表现为传记选材重点的转移，还表现为解释的客观化，一些采用历史方法的传记家竭力避免主观色彩，以更客观的面目出现，他们不再用那种同评价有时很难区分的直接解释，避免以第三人称站出来说话。正如莫洛亚所指出的：“决不可忘记，对事实的安排和组合本身就是一种解释。”[①]在众多的材料中选择什么、剔除什么，又怎样把它们编排起来，突出什么、强调什么，对什么又是一带而过，这其中就包含着对传主的认识和解释。这时传记家虽然没有说什么，但是对材料的具有强烈倾向性和暗示性的选择、编排，结果同样是对传主进行了解释，文本强烈的解释指向可能比直接的解说更有说服力。比如托尔斯泰是个经历和性格都十分复杂的人物，有关他的原始文献资料，包括他的日记、笔记、通信，以及法律与宗教文书、记者报导、亲友回忆等，又极其丰富，关于托尔斯泰的传记已有多种，特罗亚的《托尔斯泰传》没有增加什么新的材料，而是对大量原始材料进行精心选择和编排，让读者自己去感受那个实际生活中的托尔斯泰，看到他同周围形形色色人物的关系，让读者看到这个托尔斯泰为什么会从一个贵族出生的浪子一步步成为一个清醒的艺术家和鼓吹“勿以暴力抗恶”的宣教士。

直觉解释是依据柏格森的理论，试图通过直觉进入传主的内部世界，寻找他行为的动因，发现他生命中的秘密，这些传记家认为“直觉比世界上一切资料都更能了解一个人”[②]。柏格森推崇直觉，但他并没有提供一个获得直觉的、可以操作的程序。信奉直觉方法的传记家们通常是通过体验传主的经历，比如重返传主生活过的地方，重游传主的旅行路线，重复传主的某些行动，阅读传主的日记、书信和其他作品，或是营造出一种同传主有关的环境和氛围，比如面对传主的画像、观赏同传主有关的纪念品(或其照片)、再现传主所喜爱的色彩和音乐等，他们就如同某些诗人乞求灵感一样通过这些方法呼唤“直觉”，挖掘关于传主的“关键点”，然后再从史料中为他们的直觉寻找证据，“从对人物的观感开始，而实际上是在档案中寻找直觉的确

① André Maurois, “The Ethics of Biography,” J. L. Clifford, ed, *Biography as an Art: Selected Criticism 1560-1960*, p. 171.

② John Arthur Garraty, *The Nature of Biography*, New York: Alfred A. Knopt, 1957, p. 131.

证”[1],路德维希和美国的格马里尔·布拉德福德(Gamaliel Bradford)就是这样写作的。路德维希写作《林肯传》时,先是观看林肯的画像,没有什么效果,后来他又听贝多芬的音乐,一下子产生灵感,得出了关于林肯一生的主题。

莫洛亚作为柏格森的同胞,也对直觉方法很感兴趣。在他的笔下,无论是英国的雪莱、拜伦,还是法国的雨果、大仲马和巴尔扎克等人,他都通过直觉得出一个对他们的总体解释,他的直觉有时是从某一个文学或神话人物中得出的,比如他写《雪莱传》,就从莎士比亚《暴风雨》中被魔法拘于海岛的小精灵爱丽儿那儿得到启发,他认为雪莱就是现实中的爱丽儿,敏感、善良,有着细腻的感情和自由的精神,但他脆弱,喜爱幻想,不能适应现实社会就如爱丽儿不能越出孤岛。有时莫洛亚是从传主的作品中得到启发,比如他写《三仲马》中的大仲马就是从这位小说家的两部代表作中获得灵感:《三个火枪手》的主题是一位勇敢而贫困的英雄同一个敌对的、危险的世界斗争,又显示了友谊所给人的巨大的力量;《基督山伯爵》的主题是财富使人具有的力量,以及受害者的复仇,莫洛亚认为这四个主题制约着大仲马,也应当用来解释大仲马的一生。

精神分析问世以后很快成为西方传记解释的主流。艾德尔曾经这样总结精神分析对传记的影响:“传记从精神分析取来三种原理:第一,在人类的动机和行为中,在梦、想象和思想中,存在无意识;第二,在无意识中存在某种被压抑的感情和生命状态,在有意识创造的文学形式中,它们有时会进入可感知的梦的形式中,这些感情是被改造和伪装的材料——常常是以神话和象征的状态被无意识所构建的原料,在故事、诗歌和戏剧的形式中,同样的原料被文学的敏感和气质利用巨大的文学传统,改造成为意识的艺术作品;第三,通过归纳的过程,也就是通过考察感觉中没有出现的、精神对事物

---

① John Arthur Garraty, *The Nature of Biography*, p. 131.

的文字描述，我们可以发现更深刻的动机和意义，这对传记家和批评家都是有意义的。”[①]这是相当精辟的概括。

这里可以具体作品为例说明传记中的精神分析解释。这类作品汗牛充栋，厄涅斯特·琼斯的《西格蒙德·弗洛伊德的生平与事业》是其中最具代表性的作品之一。琼斯是弗洛伊德的学生，后来成为弗洛伊德的主要助手，弗洛伊德去世以后又成为精神分析学公认的权威和领袖，长期担任国际精神分析学会会长。他在弗洛伊德女儿安娜的全力支持下完成了这部典型的精神分析传记。

按照弗洛伊德的理论，性意识以及与此相关的无意识本能是从婴儿时代就产生的，在琼斯笔下，弗洛伊德本人也不例外。弗洛伊德在1987年的一封信中，说到他十九个月时对活了八个月死去的小弟弟的嫉妒心理，以及此后的终生自责；同一封信中，说到他两岁到两岁半之间时见到母亲的裸体时产生力比多冲动。琼斯认为，“这样，我们可以见到婴儿期的弗洛伊德已经早早地被生、爱、死这些大问题所轰击。”[②]

与此同时，还因为弟弟的诞生、母亲关爱的不够使小弗洛伊德产生了对父亲的敌视。在他两岁不到时，家里出生了另外一个孩子，但很快就去世了，对这个“入侵者”的忌妒，他很自然地产生了对诱惑母亲、使这个“入侵者”出生的那个家伙的愤怒。但他又很难接受这种念头：这个坏透了的家伙就是他可爱的、完美的父亲。

婴儿时代影响弗洛伊德的还有这样一件事：“在两岁的时候（琼斯注：弗洛伊德在一个地方说是两三岁，另一个地方说不到两岁，前一种说法更可信），他还继续尿床，是父亲而不是娇惯他的母亲，替他收拾，他曾回忆过，有次他说：‘爸爸，别担心，我要到奈乌铁钦（本地区的一个主要城市）给你买一

---

① L. Edel, *Writing Lives: Principia Biographica*, New York: W. W. Norton, 1984, pp. 148-149.

② Ernest Jones, *The Life and Work of Sigmund Freud*, vol. i, New York: Basic Books, 1953, p. 8.

张漂亮的红色的新床。’”①

弗洛伊德的人格就在这些经历里形成了：对儿子来说，父亲典型地表现了否定、约束、限制和权威的原则，父亲代表现实原则，母亲代表快乐原则。这样也就出现了对弗洛伊德来说最具决定意义的、即同父亲有关的摩西的形象。“一切理由都表明，弗洛伊德从他早年的《圣经》研究，到他的最后一部著作，摩西本人的巨大形象对他来说都是具有重大意义的事件之一。他是把摩西描绘为令人畏惧的父亲的形象，还是以摩西自居呢？显然，在不同的时期，两种情况都有。”②琼斯举出可以证明弗洛伊德这种自居心理的例证是：他对摩西的塑像一直很感兴趣，对罗马那座米开朗琪罗式的摩西塑像，他会长久地凝视，似乎在等着什么时候摩西突然复活。琼斯本人也送过他一尊摩西的塑像，还写过有关摩西的多篇论文和笔记。

正是这种病态的“自居”作用在支撑着弗洛伊德的人格，他创立精神分析的时期受到全世界的批判和责骂，这时的弗洛伊德作为犹太人，他以古代的民族英雄摩西自居，摩西把犹太人领出沙漠，他则要把人类领出黑暗的无意识领域。后来他的理论得到社会的逐步承认，他仍以摩西自居，这使他过于自信和固执，容不得不同的意见，他的一些学生先后离开了他，其中特别是荣格的离去给他很大的打击：“毫无疑问，对荣格的背叛他感到极其失望，他的内心激烈斗争，他竭力控制自己的情绪，使自己能够平静地说出他觉得不能不说的话，人们不可避免地可以得出这样一个结论：这时候，也可能在这之前，弗洛伊德以摩西自居并且拼命效仿摩西，克服自己的情绪，就如同米开朗琪罗在他的伟大作品中所表现的那样。”③弗洛伊德一生经济始终拮据，到了晚年又深受癌症折磨，十分痛苦，但他还是以摩西自居，认为自己的

① Ernest Jones, *The Life and Work of Sigmund Freud*, vol. i, p. 7.

② Ernest Jones, *The Life and Work of Sigmund Freud*, vol. ii, New York: Basic Books, 1955, pp. 364-365.

③ Ernest Jones, *The Life and Work of Sigmund Freud*, vol. ii, pp. 366-367.

使命尚未完成，还必须坚持下去，这使他依靠巨大的意志力量同疾病坚持斗争，继续他的精神分析事业。

从这部《西格蒙德·弗洛伊德的生平与事业》中，可以看到琼斯是从几个重要的方面来解释弗洛伊德的。琼斯说到弗洛伊德对母亲的力比多冲动，以及他对父亲的不满，这是俄狄浦斯情结或性的角度，同时引申到儿童同父母的关系，这是精神分析解释的第一种角度。琼斯还写到弗洛伊德小时候尿床，并因为父亲的责怪受到刺激而立下志向，从童年的经历解释传主，这是精神分析解释的第二种角度。琼斯说到弗洛伊德有一种病态的自居心理，他以摩西自居，从精神或心理疾病的角度来解释传主，这是精神分析解释的第三种角度。当然在许多情况下，这三种角度是重叠的或相联系的，比如俄狄浦斯情结或同父母关系中的问题就是在童年出现的，这也可能成为精神疾病发生的原因。琼斯的这部传记可以说全面体现了精神分析解释的基本特点。

历史解释、直觉解释和精神分析解释是三种主要的传记方法，一些传记家可能习惯使用其中一种，也有许多传记家把这些方法结合起来。比如莫洛亚，他不但是一位传记家，而且是一位著名的历史学家，他的传主都是法国人和英国人，他也写过法国史和英国史的专著，他的历史学修养使他在传记写作时能够熟练运用历史学的方法，这是他传记解释的基础。他接受了柏格森的理论后开始使用直觉方法，后来又吸收了精神分析的方法。比如《三仲马》，如上文所说，莫洛亚以大仲马两部小说的主题解释其一生，这是直觉方法的解释，但是这种解释又以拿破仑战争前后的法国历史为背景，其中包含着莫洛亚对这段历史的理解和这段历史对大仲马的影响。莫洛亚还指出，大仲马的父亲因为黑人血统而受到不公正的对待，大仲马童年时代也因此受到歧视，这些在他的无意识中始终是一种伤痛，他的复杂、多面的性格以及他的创作都与此有关。这样，莫洛亚对大仲马的解释就又包含了精神分析的因素。

到二十世纪下半叶，越来越多的传记家同莫洛亚一样，更加自觉和熟练地吸收各种解释方法的精华并运用到作品中，如艾德尔的《亨利·詹姆斯》、理查德·艾尔曼的《乔伊斯传》(1959)、米切尔·霍尔劳伊德(Michael Holroyd)的《斯特拉奇评传》(1968)等，都是可以列入这类作品的名著。还有一位埃里克·埃里克森(Erik Erikson)——美国权威的精神分析学家，他的《青年路德》是关于德国宗教改革领袖马丁·路德的传记名著，其主题是以路德少年时代的精神病来解释他的性格和他所领导的德国宗教改革，但正如这部传记的副标题“精神分析和历史的研究”所示，其中也收集大量历史素材，并运用这些素材对路德及其活动进行解释。

历史方法和心理方法，以及两者的结合，是传记解释的主要方法，但是也还有其他方法，比如哲学方法的介入，萨特的存在主义传记就是一例。萨特的《波德莱尔》、《圣·热内》和《家中白痴》(福楼拜传)等三部传记都是以法国作家为对象，在方法上则采用存在主义，具体说来就是把精神分析同马克思主义的异化学说结合起来解释传主。在萨特看来，这些传主由于童年时代家庭生活中出现的问题，使他们都有了精神障碍或精神疾病，这影响了他们的一生，包括他们的作品；同时，传主的精神病又是社会疾病造成的结果，人被资本主义社会所异化的表现。存在主义解释也曾风行一时，特别是在法国传记中有许多效仿者。这种解释是精神病加上“异化”这样一种公式，不过就其核心部分而言，仍然是精神分析特别是其中的精神病学的解释。

三、解释的内涵：人文关怀

所谓“解释”，是个非常复杂的概念，一般说来，“解释”是对事物的原因或意义的一种揭示，在传记中，“解释”则是对传主生存方式中各种因果关系的说明。传主一生的经历及其个性发展和人格表现常常十分复杂，传记家不可能说明其中的一切因果，他的解释通常是有选择的，他依据自己的兴趣或读者的兴趣，同时也依据自己的能力和所掌握的材料来确定解释的对象。他可以对传主作总体的解释，也可以对某些方面进行解释，或是对个别事实进行解释。一些传记家试图解释那些长期使人们困惑不解的问题；也有人试图推翻已有的定论；得出新的结论，还有一些传记家在历史上没有过疑问、常人看来不存在问题的地方发现问题并予以回答。传记文本中试图解释哪些问题以及怎么解释，这是对传记家能力和才华的考验，也最能展示传记家的艺术风格。

传主作为一种历史存在，现代传记家在叙述其生平时，同时在说明他为什么是这样而不是那样度过一生，为什么有这样而不是那样的人生归属。这不是对传主的简单的评价，而是贯穿于文本的、对传主存在的价值和意义以及其中的因果关系的总体说明。这是对传主命运的解释，也是传记解释中的核心问题。从古代起，那些最优秀的传记，如罗马三大传记和《圣经》中的传记作品，总是关注着传主的命运，到二十世纪，人们不再满足于把命运归结为神或什么超自然的意志了，因此传记不仅要描述，而且要解释传主的命运。

斯特拉奇的《维多利亚时代名人传》是“新传记”的第一部作品，其创新意义是多方面的，其中对传主命运的解释令人耳目一新。传中写了维多利亚时代的四个人物：红衣主教曼宁、护士南丁格尔、将军戈登和学校校长阿诺德，这四位都是当时英国人很熟悉的名流，时代相距也不远。这部篇幅不大的传记没有提供多少新的材料，它之所以能轰动一时，一个主要原因就是斯特拉奇对四位传主进行了新的解释。这些本来被英国人视为国家骄傲的人物，在斯特拉奇的笔下不再那么庄严神圣，而是沾染着那个时代讨厌而怪癖的习气，斯特拉奇看似冷静的叙述其实在讥讽着曼宁的投机世俗、南丁格尔的专断冷漠、戈登的狂热愚昧、阿诺德的虚伪浅薄。但是这些人物又都是那个时代的精英、在自己的领域里有过重大的贡献,他们又怎么会是这样的呢?斯特拉奇对他们每个人都进行了分析,也解释了他们共同的命运:"他们被一些神秘的力量所推动,在稀奇古怪的纠结中相互作用,最后又匆匆忙忙——几乎是如此——就像木偶戏中的木偶那样走向预定的结局。"①

斯特拉奇对几位维多利亚时代名人冷嘲热讽以后,在《维多利亚女王传》和《伊丽莎白与埃塞克斯》中继续对两位女王的命运进行描述和解释,但是读者可以清楚地发现,他对传主的态度越来越宽厚,对她们的命运给予的同情越来越多。解释的前提是理解,理解产生同情,一位优秀传记家,必然是人道主义者,对传主命运的注视和探索集中反映了传记的人性关怀。从南丁格尔到两位女王,斯特拉奇主要写女性,在这之前,女性传主一般只是在亲友的回忆中出现,女性的命运得到更多的关注,也是二十世纪才有的现象,人文精神的宏扬在传记中开始突破性别的界限。

茨威格是一位有世界影响的伟大的人道主义者,他常选择那些经历复杂、命运具有戏剧性的女性来展示他的传记才能。十六世纪的苏格兰女王玛丽·斯图亚特的命运曾引起西方人普遍的兴趣,也一直是传记家感兴趣的人物,她死后三百年中出现有关她的传记三百种以上。这位女王出身高贵,美丽多才,她的一生又历经坎坷、大起大落,充满传奇色彩。在第一任丈夫——法国国王病死后,她回到苏格兰重登王位,嫁给了青年贵族唐莱,这个丈夫在一次宫廷爆炸中丧生,女王又嫁给了第三任丈夫,这引起了苏格兰贵族强烈的不满,发动叛乱,女王逃到英格兰,被表姐伊丽莎白女王长期软禁后处死。茨威格的《玛丽·斯图亚特》是二十世纪的经典传记之一。茨威格写作前曾经详细研究过已有的玛丽传记,他发现,"对于玛丽的生活和性格的答案既多种多样,又相互矛盾。有些人把她看成谋杀犯,另外一些人则把她看成牺牲品;有人说她是私通者,另外一些人则说她是圣人。——每一

① L. Strachey, *Eminent Victorians*, New York: Modern Library, 1961, p. 256.

个得到充分证明的'是'总是有同样得到充分证明的'不'来加以反对，每一种指责都遭到反驳；错误和真实、事实和虚构那么复杂地混合在一起，任何一种可能证明她有罪或无罪的观点(特别是她是否是杀死唐莱的共谋犯)，似乎同样都有可信的证据来支持。"[①]这种争论又同宗教和民族问题纠缠在一起：玛丽虔信天主教，她被英格兰女王所杀，所以一般说来，新教徒指责玛丽，天主教徒责怪伊丽莎白；英国历史学家毫不犹疑地把玛丽说成是谋杀犯，而苏格兰方面则宣称她无罪，说她是诬蔑的牺牲品。面对这种复杂的情况，茨威格没有回避一位现代传记家不应回避的任务：解释玛丽的命运。他认为，"玛丽·斯图亚特属于那种少见的、很有趣的女人，她的重大行为的时期受到时间的限制，她有一个短暂的但活跃的兴旺期，她的生活主要是一个短促的、但有巨大激情的灼热阶段，而不是同等地散布在全部经历的每一个时期。"[②]她二十三岁前和二十五岁后，都是平静的，而这两年之间，她的激情在燃烧，无法遏制的情欲导致她最后的悲剧，也使她在故事和歌曲中永远不朽。茨威格把玛丽女王的命运归结于她的情欲，这里可以看到弗洛伊德精神分析的影响，但也有着更深刻的意义：既不把这位高贵的女王神圣化，也不把她妖魔化，而是把她看作一个有七情六欲的常人，她动荡不定的一生和最后断头台上的结局在茨威格笔下，都可以得到合乎情理的人性化的解释。

基督教是西方文化中的一个重要因素，从《圣经·新约》"四福音书"开始，宗教人物在传记史上就占有重要地位，在宗教的绝对权威不复存在的时候，如何写出人性化的宗教人物，是一个有趣的课题。美国传记家赛珍珠是中国读者都熟悉和感兴趣的，她为自己的父亲赛兆祥和母亲凯丽·斯塔尔丁写作的传记《异乡客》和《战斗的天使》，被诺贝尔文学奖评选委员会称为"传记方面的杰作"。这对年轻的美国夫妇，离开祖国和亲人，来到万里之外

---

① Stefan Zweig, *Mary, Queen of Scotland and the Isles*, pp. v-vi.

② Ibid., p. vii.

的中国传教，在一个语言不通、文化差异极大、生活习惯迥异的国度里待了四五十年，把一生中最宝贵的时光留在异国他乡。尽管他们在中国的宗教目标没有也不可能实现，但是他们始终不肯放弃这个目标，他们的动力究竟是什么，到底是什么原因使他们做出这样的选择、有了这样的命运，这是一个使许多人感兴趣的问题。赛珍珠观察和研究了自己的父亲，她的回答是："如果说他的一生有什么意义的话，那就是：他是他的国家和时代的某种精神的产物，因为他就是一种精神的化身。这种精神是我们祖先的遗赠：盲目的坚信、纯粹的偏执、对天职的热诚、对凡俗的尘世的蔑视、对天堂的崇高的信心。"[①]赛珍珠把父亲的传记取名为《战斗的天使》，在她看来，对基督教的狂热信仰决定了父亲的命运。赛珍珠的这一解释对人们理解过去几个世纪西方传教士在中国以及其他非基督教国家的传教活动，对理解基督教，都提供了一种有价值的说明，也展示了在两种文化的撞击中人性所经历的磨炼和苦难，在新的历史条件下基督教精神面临的窘境和存在的价值。

传记家关注传主的命运，也如人们常说的，"性格即命运"，传主的命运女神就是传主的性格，对传主命运的解释同对传主性格的解释常常是联系在一起。

莫洛亚的传记作品就是这样，如前文所说，他通常经过直觉所得出的那些核心意象，实际上就是对传主的命运，也是对传主个性的概括和总结。莫洛亚对诗人和作家的性格和命运有着敏锐的理解，由于身世同拜伦的某些相似之处，他的《拜伦传》中对传主的理解和解释尤其出色：拜伦本性善良、外表英俊，又有着出色的才华；但是家庭的不幸、身体的残疾、初恋带来的伤痛以及社会本身存在的弊病，使他的个性不能得到正常的发展，再加上祖先血统中流传下来的桀骜不驯的因素，使他玩世不恭，蔑视道德和权威，他无情嘲弄上流社会的准则，到处寻欢作乐，但他的狂放不羁也有掩盖内心创伤

---

① 赛珍珠：《战斗的天使》，漓江出版社，1998年，页12—13。

的意味，他的叛逆行为终究为社会所不容，他四处漂泊，躯体和心灵都无法找到归属，最后只有远离祖国，客死希腊。在莫洛亚看来，拜伦的性格和命运就如他自己笔下的唐璜。莫洛亚的《拜伦传》把历史方法和心理方法结合起来，考察了传主性格的各个侧面及其命运的发展，周密而细致，可以看作传记解释的典范之作。

也有一些传主，最使人感兴趣的是他一生中的某些问题，其中甚至有一些是所谓“千古之谜”，由于缺乏直接的和充分的证据，史学家难以说清个中原委，只能留作空白，这就引起后人的种种猜测。对传主一生中这些难解的事件作出解释，找出其动机和原因，是传记家的一个富有挑战性的任务，这些问题不但读者感兴趣，而且也关系到人们对传主人格的认识，关系到对他一生的评价，传记家可能有不同的解释，甚至引起过激烈的争论，茨威格的《玛丽·斯图亚特》就是其中一例。又如雪莱生平也留下许多谜，对其个人品德历来颇多争议，他在世时遭到英国舆论普遍的攻击，以致他在英格兰难以立足，最后不得不去了意大利。在涉及对他的道德评价时也确实有许多令人费解的事，比如他的好友豪格曾趁他回故乡之机，调戏他的第一任妻子哈丽艾特，雪莱回来后知道这件事，感到十分气愤，同豪格分手了。但是几年以后，雪莱的第二任妻子玛丽同豪格相爱，雪莱知道这件事后却采取了支持的态度。这一时期雪莱的一些信件和雪莱、玛丽合写的日记被他们销毁了，但是玛丽给豪格的十一封情书却被保存了下来，使读者知道了这场恋爱的经过。为什么对前后两个妻子同朋友的恋爱，雪莱会采取如此不同的态度？英国传记家理查德·霍尔姆斯的解释是：雪莱“要建立朋友之间组成的一种激进的公社，其中所有的一切都是共享的。围绕着他自己和玛丽之间的核心关系，他企图在玛丽和豪格之间、在他自己和克莱尔（玛丽的妹妹，曾为拜伦情妇，但始终爱着雪莱）之间鼓励建立一种从属的亲密关系”。[①] 也就

① Richard Holmes, *Shelley: The Pursuit*, London: Weidenfeld and Nicolson, 1974, p. 277.

是说，雪莱在实践着一种带有空想性质的社会理想：废除婚姻制度，建立两性之间完全自由、不受传统道德约束的性关系，玛丽和豪格愿意接受这种关系，雪莱就支持；哈丽艾特不能接受这种关系，豪格却违背自由的原则强迫她接受，雪莱则不能容忍，要把豪格赶走。霍尔姆斯的这一解释未必能为所有的读者接受，但是它可以帮助读者理解雪莱的许多看来反常的行为和他的一些作品中违背传统道德的情节。

还有一些传记家，解释成为其作品的主要特征，不但解释传主命运和生平的重要问题，而且尽可能地解释各种各样的细节。美国小说家亨利·詹姆斯的一生看起来平平淡淡、没有多少色彩，但是艾德尔的五卷本传记巨著《亨利·詹姆斯》却写得波澜起伏、趣味盎然，艾德尔的方法就是对詹姆斯本人及其一生的种种作为都力图探析其背后的动因，作出合理的解释，不单是詹姆斯一生中的重要的决定，而且许多小事他也不放过。比如詹姆斯小说中常常出现气球的意象，艾德尔把他解释为詹姆斯无意识中自由联想的结果：詹姆斯喜欢拜伦，拜伦是跛足，詹姆斯的父亲也是跛足，父亲的跛足是一次气球爆炸炸伤的，詹姆斯写作时想到他喜欢的拜伦，联想到同为跛足的父亲，再联想到气球，笔下也就出现了气球。又如詹姆斯出了一套文集共二十三卷，为什么是二十三卷而不是二十四或二十五卷？艾德尔解释说，这是詹姆斯崇拜巴尔扎克的缘故，詹姆斯手头有一部巴尔扎克的文集是二十三卷，所以他把自己的文集也编成二十三卷。艾德尔通过这样不断深入底蕴的细节解释，形成了这部传记精致、细腻的风格，也正适合着詹姆斯小说的风格。

四、个案剖析：约翰生传记

在二十世纪各种传记解释方法中，影响最大、使用也最普遍的是精神分析。

弗洛伊德的《梦的解析》被称为“一部改变世界历史的著作”，固然是过甚其辞，但是确实可以说，精神分析影响了西方文化思想，它对传记家直接的或间接的影响几乎随处可见，传记解释的主要动力是精神分析向传记领域的渗透，对传记解释的评价在很大程度上同对精神分析的评价联系在一起。弗洛伊德一生致力于创建和完善精神分析，但作为一种学说的初创者，他在不同时期的观点不尽相同，甚至有较大差异。弗洛伊德去世以后，特别是到六七十年代出现的新精神分析对弗洛伊德的观点，特别是其中的泛性论又作了不少修正。精神分析从其诞生之日起就有极大的争议，其基本理论至今没有从实验心理学得到最后的结论，争议还没有停止。精神分析在传记中是否能够运用，又在多大程度和范围里可以运用，同样是一个非常复杂的问题，至今众说纷纭。

鲍斯威尔的《约翰生传》被公认是西方传记中少数几部伟大作品之一，这是一部十八世纪的传记，把它同二十世纪精神分析的约翰生传记进行比较，可以得到某些启发。

鲍斯威尔《约翰生传》问世以后，约翰生的形象几乎被固定下来，在人们的心目中，一提到这位老博士的名字，就会出现那张熟悉的、粗大的、满是皱纹的脸，又厚又密的、卷起来的假发，皱巴巴的、灰褐色的外套。一位知识渊博、充满睿智又有点怪癖的老道德家，这几乎是读者对他的固定不变的印象，似乎他一出生就是这样。

但是一些现代读者和现代传记家并不以鲍斯威尔的这部作品为满足，他们对约翰生传记提出了新的要求。二十世纪新出的约翰生传记已有多种，其中美国传记家詹姆斯·劳里·克利福德的《年轻的山姆·约翰生》有较大的影响。克利福德在此书的前言中说明了自己的写作目标：“许多读者一定会问，他（约翰生）年轻时是怎样的一个孩子？他怎么变成鲍斯威尔那么出色地描绘的富有色彩的人物？他精神上的怪癖、他强烈的偏见、他对精神病的病态的恐惧是怎么造成的？如何解释这样的事实：他是基督徒，又有忧郁的悲观主义；他是个托利党人，又深刻地同情普通人。为什么他容易突然发怒，他的尖利的智慧会枯萎？简而言之，这位伟大的道德家的人格和性格是怎样形成的？本书就试图回答其中的某些问题。”①

克利福德试图从深层次解释约翰生“人格和性格是怎样形成的”问题，他认为鲍斯威尔对这一问题提供了线索，但是没有详细说明，鲍斯威尔熟悉的是他结交后的约翰生，这时约翰生已经五十四岁，是个成熟的、定型了的约翰生，他对约翰生的了解是不够的：“对约翰生家庭中的紧张关系以及他父母的性格和趣味，鲍斯威尔所知道的特别少，鲍斯威尔也没有二十世纪的那些兴趣：如兄弟之间的竞争、早年受挫的愿望和感情上的危机。对他最熟悉的那段时期，他有丰富的材料，对那些听别人讲的、细节很少的年代，他就轻轻跳了过去。”②

人们公认，鲍斯威尔以巧妙的结构技巧掩盖了材料的不足，即有关约翰生早年的生活情况。不过在过去一个半世纪里，学者们收集和整理出来许多这方面的材料，这些是鲍斯威尔所不知道也不感兴趣的。另外，克利福德还着重研究鲍斯威尔的笔记、书信等原始文件，为了避免被鲍斯威尔干扰，他撇开《约翰生传》来写作自己的约翰生传记。克利福德的注意力集中在四十岁之前的约翰生，包括他的童年、少年和青年时代。

克利福德着重研究了约翰生童年时期，他发现一个明显的事实：儿童时代的约翰生尊敬父亲，但是不爱他，约翰生爱母亲，但是不尊敬她，即约翰生“对母亲的不健康的依附和对父亲的无意识的仇恨”，克利福德暗示约翰生处于俄狄浦斯那样的境地。约翰生的一些使人困惑的问题，比如他的忧郁症和他的婚姻都与此有关。

约翰生有忧郁症，就是因为童年的这种经历使他真的有病，也可能是他

---

① James Lowry Clifford, *Young Sam Johnson*, New York: McGraw-Hill Book Company Inc., 1955, p. vii.

② Ibid., p. viii.

想象自己有病。“他发现对忧郁症来说，最好的解毒剂是谈话。”[①]他特别健谈，以他为核心组成了一个俱乐部，每星期二下午在一家咖啡馆聚会，别人喝着甜饮料或酒，约翰生则饮着成加仑的柠檬水，他始终是这群人当中最机智、最快乐的人物，只要别人还坐在他身边，他就会一直谈到第二天早上。在谈话中，约翰生显示了他非凡的智能，“约翰生的全部希望有赖于他的智慧，对他的智慧的任何威胁就是对生命本身的威胁。”[②]

约翰生二十三岁的时候，同伊丽莎白·波特夫人（通称她泰蒂）结婚，这位女士当时已经四十三岁，还有三个孩子，还有人说她长得胖而俗气、对男性毫无吸引力，按照鲍斯威尔的说法，她“非常肥胖，胸部比一般人挺得更高，鼓鼓的面颊一片鲜红，这是厚厚的画粉加上随意饮用甜酒造成的结果，她的衣服奇形怪状，又艳又俗，她的谈吐和日常举止也都受其影响”。几乎所有的人都反对这场婚姻，约翰生在结婚前几天给朋友的信中也只字未提这场婚事，而且他们生活中不断发生摩擦。那么这场婚姻究竟出于什么动机呢？这是人们很长时间里都十分感兴趣的问题。

克利福德对约翰生婚姻的解释包括几个方面。首先，约翰生承认女性美，而他刚认识波特夫人的时候，她还很年轻漂亮；其次，“她是一个极富感受力和有价值的夫人；她是那么敏感和有教养，在他们结合的初期，他非常喜欢就他所有文学上的追求征询她的意见”。约翰生认为，她朗读喜剧比他听过的任何人都强，只是在朗读悲剧的时候她总是“把嘴张得太大”。她的智力和批评能力得到约翰生的高度评价，到她晚年，他都不断向她征求关于自己作品的意见。“她最后一次病重时约翰生温柔地照料了她。他以祈祷和眼泪纪念她的忌日，——他有次承认，直到她失去了她，才知道对于自己来说她是多么亲爱。”[③]再次，克利福德从性的角度对这场婚姻进行了解释：

① James Lowry Clifford, *Young Sam Johnson*, p. 323.

② Ibid., p. 130.

③ Ibid., p. 311.

"约翰生的行为似乎是出于一种富有个性特征的模式。一位情绪不稳定、身体上无能的年轻男子同年龄较大的妇女一道,比同他年龄相仿的姑娘们一道,更感到自在。"[1]

克利福德认为约翰生的人格是矛盾的:他对生活感到悲观,但是他对他能够得到的那些乐趣又感到高兴。克利福德同意这样一种说法:"约翰生是一个对生活有着巨大热情的悲观主义者。"[2]约翰生强大的人格力量源于他的勇气:"勇气是他的主题,因为勇气正是他一生中的主要驱动力。他永远准备着无论出现了什么,他都会顽强地、不屈不挠地面对着,他忍受了一个接一个的难题和挫折——童年时代身体的疾病,家庭生活的无保障,父亲生意的败落,自己大学教育的中断,做教师时一长串的失败,做翻译和记者时惨痛的斗争,婚姻上的失望。他清楚地知道自己的弱点,然而尽管如此,他对自己超常的能力有绝对的信心。这个'勇敢的孩子'在人生的第一个阶段中就有这些麻烦,他的天性得到了强有力的发展,足以克服多数障碍。"[3]

如果把《约翰生传》同《年轻的山姆·约翰生》进行比较,也许可以说,鲍斯威尔所达到的成就,克利福德未必达到或超越;但是同样可以说,克利福德对约翰生青年时代的解释是鲍斯威尔没有考虑过的,也是鲍斯威尔不可能达到的。

不过,一个有趣的现象是:采用精神分析的方法写出的传记大多没有得到精神分析学家的赞许。在美国,从1975年起曾有一批精神分析家同一批传记家进行合作,进行精神分析和传记关系的研究,他们确定一些专题,定期召开学术讨论会并出版论文集。通过一段时间的合作,比较一致的意见是:传记家认为精神分析家不懂传记,精神分析家则认为传记家不懂精神分析。看看精神分析家的意见,是可以得到某种启发的。

其中一位约瑟夫·D. 里奇顿堡教授很赞赏精神分析之前的那些优秀传记

---

① James Lowry Clifford, *Young Sam Johnson*, p. 152.

② Ibid., p. 323.

③ Ibid., p. 322.

作品，他并不认为传记家从精神分析那里学到了很多东西，同样以鲍斯威尔《约翰生传》为例，他甚至说："在弗洛伊德以前，传记写作还没有带上精神分析的发现所带来的好处或负担时，伟大的传记作品，如普鲁塔克的《名人传》、奥古斯丁和塞里尼的自传、鲍斯威尔的《约翰生传》，都有了弗洛伊德精神分析的发现，这是天才的标志：对人的冲突和他的动机不寻常的透视。"[①]"在精神分析向我们时代贡献它的特殊的透视力之前很久，普鲁塔克、奥古斯丁、塞里尼和鲍斯威尔在写作传记的时候就对心理问题有了丰富的认识。"[②]在约翰生同对手的大量谈话中，主要是道德论题，"这些探索的聪明人，没有一个提出有意义的深层心理学的问题"[③]，但是"鲍斯威尔的《塞缪尔·约翰生传》是最后也是最接近弗洛伊德的发现的，然而它似乎又是最少'弗洛伊德主义'的"。[④]

按照这位精神分析学家的意见，鲍斯威尔那样天才的传记家不用精神分析也可以达到精神分析的深度，现代传记家使用精神分析也不可能超越鲍斯威尔，精神分析所能解决的问题，鲍斯威尔差不多已经做到了。里奇顿堡偏激的态度反映了他自己的趣味和见解，自然可以见仁见智；但是作为精神分析学的专家，他的批评是值得警惕的，对传记解释所取得的成就应当有清醒的认识。

里奇顿堡也有很中肯的意见："虽然我相信传记和精神分析的道路是交叉的，但它们没有，也不应当汇聚起来。过去伟大的传记家从统一的知识中创作出他们的巨著，这些知识是他们同读者当时都具有的。然而从根本上说，精神分析学家不是博学的人，而是提出问题的人。他最伟大的贡献来自他源起于伟大的科学传统。他从已知的东西探索边缘的区域，在那里得到发现。在任何情况下，对他的病人、对他的传主、他的理论，他都在进行探索。——我感

① Joseph D. Lichtenberg, "Psychoanalysis and Biography," Samuel H. Baron & Carl Pletsch, ed., *Introspection in Biography, The Biographer's Quest for Self-Awareness*, Hillsdale: The Analytic Press, 1985, pp. 41-42.

② Ibid., p. 52.

③ Ibid., p. 46.

④ Ibid., p. 46.

到,最好告诉传记家认识到这一点：他自己伟大的人道主义遗产的基础,是人类的知识同他时代的精神的结合,因此也是同心理分析的出现的结合,对人类心理发展的这种新的透视已经改变了那个时代精神。精神分析和传记的独特的创造性贡献有许多共同的地方,也有许多相互应当尊重的地方。"①

我们可以从里奇顿堡的意见中得到启发：精神分析同传记应当互相学习,但是不能把精神分析和传记混成一体。精神分析是提出问题而不是解决问题,是方法而不是知识,不能把精神分析的结论代替对传主的具体分析。鲍斯威尔依靠全面的、统一的知识写出伟大的作品,弗洛伊德则是体现了时代精神而又继承了科学传统的伟大的人道主义者。要想取得鲍斯威尔和弗洛伊德那样的成就,也应当学习他们的知识和品德。

五、解释与真实

精神分析方法,同其他方法一样,都可用于研究和解释传主,但并不是关于传主的知识。对传主的认知,必须以史实为基础。传记要求历史的真实性,甚至要求历史的精确性,这是由传记的本质性规定。传记被公认为难度最大,也最少出现优秀作品的文类,正是因为除了文学性和文化性的要求外,传记还要求严格的历史真实性。

解释倾向的出现给传记家似乎提供了一个巨大的自由的空间,正如戴维·塞西尔所指出的："传记家是通过解释显示自己。"②斯特拉奇宣称,传记

---

① Joseph D. Lichtenberg, "Psychoanalysis and Biography," Samuel H. Baron & Carl Pletsch, ed., *Introspection in Biography, The Biographer's Quest for Self-Awareness*, pp. 62-63.

② David Cecil, "Introduction to An Anthology of Modern Biography," J. L. Clifford, ed., *Biography as an Art: Selected Criticism 1560-1960*, p. 153.

家的责任之一是“保存自己的精神自由”[①]，传记家对材料的选择和解释是传记家主体意识的集中体现，也是现代传记家获得“精神自由”的主要手段，这里反映了传记家的兴趣、爱好、知识结构，以至他的偏见。对同一位传主，甚至对他的同一件事，不同的传记家会作出不同的解释，这些解释很可能无法统一，而且其中任何一种解释似乎都可以为之辩护而又都无法得到确证。解释因素的强化和深度解释的出现带来了一个无法回避的问题：这对传记的真实性产生何种影响？

从积极的方面看，传记家因此重新审视过去被忽视的史料，或是从已知史料中发掘出新的意义，达到对传主更深刻的认识。精神分析所关注的，大都是传主童年时代甚至婴儿时期的经历。关于这个时期，在过去绝大多数传记文本中都是空白，包括鲍斯威尔《约翰生传》这样的经典作品，也很少提到传主的童年。传记家习惯专注于传主一生最辉煌的阶段，这一般是他成年以后，传主的童年时代很少会留下什么资料，重要事件也不可能很多，传主成名以后，会出现一些童年时代的传说，这通常是附会或杜撰。但从人格成长的过程看，童年确实是非常重要的时期，精神分析极大地提醒人们重视这个阶段。性意识和性活动长期以来是传记作品所讳言的，但是现代生理学已经证明：性意识的萌发在童年时代就已经开始，比过去估计的要早得多，而且性意识对人的生理和心理乃至行为方式，都可能产生重大影响。精神分析为传记家扩展了视野，提出了一系列人们过去不曾认真注意过的问题：传主的性意识，他同父母和兄弟姊妹之间的关系，他是否有精神方面的障碍或疾病。应当尽可能从传主的童年时代就开始，探析他们人格形成和个性发展的全过程，也要考虑这些因素对传主成年以后的私生活和公生活产生了哪些影响。只有这些因素都考虑到了，对传主才会有更完整、更深刻的认识。

---

① L. Strachey, *Eminent Victorians*, New York: Modern Library, 1961, p. xi.

精神分析用以解释传主的材料，常常是一些细微末节、从未引起过人们注意的东西，这一方面需要专业的训练和眼光，另一方面也要求传记家更加认真细致地阅读材料，以能够进入传主的心理世界。新批评主张对文本的“细读”，精神分析则带来“第二次阅读”或“新读”（new or second reading），也有人称之为“敏锐阅读”（sensitive reading）[①]，精神分析的这种阅读方法可能带有先入之见，但是也对传记解释的方法和程序进行了一种全新的示范，对获取深度真实也是可以借鉴的。

从消极的方面看，无论历史的还是心理的解释方法，都很重视轶事和细节，这就带来了传记的故事化倾向，传记家可能放弃对材料的考订，去选择那些未经核实或是耸人听闻的野史传说，传记的真实性因此受到损伤。精神分析风行以后，就有一些传记作者把它当成了一种教条，他们狂热地宣称“一切人物的传记都要依据精神分析学重新写过”，他们穿凿附会、胡编乱造，在每一位传主身上都寻找俄狄浦斯情结和精神变态，在这种潮流中出现的传记作品，绝大多数是哗众取宠的“传记垃圾”。比如，传主童年时代的经历以及同母亲或父亲的关系，在某些传主那里确实是一个重要因素，英国作家劳伦斯童年时代同母亲有非常亲密的关系，这对他后来的生活和创作产生了重要影响，这一点劳伦斯在《儿子与情人》、《无意识的幻想曲》等作品中就有比较明确的暗示，也为劳伦斯的研究者和传记家所承认。但是对不同传主而言，人格形成和个性发展的过程千差万别，其动因可能比较简单，也可能是多种因素共同复杂作用的结果，解释时必须避免简单化。如果把俄狄浦斯情结和性意识作为人类文明的基础，这本身就带有一种简单化的倾向，依据这种理论解释传主也就很容易变得千篇一律，正如英国学者弗兰克·西奥菲所批评的：“弗洛伊德所引发的叙述儿童时代所受到的影响，以

---

① S. H. Baron, “Psychological Dimensions of the Biographical Process,” S. H. Baron & C. Pletsch, ed., *Introspection in Biography, The Biographer's Quest for Self-Awareness*, p. 16.

应用于历史和文化人物的生平，这已经变得如同码砖一般机械。”①

西奥菲以二十世纪出现的西方著名传记为例，传主是一些极不相同的人物，如德国法西斯魁首希特勒（作者瓦特·兰基尔和罗伯特·维特）、德国宗教改革家马丁·路德（作者埃里克森）、英国科学家牛顿（作者弗兰克·曼纽尔）、美国小说家詹姆斯（作者艾德尔）、英国政治家丘吉尔（作者安东尼·斯托尔），但所有这些传记都是把传主童年时代的某种经历同他们成年以后所取得的成就以及他们的脆弱和嗜好联系起来。西奥菲嘲讽说：“我们怎样才能确定他们所看到的这些联系是真实存在的呢？斯托尔告诉我们，丘吉尔的雄心对应于他儿童时代父母之爱的被剥夺，但我们对人的性格真的知道了这么多，可以把丘吉尔的雄心归结于这一原因吗？事实上，如果丘吉尔童年时代得到宠爱，那么弗洛伊德就又会把他列入这样一类人：他的特有的自信和不可动摇的乐观主义是由于他是母亲心目中的宝贝。有多少理由可以证明丘吉尔的雄心是由于母亲对他的态度，而不是由于他的秃头呢？斯托尔给我们叙述了丘吉尔的学校生活和他蒙受的耻辱，这些对于他后来奋斗中的过度补偿和简捷的行事方式，是可以用来解释其中的任何东西的。”②

用传主童年时代的经历进行解释，不但常常可见这样“码砖“般的机械，千篇一律、随意性极大，而且其材料的可靠性也是值得怀疑的。一个严肃的传记家应当对他所使用的材料进行严格的审查，即使传主本人提供的材料，也需要认真核实。

举例来说，英国传记家乔治·D. 派因特尔的《马歇尔·普鲁斯特》是一部采用精神分析解释的名作，派因特尔在传中写了一个著名的“晚安吻”的故事。这件事发生在普鲁斯特七岁时，一个夏天的晚上，小普鲁斯特的母亲为了照料花园里的客人，在儿子睡觉前忘了来给他一个惯常的“晚安吻”，小

---

① Davis Ellis, *Imitating Art: Essays in Biography*, London: Pluto Press, 1993, p. 3.

② Ibid.

普鲁斯特绝望地呼喊着母亲的名字，爆发出一阵歇斯底里的哭喊，母亲急忙赶来了，吻了他，他又感到极度的快乐。这个故事被放在这部传记的开头，派因特尔认为，普鲁斯特"一生中最重要的事情发生了。这件事告诉他：爱是命中注定的，幸福并不存在"。[①] 普鲁斯特一生的经历、他的性格、他的同性恋、他的《追忆似水年华》等，都与这个故事有关。派因特尔为了写作这部传记做了艰巨的准备工作，他收集了大量资料，也对资料进行了认真的选择、鉴别和整理，他自称："我没有虚构任何东西，当我写出一段对话、描述某一特定时刻的天气状况或脸部表情的时候，我也没有虚构，我是依据看来可信的证据。"[②]派因特尔确实没有虚构什么东西，这个"晚安吻"的故事，显然同精神分析的核心理论俄狄浦斯情结是一致的，它也出自普鲁斯特本人的回忆。但是，这个故事是否真实，仍然有许多人表示怀疑，因为人们对童年时代的回忆常常有错误，在得不到其他证明的情况下，提出质疑是允许的。

再如琼斯的《西格蒙德·弗洛伊德的生平与事业》被公认是一部非常严谨的著作，材料极其丰富，但是书中所引用的弗洛伊德自己两岁时尿床的回忆也常常被人诟病，一个人对两岁时的事情的回忆很难令人信服，人们怀疑这是弗洛伊德有意无意编造一个故事以符合他的理论。类似的例子还有很多，如弗洛伊德在《达·芬奇》中引用的达·芬奇童年的梦境和笔记上的片言只语，也都无法得到其他佐证。弗洛伊德在同路德维希讨论传记问题的时候，责备路德维希的《拿破仑传》中没有叙述传主的童年时代，从而造成这部传记的"失败"。弗洛伊德还批评路德维希忽略了一个事实：拿破仑有个哥哥约瑟夫，拿破仑对他既爱又恨，这就是拿破仑为什么同一个叫约瑟芬的女人结婚以及为什么去攻打埃及的原因。在给托马斯·曼的一封信中，弗洛伊德还这样解释拿破仑为什么那样不明智地去攻打俄国：这是为了惩罚

---

① George Duncan Painter, *Marcel Proust: A Biography*, New York: Random House, 1989, p. 9.

② Ibid., p. 17.

自己同约瑟芬/约瑟夫的分手。弗洛伊德是严肃的学者,但他的这类解释却让人感到牵强。弗洛伊德在创建精神分析学的时候,顶住了巨大的压力,坚持自己的基本观点,他的个性是坚强而又固执的,他对自己的理论过于自信,形成了他独断论的倾向。正如一些学者指出的:在精神分析看来最有价值的事件,通常是不可能有任何记录的,一些传记家,包括那些最优秀的传记家,在进行精神分析的时候,就只好引用一些经不起推敲的材料,以符合其理论的需要。

直觉方法同精神分析方法一样,对传记的发展具有两重影响。现代心理学已经证明,直觉是人类所具有的一种认知能力,人们应当承认并开发自身的这种能力。但是直觉并非万能,并非可以认识一切,直觉不能代替感觉和理性,直觉的结果常常难以检验;也不能把直觉神秘化,至少目前人们对直觉的认识还很肤浅。按照柏格森的理论,理性如同地球的外壳禁锢着人的精神,所以同社会接触较少、理性较弱的妇女和儿童更富有直觉。于是三十年代在美国就出现了一批女性传记家,她们写作传记时乞求直觉而不肯认真收集材料,也不愿进行理性的分析和思考,她们这样写出的传记也早就被历史所淘汰。

无论采用何种解释方法,传记文本的基础是史实,无论何种方法都不能取代史实,都不能代替历史材料的收集和研究。所谓传记方法,只是一种研究和解释材料的方法,通过研究和解释材料来解释传主。一位优秀的、认真的传记家,无论在任何情况下,都应当尊重史实,以可信的材料为根据。艾德尔有一句名言:“我建议的传记方法同夏洛克·福尔摩斯的方法,也同西格蒙德·弗洛伊德的方法有关。”[①]也就是说,既要学习精神分析中有用的东西,也要像福尔摩斯一样细心地收集一切证据,对证据进行深入细致的研究

---

① Leon Edel, *Telling Lives, the Biographer's Art*, Marc Pachter, ed., Washington: New Republic Books, 1979, p. 26.

和鉴别,发现其中的意义。

任何严肃的传记家都不可能离开历史方法,但是单纯的历史方法难以进入传主的心理世界进行深度探索;心理方法同历史方法的自觉和科学的结合,应当是传记解释的方向。传记家们选择不同的角度、使用不同的方法、解释不同的问题,成为现代传记风格的标志。在解释中大量使用轶事,使传记更富故事性和趣味性,更生动,更具魅力;但是解释又是一把双刃剑,它也可能颠覆和瓦解传记所需要的历史真实性和精确性,某些现代理论家否定传记作为一种独立文类存在的理由,把传记和小说等同起来,应当承认,这类理论同解释成分的强化有着直接的联系。正如有学者指出的,"传记是一种高度冒险"[①],在进行传记解释的时候必须格外谨慎。

不过,传记解释反映了人类自我认识的深化,也反映了深化这种认识的要求,这是传记发展的必然。有人把二十世纪称为"传记革命"的时代,这场"革命"的主要标志就是"解释"进入传记理念的核心。从这个意义上来说,传记是一个人的生平及其性格发展的历史和对这一历史的解释。传记的这一革新,已经过一个世纪的试验,取得丰富的经验,也得到有益的教训。可以预见,在新的世纪里,传记会沿着这一方向更加蓬勃地发展,目前学术界围绕着传记和自传的各种问题所进行的热烈讨论就是一种预示。

2005 年

① Stephen B. Oates, ed. *Biography as High Adventure: Life-writers Speak on Their Art*, Amherst: University of Massachusetts, 1986.

传记的界线

——史学、文学与心理学的考察

一

传记有着悠久的历史，公元前四世纪希腊哲学家伊苏格拉底的《埃拉格勒斯》，大约公元前二世纪成书的《晏子春秋》可以看作西方和中国最早的、独立的传记作品。希伯来《圣经·旧约》成书年代更早，其中十二卷"历史书"基本上是传记作品，《撒母耳记》、《列王记》等篇中包含了希伯来著名君王扫罗、大卫、所罗门等人的传记。

但这些作品都没有用"传记"或"传"的称谓。把"传"当作一种以人物生平为内容的文类在中国是从司马迁开始的，如赵翼所说："古书凡记事、立论及解经者，皆谓之传，非专记一人事迹也。其专记一人为一传者，则自迁始。"[①]此后在中国典籍中大体上是把"传"和"记"分开，"传"写人，"记"写事，即"叙一人之始末者为传之属，叙一事之始末者为记之属"。[②] 到现代汉语

① 赵翼：《廿二史札记》卷一。

② 《四库全书·总目提要》。

中，“传记”的用法才逐步规范。

在西方，“传记”概念的形成同样经过漫长的阶段。希腊文和拉丁文中都没有“传记”一词。罗马时代普鲁塔克的《希腊罗马名人传》中的“传”字是现代人的意译，其原义是“生平”，并无现代的“传记”含义。普鲁塔克声称：“我写的不是历史而是人物生平。”[①]他自觉地把“人物生平”同一般的“历史”区分开来了，但是还没有形成作为文类的“传记”概念。

直到1683年，英国文艺批评家约翰·德莱顿（John Dryden，1631—1700）为《希腊罗马名人传》英译本写作序言时，才第一次使用“传记”（biography）一词。其中词头 bio 来自拉丁语 bios，意思为“生平”，词尾 graphy 来自拉丁语 graphein，意思为“写作”，这一新词在英语中相当于 life-writing 的意思。至此，“传记”一词在英语中正式出现。[②] 此后，它在法语、德语、俄语等欧洲主要语言中也先后出现。

德莱顿认为传记是历史学的一种类型，他说：

> 历史学主要分为三种类型：连续大事记或编年史；可严格称谓的历史；传记或特定人物的生平。[③]

这种情况中国和西方基本一样，在中国很长时期里传记也是被看作历史学的一种。中国是历史学十分发达的国家，从《史记》开始的“二十四史”，被称作“正史”，都是采取了“纪传体”，也就是说，中国历史学的主要内容是传记，虽然那种编年体历史学也出现了《左传》、《资治通鉴》等名著，但是传

① Plutarch, “Alexander,” *Plutarch's Lives*, A. H. Clough, tran.

② 在德莱顿使用传记（biography）一词之前，英国作家托马斯·富勒（Thomas Fuller）在他的《英国名人史》（1662）中使用了 biographist 一词，相当于“传记作者”的意思，但此词很少有人使用。

③ John Dryden, “Plutarch's Biography,” James Lowry Clifford, ed., *Biography as an Art: Selected Criticism 1560-1960*, New York: Oxford University Press, 1962, p. 17.

记是官方历史学的主要形式,影响要大得多。因此在中国传统的学术分类中,传记属于历史学,这是没有争议的。

十九世纪西方历史学有了很大的发展,历史学理论蓬勃兴起,传记同历史学的区别越来越清楚了,一些学者开始把传记从历史学分离出来,把它归入文学。比如 1886 年美国学者菲力普斯·布鲁克斯(Phillips Brooks, 1835-1893)提出:"传记,就其真正含义来说,是生平的文学,特别是个人生平的文学。"①《牛津字典》初版于 1928 年问世,这是有大批专家参加、经过长达七十年编撰才完成的英语世界权威的工具书,其中把传记界定为——

> 作为文学分支的个别人的生平的历史。②

这一定义把传记确定为文学的分支,但又承认传记同历史有密不可分的关系。这一定义大体上仍为《牛津字典》最新版本所沿用,传记仍被列入文学的范畴,这代表了英国学术界的正统观点。另一部权威著作《大不列颠百科全书》迄今也采取了相似的学术立场,它在"文学艺术"条目中包括了"传记文学"的分支。二十世纪西方一些著名传记家,如英国的里敦·斯特拉奇和弗吉尼亚·伍尔芙、法国的安德烈·莫洛亚、德国的斯蒂芬·茨威格、美国的里翁·艾德尔等,又都是文学家,他们把自己的传记写作看作一种文学活动,他们的观点得到普遍的认同。

中国学术界关于传记属性的看法在二十世纪初期发生了类似的变化。梁启超是旧学和新学之间的过渡人物,他在 1902 年的《新史学》中,把传统史学分为十种,第六种为"传记"。他晚年在 1926 年的《中国历史研究法补编》

① David Novarr, ed., *Lines of Life. Theories of Biography 1880-1970*, West Lafayette: Purdue University Press, 1986, p. 4.

② Harold Nicolson, "Practice of Biography," J. L. Clifford, ed., *Biography as an Art: Selected Criticism 1560-1960*, p. 195.

中，仍然把传记列入历史学，但是他对传记提出了这样的要求："记个人之言论行事及性格"，其中"最要紧的是写出这个人与别人不同之处"。"凡记人的文字。唯一职务在描写出那个人的个性。"①他在这里强调传记要写出性格和个性，这实质上是对文学的要求，梁启超在不自觉中已经把传记向文学靠拢了。

在梁启超之后，胡适 1929 年为《南通张季直先生传记》写的序言中仍把传记当作历史学的分支，不过不久在 1933 年的《四十自述》和短文《中国的传记文学》中，他就明确地把传记归入文学的范围，他一再说到"传记文学"、"自传文学"，其后他又提出了"有历史性质、有文学价值的传记文学"的说法②，他的观点很明确：传记属于文学，但具有历史和文学的双重价值。与胡适同时或稍后，中国有影响的现代传记家郁达夫、朱东润等人也一致采用"传记文学"的名称，他们的观点成为中国学术界的主流。

二

传记同历史学既有相同也有相异之处。传记同通史、编年史著作一样，都是追溯已经发生的事。历史学的要求对传记来说原则上也是适用的，是否真实，是判断传记的标准。一般说来，传记作品中的主要人物，即传主是真实存在的；传主生活的历史背景、他同外部世界的关系、他的主要活动及其原因和结果都是真实的；传主的个性特征、思想意识、情感活动以及人格发展的过程是真实的；同传主有关的其他重要人物的生平活动、思想、感情和性格，特别是他们同传主的关系是真实的。

① 梁启超：《作文教学法》，《梁启超全集》，北京出版社，1999 年，页 4080。
② 胡适：《中国的传记文学》，《胡适讲演录》，河北人民出版社，1999 年，页 216。

当然，传记和历史学所要求的真实都只具有相对意义。每个时代的人们都是依照自己的时代精神去重新观照和书写历史文本，这就是克罗齐的著名命题："一切历史都是当代史"①。当代学者发现，不仅是历史学著作，其实任何文本都是特定时代的产物，都反映了那段历史的特点；反过来，任何一段历史、一个时代，也只有通过各种文本去认知，这就是 1980 年代美国新历史主义的理论"文本的历史化和历史的文本化"②的含义。

而且，历史学和传记不但属于其时代，也打上作者个人的印记。历史学和传记都要求客观，但是选择和叙述史料的时候，史学家和传记家总是在一定的理念指导下工作的，这种理念是属于他自己的。司马迁《史记》中的人物常带悲剧色彩，普鲁塔克《希腊罗马名人传》写得轻松风趣，斯特拉奇《维多利亚时代名人传》总是暗含嘲讽，莫洛亚的许多传记则涂上温馨的浪漫色彩，这些传记大家作品的风格化，实际上反映了他们不同的历史观和传记方法以及他们的个性。传记同历史学都要求真实，都可以达到相对的真实，但它们都无法达到绝对的真实，只能向着历史的本真渐进。

实际上，传记真实比历史学的真实更加困难。这是因为历史学以社会整体或某个方面为对象，而传记则以个别的具体人物为对象，这就造成了两方面的结果。

第一，传记写作中更容易掺入传记家个人感情或利益因素，成为传记真实和公正的障碍。隐恶扬善，这是传记中常见的弊病，"讳"是从《春秋》就开始的一种陋习："观夫子修《春秋》也，多为贤者讳。"③这种风气是古代各种形式的传记所常见的，如梁启超所说，"几乎变成专门表彰一个人的工具。许多人以为中国史的最大的缺点就在此处。这句话我们可以相当的承认。因为偏于个人的历史，精

① 克罗齐：《历史学的理论和历史》，田时纲译，中国社会科学出版社，2005 年，页 15。

② Louis A. Montrose, "Professing the Renaissance: the Poetics and Politics of Culture," *New Historicism*, H. Aram Veeser, ed., New York & London: Routledge, 1989, p. 20.

③ 刘知几：《史通·外篇·惑经第四》。

神多注重彰善惩恶，差不多变为修身教科书，失了历史性质了”[①]。胡适也认为中国传记“忌讳太多，顾虑太多”，“因为有了忌讳，就有许多话不敢说，许多材料不敢用，不敢赤裸裸地写一个人、写一个伟大人物、写一个值得做传记的人物”。[②] 西方传记中的虚假问题同样存在，希腊时代就出现了所谓“颂体传记”，中世纪盛行所谓“圣徒传记”，其中的传主即“圣徒”，是用教皇所宣布的基督教教义所装饰的，他们只有德行而没有弱点。统治集团出于意识形态的需要，总是有意识地塑造自己的英雄人物，这些英雄人物总是被美化和神化。

第二，传记和历史学写作的对象和材料都很不相同。历史学只关注那些对历史进程发挥重大影响的社会集团及其代表，而很少关注个别的普通人，它也不可能把目光固定在一个人身上，它总是不断转移视线，始终注意那些决定历史进程的人。传记总是以具体的人为对象，可以写大人物，也可以写普通人，传记所关注的始终是传主，传主周围的人物无论在历史上多么重要，他们在传记中只能是传主的陪衬，任何伟大的历史事件也只能充当传主活动的背景。传主永远是传记中唯一的主角，永远占据着中心位置。传记所需要的材料也同历史学著作有重大区别。历史学离不开那些围绕着大人物展开的公众事件，而传记要写出传主的生平，当然也离不开影响他一生的重大事件，但是为了表现传主人格，传记家常常更关心传主的轶事和种种细节，司马迁的《史记》就是如此，他也因此遭到后代一些正统史学家的责难和讥讽。刘知几认为“迁之所录，甚为肤浅”[③]，他认为史传的写作应当“以简要为主”，“一曰省字，二曰省句”[④]。刘知几指责司马迁“肤浅”，是站在正统历史学的角度对传记的批评，正说明传记同历史学所需要材料的不同。

---

① 梁启超：《中国历史研究法》，页 172。
② 胡适：《传记文学》，《胡适讲演录》，页 234—235。
③ 刘知几：《史通·外篇·杂说上第七》。
④ 刘知几：《史通·内篇·叙事第二十二》。

普鲁塔克也认识到传记不同于历史学著作，传记中细微末节的小事有时比大事更重要，他也有一段名言：

> 我写的不是历史，而是人物生平。最显赫的业迹不一定总能表示人们的美德或恶行，而往往一件小事、一句话或一个笑谈，却比成千上万人阵亡的战役、更大规模的两军对垒或著名的围城攻防战，更能清楚地显示人物的性格和趋向。①

传记需要通过轶事和细节再现传主真实的人格，传记的真实性也因此面临更大的难题。轶事和细微末节的材料需要到各种文献中去收罗，其真实性又难以查证，很容易以讹传讹，以致面目全非。因此从总体说来，传记的真实低于历史学的真实。

不过一位严肃的传记家总是在努力追求历史的真实，批评和反对传记中的虚假。英国批评家德斯蒙特·麦卡锡(Desmond MacCarthy)提出了著名的"传记誓言"的说法，他称传记家是"发过誓言的艺术家"(A biographer is an artist who is on oath)，意思是说，作为传记家就必须遵守职业道德，不允许有意歪曲和隐瞒事实，这是他必须遵守的誓言。对于自传类作品，保持真实是更大的难题，因为自传中有很多内容，只有作者自己清楚，别人几乎是无法核实的。法国自传理论家菲力浦·勒居恩针对这个难题，提出了著名的"自传契约"概念。"自传契约"意指自传者同读者和出版者之间有着一个无形的"契约"，自传者要向读者和出版者承担义务，诚实、准确地叙述自己；出版家出版自传类作品，也要承担义务，尽可能地能对其可信性进行审查。"传记誓言"和"自传契约"是对传记家和自传者的一种严肃的提醒，强调一种规范和约束，目的就是为了保证传记和自传的真实性。

---

① Plutarch, "Alexander," *Plutarch's Lives*, A. H. Clough, tran.

当然，所谓“誓言”并不具备道德的约束力，“契约”也没有任何法律的意义，但是勒居恩说得好：

> 传记史首先是传记阅读模式的历史。
>
> (自传)是一种阅读模式，同样也是一种写作模式，历史形成它的不断变化的契约效果。①

传记和自传应当真实地叙述他人或自己，这是几千年文类发展中所形成的共识，作者诚实地写作，读者信赖作者的叙述，这就是游戏的规则。有人违背“誓言”或“契约”，但并不影响规则的普效性，因为在漫长的历史中，它已经成为人类文化心理中的积淀，它既是传记和自传写作的规范，也是对传记和自传历史的总结。对传记和自传真实性的追求，是历史中所形成的一种集体意识，“传记誓言”和“自传契约”被作者自觉或不自觉地奉行着，成为传记类作品真实性的保证，也是其历史品格的表征。

三

传记同文学的相似有两个方面：首先，传记叙述传主的生平，这是最基本的要求，对层次更高一些的传记来说，还要写出传主的个性，甚至写出其心理世界，这样，传记就同文学有了共同的目标——同是写人的文类；其次，传记和文学都以文字为媒介，可以使用相同的文字表达方法和技巧。

在各种文学体裁中，传记同小说最类似，有时两者就很难区分。胡适认

---

① Philippe Lejeun, *On Autobiography*, Paul John Eakin, ed., Minneapolis: University of Minnesota Press, 1988, p. 30, 39.

为《史记》可以当作短篇小说来读，金圣叹也早说过“《水浒传》方法，都从《史记》中来”[1]，梁启超则主张传记家学《水浒传》：

> 《水浒传》写一百零八个强盗，要想写得个个面目不同，虽然不算十分成功，但总有十来个各各表出他的个性。这部书所以成为不朽之作就在此。懂得这个道理，对于传记文学作法便有入手处了。[2]

西方情况同样如此，普鲁塔克的《希腊罗马名人传》，塔西佗的《历史》和《编年史》，以及《圣经·新约》“四福音书”这样一些非常成熟的古代传记问世的时候，小说还处在萌芽状态，它们自然成为后代小说家学习的对象。到十八世纪，鲍斯威尔的《约翰生传》、卢梭的《忏悔录》问世后都产生了很大的影响，也为这两个世纪的小说家奉为写作的楷模。

传记同小说都是叙事文体，小说的核心是故事，传记中许多作品也是以故事为核心，在现代传记中，故事化的倾向有愈益增长的趋势。小说家的叙事通常是用“场面”的方法，文学传记通常也是采用“场面”来组织核心材料。十九世纪欧洲小说出现了一个新的特点：对人物心理世界的关注和描述，这又反过来影响到传记，此后的西方传记中更频繁地出现对传主的心理分析。正是在这样的意义上，艾德尔认为，“一个熟练的小说家在小说艺术和传记艺术之间，并没有看到明显的区别”[3]。

不过传记家对文学品位的追求又受到很大的束缚，传记的文学属性不可能同于小说，因为传记不能放弃它的历史属性，传记总是在文学和历史这两者之间求得平衡。传记同小说的区别首先表现在对象上。虚构人物同历史人物的差异，是小说同传记的根本分野。小说常用典型化的方法，即从实

---

① 《读第五才子书法》，《奇书四评》，宋俭等编注，湖北辞书出版社，1996 年，页 290。

② 梁启超：《作文教学法》，《饮冰室专集》七十，页 18。

③ Leon Edel, *Writing Lives: Principia Biographica*, New York: W. W. Norton, 1984, p. 186.

际生活的一群人物中，各取其一进行综合，这就是鲁迅曾经介绍过的方法：“人物的模特儿也一样，没有专用过一个人，往往嘴在浙江，脸在北京，衣服在山西，是一个拼凑起来的脚色。”①

鲁迅的“拼凑”是一种比喻的说法，实际情况当然复杂得多，小说家在写作时，会把他在现实生活中的见闻，从书本上读到的以及其他各种各样来源的材料，集中在一起，完成自己的文本。这一文本在一定范围内同其他文本形成一种复杂的“互文关系”②。

传记家不能这样自由地“拼凑”或“互文”，传记中的材料一部分是传主本人的材料，另一部分是同传主有关系的材料，不能把其他人的材料移植到传主身上来，也不能把同传主没有关系的材料强行同传主联系起来。亚里斯多德认为诗和历史的差别在于：“一叙述已发生的事，一描述可能发生的事。”③传记同历史学一样，书写的是生活中实际上已经发生了的事，而小说类的文学作品描述的是生活中可能发生的事。

小说的叙事要比传记自由得多。除某些思想或学术传记外，一般的传记都主要写人物生平，通过其经历表现性格，而小说，特别是现代小说，常常以大量篇幅描述人物的心理世界，也几乎可以无限制地写人们生活中的一切，婚外恋、性行为以及暴力和犯罪等内容在现代小说中早已无所禁忌。传记因为是写真实的人物，写到这些方面时就必须非常慎重，传主生活的隐秘，没有确凿的材料是无法写作的，即便有了可靠的材料，因为可能牵涉隐私和名誉问题，使用时还得从道德和法律两方面进行认真的考虑，也不可能花很多篇幅写人物的心理世界。

---

① 鲁迅：《南腔北调集·我怎么做起小说来》，《鲁迅全集》第四卷，人民文学出版社，1995年，页512—513。

② 互文关系一词借用解构主义术语 intertextuality，但它只是在一定的范围内进行的，并不意味着解构主义所说的文本之间可以无限开放、无限引申，解构主义的说法只是一种纯粹的理论推导，没有实践的意义。

③ 亚里斯多德：《诗学》，罗念生译，人民文学出版社，1982年，页29。

传记同小说的节奏和阅读效果也是不一样的。传记叙述传主完整的一生(自传叙述作者的前半生),除了少数例外,时间跨度总是几十年。在小说中,这样完整的叙述却不多见,传记的时间跨度一般说来大大超过小说。传记需要叙述传主的生平,一些没有什么故事性和趣味性的事实也不能避开,必须作出交代。小说中可以充满冲突和悬念,节奏的发展可以非常迅速,但传记中不可能有那样紧张、复杂的矛盾冲突,传记作品的叙事节奏总是相对比较平缓,不可能产生小说那样的紧张性和阅读效果。

传记同小说最根本的区别在于它们追求不同的真实。小说的真实以艺术真实为准则,即忠实于生活(true to life),它不同于传记的真实,即忠实于生平(true to a life)。传记所要求的真实,包括客观的、具体的真实,甚至要求精确性和科学性。这是指一种实际上已经存在过的真实和精确,只符合一种环境中的一个人物的真实和精确,它们不适用于其他任何人物。传记需要的是"唯一的真实性",不同于小说的"普遍的真实性"。传记所描述的却必须是生活中确实存在的人物和在他身上以及他周围确实发生过的事。梁启超曾举例说明小说的真实同生活的真实的关系:

> 例如《水浒传》中"鲁智深醉打山门",固非事实也,然元、明间犯罪之人得一度牒即可以借佛门作逋逃薮,此却为一事实。《儒林外史》中"胡屠户奉承新举人女婿",固非事实也,然明、清乡曲之人一登科第,便成为社会上特别阶级,此却为一事实。此类事实,往往在他书中不能得,而于小说中得知。[1]

《水浒传》和《儒林外史》符合了生活的真实,作者不一定要真的见到醉打山门这样的事仍然可以把它写进小说,但是在传记中如果人物没有做过

① 梁启超:《中国历史研究法》,上海古籍出版社,1998年,页53。

这样的事，就绝对不能写入作品。既是传记家又是小说家的伍尔芙也很准确地揭示了两者的区别：

> 写传记时用我精确地描绘现实的力量，写作小说时只是表现一般的、富有诗意的东西。①

金圣叹发现《水浒》学习了《史记》的笔法，他也将作为传记的《史记》与作为小说的《水浒》进行了比较，辨析其差异：

> 其实《史记》是以文运事，《水浒》是因文生事。以文运事是先有事生成如此如此，却要算计出一篇文字来，虽是史公高才，也毕竟是吃苦事。因文生事却不然，只是顺着笔性去，削高补低都由我。②

金圣叹所说的“以文运事”，即是用文字来传达真人、真事，“事”是客观存在，传记家只能用自己的文字去叙述它；所谓“因文生事”，小说家是借用一点由头，用文学笔法虚构出人物和事件来，他这样做的时候不受束缚，可以“顺着笔性”，有极大的自由。小说中的种种故事是小说家制造出来的；传记家不能脱离这个“事”，即基本事实。

传记的真实不同于历史学的真实，历史学记述的是事件的真实，传记书写着在复杂的变化中的人和人性的真实；传记的真实又不同于小说的真实，小说的真实是可能存在过的人性，传记所揭示的是在世界上实际存在过的人性。真实性和文学性的双重压力对传记家来说是严酷的，传记是各种文类中受限制最多、难度最大的一种。③

---

① Leon Edel, *Writing Lives: Principia Biographica*, p. 205.

② 金圣叹：《读第五才子书法》，《奇书四评》，页 290。

③ André Maurois, *Aspects of Biography*, Cambridge: The University Press, 1957, p. 175.

四

为了深化对传记的认识，还可以从心理学和神经心理学的角度进行考察。传记同一切文化活动一样，不能脱离人类的心理机制，首先是记忆，传记建立在记忆的基础上。传记起源于人类纪念的本能，纪念的基础是记忆（包括回忆和认知），纪念是记忆的人格化和感情化。从这个意义上说，

> 传记同历史一样，是对人类记忆的组织。①

人的记忆能力又非常有限，记忆是对客体以及自我意识的一种记录，但又是一种不很完整、不很准确的记录。遗忘是记忆中最常见的现象之一。人类为了记忆，必须抛弃大部分东西，把最有用的内容记忆起来。遗忘也是一种自我保护的手段，弗洛伊德在医治精神病患者的时候发现心理系统有所谓“记忆屏障”的功能，即对那些否定性的记忆进行压制，遗忘那些不愉快的事情，从而维护心理的正常活动。这一现象在自传中经常可以发现，卢梭的《忏悔录》、歌德的《诗与真》中就常常避开或是很少提到那些曾经使他们感到十分痛苦的事。

记忆的过程实际上是一个对材料进行选择和改造的过程。如莫洛亚所说：“记忆是个伟大的艺术家，它把任何一个男人或女人对生活的回忆改造成一件艺术作品。”②记忆同事实并不是同一的，在记忆的过程中，为了达到记住的目的，人们总是对事实进行加工，把那些自己看来似乎是不重要、没

---

① Leon Edel, *Writing Lives: Principia Biographica*, p. 93.

② André Maurois, *Aspects of Biography*, p. 142.

有意义的材料舍弃掉，保留一系列可以联系起来和构成因果关系的材料，也就是把事实因果化、也即故事化。记忆的故事化通常伴随着理想化。一些心理学家认为，通过理想化的自我意象，可以得到安全感。人们自儿童时代就逐步在无意识中对自我理想化，并且把理想化的自我，想象为自己的身份。

记忆在理想化的时候，还会对事件进行改造，使之符合某种理论。弗洛伊德多次回忆自己童年的一件事：他在两三岁（有次说不到两岁）的时候，夜里还经常尿床，一天父亲发现了，一边替他换床单，一边嘴里抱怨着，小弗洛伊德听到后就说："爸爸，别烦心，我将来到讷伍提兹钦给你买一张漂亮的红色的新床。"弗洛伊德的这段回忆常遭到人们的嘲笑：一个两岁的孩子，能说出这样的话来吗？解释只有一个：弗洛伊德把对童年的回忆纳入了自己的精神分析学：正是父亲对他的责怪，以及他对这种否定的积极抗拒，使他后来在自己的领域取得了成就。

一些美国学者专门讨论了自传与记忆的关系问题，汤姆·史密斯提出："它（记忆）有自己的造型力量，在它的变化力面前我们都是无能为力的……记忆可以根据自传作者的需要出现，不过在写作之前或之后，对同样的经验会出现不同的记忆。"[①]按照这些学者的意见，记忆不是历史的本真，而是在一定的文化形境中对历史的重建，因为在记忆的过程中，选择和赋形的能力在发挥作用。

一些持神话—原型批评的理论的学者则认为，记忆被纳入原型的轨道。美国学者苏珊娜·伊耿认为，自传作者在叙述时，并没有严格地、如实地写下自己的实际经历，更多的是按照文学传统所形成的模式来写作。他们一般是把自我分成儿童期、青年期、成年期和老年期这四个阶段来进行追溯，

① Tom Smith, "Autobiography in Fresh Contexts," *Auto/Biography Studies*, Vol. 13, No. 1, Spring 1988, p. 2.

把这四个阶段依次描写为"伊甸园"、"旅行"、"皈依"、"忏悔",这种公式或叙事模式在文学中已经牢固地、长久地确立。奥古斯丁的《忏悔录》,卢梭的《忏悔录》,歌德的《诗与真》,高尔基的自传体三部曲《我的童年》、《在人间》和《我的大学》等,都是按照上述同一模式写作的。她说:

> 它们同实际的生活根本没有什么关系:它们全都是想象性的词语结构,全部是虚构。①

换句话说,这些自传作者对自己一生的记忆,实际上都是被纳入一种从古代流传至今的集体的记忆模式之中。

玛丽·伊万斯则把自传和传记看作是社会根据自己的需要制造出来的现代神话,她写了一部《失踪的人》,用这个书名是为了表明:"自传/传记事实上是建立在虚构的基础上的,既是关于某一个人,又是关于任何一个人我们可能知道些什么。""我们习惯于把自传/传记归类为非虚构性作品,然而不这样考虑问题,而是把它看作我们的社会和我们的社会需要的一种神话性结构,也许更有用。"②伊万斯也以一些西方名著为例证明她的观点:人们在写作自传或传记的时候,很难把关于个人的事实同那种十分强大的、虚构的成规区分开来。比如法国女作家德·波伏娃写过四部自传,她为了使自己的形象符合她作为女权主义领袖的身份,就改动和虚构了许多事实和人物关系,伊万斯称波伏娃讲的是"谎话,全是谎话!"她声称,不光是那些没有自传或传记问世的人失踪了,那些被写进自传或传记作品的人也同样失踪了——就失踪在自传或传记之中。因为他们并没有真正关于自我的记忆,他们的记忆实际上被流行的现代神话所改造或代替。

---

① Susanna Eagan, *Patterns of Experience in Autobiography*, The University of North Carolina Press, 1984, p. 5.

② Mary Evans, *Missing Person: The Impossibility of Auto/Biography*, Routledge, 1999, p. 1.

解构主义从对逻各斯中心主义的批判，到提出“互文性”和“作者死亡”的理论，试图实现消解语言和消解文本的目的。语言总是离不开记忆的，记忆也总是借助语言进行的，解构主义从语言的角度对文本的消解必然涉及记忆问题，构成了对记忆的消解。解构主义的代表德里达关于自传问题，按照一位学者的概括，实际上可以归纳为这样一种观点：

> 自传不可能具有绝对的自我意识，使它可以同强迫症“种类不同”，自传至多在程度上与强迫症有所不同，有时就毫无区别。[①]

德里达关于自传的观点是他解构主义原理的发挥：自传者写作时被语言所制约，或者说被语言所“强迫”，语言在自传写作中发挥了一种动力的功能，自传者的写作是被动的，他所叙述的一切并不具有客观性，而是同其他种种文字材料形成了一种“互文性”，自传者无法超越他处身的语境之中。

保罗·德·曼对自传的看法也同德里达相似，他认为自传不可能具备独立的品格：“自传不是一种文类或样式，而是在某种程度上出现于一切文本之中的一个供阅读或理解的人物。”“正如我们似乎要断言的一切文本都具有自传性，由于同样的原因，我们也应当说，没有任何文本是或者可能是自传。”[②]他的这一理论被美国后现代理论家哈桑称为“自传死亡”，有些学者再把这种理论引申到他传，就得出了“传主死亡”或“传记死亡”的结论。

解构主义、精神分析和神话—原型批评虽然是不同的学派，但在自传问题上却有共同之处：解构主义认为自传者写作时被语言所驱动、精神分析则认为他们被个体无意识，包括性意识、俄狄浦斯情结和精神变态所左右，而神话—原型批评则认为他们被原型即集体无意识所制约，总之，它们从不同

① Jane Maric Todd, *Autobiography in Freud and Derrida*, New York: Garland Pub., 1990, p. 2.

② Ibid., p. 70.

的理论出发得出一个共同的结论：自我是无法独立的被动者，它被一种更强大的力量所左右。不过相比之下，解构主义最彻底：不但文本有一种互文关系，记忆也有一种“互文”关系，记忆中的互文是文本互文的前提，这样自传和传记的独立价值就遭到了双重的否定。

五

1960年代以来，一些西方现代理论家把传记看作是小说，或如罗兰·巴特所说：“传记是不敢说出小说名字的小说。”[①]这主要是从心理学和神经心理学的角度，考察记忆的特点所得出的结论，它提出了一些值得深入讨论的问题。

神经心理学正处于重要的发展时期，对于“记忆”，以及建立在记忆基础上的“叙述”的研究，对进一步探讨人类的认识史，具有重要的意义，对理解自传的本质，也有重要的参考价值。尽管新理论是从消极的方面介入传记，但这一介入具有积极的后果，那就是承认记忆的复杂性，传记理论应当注意这种复杂性对传记真实性的影响。

但是，这并不意味着“传记死亡”的说法具有充分的理由。因为这类说法脱离实践，也脱离文学的历史传统。心理学和神经心理学至今还远非一门精密学科，现有的成果只是说明了一点：记忆不可能完全地把握对象，回忆不可能绝对准确地和完整地重现经验，在回忆中必然有遗忘，也必然有变形；但是，记忆是脑神经的一种运动，它不能脱离物质的基础，记忆虽然不能完全等同于，但总是近似于经验。不能因为是近似而不是等同，就否认记忆的客观性。记忆对事实的偏离是在一定限度内的偏离。这不是通过理论的

① Justin Kaplan, “A Culture of Biography,” Dale Salwak, ed., *The Literary Biography: Problems and Solutions*, Iowa City: University of Iowa Press, 1996, p. 6.

推导得出的结论，而是由人类亿万次的实践所证明了的，人们的一切心理活动、人类之间的社会交往，是以记忆为基础的。如果记忆基本失真或是大量失真，现在的世界就不可能存在，这种理论得不到人类实践经验的支持。

所谓“传记死亡”的说法，是把传记中可能存在的虚构成分无限地夸大，以纯粹的理论演绎取代实践。这让人想起解构主义“作者死亡”的理论。英国学者希恩·布鲁克称这一理论是罗兰·巴特、福柯和德里达理论上的盲点，他们竭力把“作者问题”这样一个实际问题变成一种理论问题，“以冗长的、纠缠不休的风格把它变成理论既不能解释又不能取消、令人困惑不安的存在问题”①。对解构主义的这一著名批判是在考察“传记死亡”论时可以参考的。

记忆在人类历史上起着至关重要的作用。没有记忆，人类社会根本无法存在，也就没有历史，没有文化和文明。记忆中的历史总是近似于事实的历史，记忆只能接近于本真，而不能等同于本真，本真也只是无数记忆的汇集。因此传记文本对于传主的经历，是一种近似的关系，不可能绝对的精确和完整，但也不能因为这种近似性就否认其客观真实性。历史学是关于人类或民族的记忆的文本化，传记则是关于某个人的记忆的文本化，记忆不可能是对本真摄像式的复制，而只能是一种近似，记忆和叙述在这里或那里、有意或无意地会有所偏离，但总是不断回到本真。传记在这两者之间形成了一种张力和魅力。

关于传记文类界线的争论历时已久，实际上传记所具有的文学性和历史性都是无法否认的，取消了其中任何一个方面也就是取消了传记本身，无论把传记看作历史学的分支或是文学的部门都是不准确的。传记是一种文化形态、一种独立于文学和历史学之外的文类。

2007 年

① Sean Bruke, "The Death and Return of the Author," *Criticism and Subjectivity in Barthes, Foucault and Derrida*, Edinburgh University Press, 1992, p. 174.

实验与颠覆：传记中的现代派与后现代

二十世纪西方文学发生巨大变革，现代派和后现代相继发生。传记同文学之间有着密切的关系，这些潮流也影响到传记。传记用文字记述一个人生平的历史，传主以及同他有关的主要人物、他们的主要经历、心理和个性都应当真实，真实性被认为是传记基本的、不可动摇的规则。在现代派和后现代那里这一原则受到严重冲击，一些作者出于不同的写作目的，在历史事实中加入想象的或虚假的成分，对传记的传统形式进行改革或颠覆。

一、现代派对传记的革新

现代派文学以抗拒理性为旗帜，以打破传统为特征，意识流、荒诞、变形、时空颠倒等同传统写实主义完全不同的手法被应用到小说中，形成浩大的声势。传记也受此影响，一些传记作家借鉴现代派的手法进行了传记革新的实验。

那些文学性比较强的传记形式历来允许一定范围内的想象或虚构，但以不违背基本事实为原则。二十世纪一些现代派传记家完全打破了传记真实性的要求和虚构所允许的范围，对传主进行变形处理，加入相当多的虚幻成分，其中有些内容以真实的面目出现，有些则不做任何掩饰。从这个意义上说，可以把这些作品称作小说；但是它们同小说，特别是以历史人物为中心的传记体小说相比，还是有一定的区别：作品的核心部分，即传主的性格和经历仍然包含一定的史实；变形或虚幻也有一定的根据，通常是对历史的影射或戏拟。

伍尔芙就是这样一位传记家。伍尔芙对传记进行过颇为深入的理论研究，并且进行了实践，写了三部传记和一部自传。作为一位具有强烈个性的小说家，伍尔芙试图把小说的观念和手法引入传记，她的传记打破常规，具有强烈的实验性质。其中，《奥兰多传》最为著名。

伍尔芙在《奥兰多传》中采用欧洲流行的流浪汉小说的形式，写了一位英国贵族奥兰多的经历和冒险故事。流浪汉小说在罗马末期就已经出现，着重反映社会下层的主人公在帝国庞大的版图中四处流浪的经历，具有浓厚的写实风格。《奥兰多传》中却是一连串荒诞不经的故事：主人公奥兰多出生在文艺复兴时期，一直活到二十世纪，长达四百多年，而且从男性变成了女性。全书开头是伊丽莎白女王时代，这时奥兰多十六岁，他做间谍，也写作戏剧，谈过恋爱，他拜访女王，被任命为财政大臣。到了詹姆斯一世时期，他爱上一位俄国公主，公主喜怒无常，奥兰多十分悲伤，他隐居乡间投身文学，写作了长诗《橡树》。后来奥兰多遇到罗马尼亚大公夫人，得到她的喜爱，于是他被任命为驻土耳其大使，在途中他娶了一位吉卜赛女郎为妻。他到了土耳其被封为公爵，在恍惚中土耳其出现了叛乱和屠杀，到醒来看到一切都变了，大使馆没有了，他也变成了一位身材窈窕的女子。在吉卜赛人中生活过一段时期以后，奥兰多回到祖国，这时已是十八世纪，女性的奥兰多是否有权继承男性奥兰多的巨大遗产，引起了法律纠纷，她在家中接待了许多英国文化名人。到十九世纪二十时代，她还活着，并同一位男士结婚、生儿育女，她还坐了火车、学会了开汽车。

《奥兰多传》的内容虽然荒诞，但是它又有一部严肃的历史传记的形式：

在书的初版中，前面有女作家薇塔·萨克维尔-威斯特的四幅图片，似乎她就是传主；书后附有索引，索引中的条目有莎士比亚、约翰生等，但这些索引实际上同正文又没有很大关系。书商曾问伍尔芙本人，此书是应当放在“传记类”还是“小说类”的书架上，伍尔芙为了打开销路，决定两个书架上都放，结果它在两个书架上卖得都很好。它究竟属什么性质的作品，对此有过种种不同的解释；实际上这是一个复杂文本，人们可以从不同的角度和层面对它进行思考和解读。

首先，这是一部文学游戏之作。伍尔芙写过多篇传记论文，特别是《新传记》一文在传记批评史上具有里程碑意义，这些论文对传记的真实性都提出了很高的要求。伍尔芙的父亲莱斯里·斯蒂芬爵士是著名的《国民传记辞典》的编者，这部辞典以严谨称著，产生了重大影响。伍尔芙却用这个《奥兰多传》向传统的传记观点，也向父亲的辞典发起了挑战，同他们开了一场玩笑，她也在推翻自己的传记理论，并以此自乐。

其次，这是伍尔芙的一次文学实验。伍尔芙向十八世纪以来的英国许多小说家，如笛福、斯泰恩、司各特、勃朗蒂等人学习过，也向斯特拉奇和尼柯尔森等传记家学习过，她非常富有创造性，她试图开创一种虚构性的传记，并进行文学语言的实验。伍尔芙是英国现代派的代表，也是把现代派技巧应用于传记的第一人；她又同莫洛亚一样，是西方现代传记理论的开创者。她把这两方面结合了起来，就正如美国著名传记家艾德尔所说：

> 实际上《奥兰多传》既不是文学传记，也不完全是一部小说：它属于另一种样式。它是一种寓言——传记家的寓言，它体现了在布罗姆斯伯里文化圈内部经常交流的那些关于传记的一些观点，而现在又由伍尔芙加上一连串的评论和说明。①

① Leon Edel, *Writing Lives: Principia Biographica*, p. 192.

薇塔·萨克维尔-威斯特也是布罗姆斯伯里文化圈内的作家，她喜欢伍尔芙的作品，所以有人说《奥兰多传》是伍尔芙献给她的这位密友兼同性恋伙伴的，是“历史上最优美的情书”。

再次，《奥兰多传》中包含着传记的某些因素。本书的基础是一个真实的人物，薇塔·萨克维尔-威斯特是伍尔芙写作《奥兰多传》的灵感的源泉和原形，薇塔的祖母是吉卜赛人，她也带有吉卜赛人的某些特点，她性格活跃，有易装癖，喜欢穿男士服装。伍尔芙同那个时代一些英国作家一样，是双性恋者，她相信人类是雌雄同体的，《奥兰多传》就反映了她对性别问题的思考，她通过奥兰多从男变女的经历探讨了男性和女性概念在四个世纪中的变化和发展，也幻想着在自己的作品中突破两性在社会性别和生理性别之间的界线，把人们从时间和性别的束缚中解放出来。薇塔·萨克维尔-威斯特写过长诗《土地》（即奥兰多写的《橡树》），伍尔芙把这位好友一生中最有意义的阶段和所经历的危机都集中在一起进行了改造，放入文本之中。伍尔芙对真实的历史人物和事件进行影射，虽然其中穿插着许多荒诞可笑的内容，但从总体上可以说《奥兰多传》中所描写的生活背景就是从文艺复兴到十九世纪的英国社会，具有那个社会的典型特征，奥兰多性格的发展就是薇塔性格的发展。这就是伍尔芙自己所说的：“一部传记，它将讲述一个从1500年到1928年的生活。改变其性别，记载个性在不同世纪中的不同方面。其理论是我们在出生前个性就在隐秘发展；死后也会遗留下某种东西。”[①]这是建立在真实生活的基础上的虚构式传记或幻想式传记的一种实验。

伍尔芙另一部具有相似性质的作品是《福路希传》，这是十九世纪英国女诗人伊丽莎白·巴丽特·勃朗宁的一条名叫福路希的宠物狗的“自传”，叙述它自己的经历，但也通过狗的眼睛观察主人的生活、写作、恋爱和婚姻，

---

① 弗吉尼亚·伍尔夫：《奥兰多：一部传记》，韦虹、旻乐译，哈尔滨出版社，1994年，第179页。

讲述了狗主人的故事，所以也有人说这是勃朗宁夫人的传记。福路希是一只有灵性的狗，它开始很讨厌罗伯特·勃朗宁先生，见到他就咬；后来罗伯特同伊丽莎白结婚了，福路希也同他成了好朋友。伍尔芙在一封给读者的信中说，她写这本书是做一件最好玩的事。实际上，她是在游戏笔墨中探讨人性问题。

伍尔芙的这两部作品都带有实验性质，《奥兰多传》被认为是她最好的作品之一，她的实验产生了一定的影响；但两部作品中荒诞、戏拟、戏说之类的游戏笔墨不能为绝大多数传记家所接受，它们不能提供关于薇塔·萨克维尔-威斯特和伊丽莎白·勃朗宁的完整生平以及她们人格发展的历程，所以不能算作严格意义上的传记。伍尔芙是对传记有着深刻理解的理论家，但是她又把这两部率性而为的游戏之作称作“传记”，违反了自己确定的传记原则；伍尔芙是小说家，在她心目中，也许这比传记家的身份更重要，对传统文学方法的背弃是现代派的重要特征，伍尔芙无非是站在小说家的立场同传记开一个无伤大雅的玩笑而已。

伍尔芙在常见的传记形式中进行了实验，还有一位著名人物对重要的自传类型——回忆录写作进行了革新。马尔罗是二十世纪法国著名作家和政治活动家，他一生经历极其丰富：1920年代曾偕第一位夫人来到远东，同越南、中国和苏联的革命者有许多交往；参加过西班牙内战，担任外国空军部队的总指挥；第二次世界大战期间，领导好几支游击队，担任过纵队总指挥；大战结束后，在法国政府出任新闻部长和文化部长等要职。像马尔罗这样既取得很高的文学成就，又担任过很高职务的人是很少见的，他的经历是写作回忆录的极好材料。马尔罗写过好几部小说，得到过龚古尔文学奖，但是他认为只有回忆录才值得一写。不过他也不赞成传统的回忆录写法，认为把各种各样的事件巨细无遗地记录下来并不能反映生活的本质；他要写出生活中最本质的东西，所以他把自己的作品叫作《反回忆录》（*Antimemoires*）以示区别。

这部《反回忆录》与传统回忆录的不同有两个方面。第一，打破时间的顺序，依据自己的思路来写。比如在第一部中，他这样标明各章内容所发生的时间和地点：第一章　阿尔萨斯 1913 年；第二章　1934 年—1950 年—1965 年；第三章　1934 年，萨巴—1965 年，亚丁。全书五部十八章，时间和地点都是这样跳跃着，被打断后重新组合，读者会产生杂乱无章之感。马尔罗的这种结构，使人想起意识流小说的时空颠倒和自由联想。

第二，马尔罗省去了自己经历中的某些内容，又加上了许多虚构的情节。正如他自己所说："我把这本书称为《反回忆录》，因为它回答了一个回忆录不谈的问题，而不回答那些回忆录论述的问题。"①他的经历极其丰富而又富有传奇色彩，但在书中只有一些零乱的片段。他对自己的童年、家庭和婚姻都只字未提，认为这些都无足轻重。书中说到的一些经历，比如多次受伤、遭受法西斯盖世太保的酷刑等，却找不到证据，熟悉他的人都认为是虚构。他还写到 1965 年访问北京同毛泽东的见面，其实那是总共只有三十分钟的礼节性会见，而马尔罗则用了二十多页的篇幅予以"回忆"，其中包括他同毛泽东关于中国历史和现实问题的讨论、关于中苏关系的讨论，这类谈话是根本不可能有的，只是马尔罗自己的想象。马尔罗把从文献、传闻中得来的资料，加上自己的想象，也包括某些真实经历，都混在一道使人无法分清。他自己承认："我在这儿重新启用以前写进小说的某些场景，它们常常以错综复杂的联系同记忆结合，也许会以更惊人的方式与未来相联。"②马尔罗为什么写这样一部回忆录呢？他自己说：

> 记忆——不知是否出于偶然——无序地再现人生，我任凭记忆驰骋，在文学创作和战争中，在真实或是假象的博物馆里，在文化，也可能

---

① 安德烈·马尔罗：《反回忆录》，钱培鑫、沈国华等译，漓江出版社，2000 年，页 14。

② 同上，页 10。

在历史的长河中，重新探求一个基本的谜。①

马尔罗在这部《反回忆录》中所要探求的谜是“生命”，正如法国理论家利奥塔谈到《反回忆录》时所说的：“书的内容并不是马尔罗的生平，而是‘马尔罗生命’。这并不是‘叫这个名字的人’的传记，而是表示生命的单数名词，对一切生命来说都是一个内在的谜，这本书就从其中逸出而不自知。”②马尔罗认为他的实际经历并不重要，世界的本质是思想，重要的是他对世界的认识，是生命的意义，是他关于生与死的思考，这些才是这部《反回忆录》的核心，也就是他所回答的“（一般）回忆录不谈的问题”。他认为，现实世界的生命是注定要死亡的，而艺术世界可以超越人类的处境、抗拒死亡、战胜死亡，它是人类最高价值的表现。他津津有味地讲述自己一次次出生入死、战胜死亡的故事，其实这些都是虚构。他还讲述他同斯大林、丘吉尔、戴高乐、尼赫鲁等著名人物对命运和死亡问题的讨论，这些内容也很可能是虚构，马尔罗借助这些想象的故事和讨论来阐释自己的生命理论，他认为这揭示了历史的本质。

马尔罗的这部《反回忆录》也是个复杂文本，传记、小说、历史、哲学等因素兼而有之。他和伍尔芙一样，都是在真实人物的生平中加入许多想象的成分。现代派又称先锋派，它是文学上的革新者，在形式、技巧和方法上力求创新，现代派传记显示出同样的特点。伍尔芙和马尔罗的实验受到传记界的怀疑，得不到多数传记家的认同。但是他们发出了要求传记革新的信号，作为有很高地位的现代派作家，这种影响是深远的。

---

① 安德烈·马尔罗：《反回忆录》，页10。

② 利奥塔：《马尔罗传》，蒲北溟译，东方出版中心，2000年，页354—355。

二、后现代对传记的颠覆

到1970年代，西方出现了文学上的后现代和理论上的后结构思潮。后现代是一面色彩斑驳的旗帜，显示出开放和多元的特征，更准确地说，后现代不是一种流派而是标志着一个时期，各种不同诉求和价值取向的潮流都被归入了后现代。不过一般说来，统称为后现代的作家们都喜欢自立门户，表现出对"宏大叙事"的质疑，对各种价值观进行颠覆和消解，在传记领域就表现为对传记的核心价值——真实性的怀疑，不但向传统的传记理论发起挑战，而且对传记文类的独立性提出质疑。这同伍尔芙在理论上强调传记的真实性有着原则上的区别。

美国解构主义的代表人物德·曼认为自传不可能具备独立的品格："自传不是一种文类或样式，而是在某种程度上出现于一切文本之中的一个供阅读或理解的人物"，"正如我们似乎要断言的一切文本都具有自传性，由于同样的原因，我们也应当说，没有任何文本是或者可能是自传"。[①] 按照这样的理论，自传文本中所叙述的内容同自传的作者并不是同一的，"出现在书名页上的姓名，并不是一个能够自我认识、自我了解的主体的专有名词，而只是一个使合同合法化的署名，在认识论上并不具有权威性"。[②] 按照德·曼的看法，自传是不能被当作一种独立的文类对待的，他的这一理论被美国后现代理论家哈桑称为"自传死亡"，有些学者再把这种理论引申到他传，就得出了"传主死亡"或"传记死亡"的结论。依据这类说法，传记的真实性是不可能，传记同小说没有原则的区别，因此传记中的虚构也没有了理论上的

---

① Paul de Man, *The Rhetoric of Romanticism*, New York: Columbia University Press, 1984, p. 70.

② Ibid., p. 71.

障碍。

还有一些后现代理论家认为，不存在连续的、统一的自我，不存在自我的本质，大多数传主都是经历了漫长的一生，在不同的阶段里他的“自我”是不一样的，或者说一个传主有许多“自我”；但是传统的传记采用整体叙事的方法，总是以结局为依据概括传主一生，这样一来，传主的最后一个“自我”常常是出现在传记中的唯一“自我”。因此一些后现代的传记家主张打破统一的自我的幻觉，也打破客观的、完整的、统一的叙述的幻觉，创造传记的新形式。传记家在传记中只提供材料，对传主不作任何分析和解释，对他的一生不作概括和总结。后现代的这种传记理论和实验，如同某些学者所说的，其实质是在“争夺传主”①，即不承认历史上的那个传主是可以认知的，也不承认传记家可以在作品中把传主如实地描画出来。传记家所能提供的就是一堆关于传主的材料的碎片。

美国传记家戴维·E. 奈依就是采取这样的立场，他把自己的作品称为“反传记”。不过他的“反传记”同马尔罗的“反回忆录”意旨并不相同，马尔罗反对传统的传记观点和方法，戴维·E. 奈依则要消解传记。他的《创造出来的自我：一部来自爱迪生文献的反传记》②写美国一位著名发明家，奈依称他的目的有两个，一个是要同爱迪生本人一致，另一个是彻底揭露作为一种文学形式的传记，他认为无论从历史还是从语言的角度，都不可能真正认知爱迪生。他要用一种以符号学和结构主义为基础的研究来取代传记，使之解体，使传记领域发生一场革命性的变化，即传记的最终消解。

奈依抛弃了直线的、按照年代的叙述方法，他按照后结构主义对统一的

① William H. Epstein, *Contesting the Subject: Essays in the Postmodern Theory and Practice of Biography and Biographical Criticism*, West Lafayette: Purdue University Press, 1991, p. 1.

② David E. Nye, *The Invented Self: An Anti-biography, from Documents of Thomas A. Edison*, Odense: Odense University Press, 1983.

自我所发出的挑战，书中提供给读者的是一些未加整理、解释和评价的甚至是相互矛盾的材料，这样，书中出现的是许多个爱迪生而不是一个完整的、统一的爱迪生，奈依认为那样的爱迪生就根本不存在，因此也是无法认识的。

可是，这部传记最有价值的部分，恰恰是奈依不得不回到传统传记写法的地方，这时他对爱迪生的分析非常精彩，他所采用的符号学的方法帮助他在分析和研究资料时获得成功。他研究了大量文献资料，包括照片、电影、图画等，符号学理论帮助他区分开事实和神话。爱迪生逝世以后半个多世纪，这位"发明大王"被美国文化大大神化了，爱迪生在追求第二个妻子的时候是衣冠楚楚的绅士，在工作的时候他又是个肮脏、邋遢、骂骂咧咧的工人，奈依指出爱迪生这是有意地、精心地打造自己的形象；同样地，爱迪生宣称他对科学"一无所知"，他宁愿以一个"修修补补的美国佬"的面目出现，这也是爱迪生重要的一招，他希望在阶级矛盾激化的时期，以此得到各个阶级的支持。奈依对爱迪生同美国文化关系的共时研究也有一定价值，补充了传统研究方法的不足，他考察了爱迪生的发明所产生的革命性影响：电灯使人类克服了从古代开始的睡眠方式，留声机和电影改变了教育手段，这些都使美国进入更高的发展阶段。关于爱迪生的传记有多种，这部传记的贡献是在帮助读者更好地认识爱迪生，而不是证明这位发明家不可认知。

后现代和后结构主义对传记和自传的侵入，还表现为虚构成分的大大扩张。一些作家认为，回忆式的作品以自己的见闻为主要内容，在收集素材时非常有利，写作起来也很方便；不过传记类作品对真实性的要求又使他们感到拘束，于是他们择其所需，写作一种包含大量想象的传记，其中的虚构大大超过了传记传统所允许的范围，还加上了调侃、戏拟、反讽、自嘲之类的内容，显示出复杂的、杂糅的特征，有人称之为"影子自传"或"影子传记"，因为传主并不是真实的历史人物或作者自己，而是他们的影子。

美国华裔女作家汤婷婷的《女勇士：鬼魂中的少女时期回忆录》就是一

例。此书分成五章，前三章是母亲讲的、发生在中国的故事，其中有姑妈恋爱自杀的悲剧，有母亲学医和行医的经历，汤婷婷写作此书时没有到过中国，两个故事中显然有许多想象的成分，其中第二章更是纯属虚构，她幻想着自己变成了中国民间传说中的女扮男装、代父从军的花木兰，到了白虎山学道，修炼十五年，练成一身本领，然后率兵打败强敌，报了国仇家恨。第四、五两章变成汤婷婷本人的叙述，场景回到了美国，第四章讲述姨妈在美国的遭遇，到最后一章汤婷婷才讲到自己。在这部作品中，母亲口述的故事和作者的猜测与补充、古代神话传说和自己的改造、作者的人生经历以及对人生的体验和思考、对中国社会的评价以及对美国社会的观察熔于一炉，其中有传记和自传的因素，但是真实和虚构混杂，难以分辨。《女勇士》是华裔作家中最早进入美国主流社会和文学正统的作品之一，这种混杂的自传写作方法在西方少数民族裔的作家中最为流行，也反映了他们在白人基督教主流社会中的矛盾心态：用真实的自传成分来认证自己的身份，用些虚构的故事来解释自己的心理世界。

还有一部具有代表性的传记是爱德蒙·莫里斯的《荷兰人——里根回忆录》[①]。里根是1981—1989年间的美国总统，外号“荷兰人”。他出身贫寒，当过救生员、橄榄球运动员、电台播音员、电影演员，后来登上州长和总统的宝座。他主政美国时期世界发生了剧烈的变动，里根出色地解决了国内外一系列政治和经济问题，在历史上留下自己的印记，甚至被认为是“最伟大的美国人”。关于里根的传记出版过不少，里根也出版了自传。爱德蒙·莫里斯是一位著名传记家，1985年还在任上的里根及其夫人南希就亲自选择和邀请莫里斯为里根传记的作者，并给予他不受限制地出入白宫的权利，甚至可以随总统参加会议和“不受限制”地查阅总统书信和日记。爱德蒙·莫里斯为了不负重托，经过反复思考，他决定采用一种全新的叙事方

① Edmund Morris, *Dutch: A Memoir of Ronald Reagan*, New York: Random House, 1999.

法。他虚构了一个始终跟随着里根的人物，全书就是以这个人的眼光观察里根的言行、叙述里根的故事，这就是传记中的“爱德蒙·莫里斯”。他 1926 年就同当时十五岁的里根相识，他被里根从河里救起，此后两人一起在大学读书、一起在空军服役。这个人物虽然同传记作者同名，但他是虚构的，莫里斯本人 1940 年才出生。在传记中，里根 1981 年入主白宫以后，叙述者才变成真正的莫里斯本人。

除了这个“爱德蒙·莫里斯”以外，这部传记中还有两个虚构的人物，一个是莫里斯的好朋友保罗，他站在纯粹民间的立场，许多观点同莫里斯不一样，但也关注着里根的一切；另一位是莫里斯的儿子加文，他成长的时代正是越南战争前后、社会动荡不安、美苏两个超级大国冷战时期，形形色色的社会思潮冲击人们的心灵，思想空前活跃。这时的加文以一个时代青年的身份关注着世界的变化，也关注着里根的作为。这样，在这部传记中，就出现了“爱德蒙·莫里斯”、保罗以及加文三个虚构的人物，他们站在不同的立场，但都在观察里根，他们之间的谈话和通讯就形成多种角度对里根的描述和评论。

这部传记的虚构带来的好处，首先是叙述的便利，作者虚拟的爱德蒙·莫里斯可以用第一人称叙事，给读者一种现场感觉，丰富了传记的内容和人物形象。里根早年生活经历比较简单，并没有多少可写的，留下的素材也比较少，许多事件的踪迹无从寻觅；如果用比较多的客观叙述，难免枯燥、生硬，形象也会比较单薄。而通过虚构人物的介入，丰富了情节，通过他们的活动，里根早年生活的背景和环境清楚地显示出来，里根的形象也更加生动了。这些人物之间还出现了矛盾冲突，它们带来戏剧效果，增强了作品的文学性和趣味性，突破了政治人物传记通常的拘谨。但是作为一部具有官方色彩的传记，作品里出现了虚构人物，而且占据着重要的地位，事实和虚构混杂在一起分辨不清，使传记的权威性受到很大的影响，引起许多读者的质疑。

还有一部莎士比亚传记也很能说明后现代传记的特点。莎士比亚是西方文化的伟大代表，许多人写过莎士比亚传记，但是关于他的资料实在太少，美国批评家贾斯廷·凯普兰曾批评这类莎士比亚传记是“从非常单薄、非常肤浅的、微不足道的事实的基础上建筑的一座高耸入云的埃菲尔铁塔，就如同自然博物馆里一座五十七英尺高的恐龙，看起来像真的一样，其实是用六百桶巴黎的石膏浇成的，也许石膏底下只有九根老骨头”[①]，这些话虽然说得刻薄，但也反映了事实。

但是一些学者还是不肯放弃自己的目标。最新的一部莎士比亚传记是美国新历史主义莎学家斯蒂芬·格林布拉特的《尘世威尔：莎士比亚是怎样成为莎士比亚的》[②]（2004），格林布拉特坚持传统的说法，认为斯特拉福的威廉·莎士比亚就是这些戏剧的作者。有关莎士比亚的资料极少，格林布拉特只有另辟蹊径，他的工作是对各种各样的历史资料进行发掘，再同莎士比亚戏剧联系起来进行解读，从而推断莎士比亚的经历和性格，包括莎士比亚的出生和家世、他童年时代的生活、接受的教育和他的婚姻、他去伦敦的经过、他在伦敦的戏剧经历以及后来的退休回乡等，其中包含了种种细节以及莎士比亚的心理活动。正如这部传记的标题所示，格林布拉特的目的是要说明莎士比亚是怎样从斯特拉福的一个普通青年成为一位伟大戏剧家的。

格林布拉特的方法，说到底是加入大量的想象和猜测，他说：

> 要知道莎士比亚是谁，重要的是跟随着他留下的文字痕迹回到他的生活中，回到他那么开放的世界中去；要知道莎士比亚是怎样运用想

---

① Justin Kaplan, The "Real Life," Stephen B. Oates, ed., *Biography as an High Adventure. Life-writers Speak on Their Art*, The University of Massachusetts Press, 1986, p. 73.

② “威尔”即英文 Will，既是莎士比亚的名“威廉”（William）的爱称，也有“愿望”、“意志”等含义，所以这一书名是双关的，也有莎士比亚的出现是“世界的愿望”的含义。

象把他的生活改造为艺术的，重要的是运用我们自己的想象。①

比如莎士比亚戏剧中出现过鬼魂和许多恐怖场面，格林布拉特主要就根据这一点以及其他一些资料，断言莎士比亚秘密信奉当时已经被宣布为非法的天主教，他十六岁的时候会见过一位著名天主教徒，两人坐在一起交谈，相互都留下深刻的印象，这位耶稣会士不久就被女王处以死刑，这给了莎士比亚巨大的影响。又如莎士比亚的《威尼斯商人》里有一个著名的犹太人夏洛克，莎士比亚之前的戏剧家马洛写了《马耳他岛的犹太人》，剧中也出现了一个犹太人巴拉巴斯，格林布拉特认为莎士比亚学习了马洛，而两位犹太人的差别则反映了莎士比亚写作时的心态和当时英国发生的一系列事件。

格林布拉特是著名莎士比亚专家，这部《尘世威尔》出版后，当年就入选《纽约时报》"十佳图书"以及《时代周刊》"最佳非小说类图书"，可以说轰动一时，但也引起激烈的争论。支持者说："格林布拉特关于莎士比亚的这部令人着迷的传记，从第一章到最后一章都写得非常生动，具有丰富的细节和深刻的见解，毫无疑问，它一定属于对一位最伟大的作家的最重要的研究成果之列。"②但批评者也不乏其人，一位莎学家认为格林布拉特说的"几乎全都是没有道理的推测"，还有一位认为此书"完全是建立在他的想入非非和实际经历基础上的独断论"。③ 格林布拉特对现代莎学的发展有过重要贡献，但是这位莎学家并非传记家，他写作这部传记的时候忽视了传记写作的基本条件，美国《纽约时报书评》的一篇评论说得是很中肯的：

① S. Greenblatt, *Will in the World*, *How Shakespeare Become Shakespeare*, New York: W. W. Norton & Company, 2004, p. 14.

② http: //www. reviewsofbooks. com/will_in_the_world/.

③ http: //www. swans. com/library/art11/cmarow16. html.

> 莎士比亚之后四百年，他的生平以及同其作品的关系仍然不清楚，残缺不全而难以确定。他的一切都昏暗不明，这增加了他作品的神秘性，关于他的生平我们所知道的全部东西，只是一点点可怜的甚至没有多少用处的事实。格林布拉特却说靠这些就够了，他也许是第一个这么说的人。①

这位评论家认为格林布拉特"重新虚构了莎士比亚"，它对于解读莎士比亚戏剧和诗歌的文本、了解莎士比亚的时代有其价值；但是它不能作为一部可信的人物传记来阅读，对于争论已久的莎剧作者问题，也不可能提供多少新的证据。

传记曾经是历史学的一部分，其后人们逐步发现了传记具有的文学特征，即对人物命运和个性的关注。但是传记的基础是历史，传记的核心始终是真实性问题。大多数传记作品至今依然按照这一规范来写作，把历史的真实性看作是对传记最基本的要求。二十世纪以来相继出现的现代派和后现代传记并不成熟，但具有强烈的挑战性，特别是其中一些作者是具有重要影响的人物，显示出挑战的严峻。传记理论家应当回答他们所提出的问题，传记家也应当在坚持真实的基础上写出更有吸引力的作品，以证明传记真实所具有的无可替代的价值。不过，科学的进步以及传记理论的深化也越来越证明一点：任何真实都只有相对的意义；如果把真实绝对化，那就不利于传记的发展，也无法回应这类挑战。

2009 年

---

① Colm Toibin, "Will in the World: Reinventing Shakespeare," *The New York Times Book Review*, October 3, 2004.

传记家，请选好你的传主！

一些学者说，二十一世纪是属于传记的。在人文著作中，传记已经成为最大的文类之一，长篇传记的数量早已超过长篇小说，而且还有继续增长的趋势。[①] 但是传记中的好作品始终是凤毛麟角，这一状况从古代开始延续至今。即使是那些最优秀的传记家，其笔下出现的也不全是精品。当然其他文体形式，如小说、诗歌、戏剧、散文等，也有类似的情况，但这在传记尤为突出。

传记家的成功率比较低，这是由于传记自身的特点——写作难度很大；传记不成功的原因可能是多方面的，其中很重要的一点是传记家没有选好传主。当前我国传记写作中有一种常见的现象，一些传记是作为任务委派给作者的。所以有必要提醒传记家注意：请选好你的传主！

一、选择读者和时代所需要的传主

任何一位读者都不会不加选择地阅读传记，读者对传记的选择首先是

---

① 可以参考以下说法：雷达认为，从 2001 年到 2007 年间，我国正式出版长篇小说六千部左右，每年八百到一千部。(《近三十年长篇小说审美经验反思》，载《小说评论》2009 年第 1 期)潘凯雄认为，我国目前每年出版长篇小说一千二百部以上。郑伯农认为，1995—2000 年间我国出版长篇传记就达数万部。(《悄然勃兴的传记文学》，载《2001 中国文学年鉴》)

对传主的选择。一般说来，读者总是选择自己愿意效仿或是寄托着自己对生活的某种希望和理想的那些传主。这种现象是由传记的本质所决定的。传记起源于纪念。世界各国最早的传记作品，比如中国的《论语》和《晏子春秋》，希腊柏拉图的几篇苏格拉底回忆录，希伯来人《新约》中的“四福音书”等，都是学生或门徒写老师的，写作的目的首先是为了纪念。纪念是认知的一种形式，是认知的人格化和感情化。传记的功能归根到底在于求知。人类总是具有强烈的好奇心，好奇是智慧之母，人们阅读传记是为了认知一个实际存在过的人。读者可以把传记当作文学来阅读，也可以把传记当作历史来阅读，但是这无法取代传记主要的实际功能：纪念和认知。

读者希望纪念或认知的是谁呢？在一个越来越多元化的时代，人们对传主的兴趣和选择也越来越多样化，读者需要各种各样的传主；但是只要考察一下传记史就可以发现，读者不同需要的背后隐含着一个共同的东西：时代精神。时代精神是每个时代所特有的、超越个体的、共同的集体意识，它决定了多数民众的价值取向，决定了时代前进的目标，它是一个社会发展的内在动力。读者对传记和传主的选择总是同时代精神指向同一个方向。

就如上文说的孔子、苏格拉底和耶稣，在他们的时代也是普通人，并没有后代所具有的那样崇高的地位，但是他们的学生或门徒就敏锐地感觉到应当把老师的生平、言行记录下来，供自己和后人纪念、学习，因为他们身上具有一种神圣的、强大生命力的东西。司马迁在《史记》里为游侠、刺客、货殖等社会底层人士写作传记，同样是因为他敏锐地感觉到了一些新的社会力量的出现，有必要把他们记录下来，显示时代的特点。优秀的传记家应当具有这样的素养：感受到什么样的传主是读者所需要的，他把时代精神通过传主传达给读者。在许多情况下传记家是在历史人物的身上发现了当代的需要，用古代人物来满足现实中读者的纪念和认知的需要。

朱东润的《张居正大传》是中国现代传记最初的典范之作。它写于1943年，那正是中国抗日战争最艰苦的年代，敌寇暴虐、山河破碎，社会昏暗、前途迷茫，这局势常常使人联想起风雨飘摇的明王朝后期。朱东润想到了张居正。这位明代首相是个有很大争议的人物，经过后代小说和戏曲的渲染，一般人都把张居正看作贪婪奸诈的权臣，朱东润却从他身上看到了一种敢于负责、不畏诋毁的精神，他觉得在当时的形势下，国家没有张居正这样的人物是不行的。于是他写作了这部传记。朱东润笔下的张居正虽然属于历史，但他是一位改革家，是处于危难之中的中华民族所需要的治国良才。《张居正大传》出版以后受到热烈欢迎并非偶然，因为它满足了读者的需要。甚至直到今天，这部传记虽然已经问世近六十年，仍然一版再版，颇为畅销，正说明它同今天时代精神还有一致之处，今天的中国迫切需要改革，作为改革家的张居正自然在人心中会引起共鸣。

当代中国传记走过的道路鲜明地体现了时代精神。上世纪九十年代以来，随着经济的迅猛发展，贪污腐败的浊流也愈益横行无忌，日甚一日地败坏着社会。为了抗拒堕落，人们开始呼唤人文精神，一些传记家从半个世纪前的一批民国知识分子身上发现了时代的这种需要，胡适、陈寅恪、吴宓、徐志摩、蔡元培、梁漱溟等，本来被主流社会所排斥或者几乎被遗忘的一批文人被从故纸堆里唤醒了，传记家们从他们身上看到了人文精神，他们毕竟离当代最近，于是被呼唤出来为现实服务。他们的传记、日记、书信以及各种作品纷纷问世，风行一时。二十年过去了，中国社会中正义和腐败两种潮流的对决仍在激烈地进行，这类知识分子的传记也长盛不衰，延续至今，传主的范围还不断在扩大，冯友兰、张竞生、季羡林等不断加入其中，因为他们反映了社会和读者的需要。而且在当下的传记中还可以发现一种变化：一些传主并非知识分子，而是政治家或是军队将领，但是传记家着力叙写的不仅是他们对革命的贡献，而且突出他们的爱民、亲民的作风，他们的道德修养以至悲天悯人的胸怀。这些传记追求的价值目标，同民国知识分子的人文精神是相似的。

当代传记中稍早于民国知识分子出现的还有一类人物：成功人士。影视明星在自传或传记中最早出现，其后短时间里火了一阵的是足球明星，再后是文化水平稍高一些的电视节目主持人以及各式各样的企业家、IT精英、海外留学生等。新时期以来，这些成功人士引领着社会发展的潮流，他们当然可以成为传主；如果传记写出他们的奋斗历程，那就符合时代和读者的需要；但是大量这类作品只是在炫耀成功者的地位或财富，为的是进一步炒作以赚取更大的利益。它们可以满足读者一时的好奇，但很快就被厌倦和抛弃，许多作品还未在书店上架就被运入造纸厂化作纸浆。

传记家有选择传主的自由，不应当预设禁区，关键是传记家在传主身上发现了什么，能不能提供读者真正需要的东西。中国文学有写“青楼”的传统，出现过杜十娘、李香君等名妓的正面形象。在传记领域，也有过陈寅恪的《柳如是别传》。陈寅恪称这位明末名妓是“侠女”、“才女”、“神女”，固然是把她高度理想化了，但是陈寅恪也为这部传记付出了极大的心血，书中包含了极其丰富的历史和文化内容，如一位专家所评论的：“更准确而宽泛一点说，应该是用血泪写成的色调全新的明清文化痛史。”[①]《柳如是别传》是中国现代学术传记的巅峰，也是一部伤时感事之作，它反映了在当时政治、思想的高压状态之下，知识分子的苦闷和对思想自由、学术自由的渴望。近一二十年来出现了一些写明清娼妓的传记，如果作者实际上是欣赏其中的“香艳”，而又牵强附会地找出一点“爱国主义”为幌子，这样的青楼传记无法反映时代精神，无法得到读者的普遍欢迎。

传记家可以选择反面人物和小人物。毫无疑问，那些声名显赫的政治家、军事将领和社会领袖，联系着一个时代的许多重大事件，影响了社会前进的方向。而且他们一生波澜起伏，有许多戏剧性的经历和秘闻，在他们丰富复杂的经历中包含着种种矛盾冲突，容易显示人物的个性，传记家和读者都会对这些“大人物”感兴趣；但是他们也被人反复书写，难以写出新意。要写出时代精神并吸引读者，选择适合的“小人物”同样可以获得成功。有些

① 刘梦溪：《以诗证史　借传修史　史蕴诗心》，《中国文化》1990年第3期，页106。

虽是不引人注意的普通人，却同重大的历史事件联系在一起，他们的经历是大时代中的小浪花，折射出历史发展的丰富多彩。正如美国评论家吉廷斯所说的："传记中一个富有成果的领域是写一个不引人注目的人物，由于某种机遇他同一些重要的事件或组织联系在一起，他的历史给它们投出一束没有想到的、予以揭示的光线。"[①]中国最早的一部现代自传《女兵日记》就是例证。作者谢冰莹出生在偏僻、穷困的湖南山村，父母愚昧而顽固，谢冰莹同他们的家长专制拼死抗争，她誓不裹脚，也打破了包办婚姻，还争得了外出读书的机会。大革命兴起，她又投笔从戎参加北伐战争，成为第一代女兵。在战火中，她抽暇写出了生动的随军日记。北伐后她继续求学和写作，还两赴日本，积极投入抗日战争。1927 年，谢冰莹开始写作日记的时候是个卑微的小人物，但她的一生同中国现代史上的伟大变革联系在一起，她的经历成为社会解放和妇女解放的缩影。她的自传和传记虽然只是一位弱女子的人生记录，但却充满昂扬的时代精神，读者，特别是女性读者从中得到巨大教育和鼓舞。谢冰莹后来成为大学教授和世界名人，也是借助她传记的巨大影响。

一般说来，传记家对传主都怀有同情或崇敬的感情，但是那些反面人物，甚至人们痛恨、憎恶的人物也可以作为传主。上世纪八十年代，一批关于林彪和"四人帮"的传记问世，对他们的丑行和"文化大革命"的罪恶进行了揭露，得到读者热烈的欢迎。但是这类传记由于忌讳太多，问世又很仓促，缺少深度的思考，不可能长久发挥影响。德国传记家费斯特(Joachim C. Fest)的《阿道夫·希特勒》是一部以反面人物为传主而取得成功的作品。费斯特没有为希特勒辩护，也没有对他有多少道德的谴责，他笔下的希特勒并非天生的恶魔，也不是偶然攫取了权力的小丑，而是一个有着非凡才能和强大意志的政治家。第一次世界大战德国的战败和《凡尔赛和约》的签订，使

① Robert Gittings, *The Nature of Biography*, Seattle: University of Washington Press, 1978, p. 77.

德国人感到十分屈辱，他们急于改变这种现实，希特勒似乎给他们带来了希望，他们心甘情愿地把国家交给了他，希特勒通过合法的选举而登上了权力的顶峰。他刚从事政治活动时为人谦虚有礼，但后来在德国人的欢呼声中就一步步成为一个胆大妄为的冒险家；他本性反动、保守，但是却推行了一套革命的政策，促进了德国的现代化。费斯特让读者看到，希特勒性格的发展、他的经历、他给世界带来的灾难，都是历史的形境所造成的。在有关希特勒的众多传记中，这种解释令人信服，这是一个真实的希特勒。这部传记同样反映了一种时代精神：二次大战以后，面对满目疮痍的家园，德国人民迫切需要振作起来，他们需要重新思考：他们为什么会用自己的手把一个混世魔王捧上台去祸害世界，也给自己带来巨大的灾难。费斯特给他的同胞提供了一种可以接受的答案。这正是德国人，也是在第二次世界大战中蒙受了苦难的各国人民所需要的反思，所以这部传记被翻译成十多种语言在世界各地出版，问世近四十年始终得到读者欢迎。

时代精神包含着读者的需要。如果一个传主不能体现时代精神，或者传记家没有发现他身上的这种精神，这样的传记就不可能引起读者普遍的关注和理性的兴趣。

二、选择有足够资料的传主

时代精神并非选择传主的唯一条件。有一些历史人物，虽然有着重大的社会影响，也有独特的、让人们感兴趣的经历，但是他们并不适宜当传主。因为年代久远或者其他原因，有关他们的资料太少，更缺少足够的细节，传记家无法写出他们的个性和反映出时代精神。面对这样的传主，传记家所能做的工作只能是编撰他们一生的大事记或年谱。

比如中国历史上两位著名的诗人屈原和李白就是这样。屈原生活在中国历史发生急剧变革的春秋战国时代，几百年中英雄辈出、纵横捭阖、刀光剑影；李白生活在中华古代文明发展到一个辉煌的高峰而又发生转折的关头，大唐盛世、气象开阔、才士风流，这样两位具有浪漫气质的诗人，生活在这样绚丽多彩的背景中，民间也流传着关于他们的一些动人传说，但是他们并不适合做传主，因为关于他们的一生，可信的、具体的资料太少，《旧唐书·李白传》只有四百余字，《新唐书·李白传》也只有五百余字。屈原汨罗自沉的故事至今流传，他的代表作《离骚》为人们传诵两千多年，但是有关他的资料主要就见之于这一诗篇。《屈原列传》总共一千七百余字，虽然出自司马迁这样的大手笔，但是并不能吸引多少读者，正如梁启超指出的：屈原虽然“人格伟大，但是资料枯窘得很”，“事迹模糊，空论太多。这种借酒杯浇块垒的文章，实在作的不好”，“把史学家忠实性失掉了去”。[①] 资料太少，传记家就无法对传主进行深入的解释和细致的描述，不可能写得生动感人，就只能像司马迁写《屈原列传》那样，借助一点资料来抒发感想，表示崇敬而已。

传记不是小说，资料不足不能通过虚构来解决，没有足够的材料就写不好传记，而且传记材料必须以传主的生平为主，否则就写不好传记。这样的例子不胜枚举，对那些大传记家来说也不例外。斯特拉奇是欧美“新传记”的开创者，他改变了英国传记发展的方向，在传记史上具有很高的地位。斯特拉奇以刻画女性人物见长，他为英国两位著名女王伊丽莎白一世和维多利亚都写过传记。《维多利亚女王传》是英国传记的经典之作，女王同斯特拉奇的时代相距不远，她的一生经历英国人很清楚，她的所作所为甚至她的感情和心理，都可以在公开文献中查找到记录。斯特拉奇在写这部传记时不需要、也不可能去虚构，他的工作主要是对材料进行选择、叙述和解释，他笔下出现的传主大体就是历史上的维多利亚女王。伊丽莎白女王则有所不同，她生活在十六世纪英国的文艺复兴时代，历史毕竟过去了四个世纪，在

---

① 梁启超：《中国历史研究法》，上海古籍出版社，1998年，页197。

内战中大量宫廷文献散失了，女王的一生中有许多东西鲜为人知，那时人们的生活习惯、行为方式和人生态度都同二十世纪颇有不同。斯特拉奇的《伊丽莎白与埃塞克斯》写女王同她年轻的情人之间的悲剧故事。但是他们究竟是怎样一种关系，他们的悲剧究竟是怎样发生的，并没有留下确切的资料，谁也弄不清楚其中的缘由和细节。斯特拉奇写作时只能凭借自己的想象去猜测；但是作为一位传记家，他又要遵守职业的基本道德，不能像写小说和写戏剧那样自由地虚构，这样他在写作中就处于一种两难的境地：既不能放纵自己的想象，又没有真实的材料。斯特拉奇的朋友、既是小说家也是传记家的伍尔芙看出了斯特拉奇所处的窘境，对此有一个很透彻的分析："他急于虚构；但也有些事是大家知道的——他的虚构就突然停止了，这样，女王就在一个模糊不清的世界里，在事实与虚构之间游移，既不是具体的，又不是离开现实的。这部悲剧给人一种空洞的感觉，没有危机，各种人物的努力相遇到一起，但没有产生撞击。"[①]伍尔芙所说的这种状况在传记中是经常可以见到的。

没有足够的、适合的材料，这是每一个传记家在写作过程中都可能碰到的难题。有一些传记家因为材料缺乏，就不得不用许多背景材料，或是用对传主的作品、思想的分析加入传记之中，试图以此弥补传主生平的不足。莎士比亚是西方文化的伟大代表，关于他生平的资料极少，但是每个时代都有一些传记家心有不甘，力图另辟蹊径写出莎士比亚传记，他们的方法是把历史背景，诸如那个时代的政治斗争、宫廷生活、外交风云、经济发展、宗教状况、风俗习惯、戏剧演出的材料，以及包括女王在内的当时社会名流的各种活动和轶事，都收罗殆尽，把其中同莎士比亚戏剧有关、或可能同莎士比亚本人有关的东西挑选出来，写入传记。这些传记家在文献的搜寻和考订方

---

① V. Woolf, "Art of Biography," J. L. Clifford, ed, *Biography as an Art: Selected Criticism 1560-1960*, New York: Oxford University Press, 1962, p. 131.

面做了大量工作，对读者更好地了解莎士比亚时代和阅读莎士比亚戏剧提供了很大帮助，但是说到底，他们无论写出多么具有学术价值的著作，终究不能算作严格意义上的莎士比亚传记。美国新历史主义代表人物格林布拉特的《尘世威尔：莎士比亚是怎样成为莎士比亚的》就是这样一部作品，格林布拉特的方法是对各种各样的历史资料进行发掘，再同莎士比亚戏剧联系起来进行解读，从而推断出莎士比亚的生平和性格，其中还包含了种种细节，甚至包括莎士比亚的内心活动。用格林布拉特自己的话说，"运用我们自己的想象"，"跟随着莎士比亚留下的文字痕迹回到他的生活中去"。① 格林布拉特此书的影响很大，中译本取名为《莎士比亚新传》，但是从传记的角度看，这部"传记""几乎全都是没有道理的推测"，"完全是建立在他的想入非非和实际经历基础上的独断论"。② 有一位学者批评格林布拉特"重新虚构了莎士比亚"，"关于莎士比亚的生平我们所知道的全部东西，只是一点点可怜的甚至没有多少用处的事实。格林布拉特却说靠这些就够了"。③ 为莎士比亚这样的人物写作传记，实在是一件吃力不讨好的工作。在传记的各种要素和传记材料中，传主的生平经历是第一位的，它是传记的基础。传主活动的历史背景、对他作品的分析、有关的思想资料等，对传记的写作是不可或缺的，但也只有参考的价值，它们只有围绕着传主的实际生活展开叙述才具有传记意义。

传记最好是写传主完整的一生，这样可以看出他的成长历程，对他的性格和命运得到更准确的理解。但是某些传主的情况比较特殊：他的生平中某一阶段、某一方面的文献资料非常丰富，其他阶段、其他方面的则很缺少。

---

① S. Greenblatt, *Will in the World, How Shakespeare Became Shakespeare*, New York: W. W. Norton & Company, 2004, p. 14.

② http://www.swans.com/library/art11/cmarow16.html.

③ Colm Toibin, "*Will in the World: Reinventing Shakespeare*," *The New York Times Book Review*, October 3, 2004.

在这种情况下，要求写出传主完整的一生就很困难，传记家可以退而求其次，只写资料丰富的那个阶段或者那个方面。不但许多短篇传记是这样，就是长篇传记也有这种写法。比如斯特拉奇写《维多利亚女王传》，因为材料丰富，他从女王童年写起，到女王去世结束，写了女王比较完整的一生。而《伊丽莎白与埃塞克斯》因为材料不足，就只写女王五十多岁同十九岁的埃塞克斯相爱后十五年间的故事，他这样的选择避免了更大的失败。

近一二十年来，我国出现了多部子女写父母的传记，一般说来，子女对父母是最熟悉的，而且收集资料也比较方便，但是那些聪明的作者并不试图写父母完整的一生，而是写自己最熟悉的一段或一个方面。张胜的《从战争中走来》是写父亲张爱萍的，张胜自己是军人，熟悉战争史和军史，如书名所示，他主要写父亲同战争有关的经历，而把父亲当兵之前的内容穿插于后来的某些阶段。季承的《我和父亲季羡林》集中写父子关系，披露了父亲在家庭生活中鲜为人知的冷漠和吝啬。季承透露出对父亲的不满，但也分析了父亲无爱婚姻的不幸，对他的不近人情作出解释，显示出父子真情。季承几乎没有说到父亲的学术成就，但是比那些以写季羡林的成就和声望为主要内容的传记更真实，也更受读者欢迎。

以阶段或方面为中心的写法，也包含着一种危险：放弃或者忽视了对传主其他阶段、其他方面资料的收集和研究。某个阶段、某个方面只是传主一生中的部分，如果对传主不做全面的了解，就可能曲解传主；只有完整地把握传主的一生，才能写好他一生中的一个片段或一个方面。

对许多当代中国传记家来说，可能主要问题不是传记材料不足，而是自己手头的资料不足，大量的资料在那里没有去收集。传记家的工作是非常辛苦的，不但浩如烟海的文献资料要去收集，他还得费尽心机收集那些口头流传的材料以及同传主有关的实物，而且他吃尽辛苦收集来的资料还得考证其真伪，即使是真实的材料也不一定在传记里能用得上。难怪美国传记家艾德尔说："居里夫人和她丈夫花了多长时间，熔化了多少吨沥青铀矿才得到一点点镭，传记的写作过程也是如此。”[①]因此，传记家的书桌要比别人的大得多才行。急功近利的人不可能写传记，“下笔千言，倚马可待”的才子也无法写传记。传记家可以虚构，但是他毕竟不是写小说，他能够虚构的范围和虚构的方式都非常有限，一旦超出这个范围，他终将失去读者的信任而自我解构，他的写作就失去了意义，从长远看，这对传记家是得不偿失的事。

三、选择主体一致的传主

传记家要选择有价值的传主，但是一个有价值的传主也未必适应一切传记家。更准确地说，传记家还应当选择最适合自己的传主。不同传记家因为经历、性格、个性、教育水准的不同，写作对象也应当有所区别。一个不适合自己的传主，同没有价值的传主一样，都意味着失败。在中国传记界常见一种现象：一个历史或现实中的人物因某种原因成为热点，于是一些传记家就一窝蜂地去写他，并不考虑自己是否适合；也有一些传记家接受任务或委托去写一位指定的传主，委托者和被委托者同样没有认真考虑是否适合。

传记家应当熟悉传主，熟悉同传主有关的一切，包括他的经历、家庭、生活环境，这是人们公认的写作传记的前提，传记家应当熟悉传主和他的时代。但是这还不够，这只是在克服他同传主在时间和空间上的距离，传记家还应当尽量缩短他同传主间精神的和心理的距离。这就需要传记写作中的两个主体，即传记家和传主的一致。传记中的主体一致包括出身、职业、经历、家庭等物质方面的一致，也包括气质、兴趣、个性、价值观等精神方面的一致。一致即近似，他们之间的一致越多，传记的成功就越有保证。有了这种一致，传记家同

① Leon Edel, *Writing Lives: Principia Biographica*, New York: W. W. Norton, 1984, p. 108.

传主就可以建立一种特殊的联系，他对传主，不仅可以观察和研究，而且可以设身处地去体验，感知他的心理世界，对他的命运和人生选择作出比较准确的描述和合理的解释。钱锺书曾这样评说写作传记的过程："史家追叙真人真事，每须遥体人情，悬想事势，设身局中，潜心腔内，忖之度之，以揣以摩，庶几入情合理。"[①]艾德尔也说过类似的话："要写一部好的传记我们必须在一定程度上把我们自己同传主同一起来。"[②]他们这里说的都是传记写作中的核心问题：传记家应当根据所掌握的材料，去体验传主的内心世界，这样对传主的叙述才能"入情合理"。要做到这点必然要以主体一致为前提，没有最低程度的一致，就不可能去体验。这就如鲁迅的名言："穷人决无开交易所折本的懊恼，煤油大王那会知道北京检煤渣老婆子身受的酸辛，饥区的灾民，大约总不去种兰花，像阔的人老太爷一样，贾府上的焦大，也不爱林妹妹的。"[③]

我们经常可以看到缺少主体一致而带来传记失败的例证：有些传记家在收集资料方面下了大工夫，对传主非常熟悉，但是作品并不很成功。这里可以举一个例子。法国的莫洛亚是二十世纪西方最重要的传记家之一，这位法兰西学士院院士一生写作了二十多部长篇传记，有"传记王"的美誉，至今在世界各地仍然拥有众多的读者。但莫洛亚的传记中也有个别不成功的作品，《弗莱明爵士传》即其一。弗莱明是一位英国科学家，因为发明青霉素而获得 1945 年诺贝尔医学奖。应弗莱明夫人的邀请，莫洛亚同意写作这部传记。这时的莫洛亚已经是一位成熟的传记家了，而且他做了大量的准备工作，他专程到英国去收集材料，到弗莱明生前工作的实验室，重复他发明青霉素所做的那些实验。但是弗莱明是一位严谨的科学家、一位正统而刻板的苏格兰绅士，莫洛亚是一位具有广泛兴趣和浪漫气质的法国作家，可以

---

① 《管锥编》第一册，三联书店，2008 年，页 166。

② Leon Edel, *Writing Lives: Principia Biographica*, p. 63.

③ 鲁迅：《二心集"硬译"与"文学的阶级性"》，《鲁迅全集》第四卷，人民文学出版社，1981 年，页 204。

说，个性和气质的差异，使莫洛亚不可能深入理解弗莱明的心理世界，所以这部传记虽然提供了弗莱明的许多资料，但并不能吸引多少读者。

莫洛亚传记中凡是写得成功的人物，总是在经历或气质等方面同莫洛亚有相似之处，他们通常也是一些浪漫派作家，如雪莱、拜伦、大仲马等。莫洛亚和雪莱一样，第一位夫人是一位美貌但缺乏教养、浅薄的小市民家庭出生的姑娘，所以莫洛亚在《雪莱传》中能够动人地写出雪莱婚姻的悲剧以及由此而来的精神伤害。莫洛亚幼时体弱多病，患有脊柱炎，所以他能够体验跛足的拜伦从小受到嘲弄、轻视，蒙受的心理创伤，及其内心深处的自卑和不负责任的报复。莫洛亚《三仲马》中的大仲马，拼命写作、拼命挣钱，又拼命挥霍，永远兴高采烈，生气勃勃，他不断恋爱，整夜宴饮……但在荒唐的背后是内心的创伤：他有四分之一的黑人血统，他的青少年时代受到人们的歧视和社会不公平的对待，他需要金钱、名誉、地位和享受来掩盖和弥补他遭遇到的不幸；莫洛亚能够理解大仲马，因为他自己是犹太人，他从小就感受到欧洲主流文化中所包含的种族歧视。莫洛亚的成功和他个别的失败，都在证明传记主体一致的重要性。莫洛亚比较成功的传记大都是关于作家的。在现代社会，作家成为一种职业以后，作家传记就越来越多，而且在成功的传记作品中占有很大的比重。这就是因为传记家和作家有许多共同之处，更容易具有主体的一致性，对作家的心理世界更容易体验。

这一规律的意义在经典作家那里也显示出来。司马迁的《史记》总共写了大约四千个人物，主要人物大约两百个。这两百人中一半以上具有悲剧色彩，其中包括《史记》中写得最好、最为后人所赞赏的一些人物，如项羽、信陵君、韩信等。司马迁因为李陵之祸而带来自己悲剧的一生，由于主体的一致，他对历史上的那些悲剧人物给予极大的同情和最多的关注，能够进入他们的心理世界，准确地把握和描绘他们的悲剧命运。人们还可以发现，《史记》中出现的一些帝王，如秦始皇、汉高祖、汉武帝这些志得意满的最高统治者，当他们走向结局的时候，他们身上也越来越显示出悲剧的意味，这是只有司马迁才能够发现的，对传主这样的认知深度常常是后代传记作者无法企及的。

普鲁塔克的《希腊罗马名人传》是西方传记史上第一部伟大的作品，这部短篇传记集的结构是把一个希腊人同一个地位大体相当的罗马人并列在一起，作者在叙述他们的生平以后，对他们进行评点和比较。如果读者也比较一下普鲁塔克笔下的罗马人和希腊人，就会发现总体来说希腊人比罗马人写得更出色，更有深度和吸引力。在后人的心目中，罗马人比希腊人有更鲜明的色彩，更强烈的个性，也经历了更多波澜起伏、惊心动魄的故事。为什么普鲁塔克笔下的罗马人反而不如希腊人生动？这是因为普鲁塔克出生在罗马时代的希腊地区，他对希腊的生活、希腊的语言和历史更为熟悉，他更具有希腊人的气质。

主体的一致甚至在传记家和传主处于对立状态时也是需要的。梁启超是中国现代传记的先驱，他的《李鸿章》虽然有很多不足，但不愧为中国传记史上的一部杰作。其原因不仅在于梁启超对当时中国社会具有深刻的认识，对作为政治对手李鸿章的一生经历十分熟悉，更在于他们之间的一致性：梁启超虽然吸取了一些西方思想，但说到底，他同李鸿章一样，都接受了正统的儒家教育、深受传统文化的熏陶，都有宏大的政治抱负和顽强的入世精神，所以梁启超能够洞悉李鸿章的心理世界，他在书中说："吾敬李鸿章之才，吾惜李鸿章之识，吾悲李鸿章之遇。"[①]梁启超同李鸿章属于两个不同的政治营垒，但他同李鸿章惺惺相惜，是真正的知己，他理解李鸿章。其后，梁启超写过许多外国名人的传记，对于启迪民智起过一定的作用，但是实际上只不过是对欧美历史上的一些英雄人物进行简略的介绍和大唱赞歌而已，并没有写出其人格。梁启超虽然博学，但对于欧美社会的历史和西方文化并没有真正深入的了解，不可能具有主体的一致性，对那些精神上离自己太过遥远的传主他不可能把握好。

美国一位很有经验的传记家曾经说过："我不想说但最好还是说出来：事实上，别人所建议的传主对传记家来说可能是危险的，特别当他们被迫或

---

① 梁启超《李鸿章》，海南出版社，2001 年，页 24。

是用提供报酬来推动的话。”[①]看来这类警告并没有引起人们多少注意，而且中国同传记十分发达的美国也颇有相似之处：常听说一位刚出大学校门、从来没有拿过枪的文职军官被指定给一位身经百战的将军写传记，一位在商海浮沉搏击数十年的亿万富翁出资若干邀请某位年轻女作家给自己作传。这样写出的传记如果获得成功，那将是个奇迹。

选择传主是传记写作的第一步，虽然实际的写作这时还没有开始，但却有着决定性的意义。这一步走对了，未必就能写出一部好传记，但是如果这一步走错了，可以肯定写不出好传记。无法体现时代精神的人和资料不足的人不适合做传主，适合做传主的人物也不会适合一切传记家。传记家应当选择适合的人物，特别是适合自己的人物做传主。

2011 年

---

① Catherine Drinker Bowen, *Adventure of a Biographer*, Boston: Little Brown, 1946, p. 156.

我们向司马迁学习什么

——《史记》传记方法的现代意义

中国传记已经进入高产期，据说每年出版万种以上，远远超过小说的规模。但是其中优秀之作的比例仍然不高，中国传记正面临种种挑战和危机。如何使传记作品在真实的前提下写出深度、写出趣味来，使读者信任传记，愿意阅读传记，让传记在电影、电视等大众文化形式的夹击下生存并发展，这是中国也是世界传记的难题。

《史记》是中国传记史上最伟大的经典作品，它为中国读者所熟悉和喜爱。研究、学习和借鉴《史记》是中国传记界的重要课题。二十世纪以来，《史记》研究的成绩颇为可观，可是大多数集中在史学领域，基本上是传统论题的扩展和深化，文学角度的研究寥寥无几，传记美学的论著更是难得一见。[①] 欧美学术界近二十年来出现了几部研究司马迁的重要著作，其内容主要也是从历史角度，包括思想史、文化史和比较史学角度的研究，文学和美学领域的研究专著似乎未见。

美国古典学者托马斯·马丁把司马迁同希腊历史学家希罗多德进行了

---

① 参见陈桐生：《百年〈史记〉研究的回顾前瞻》，载《文学遗产》2001 年第 1 期，页 120—128；单瑞永、金家诗：《近十年来〈史记〉人物研究综述》，《渭南师范学院学报》第 25 卷第 3 期，2010 年 5 月，页 21—25。

比较，他认为这两位历史学家生活在不同国家、不同世纪，没有读过对方的作品，但是他们有许多共同的东西，他们所做的工作有助于形成现代的历史写作观念，“现代意义上的历史写作可以追溯到古代的希腊和中国。”[①]这是国际史学界的一个重要观点。司马迁写的是“史传”，不仅中国现代史学观念可以追溯到司马迁，而且现代传记观念和方法同样发源于司马迁。研究和学习司马迁，是提高中国传记水平的有效途径。

二

稍后于司马迁的扬雄，对他这位前辈有很准确的观察：“多爱不忍，子长也。仲尼多爱，爱义也；子长多爱，爱奇也。”[②]人们公认，司马迁的一个重要特点就是“爱奇”。“爱奇”是时代精神的反映，如李长之所说：“驰骋，冲决，豪气，追求无限，苦闷，深情，这是那一个时代共同的情调。”[③]这个时代的精神和司马迁的精神是一致的，李长之称为“浪漫的自然主义”[④]，这是自然主义和浪漫精神的结合，或者说以“自然主义”为基础的浪漫主义，司马迁的“爱奇”，就体现了这种精神，他喜欢写奇人和奇事。

鲁迅称司马迁“传畸人于千秋”[⑤]，“畸”即“奇”。司马迁爱写那些富有个性、特立独行的奇人，如伯夷、商鞅、勾践、伍子胥、信陵君、孙膑、苏秦、张仪、项羽、韩信、李广等，他们或是经历、或是功业、或是品德有异于常人。特别引人注目的是，《史记》中出现了一批没有显赫身世、名不见经传的下层“奇

---

① Thomas R. Martin, "Introduction," *Herodotus and Sima Qian: The First Great Historians of Greece and China*, Boston: Bedford/St. Martin's, 2009, p. 1.

② 扬雄：《君子》，《法言》卷十二。

③ 李长之：《司马迁之人格与风格》，三联书店，1984 年，页 19。

④ 同上，页 176。

⑤ 鲁迅：《汉文学史纲要》，《鲁迅全集》第九卷，人民文学出版社，1981 年，页 420。

人”，如陈胜、吴广这样的草莽英雄，朱家、郭解这样的游侠，荆轲、聂政这样的刺客；还有一批奇女子：淮阴漂母给饥饿中的韩信送去饭食并予以教训，使韩信成就了一番大业；寡妇怀清以财自卫，不受侵害，也守住了家业；晏子马车夫的妻子劝告丈夫纠正了习性，也被晏子提升为大夫；卓文君看中司马相如的才学，突破礼法，与之私奔。这些小人物，在《史记》前的文献中找不到根据，是司马迁“旁搜异闻”写成的。

有着异乎寻常经历的“奇人”，是许多传记家也是读者感兴趣的，但并不是所有的传记作者都能发现他们，也许非凡人物就在身边也还是熟视无睹。只有司马迁独到的眼光才能打破世俗的成见、发现真正有价值的传主，“奇”的背后是他们代表了一种不能忽视的社会力量或者社会要求。梁启超说：“《史记》以社会全体为史的中枢，故不失为国民的历史；《汉书》以下，则以帝皇为史的中枢，至是历史乃变为帝王家谱矣。”①一些西方学者的研究，得出进一步的结论。如斯蒂芬·W.杜伦特指出：“司马迁表明，给一切有成就、值得记住的人留下适当的记录和防止失传，这正是他的目的。”②司马迁作传的，是社会全体之中那些最值得记录下来的人，他的“奇人”符合这样的标准。

司马迁也好“奇事”。杨伯峻发现了一个生动的例子：《左传》中有个著名的“曹刿论战”的故事，司马迁没有采用，而是采用了曹刿（即曹沫）劫持齐桓公的故事，这件事他已写入“年表”、“齐世家”、“鲁世家”，还又写入了《刺客列传》。

杜伦特认，“司马迁对那些好听的故事总是热情洋溢、充满兴趣，他确实没有感到要对他的材料进行仔细考察的必要，这使现代史学家的心智感到

---

① 梁启超：《中国历史研究法》，上海古籍出版社，1998年，页17。

② Stephen W. Durrant, *The Cloudy Mirror: Tension and Conflict in the Writings of SimaQian*, Albany: State University of New York Press, 1995, p. 11.

困扰。”[①]他认为司马迁没有对材料仔细考察，这种说法不够公平。《史记》中写入许多异闻，但是同后来的一些史书相比，这方面的内容要少得多，这是司马迁经认真选择的结果，他批评“百家言黄帝，其文不雅驯”（《孟子荀卿列传》），还说“《禹本纪》、《山海经》所有怪物，余不敢言也”（《五帝本纪赞》）。《史记》中也收入一些不可靠的传说、梦兆、占卜、怪异之类，这需要具体分析。

以刘邦为例。《高祖本记》中写了刘邦起事和发迹之前的种种奇迹，比如他喝醉酒有龙现身；醉行时有大蛇挡路，他拔剑挥去，把蛇斩为两截，斩蛇的地方出现一个老妪在哭泣，说她儿子是“白帝子”，被“赤帝子”斩杀了等。

这些传说无从考查，但是司马迁没有编造故事，那个时代还没有迷信的观念，他只是合理地运用已有的、广泛流传故事，把它们收进《史记》，或者是形成一种氛围，或者是进行烘托。司马迁写刘邦的奇事，是放在楚汉相争的大背景中来写的。无论家世、影响、实力，项羽都远胜于刘邦。刘邦最后的胜利是许多人没有想到的结局，但是司马迁并没有把刘邦的胜利看作那些奇迹在发挥作用。司马迁在《淮阴侯列传》引用过韩信同刘邦的一段对话，预测了刘邦的胜利，在《项羽本纪》、《高祖本纪》等篇中一再分析这个问题，对刘邦和项羽在个性、策略、人物关系等方面进行比较，探讨了刘邦获胜的原因。这样，司马迁记录同刘邦有关的奇迹异闻，只是记录民间的传说，他用事实证明刘邦的获胜是双方博弈的结果，是历史的必定结局。传说也许是一种征兆，但同刘邦的胜利并没有直接关系，司马迁在此后的叙述中再也没有提及。它们在历史的实际进程中并没有多少分量，只是引起读者的兴趣，去更深入地理解刘邦，理解司马迁对刘邦的描述。许多传记家，特别是通俗传记家也喜欢写奇闻异事。司马迁与他们不同的是，他看到了这些故

---

① Raymond Dawson, *Sima Qian: The First Emperor: Selections from the Historical Records*, “Introduction,” Oxford: Oxford University Press, 2007, p. xxix.

事社会的和人性的价值，他不仅满足了人们的好奇心，而且从更深的层次上揭示人物的个性，提供了对历史的一种观察。

美国的司马迁专家格兰特·哈代仔细研究《史记》文本，发现其中有多种组织材料的方法，诸如“选择”、“并置”、“重复”、“类比”或“比较”、“结构化”等，使用何种方法，司马迁都有认真的考虑。他对“奇事”的引用也是如此，这可以从他所讲述的四公子“养士”的故事中看出来。

战国时期，“养士”是一种社会风气，最为著名的孟尝君、信陵君、平原君、春申君四公子，门客最多时达到三千人，这些士平时为恩主厚养，为他们出谋划策或是完成某项特殊任务，以至卖命，演出了许许多多有声有色、惊心动魄的故事，这些故事在民间广为流传，在《战国策》等著作中有不少记录。司马迁也在叙述这些故事，但是他并不以叙述为满足，他要找出故事背后的意义。这些恩主，究竟为什么要养士，又是怎样来养士的。司马迁为四公子各写了一篇传记，他对这些问题的认识，在故事的结构中可以看出端倪。他打破时间顺序，每篇传记在按惯例述其家谱以后立即各讲了一个他们养士的故事。

孟尝君是这样一个故事：他同客人谈话，屏风后有人记录，记下客人、亲戚的住所。客人走后就派人去向这些亲戚赠送礼物，客人后来知道了，十分感动，人人都觉得孟尝君对自己最好。有一次孟尝君待客夜食，有一人因为灯光被遮蔽，认为自己的食物给少了，愤怒中要罢食而去。孟尝君就把自己的食物拿来同他比较，客人看了十分惭愧，自杀身亡。

信陵君是这样一个故事：大梁夷门监者侯嬴家贫，信陵君想厚赠他，但请他不到。信陵君有天宴请宾客，待客人坐定后，就亲自驾车去迎接他，恭恭敬敬请他上座，半路上侯嬴要公子绕道让去看屠户朱亥，还下车讲了半天话，信陵君还是谦和地在一旁等待着。从人都在骂侯嬴，信陵君却始终颜色不变。

平原君的故事是：平原君的美人在楼上，看到一门客跛足行走，嘲笑不止，第二天，这门客要求平原君砍下美人头以谢罪，平原君笑着答应了。门客走后，平原君笑骂他太过分，不肯杀这美人。一年后，他门下宾客散去一多半。他问原因，下人回答说：你不杀这美人，大家认为你爱色而贱士。于是平原君斩了美人，他的门客又增加了。

春申君的故事是：平原君派人出使楚国，春申君把他们安排入住上等馆舍。赵国使者为了显耀自己，头上是玳瑁的发簪，佩剑上镶着珠玉，来同春申君门客见面。春申君三千门客出来了，其中上等客人鞋子上都缀着珍珠，赵国使者羞惭不已。

司马迁把这四个好听的故事放在开头，这是哈代所说的“并置”、“类比”或“比较”的例子，比较的目的十分明显，四公子人品的高下立时可判：孟尝君是个善使权术、心胸狭隘的“鸡鸣狗盗之雄”，春申君是个浮夸、平庸的纨绔子弟，平原君浅薄而又无能，他们养士不过是为了夸耀或是为己所用。只有信陵君同士相交、相知，是一位难得的君子。司马迁讲述这些故事的时候也在探析着人性。

四公子列传在后面又写了一些门客的故事：《平原君列传》中毛遂自荐，《孟尝君列传》中冯谖弹铗而歌，《魏公子列传》中侯嬴和朱亥对信陵君以死相报，《春申君列传》中的朱英敏锐地指出了主人的危境但不被采用，春申君不久就死于非命。门客的作为又衬托了主人的人格，同四个开头的故事前后呼应。

好奇是智慧之母，好奇是人的天性。传记家需要知识和智慧，这样才能找到值得作传的非同凡响的人物，发现奇闻异事背后的意义。不好奇就没有探索精神，写不好传记；一味猎奇，以致夸大、篡改或捏造会走向反面，披露隐私也不可能带来持久的兴趣，只会瓦解读者对传记真实的信念，颠覆传记本身。第一个指出司马迁“爱奇”的扬雄，也指出司马迁是“实录”，所谓“实录”，即“不虚美，不隐恶”，“爱奇”和“实录”的结合才是传记所需要的。

二

司马迁有名言:“究天人之际,通古今之变,成一家之言。”(《太史公自序》)他的意思是:探讨天道和人事之间的关系,通过历史的发展演变,寻找历代王朝兴衰成败的道理,写出自成一家的作品。人们常常用这些话来证明司马迁的宏大志向,其实,司马迁的传记方法也与此密切相关,无论是写帝王将相、王朝兴衰这类大事,还是写凡人琐事,他始终没有忘记这一宏大目标。

“天道”,是司马迁核心的思想概念之一。在《伯夷列传》中,他引用了“天道无亲,常与善人”的说法,他对此也有困惑,因为现实中并非“善人”都有好报;但是毫无疑问,同“善”联系在一起的“天道”是他的信仰,他写那些“明主贤君死义之士”、“功臣世家贤大夫之业”、“倜傥非常之人”(《太史公自序》),就是为了表明“天道”,惩恶扬善,吁求道德的改善和社会秩序的重建,这就是司马迁宏大叙事背后的实际写作目标,他的社会理想和批判精神是一致的。司马迁还引用孔子的话:“我欲载之空言,不如见之于行事之深切著明也。”他不要“空言”,而是“见之于行事”,即写作这部《史记》。按照哈代的说法,司马迁的写作目的是对秦始皇开始建立的专制暴政进行批判,“同始皇的横暴和苛政相对立,司马迁致力于重建一种道德,作为国家和人的社会秩序化的基础”。①

《史记》写了四千人,重点写了两百人,司马迁是经过认真选择的。那些在历史上有重大影响或是举足轻重的人物,司马迁自然不会忽略,能够在写作中体现出他的道德和社会目标的人,他就给予更多的重视。有一些人,尽管位高权重、声名显赫,如汉武帝时的柏至侯许昌、平棘侯薛择、武强侯庄青

① Grant Hardy, *Worlds of Bronze and Bamboo: Sima Qian's Conquest of History*, p. 169.

翟、高陵侯赵周等人，都官至丞相，但是司马迁没有为他们立传，原因就是他们“无所能发明功名有著于当世者”(《张丞相列传》)。

相反，许多原本默默无名的小人物(包括前文所说的“奇人”)，却被写入了《史记》。《货殖列传》是经典的一篇。此传总共写了从春秋到西汉的十六位商人，除了原名范蠡的陶朱公当年曾居高位外，其余都是处于社会下层。但就是这篇传记，显示出司马迁的宏大气魄和历史眼光。此传一开头，司马迁首先批评了老子“小国寡民”的主张，认为那不过是“涂民耳目”，根本行不通的。他分析了对待百姓物质生活的五种不同态度：“故善者因之，其次利道之，其次教诲之，其次整齐之，最下者与之争。”最高明的是听其自然，其次是诱导，再次是教育，又次是规范，最愚蠢的办法是与百姓争利。司马迁既肯定人欲，也批评贪欲是祸乱之源。他肯定了货殖，但不赞成囤积居奇，发国难财。他主张君子求财“以其道得之”，他说的“道”就是用自己的劳动和智慧求财，财产正义的标准是“俱利”。他主张“布衣匹夫之人，不害于政，不妨百姓，取与以时而息财富，智者有采焉”。其后他写到这十六个人物的时候，分别写出他们或是根据地理环境，或是审时度势、随机应变得以发家致富的经过。这一篇小人物的类传，司马迁高屋建瓴，通过哲学、经济学、地理学的背景，证明了货殖存在的历史的必然性和道德的合法性。

由于材料的不足，司马迁没有为这些小人物写专传，而是写合传，或是在相关的传记中用不多的笔墨写出他们最重要的事迹，这些小人物也总是反映出重要的社会问题。《刺客列传》为“以武犯禁”的刺客立传，司马迁赞美他们的侠义精神，但匹夫掌握人主的生杀大权也反映了法制的不张和社会秩序的混乱；《滑稽列传》为主上所戏弄的倡优立传，表彰他们机警善辩，救民远害，但倡优干政也反映了专制统治的荒诞；《酷吏列传》提出了法治的要求，也反映了统治集团面临的危机和混乱的社会现实。在平庸的传记家笔下，大人物也成了小角色，因为他们只是就事论事，见不到传主同时代背景、历史传统、文化模式的密切关系，传主变成了一个孤立的人，读来常常是索然无味。司马迁把小人物同历史大背景联系起来,读者看到了一个变革的时代,感到了趣味,也看到司马迁的眼光和智慧。

现代传记的一个重要特点是对传主不仅叙述其生平、描述其人格,而且对他进行解释,这是社会进步和知识发展在传记中的反映。不过在古代最杰出的传记家那里,也显示出这一特点,司马迁就是其中的一位。他对传主及其命运的解释,常常是更加直接地同“天道”联系起来,所达到的深度远远超出写作《汉书》的班固和其他历史学家。比如项羽,司马迁用浓墨重彩描绘其一生,最后在针对项羽自杀前的自我评价:“天亡我,非用兵之罪也”,就批驳“岂不谬哉”,他认为项羽失败的原因在于“自矜功伐,奋其私智而不师古,谓霸王之业,欲以力征经营天下”。这是司马迁对其兵败自刎的悲剧命运的解释,他也发出警告:“欲以力征经营天下”是不可能成功的。

司马迁在为屈原作传的时候,也解释了屈原为什么写作《离骚》,又为什么自杀。“屈平(原)正道直行,竭忠尽智以事其君,馋人间之,可谓穷矣。信而见疑,忠而被谤,能无怨乎?屈平之作《离骚》,盖自怨生也。”“其志洁,故其称物芳。其行廉,故死而不容。”这一解释入木三分地道出专制社会的特点和正直之士难以避免的悲剧,可以想象,这是司马迁联想到自己的遭遇和命运发自内心的感慨,悲愤之中也反映了他对合乎“天道”的清明社会的向往。

司马迁写了许多小事。比如说,人们早就注意到,《史记》中几次写到老鼠。《李斯列传》开头也有一段李斯少年时观鼠的轶事:“年少时,为郡小吏,见吏舍厕中鼠食不洁,近人犬,数惊恐之。斯入仓,观仓中鼠,食积粟,居大庑之下,不见人犬之忧。于是李斯乃叹曰:‘人之贤不肖譬如鼠矣,在所自处耳。’”《酷吏列传》写张汤,一开始就是张汤少年时审鼠的轶事:“其父为长安丞,出,汤为儿守舍。还而鼠盗肉,其父怒,笞汤。汤掘窟得盗鼠及余肉,劾鼠掠治,传爰书,讯鞫论报,并取鼠与肉,具狱磔堂下。其父见之,视其文辞如老狱吏,大惊,遂使书狱。”这两件同鼠有关的轶事都发生在人物的少年时代，张汤后来成为精明干练、善于断案的酷吏；李斯后来留恋爵禄，贪生怕死，投靠赵高而被杀。这两件小小的轶事不但生动地揭示了传主的性格，为他们命运的发展埋下了伏笔，解释了他们命运的性格因素，也为对他们的道德评判做了铺垫。可以设想，如果删去这几只老鼠的故事，李斯和张汤的形象将会丢失许多光彩，读者对他们的认知将会少去许多感性的内容。

司马迁遭到后代一些正统史学家的责难和讥讽，刘知几认为"迁之所录，甚为肤浅"[①]，认为史传的写作应当"以简要为主"，要省字、省句。[②] 刘知几指责司马迁"肤浅"，正是因为司马迁关注轶事和细节，刘知几的批评是站在正统历史学的角度对传记的批评，而司马迁所写的这些小事中包含的历史和思想价值，也是正统史学家难以理解的。

《史记》是一部百科全书式的作品，可以从各种角度进行解读。道森(Raymond Dawson)认为："《史记》最非凡的地方是其结构，司马迁不满足于自己只是书写历史，他懂得历史的复杂性，他把作品分为五个部分。"[③]确实，司马迁非常理解历史的复杂性，这不但表现在他把《史记》分为"本纪"、"表"、"书"、"世家"、"列传"等五个部分，其叙述的对象、功能、文体各别而又互补；还表现在他所创造的"互见法"，既显示出历史的复杂和多面，又保持了叙事和人物的整一。还需要补充的是：为了表现历史的复杂性，司马迁无论是人物的选择，对人物命运的解释，还是他叙述人物时所使用的大量细节和轶事，都可以看到他是把传主放在历史的发展中进行考察，看到他对历史复杂性的认识和辨析，看到他宏大的社会目标和揭示"天道"的使命意识，这些都显示出他不但是一位"良史"，而且是一位伟大的传记家。

---

① 刘知几：《杂说上第七》，《史通》卷十六。

② 刘知几：《叙事第二十二》，《史通》卷六。

③ Raymond Dawson, *Sima Qian: The First Emperor: Selections from the Historical Records*, "Introduction," p. xxxi.

三

《史记》中的大量作品被后人改编为戏剧，据统计，元杂剧取自《史记》的有一百八十多种，京剧取自《史记》的有一百多种，现代话剧取材《史记》的也有郭沫若《屈原》、《虎符》，曹禺《胆剑篇》和陈白尘《大风歌》等，一些史记戏如《霸王别姬》、《鸿门宴》、《追韩信》、《将相和》等已经成为京剧中的保留剧目。这些剧目来源于《史记》，一方面是因为其中包含着戏剧所需要的、尖锐的矛盾冲突，另一方面也是因为《史记》的场面化的叙事同戏剧特别接近。

结构是传记写作的难题之一。任何传记都不可能叙述传主一生中的每一时刻和每一事件，而只能选择其中若干主要的和重大的事件。选择哪些材料，又怎样安排在文本中，体现了传记家的写作目的，也反映了他的眼光和能力。传记组织和叙述材料的方法大体说来有四种：时序结构，即基本按照时间的顺序来写；场面结构，选择传主经历中的重要事件组成若干场面来叙述；专题结构，把传主的经历、个性或成就等分解成几个方面分别叙述；复合结构，即把上述方法综合起来使用。

各种结构都各有其方便和不便之处，场面结构是文学性较强的传记使用最多的结构形式。传记家把传主的一生分解成一个个相对独立的故事，他以传主的某件事为核心，把有关的人物、事件的背景都集中在一道，相对独立地叙述其原因、经过和结果，这就形成传记中的一个场面，如同舞台上演出的一场戏；若干顺序相连的场面连接起来，就是传主完整的一生。这比起那种简单的直线叙述更富有故事性，也为纷繁的历史事实找到了清理的方法。

司马迁写作传记的时候，根据他所掌握的材料、传主的身份和写作的目标，使用了各种结构方式。"本纪"大多是按照时间顺序写作的大事记，"世家”和“列传”中，特别是那些材料比较丰富，个性也比较突出的传主，他大量使用场面结构，形成故事化和戏剧化的效果。他虽把项羽放入“本纪”，但《项羽本纪》却是场面结构最成功的范例之一。项羽一生经历非常丰富，从起义灭秦，到楚汉相争，最后兵败自刎，他参与了许多重大历史事件，包括大小七十多次战斗。《项羽本纪》对这些大多是简略的叙述，重点只写了“巨鹿之战”、“鸿门宴”、“垓下突围”三个场面。“巨鹿之战”中，项羽破釜沉舟、以一当十、大败秦军，建立不世之功；“鸿门宴”中，刀光剑影、惊心动魄，刘邦工于心计却外恭内诈，项羽胸无城府又妄自尊大，最终刘邦脱险，项羽命运发生转折，为他的悲剧埋下伏笔；“垓下突围”中，项羽英雄末路，从四面楚歌到自刎乌江，最后结束了生命，也完成了其悲剧性格。这三个场面描述三个重大事件，概括了项羽的一生，描绘了他多面的性格，项羽的主要传材也分别使用在这三个场面中。这三个主要场面中还包含了一些小场面，比如“垓下之围”中又可以划分为“别姬”、“突围”和“自刎”等小场面。场面所不能包容而又必须交代的材料，司马迁就安排在场面之前或穿插在场面之间，比如项羽的身世、青少年时代的经历和他起兵后斩宋义、夺军权、威震楚国、名扬诸侯的经过就在“巨鹿之战”之前作了交代。场面叙事和场面外叙事的结合，完整地交代了项羽的一生，又突出了他的业绩和性格。

《廉颇蔺相如列传》是司马迁场面叙事的又一经典。其中蔺相如经历的“完璧归赵”、“渑池相会”、“将相和”等重要场面构成了文本的主体，不过蔺相如出场之前也有一段缪贤对他的推荐：缪贤有罪，想逃到燕国去，因为燕王曾经私下握住他的手表示愿意结交。蔺相如劝告他说：这是因为赵强燕弱，而缪贤正得赵王宠幸，所以燕王才这样说。缪贤听从了劝告，摆脱了困境，所以他把蔺相如推荐给赵王。这段简略的叙述，为后面蔺相如的出场作了铺垫，其后的三个主要场面，描绘了蔺相如的机智、忠勇以及他以国事为重的大度。司马迁把蔺相如和廉颇这两个有重要交接的人物放入一篇合传，既有对他们的完整交代，照顾了全局，又突出了蔺相如，到“将相和”一场，两位传主的冲突得到解决，两人的形象都得到完美的呈现。这是传记写作中的大手笔。

十八世纪开始，西方传记开始自觉采用场面方式叙事。鲍斯威尔的《约翰生传》是经典之作，鲍斯威尔选择那些比较典型的事件为核心，把其他文献资料以及轶事和故事放在这些核心事件的周围组成场面。鲍斯威尔对这种结构方法做过说明："无论写作什么人的生平，我实在想不出有比这更完美的方法：即不但按照年代的顺序叙述所有重要的事件，而且把他个人所写的、所说的和所想的交织在一起，通过这种方法，人们可以看到他是怎样生活的，同他一道'生活在各个场面之中'。"①

鲍斯威尔认为传记结构中"没有比这更完美的方法"，他的观点得到许多传记家的赞同。二十世纪美国传记家艾德尔在他的名著《亨利·詹姆斯》中也大量采用这种方法，他说"材料允许的地方，我就'场面化(scenic)'"②，其好处是："把文学传记中的场面方法推荐给我们有许多理由，除了这是一种戏剧化的方法外，它还能使我们更加容易地传送时间段。当我们构造出一个接一个的场面，而每一个场面都是由那些我们可以用文献所证明的时间片段所构成的，我们就可以在连续的统一体中而不是相互分离的时间片段中取得存在感。"③西方一些现代著名传记作品，比如法国莫洛亚的《雪莱传》，英国斯特拉奇的《维多利亚女王传》、德国茨威格的《玛丽·斯图亚特》等，都出色地使用了场面化的叙事。

司马迁早就熟练地使用了场面叙事，这是《史记》结构中最值得注意的东西。司马迁总是能够把握那些最适合场面叙事的内容，这里显示出他的天才；他也总是能够把各种材料适当地组织在不同场面中，这里显示出他的

---

① J. L. Clifford, *Biography as an Art: Selected Criticism 1560-1960*, New York: Oxford University Press, 1962, p. 53.

② Leon Edel, *Henry James, A Life*, Vol. V, New York: J. B. Lippincott Company, 1972, p. 19.

③ Leon Edel, *Writing Lives: Principia Biographica*, New York: W. W. Norton, 1984, p. 201.

匠心。场面叙事需要有一个核心，场面内的材料围绕着这个核心来组织，它也是叙事的平台。从这个叙述核心的性质来看，可以有以下几种：以一个主要事件为核心，以人物关系为核心，叙述传主某一时间段的经历，叙述传主在某一个地域的经历，对传主某一方面的成就集中叙述，对历史背景集中介绍。

这六种场面叙事的方法在《史记》里都能找到。其中最精彩的是事件场面，司马迁叙述事件时集中于行动，"鸿门宴"一场总共四百多字，其中没有一个字直接叙述人物性格，但通过动作生动地表现了他们的性格。一方有项羽、项伯、范增以及后来的项庄，另一方有刘邦、张良以及后到的樊哙，鸿门宴的全部内容就是这七个人的动作，涉及传主项羽的只有六次：范增几次盯着他看，并举起配玉示意，要他动手杀掉刘邦，这时"项王默然不应"；楚国将军项庄奉范增命令，进到营帐中准备刺杀刘邦，项庄向项羽请求舞剑，"项王曰：'诺'"；危急之中，樊哙冲入营帐，怒目直视项羽，"项王按剑而跽曰：'客何为者？'"张良向项羽介绍樊哙后，"项王曰：'壮士，赐之卮酒'"；樊哙把酒喝完，"项王曰：'赐之彘肩'"；樊哙彘肩吃完了，"项王曰：'壮士，能复饮乎？'"樊哙劝告项羽不要诛杀有功之人，"项王未有以应，曰：'坐。'"这六处总共四十八个字都是项羽的肢体动作和语言动作，十分传神地把他那种胸无城府、简单幼稚、心怀仁爱的性格刻画了出来，而其他几个人的行动也对项羽的性格做了很好的衬托。

这一场面也引起过读者的怀疑：如此生动的细节，司马迁根据的是什么？这样的描写是否违背"实录"的原则？文学和历史是传记的两极，不同类型的传记在这两极之间移动，它们对真实性的要求是不同的，司马迁写作的是文学性比较强的传记，它允许那种填补性和扩张性的虚构，即保留基本事实的前提下，通过想象填补其中的个别缺漏之处，或是想象出细节以增加故事化的效果。班固《汉书·高帝纪》中的鸿门宴，只有《史记》中鸿门宴篇幅的三分之一，《史记》鸿门宴事件的基本框架是司马迁从历史文献或口传资料而来，其余的内容则可能是司马迁填补或扩张的结果，这在传记写作中是允许的，就如钱锺书所说："如得死象之骨，各以己意揣想生象。"①

按照亚里斯多德《诗学》和古典戏剧理论，戏剧的最重要因素是"动作"或"情节"，正是因为《史记》中大量高度动作化的事件，所以得到戏剧家的喜爱。一些小说家，比如写《水浒传》的施耐庵，也是学习了司马迁，多用"场面"叙述，一个个前后相继的场面就串联为情节的发展。

一些传记作者习惯于罗列、编排资料，事无巨细，也不加提炼和选择，把传记写成大事记或年谱，这种传记形式操作容易，但是无法写出生动的人物。三国时代，枭雄辈出、烽火遍地，钩心斗角、纵横捭阖，演出了许多惊心动魄的故事，出现了许多值得写入传记的人物。但是《三国志》中的人物传记，就远没有《史记》成功，其原因之一就是没有采用场面化的叙事方法。

哈代给司马迁极高的评价，他认为"司马迁征服了历史"，"司马迁是孔子和秦始皇之后中华帝国的创造者之一"，"实际上他也创造了比他早的那两个人"，"司马迁的书成为中华文明的基础文本，他写出了一部普世史，他这样做的时候，就规定了中国将会是个什么样"。② 哈代的说法有其合理性，《史记》不但留下了以《秦本纪》和《孔子世家》为核心的秦始皇和孔子的传记，也为他们的生平活动和身后的影响留下了十分丰富的背景资料，《史记》是百科全书式的作品，是先汉文化的总结，司马迁继孔子和秦始皇之后用他自己的方式影响了中国历史和中国文化的发展。

但是哈代的说法也有所夸大，一位美国学者称之为"大胆的论述"③。《史记》因为其离经叛道之处，正统史学家从班固开始就批评它"是非颇谬于圣人"，《史记》的批判精神并不为统治阶级所认可。中国历史上有各种官修

---

① 钱锺书：《谈艺录》，中华书局，1984 年，页 364。

② Grant Hardy, *Worlds of Bronze and Bamboo: Sima Qian's Conquest of History*, p. xi.

③ Alan Berkowitz, "Book Review," *Biography*, Summer 2001, p. 601.

的和民间的传记，其数量惊人，但“谀墓”是其通病，一些高度评价《史记》的人物，如胡适、郁达夫、朱东润等人，也对中国传记进行了严厉的批评。

违背司马迁的“实录”精神是传统传记的最大弊病，“实录”是传记任何时候都应当遵循的原则。司马迁的爱奇而不猎奇，他以宏大的历史眼光关注着社会秩序的重建，他组织材料的场面化方法，都是值得中国当下的传记作家学习的。

2013 年

比较传记：历史与模式

比较传记(comparative biography)是比较文化的一个分支。有学者把它归入比较文学领域，这并不适合，因为比较传记比比较文学诞生早得多，而且有重要的区别：比较文学是文学的研究形式，比较传记不仅是传记的研究形式，也是传记的写作形式；此外，传记也不能归并为文学的一种形式，历史上真实存在的传主在传记中始终占据着中心的地位，这一特点决定了传记是文化领域的特殊类型。当然，传记具有文学的因素，比较传记同比较文学有密切的关系，受到比较文学的影响。无论比较传记还是比较文学，“比较”具有决定性的意义，也是它们共同的特征。

比较传记是在比较中写作传记，或是在比较中进行传记研究。写作和研究构成了比较传记的两个领域，前者是比较写作，后者包括平行研究、影响研究和传主比较，这是比较传记迄今可见的四种模式。任何传记实践，总是以传主为核心，比较传记也是如此，不但比较写作和传主比较以传主为主要对象，平行研究和影响研究也是围绕着传主进行。

一、比较写作

西方传记从诞生起，就具有“比较”的特征。严格意义上的西方传记(即具有完整的、独立的传记形式和明确的传记意识）是从一世纪普鲁塔克的《希腊罗马名人传》开始的，中文的这一名称是根据英译名“Lives of the Noble Greeks and Romans”而来，此书希腊原名是“Bíoi Parállēloi，”直译为“平行传记”，Parállēloi 一词既有“平行的”，也有“相似的”、“可以比较”的含义。而且书中传主的选择和结构都显示出“比较”的旨意，也时时可以看到比较的内容。

《希腊罗马名人传》现存五十篇，写了五十个传主，除了四个单篇，其余四十六篇是由二十三对传主组成，成为二十三个“合传”。普鲁塔克把经历、性格、地位有所相似的一位希腊人和一位罗马人并列，比如雅典城的创建者忒修斯同罗马城的创建者罗慕洛、雅典黄金时期的执政伯里克利同罗马盛期执政官麦克西姆、马其顿统帅亚历山大同罗马名将恺撒，都被放在一个合传里。二十三个“合传”中的十九个，结尾有一章专门的“比较”，对合在一起的希腊和罗马传主进行比较。此外在正文中，也时常出现比较的内容，普鲁塔克不断把传主同各种人物进行比较。

普鲁塔克比较写作的形式是出于他的写作目标，普鲁塔克是一位道德哲学家，他的一生都在为道德问题思考和写作。他著有一部《道德论集》，是一部以道德问题为核心的百科全书式的作品。《希腊罗马名人传》是他晚年的作品，可以说，前者是后者的思想准备，后者是对前者精神的发挥。为了引起道德的教训，就要分辨善恶、扬善惩恶。普鲁塔克有着得天独厚的条件，他是生活在罗马时代的希腊人，无论是希腊还是罗马，历史上的伟大人物都引起他的仰慕。他所掌握的大量的材料和对历史的洞悉也使他具有更加开阔的眼光，他看到这些英雄的功绩，也发现他们的弱点和所犯的错误，并认为把它们全部揭示出来才对后人更加有益，他认为比较是最好的方法，他把希腊人和罗马人进行比较，用希腊人来教导罗马人，也用罗马人来教导希腊人，阐释和发扬他心目中的“善”，即以爱国主义为核心的公民道德。希腊和罗马两种文化的交流是这部比较传记产生的必要条件。

《希腊罗马名人传》对后代产生巨大的影响，特别是文艺复兴之后，其文本广泛流传，还被大量改编为戏剧，被公认为西方文化中最伟大的作品之一。但是普鲁塔克把不同文化中的传主并列、在比较中写作的模式并没有形成传统。①

二十世纪初，美国学者塞德维克发现并思考了这个问题，他认为主要的原因，可能是罗马后期所出现的基督教的影响，他说：

> 普鲁塔克的《希腊罗马名人传》虽然在各个时代都被人阅读和得到赞美，但是很少看到效仿者。为什么这样，这是一个有趣的问题。也许与此有关的是，随着基督教兴起而来的是典范的利他主义，人们本能地认为，“比较”即使不让人厌恶，也常是相距不远了。②

这种说法有其合理性。中世纪以降，基督教在西方意识形态中占据了主导地位，按照教会的说法，真理和一切道德准则都在《圣经》中，不可能通过人与人的比较来分清道德。从另一方面说，基督教要求的最高的善是增添上帝的光荣，这同普鲁塔克的善也是格格不入的。

到现代社会，基督教不再具有独断的权威地位。同时，“比较”逐步成为科学研究中最基本的方法之一，从十九世纪下半叶以来，比较解剖学、比较

---

① 中国古代传记从司马迁的《史记》开始，就有所谓“合传”，即把经历、身份相似的两个或更多的人物放在一道叙述，比如《刺客列传》写了聂政、荆轲等五个刺客，他们之间并无联系，前后相距最远约五百年，只是在“刺客”这一身份和精神上的“义”和“志”具有共同性。另一种合传，如《廉颇蔺相如列传》，传主廉颇、蔺相如同时在赵国为官，他们的一些事迹联系在一起，经历和命运相关，所以司马迁把他们一道叙述。这种合传形式，虽然也有比较的内容，阅读时会产生比较的效果，但作者的目的在于写作和结构的方便，不涉及不同文化的比较，所以一般不属于比较传记。现代传记中也常见这样的“合传”，是否属于比较传记，不能一概而论，需要具体分析。

② William Thompson Sedgwick, “Darwin and Pasteur: An Essay in Comparative Biography,” *Science*, Vol. 57, No. 1471(Mar. 9, 1923), p. 286.

地质学、比较生理学、比较病理学、比较语文学、比较哲学、比较政治学、比较心理学、比较宗教学以及比较文学先后取得很大成绩，这不能不重新引起人们对比较传记的关注。塞德维克不仅注意到这个问题，而且试图改变这种状况。他是一位生物学家，他注意到他的两位前辈，英国的达尔文和法国的巴斯德。他说："维多利亚时代的两位大师，他们的劳作给神秘的生命世界投入一束明亮而富有穿透力的光线，时间可以使这火焰暗淡，但永远不可能让它熄灭，我无法抗拒这样一种诱惑：用普鲁塔克的方法对他们进行比较。"①

塞德维克的论文在他去世后以"比较传记"的名义刊载于美国著名的自然科学杂志《科学》上，其意义在于它重新提出了"比较传记"的概念以引起人们的注意，并且开始了比较传记向自然科学的渗透。一个重要的例证是英国物理学家斯蒂芬·霍金的《时间简史》(1988)，这是一部具有世界影响的科学史著作，其中对伽利略、牛顿和爱因斯坦三位物理学家进行了评介，同时也写入了他们的传记。霍金虽然是分别叙述的，没有刻意去比较，但三篇传记的并列及其阅读效果很自然地具有比较的意味。一门经典的、实证的科学在一位伟大学者的笔下同传记和比较传记结缘，这无论对科学家还是对传记家都是重要的启迪，其影响和意义是深远的。各种学科的发展都越来越重视学科史以及其中那些重要人物的作用和影响；而为了深入研究他们就不能脱离其生平和经历，传记同各门学科的结合是一种必然，传记比较写作也遵循着同样的规律，它可以实现各种不同学科的目标。

比如俄罗斯汉学家尤里·米哈伊诺维奇·加列诺维奇(Ю. М. Галенович)的《二十世纪的俄罗斯与中国·两大民族及其领袖》(2002)是一部六卷本的巨著，也是一部独具一格的二十世纪中俄关系史。在作者看来，俄罗

① William Thompson Sedgwick, "Darwin and Pasteur: An Essay in Comparative Biography," *Science*, Vol. 57, No. 1471(Mar. 9, 1923), p. 286.

斯同中国的关系，实质上是俄罗斯民族和中华民族的关系，而这两个民族的领袖对民族的命运产生了重要影响，对两国关系也具有决定性的意义。在长达几十年的时间里，作者曾经参加过中俄之间大大小小的各种外交活动，对双方的某些领袖人物有直接的接触和观察，所以他把重点放在叙述双方领袖人物的活动和相互关系上，其中一至五卷就直接以二十世纪双方各七位领袖人物为书名：第一卷《尼古拉与慈禧、列宁与孙中山》，第二卷《两大元帅：斯大林与蒋介石》，第三卷《两大领袖：斯大林与毛泽东》，第四卷《两个一把手：赫鲁晓夫与毛泽东》，第五卷《勃列日涅夫与毛泽东、戈尔巴乔夫与邓小平》。作者没有写出这十四个人物的完整传记，只是写了他们的经历和家庭中同两国关系有关的内容，其中不时对他们进行比较，比如关于斯大林和毛泽东：

> 斯大林和毛泽东可以说既是同志又是对手，是一对貌合神离的同盟者。……他们两人实际上谁也不愿考虑对方的立场，往往在经过一番激烈的较量后才不得不做出一些妥协和达成协议。毛泽东认为他与斯大林打成了平手，斯大林认为自己在与毛泽东的赌博中是赢家。[①]

写作比较传记同一般传记一样，那些经历丰富的人物是传记家喜爱的传主，因为他们的生平有比较强的趣味性，也有明显的可比性。比如亚历山大和恺撒，拿破仑和恺撒，都是比较写作中常见的传主。英国通俗历史学家德斯蒙德·西瓦德的《拿破仑和希特勒的比较传记》[②]可以看作代表。作者认为，他们的经历和他们在欧洲历史上的作用都惊人地相似：他们都出身低下，都是通过自己的奋斗被社会所接受，一旦掌握了权力，他们都妄图征服

① 尤·米·加列诺维奇：《两大领袖斯大林与毛泽东》，《二十世纪的俄罗斯与中国·两大民族及其领袖》第三卷，四川人民出版社，1999 年，页 3。

② Desmond Seward, *Napoleon and Hitler: A Comparative Biography*, Larousse Harrap Publishers, 1988.

欧洲、统治世界，又都是在俄罗斯严冬中把自己的梦想变成了噩梦。这本著作里包含了拿破仑和希特勒从出生到死亡的完整传记，每一章都分成两部分，拿破仑和希特勒各占一半，作者分别写他们一生中的一个相似阶段。这是一部通俗传记，篇幅也不大，这两位传主的经历都很复杂，相关资料汗牛充栋，也有大量传记作品。西瓦德没有进行过多少研究，只是选取其中具有趣味性的东西，供一般读者阅读。

二、平行研究

比较传记中另一领域属于研究的范畴，即对不同语言、不同民族、不同文化中的传记作品进行比较研究。比较写作是传记家对传主的叙述和比较，比较研究是传记学者对传记文本的研究和比较。平行研究是传记比较研究的一种模式，它是对没有直接关系的传记作品、理论、思潮等的比较。

中国传记自《史记》、《汉书》以后，西方传记自罗马以后，其发展缓慢，优秀作品很少见。在西方，这种状况到十八世纪一些经典传记如卢梭《忏悔录》和鲍斯威尔《约翰生传》等问世后得到改观。二十世纪后，一些受到西方影响的学者开始把中国和西方传记进行比较，批评中国传记的弱点，推介西方传记之所长。第一位是梁启超，他在其传记代表作《李鸿章》一开始就自称“此书全仿西人传记之体”[①]，表明了他对西方传记的推崇。胡适是中国现代传记的推动者，他反复强调传记的重要，鼓动人们写作自传，他要求人们学习西方传记，并对二者进行了分析比较。比如他认为中国传记短、西方传记长，长传的一个好处是“琐事多而详，读之如见其人，亲聆谈论”。短传的

① 梁启超：《李鸿章》，海南出版社，2001年，页21。

短处之一是"太略。所择之小节数事不足见其真"。① 在西方多长篇传记中，"可见其人格进退之次第，及其进退之动力"。中国古代都是短篇传记，"传记大抵静而不动。何谓静而不动，但写其人为谁某，而不写其人之何以得成谁某是也"。②

胡适之后，其他一些中国作家或学者，如郁达夫、茅盾、朱东润等人，对中国传统传记也都有所批评，他们参照的标准就是西方传记。比如朱东润做过这样的比较：

> 当然在为人画像的时候，中国人常以颊上三毫的故事自诩，但是西方画师常常要花费多少的岁月，为画中的主人精心描绘。是哪一种办法好些呢？我认为精心描绘是好的，而颊上三毫的描绘只能捉到被画者一刹那间的神态，而不能给我们一幅精心的描绘。③

从胡适到朱东润，这些论析只是片言只语，多是感性的认识，缺乏深入的探讨。但是，也可以把它们看作中国比较传记研究的发端。这些学者论析的主要是对中国和西方传记写作方法、技巧的比较，也可以归入传记美学的范畴。④

从 1950 年代起，欧美比较文学开始繁荣，这影响到传记的比较研究，陆

---

① 胡适：《留学日记》，《胡适全集》二十七卷，安徽教育出版社，2003 年，页 516。

② 同上，页 517。

③ 朱东润：《论传记文学》，《复旦学报》1980 年 3 期。

④ 中国的传记美学最早见于"班马优劣"的讨论，即对司马迁《史记》和班固《汉书》的比较和评价。这一比较从汉代就开始，讨论的内容从经学进入史学，再进入美学，其中包括对两部著作写作技巧的比较，有人做过这样的总结："史迁增饰辞藻，亦欲显奇人、申其人之精神尔。故虽以传奇之代作喉舌，非欲虚构故事，但求伟其事、详其迹，而不失其真也。班固删削，虽较翔实，而马传之奇遂失。"(汪荣祖，《史传通说》，中华书局，1989 年，页 99)"班马优劣"论虽是对两部传记进行比较，但是当时还没有形成文化的概念，更没有文化理论的支撑、没有涉及不同语言文化的问题，所以不必归入比较传记研究，而可以归入传记美学。

续出现了一些包含平行研究的论著，具有了更强的理论色彩。美国学者坎道尔的《传记艺术》(1965)对西方传记从古代到现代的发展进行了概述，考察了传记同其他文学形式之间的关系，并试图确立传记的基本理论。在他之前，法国莫洛亚的《传记面面观》，英国伍尔芙所写的一些传记论文，也都是传记通论式的著作。坎道尔的眼界更加开阔，不再是把眼光局限在自己民族或是时代的那些作品，而是把从古至今的西方传记当作一个整体进行考察，这就具有了比较的性质。比如他把柏拉图的几篇苏格拉底回忆录(《苏格拉底的申辩》、《苏格拉底之死》和《斐多》)同《新约》中四篇耶稣传记("四福音书")放在一道进行比较，他认为西方传记就此诞生："苏格拉底同世界的冲突，拿撒勒的耶稣同世界的冲突，给传记催生了。"①他还发现，柏拉图对苏格拉底死前活动的回忆，不是完整叙述传主的生平，而是记录其一生最光辉和个性表现最充分的时刻。这位哲学家，他不再是用人物解释苏格拉底的哲学，而是去描述人格的伟大力量，进入了诗的境界。同样的，在"四福音书"里，为了宣传信仰，传记被宗教的意义模糊了，但是通过其中出现的生活细节、轶事、对话、感情以及危机中的个性的描述，还是把读者带入一种生动的人生。通过这样的比较，坎道尔给传记下了一个定义：

> 传记不是像其他文学艺术那样，试图从虚构中唤起现实，而是希望把虚构紧扣于现实之上，从冰凉的故纸堆中引发出温暖鲜活的生命。②

这个定义是对西方经典传记进行比较之后得出的结论，它强调的是人性和人生的真实，以此把传记作为一种文类同哲学和宗教区分开来。

文学研究中的一些新方法，特别是精神分析和神话—原型批评兴起以

---

① Paul Murray Kendall, *The Art of Biography*, 1965, p. 28.

② Ibid., p. 32.

后，逐步进入传记和自传的研究领域，他们从不同语言、不同文化的传记和自传作品中寻找俄狄浦斯情结或集体无意识和原型，在一些差异很大的传记和自传作品中找到了共同的本源，这样的结论未必能为读者普遍接受，但其中包含比较研究的内容，给比较传记注入了活力。

苏珊娜·伊耿所做的工作是有代表性的，她在《自传中的经验模式》(1984)一书中研究了一些西方自传作品以后得出结论：自传已经形成了固定的写作方式，自传者是依据一种共同的模式来叙述，并没有真实地写下自己的实际经历，而是把它纳入一种从古代流传至今的集体记忆模式之中。他们一般把生平分成儿童期、青年期、成年期和老年期四个阶段，依次把它们描写为“伊甸园”、“旅行”、“皈依”、“忏悔”，这种叙事模式在文学中已经牢固地、长久地确立，人们写自传时无法摆脱这一传统的制约。她的结论是：

> 现在应当考察这四种模式的一个共同特点：它们同实际的生活根本没有什么关系，它们全都是想象性的词语结构，全部是虚构。①

伊耿举出罗马奥古斯丁的《忏悔录》，法国卢梭的《忏悔录》，德国歌德的《诗与真》，俄国高尔基的自传体三部曲《我的童年》、《在人间》和《我的大学》等经典作品来证明其观点。这是她从不同语言、不同文化和不同时代的多种自传作品进行研究后得出的结论，在传记平行研究中的方法论革新中作出了尝试。

在中国学术界，李少雍的《司马迁与普鲁塔克》(《司马迁传记文学论稿》中的一章，1987)是采用传统方法进行的平行研究，作者分别从时代、

---

① Susanna Eagan, *Patterns of Experience in Autobiography*, The University of North Carolina Press, 1984, p. 5.

生平、思想观念、写作目标、传主选择、美学观、叙事方法和人物描写等八个方面对两位传记家进行比较，辨析其中的相同和相异。这是当时中国刚刚兴起的比较文学论文的典型写法，其观察的角度和使用的话语反映了那个时代的特点，虽然比较陈旧，但毕竟是中国比较传记研究的第一篇专题论文。

美国学者托马斯·R. 马丁的《希罗多德和司马迁：希腊和中国最早的伟大历史学家》(2009)是最近的一部平行研究力作。作者虽然把希罗多德和司马迁都看作历史学家，但是他选录的希罗多德《历史》和司马迁《史记》中的篇章许多是传记，他的论证角度同比较传记是一致的。马丁发现，司马迁同希罗多德相差几个世纪，中国同希腊又相距遥远，司马迁不太可能受到他的影响，但是他们之间却有非常重要的共同之处：

> 对他们作品的比较表明，他们对过去的认知，都比按照年代顺序所排列的事件复杂得多。首先，他们认识到，一位历史学家无论怎样尽力客观，对过去的信息总是要进行解释才能被理解；再者，他们显然都相信，他们写作时对过去人们的行为加以评判，对今天的人们应当如何生活是重要的指导。①

马丁发现的这两点都值得注意。在现代传记中，除了传主的生平和人格的叙述之外，对传主的解释已经是不可或缺的要素，马丁证明，在古代经典传记中，对事件和人物的解释也是重要的特点，现代传记的目标已经出现。马丁还证明，从古代开始，传记就具有道德功能，对人生具有指导意义。这两点是现代传记理论的重要基础。

---

① Thomas R. Martin, *Herodotus and Sima Qian: The First Great Historians of Greece and China: A Brief History with Documents*, p. vii.

三、影响研究

比较传记中的影响研究，是研究某一传记作品或文化社会思潮对其他语言、文化中的传记作品的影响。

两千多年来，中国和西方传记作品中的经典之作，如司马迁的《史记》、普鲁塔克的《希腊罗马名人传》、“四福音书”，以及卢梭的《忏悔录》、鲍斯威尔的《约翰生传》等，在后代都有众多效仿者。在二十世纪，英国的伍尔芙、斯特拉奇，法国的莫洛亚等人发动了新的传记革新，被称为“新传记”，为现代传记增添了新的元素；这一世纪不断出现的新的哲学和人文、社会科学思潮，也为传记提供了新的视角和方法。这些都为影响研究开辟了广阔的空间。

影响研究最早出现在一些传记史著作中。作家传记是西方传记研究中的重要对象，美国学者理查德·D.奥尔提克的《生平与作品：英美作家传记史》(1965)是这一领域最早的论著之一。作者在论析英国和美国的作家传记时，涉及欧洲其他国家传记，特别是法国和德国传记同英美传记的相互影响，作者对这种影响的论析不够充分，而且对传记的认知还停留在文学角度，用流行的比较文学影响研究的方法来做传记的影响研究。但这毕竟是独立的比较传记的研究，具有标志性的意义。

杨正润的《传记文学史纲》是涵盖了东西方十个主要民族和国家的简要传记文学史，其中也包括影响研究，比如他这样评价中国现代传记：

> 由于社会性质的变化和西方文化的影响，传记比起梁启超的过渡形式，又有所突破，它摆脱了陈旧的古典模式和文言文，新的平民传主代替了帝王将相，表现的生活面更加开阔，传记和自传作者开始注意到

人性的丰富性和复杂性，形式和风格渐趋多样化。[1]

他对郁达夫、朱东润等人的作品受西方传记的影响做了分析，但作为一部史纲，这些分析还都比较简约。梁庆标的《自我的现代觅求》(2014)则是关于影响研究的一部专著。中国自古以来很少有那种严格意义上的自传，二十世纪新文化运动发生以后，这一状况有了极大的改观，中国自传进入了历史上的第一个黄金期，出现了大量重要作品。这一现象同西方现代思潮的传入密切相关，其中卢梭的《忏悔录》是最早介绍到中国的西方现代自传，发挥了重要影响。

梁庆标研究的是卢梭《忏悔录》同1917—1937年间中国现代自传的关系。关于这一论题已出现过一些论述，梁庆标选择了一个新的角度，他以现代文化理论中的一个重要概念“身份”为切入点，其中又以同卢梭关系最为密切的郁达夫、巴金、郭沫若、吴宓等四位作家为重点。梁庆标发现，这几位作家虽然都熟悉卢梭《忏悔录》并受其影响，但是他们生活的时代、环境和文化传统同卢梭又有重大的差异，他们的身份使他们对卢梭的接受各不相同：郁达夫赞颂卢梭但只能片面效仿；巴金对卢梭终身崇拜但难以克服差异；郭沫若出于身份的变化对卢梭从推崇、模仿到否定；吴宓对卢梭进行道德化的批判，而行为、气质又颇相似。他们都是新旧交替时期的知识分子，各具个性又充满矛盾，反映了那个时代固有的特点：郁达夫集“零余者”和反抗者于一身，既有文人的家国情怀，也要求西方的个性解放，但又自卑、困惑、颓丧，始终处于自我分裂的状态；巴金以“讲真话”为旗帜，对社会和家庭黑暗的揭露体现责任感和启蒙精神，不过他的“讲真话”和“忏悔”又很有限，反映了他的软弱和妥协；郭沫若自传的内容、思想和风格在不断变化，这是由于他的身份从启蒙者成为革命家，再成为政客，他的矛盾和分裂的痛苦被他善变的

① 杨正润：《传记文学史纲》，江苏教育出版社，1994年，页570—571。

性格所调和；吴宓本性保守而又具有浪漫气质，他以道德家自命，就不得不压抑强烈的性苦闷，他有知识分子救国济民的人生目标，并且努力维护自己的形象，其实迂腐而脱离实际，不时陷于尴尬和窘境。对这四位传主的分析是本书最成功的部分，这是同卢梭进行比较得出的结论。

二十世纪被称为西方“传记革命”的时代，这场“革命”的发生有着复杂的背景，精神分析学的影响则是其中最重要的原因之一。弗洛伊德对梦的解释，本质上就是对人的解释。他的《达·芬奇》着重用俄狄浦斯情结理论解释达·芬奇人格的形成，尽管其中没有完整的传主生平，弗洛伊德的解释也未必能为人们普遍接受，但是它也确定了西方传记发展的新方向，深度的心理学解释从此成为传记写作的显著特点。

精神分析对传记的影响是许多中国学者感兴趣的课题。杨正润《西方现代传记中的精神分析》(1990)一文探讨了西方现代传记同精神分析的关系，他从文本中发现二十世纪欧美一批重要传记家，包括英国的斯特拉奇、法国的莫洛亚和萨特、奥地利的茨威格、美国的艾德尔等人，在他们的主要作品中都应用了弗洛伊德理论，不过他们的接受姿态有所不同，有四个指向：用俄狄浦斯情结理论和性理论解释传主，用精神病理学解释传主，把精神分析同马克思主义结合起来成为存在主义解释传主，用精神分析的方法来分析和描写人物。

赵山奎的《精神分析与西方现代传记》(2010)对这一论题进行了更深入的研究。他广泛搜罗资料，从弗洛伊德的《达·芬奇》等著作入手，清理他关于传记的基本观点，再以具有代表性的西方传记作品为对象，从各种角度，包括童年、性、疾病、愧疚、梦，考察它们所接受的精神分析学的影响，最后再剖析西方传记理论围绕精神分析所进行的讨论，包括传记真实、移情和传记伦理等问题。这部著作对精神分析和现代传记的关系问题的研究从表象提升到更高的理论层次。

唐岫敏的《斯特拉奇与“新传记”》(2009)对二十世纪英国最重要的一个

传记流派及其代表作家进行了全面的研究，其中包含了影响研究的内容，作者除了论析斯特拉奇所接受的精神分析的影响外，还考察了陀思妥耶夫斯基对他的影响，斯特拉奇几部代表作中的心理分析就是这两个方面影响的结果。

四、传主比较

随着现代社会的发展，人们的迁徙和流动越来越多，不同民族之间的交往日益频繁，文化交流成为常态，全球化成为不可遏制的趋势。在前现代社会，各民族自己的英雄人物或代表人物是传记的主要对象，而在现代社会，他们也成为其他民族感兴趣的人物。把其他民族的人物选作传主成为常见的现象，传记的民族界限日益消解。

美国的泰因出版公司（Twayne Publisher）从二十世纪五十年代起开始出版大型作家丛书，除了“美国作家丛书”外，还有“英语作家丛书”和“世界作家丛书”，这两套丛书至今已经评介了从古希腊到当代除美国外世界各国约六百位重要作家。在中国，近三十年外国名人传记在急速增长的传记出版物中占据着很大份额。中国现代史上的一些著名人物，如孙中山、蒋介石、毛泽东、邓小平等，国外传记家也写作了大量作品。具有不同文化背景、使用不同语言的传记家在写作同一位传主时，因为文化的差异，致使观察的重点和兴趣不同、选择的材料不同、对材料的理解和处理不同、对事件和人物的评价的标准不同，结果是同一位传主以不同的形象出现。这样在比较传记研究中出现了又一种模式：传主的比较研究，即对同一位传主在不同文化或不同时代作品中的形象进行比较研究。

英国诗人雪莱是许多传记家写作的对象，杨正润的《现代传记学》对其中三种雪莱的传记形象进行了比较。[①] 第一部是莫洛亚的《雪莱传》(1923)，它产生过世界性的影响，被翻译为多种语言。莫洛亚借拜伦的话对雪莱作了这样的评价："在我所认识的人当中，他是最好的一个人，最不自私的人。……他是一位地地道道的绅士！他就是上流社会沙龙里最完美的人物。"[②]在莫洛亚笔下，雪莱的形象近于完美，即使犯下什么过错也是出于好心，是幼稚或者急躁造成。在莫洛亚之后的半个世纪，霍尔姆斯的《雪莱的追求》(1972)出现了。霍尔姆斯一开头就宣称，他这部传记"不是为雪莱的那些爱好者写的，这些爱好者自从莫洛亚的那本《雪莱传》问世后便遍布全世界"。[③] 霍尔姆斯不赞成莫洛亚，莫洛亚的雪莱身上那种温馨、美丽、充满幻想的浪漫主义气息在《雪莱的追求》里不复存在，雪莱失去了那些诗意的光辉，变得阴暗、世俗、残酷，也更能干，他身上沾染了贵族子弟的纨绔习气，有时还任性、鲁莽、不计后果。他吸引了一批年轻女性，以自己为核心建立了一个淫乱的团体，也给这些女性带来了许多痛苦以至灾难。在英国传记家保罗·约翰逊所写的雪莱的短篇传记《无情的理念》(1988)[④]中，雪莱不但淫乱，而且十分自私、虚伪，他为了达到自己的目的从来不择手段，对自己的亲生父母、妹妹、妻子、孩子都残酷无情。

同一个雪莱，其形象却有如此大的差距，除了所见资料不同外，更是因为传记家眼光、个性以及文化传统和时代精神的差异。莫洛亚本人具有浪漫气质，他的经历同雪莱有相似之处，他是把《雪莱传》当作自己的忏悔录来写的，对雪莱寄托了极大的同情。雪莱在世时就是一个有很大争议的人物，莫洛亚选用的是对雪莱正面的评价和相关素材。他毕竟是一个法国人，说到底，他还是用法国人的眼光和习惯去考察雪莱和他那个时代，不能像霍尔

---

① 参见杨正润：《现代传记学》，南京大学出版社，2009年，页184—185。

② 莫洛亚：《雪莱传》，郑其行译，湖南文艺出版社，1995年，页276。

③ Richard Holmes, *Shelley: The Pursuit*, New York: New York Review Books, 2003, p. xiii.

④ 保罗·约翰逊：《无情的理念》，见《知识分子》，杨正润等译，江苏人民出版社，1999年。

姆斯那样深入英国文化传统的底蕴。莫洛亚作为“新传记”的代表，他的任务是对传统进行革新，用传记故事打破旧传记的沉重滞涩，于是在他笔下出现的是一个善良、敏感而又脆弱的天使般的人物。

到霍尔姆斯写雪莱传记的1972年，特别是到保罗·约翰逊写雪莱的1988年，后现代正逐步盛行。西方主要知识体系和价值体系在后现代那里遭到强烈的质疑。霍尔姆斯是位严肃的历史学家，他的目标是恢复历史真相，他也有意识地要揭示莫洛亚《雪莱传》中的错误和不实。注重文学性的“新传记”已经过去，材料丰富、富有历史感的传记正在流行，因此霍尔姆斯一反传统，用大量事实尖锐地揭露雪莱一生中那些不光彩的东西。约翰逊的态度就更为激烈，他对整个知识分子的地位和价值都表示了强烈的怀疑，传统的价值观在被颠覆，过去被看作美好的、神圣的、崇高的东西被怀疑、消解和嘲弄。雪莱正是约翰逊所要“去神圣化”的人物之一。

莫洛亚和霍尔姆斯笔下雪莱形象的不同，同法英两种文化的差异有关。近年一些学者进一步扩大了传主比较的范围，不再以不同文化为前提，而是把同一文化中同一位传主在不同时代的传记进行比较，也称之为比较传记。

霍尔姆斯不但是一位传记家，也是一位理论家，他就主张比较传记“考察在不同历史时期里许多传记家对同一位传主的处理”[①]，他认为这个新学科的价值在于：

> 这样的比较研究有助于发现早期和后期传记之间在选材、外观、文体、思想和美学上的变化和不同，发现声誉是怎样发展的，风尚习惯是怎样改变的，社会和道德倾向是怎样变动的，评价的标准是怎样变化的，因为每一个时代在写作和阅读传记的时候，对它的先辈都在不断重

① Richard Holmes, "The Proper Study?" See Michael Benton, *Literary Biography: An Introduction*, Malden, MA : Wiley-Blackwell, 2009, p. 117.

新思考，予以理想化或是进行谴责。①

霍尔姆斯的观点得到了米切尔·本顿的支持。本顿的论著《文学家传记导论》(2009)的第七章标题就是“比较传记”，他选择了十九世纪英国最重要的一位作家狄更斯在不同时代的三部传记进行比较：维多利亚时代约翰·福斯特(John Forster)的《查尔斯·狄更斯传》(1872—1874)、现代埃德加·约翰逊(Edgar Johnson)的《查尔斯·狄更斯：他的悲剧和胜利》(1953)、后现代彼得·阿克劳伊德(Peter Ackroyd)的《狄更斯》(1990)。福斯特对狄更斯十分熟悉，但他只写大家都熟悉的传主的公众生活，很少涉及私生活和心理世界，对狄更斯轰动一时的离婚事件也只是一笔带过；约翰逊的狄更斯传引用了大量资料，有许多细节，明显受到“新传记”的影响，披露了狄更斯私人生活中的种种问题，包括婚外恋，也对狄更斯的许多行为进行分析，探讨其动因；阿克劳伊德的狄更斯传松散而自由，带有试验的性质，他采用了狄更斯小说中的情节，也加入了自己的想象和虚构，狄更斯居然同他死后才出世的一些作家，包括诗人 T. S. 艾略特以及阿克劳伊德本人都作了谈话。这是后现代在传记形式上所作的一种试验，也反映了新的批评流派(如解构主义)对传记的影响。

本顿认为，这三位作者中，一位是律师又是狄更斯的朋友，一位是美国学者，一位是英国小说家，他们的作品反映了他们的个性和职业特点，他们的作品也证明“每个时代都会重新写作这个时代所宠爱的作家的传记，从中反映出这个时期的风貌和文学传统”②，一位评论家这样总结本顿对传记的基本观点：

---

① Richard Holmes, "The Proper Study?" See Michael Benton, *Literary Biography: An Introduction*, p. 131.

② Michael Benton, *Literary Biography: An Introduction*, p. 18.

> 传记作品，远非对某一特定人物生平的一目了然的摹写，它总是深深根植于写作它的那个时刻知识界所关注的问题。[①]

霍尔姆斯和本顿的传主比较，同比较文学的观念有所不同。比较文学始终主张：不同文化中的文学的比较才是比较文学。1961年，雷马克提出比较文学的著名定义："简言之，比较文学是一国文学与另一国或多国文学的比较，是文学与人类其他表现领域的比较。"[②]近年美国比较文学学会领导者的说法是："比较文学通常把来自不同语言和文化的文学文本结合起来，也把诗歌同舞蹈、电影同小说、摄影同论文联系起来，甚至是把不同学科的语言和思维模式联系起来。"[③]他们都坚持比较在不同文化之间进行，才成其为比较文学。

霍尔姆斯和本顿等人的比较传记研究没有了不同语言和文化的限制。这一主张有其合理性：比较传记虽受到比较文学的影响，但是两者毕竟不是一回事。传记有一个不同于各种文学形式的特点：传记的核心是传主，在同一种文化和语言里，传主在不同的时代可能反复出现。传记对真实性的要求，使传记家的写作空间受到很大的限制，他的想象和虚构必须服从真实性的原则；传记家不可能超越时代的要求和限制，但他又总是力图使自己的作品同过去的作品有所不同。在文化研究已经得到普遍重视、文化理论也已相当发达的今天，对一位传主在同一文化而不同时代中的形象进行比较，具有特殊的价值，可以视为比较传记中传主比较的一个分支。

---

① Kathryn Hughes, "Review of Literary Biography: An Introduction," *Biography*, Vol. 33, No. 3(2010), p. 555.

② 雷马克：《比较文学的定义和功用》，张隆溪编译：《比较文学译文集》，北京大学出版社，1982年，页1。

③ Sandra Bermann, "Working in the And Zone: Comparative Literature and Translation," *Comparative Literature* 61, no. 4(2009), pp. 432-446.

无论是写作还是研究，比较传记都是以深入的文化交流和宏大的文化视野为前提，比较是人们认知最基本、最有效的方法之一，不同民族、不同文化的传记和传主的比较，必然丰富对文化和对人的认识。现代社会随着主体意识的不断强化，传记成为日益庞大的文类，在普鲁塔克那里，比较传记有一个很好的开端，在全球化的时代，会有更大的发展。

传记具有历史和文学的品质，比较传记已经超越了历史学和文学的界线，比较写作开始同人文和社会科学以及自然科学结合，具有跨学科的性质。比较传记的写作和研究并不能截然分开，传记写作的过程中不能脱离对传主和时代以及材料的研究，同样的，比较传记写作不能脱离比较研究。在研究的范畴中，影响研究、平行研究以及传主的比较研究只是一种方便的划分，这些模式的综合运用已经引起越来越多学者的兴趣，笔者的《现代传记学》中就包括了前文所说的中国同西方传记写作方法的平行研究、精神分析对传记的影响研究以及雪莱形象的传主比较等内容，并对他们进行了综合的比较传记研究的尝试。

2014 年

《资治通鉴》的传记学价值

司马光的《资治通鉴》(后文简称《通鉴》)被公认为中国历史学著作中的经典,同司马迁的《史记》双峰并列,前后“两司马”共称。不过《通鉴》的编年体不同于《史记》的纪传体,《史记》不仅是历史巨著,也被公认是中国古代传记的巅峰之作,而《通鉴》的传记意义至今还没有得到中国学术界的注意。[①]

可以参考一下西方学者的意见。从比较传记的角度考察,司马光可以同塔西佗进行比较,塔西佗是罗马历史学家,也被认为是西方最早的专业传记家之一,如美国传记理论家坎道尔所说:“基督教纪元开始的同一个世纪里,诞生了三位最早的真正‘专业的’传记家——普鲁塔克、绥通纽斯和历史学家塔西佗。”[②]普鲁塔克写出了《希腊罗马名人传》,绥通纽斯的名作是《十

---

① 关于《资治通鉴》的研究,笔者所见,中国学界有过三种综述:宋衍申《试探建国以来的资治通鉴研究》(《东北师大学报》1983年第5期),霍春英《近年来司马光研究简述》(《晋阳学刊》1986年第3期),汤勤福、李日升《近三十年来大陆地区资治通鉴研究评述(1983—2011)》(《史学史研究》2011年第4期)。从这三种文献可以看到,对《资治通鉴》的研究主要有这样几个方面的内容:校刊与考订;政治思想和史学思想;编纂方法与编纂者;引书数量与标点;史源。三篇综述都没有提到对《资治通鉴》的文学研究。检索几种学术论文数据库,可以发现从文学的角度研究《资治通鉴》的论文有几篇,包括论析《资治通鉴》的文学成就、文学特点等,但没有一篇是从传记的角度来考察《资治通鉴》的。迄今为止出版的多种有关中国传记史和传记理论的著作也无一部提到《资治通鉴》。

② Paul Murray Kendall, “Biographical Literayure,” *The New Encyclopaedia Britannica*, Vol. 23, 1989, p. 200.

二恺撒传》，都是西方传记中的经典，塔西佗的代表作《编年史》是一部历史学著作，同样是公认的传记经典。坎道尔还作了一个比较："中国古代编年史的某些条目中包含着传记素描，不同的是，在罗马史学家塔西佗的《编年史》中包含提庇留皇帝最著名的传记。"①

坎道尔半个世纪前就作出这样的评价，他在同一篇论文中专门论析了司马迁的《史记》，所以他说的中国古代编年史包含着"传记素描"（biographical sketch），是以《通鉴》为代表的。它们虽然篇幅很小，但对历史人物的认知和描述具有传记学的价值。

《通鉴》同传记有密切的关系，并非偶然。《通鉴》是编年史，但编年史可以有不同写法，一种是编年大事记，即按照年代和时间的顺序排列出所发生的重大事件，以《春秋》为代表；另一种是编年叙事体，即按照年代和事件的顺序叙述事件，其中包含了对事件之间因果关系的清理、背景材料的介绍，可能还包含细节和对事件的评价。这种编年叙事的方法，以《左传》为代表。

《左传》的编年叙事很成功。历史的主体是人，事件是人的行为，编年叙事离不开对人的叙述，《左传》把对人的叙述安放在对事的叙述之中，两者融为一体。从这个意义上看，其中就包含了传记的因素，可以看作是纪传体的前驱。正如史学家张煦侯所说："《左传》书事不书人，异于后世之《史记》。然大事而外，间亦附载当时人物，或取其言、或取其行，皆收尾具足，而却不必悉为其年所应载。此传状体之雏形，隐为正史列传之滥觞。"②

编年叙事的史学，在《左传》之后又经过一千六百年的发展，到了《通鉴》，传记的因素更加丰富，写作方法也更加成熟。纪传体历史著作，从《史记》到《新五代史》有二十多种为《通鉴》所引用，是其主要资料来源，《通鉴》虽然把其中史料改为编年，但不可避免地受到纪传体写法的影响。

---

① Paul Murray Kendall, "Biographical Literayure," *The New Encyclopaedia Britannica*, Vol. 23, 1989, p. 195.

② 张煦侯：《通鉴学》，安徽教育出版社，1982 年，页 80。

从写作目的来看,《通鉴》是为了叙述历史人物的事迹,从中汲取教训。1066年,司马光奉宋英宗之命,开始编写历史著作《通志》。一年后英宗逝世,神宗即位,提升司马光为翰林学士,要求他在已经完成的八卷著作的基础上继续写作。神宗将此书赐名为《资治通鉴》并写作了序言,他在其中这样说:“尝命龙图阁直学士司马光论次历代君臣事迹,俾就祕阁翻阅,给吏史笔札,起周威烈王,讫于五代。”说得很清楚,神宗要求的是一部关于“历代君臣事迹”的书,人物事迹正是传记最基本的元素,因此《通鉴》也必然包含着传记的叙事方式。

二

伟大的史学家们,面对着卷帙浩繁、杂乱无章的无数材料,如何选择、组织和叙述,都有自己的原则,司马迁写作《史记》的原则是“究天人之际,通古今之变,成一家之言”。司马光写《通鉴》的目标是“资治”,为治理国家提供借鉴,“国家治乱本于礼”①,“礼”具有根本的意义。他说:“礼之为物大矣!用之于身,则动静有法而百行备焉;用之于家,则内外有别而九族睦焉;用之于乡,则长幼有伦而俗化美焉;用之于国,则君臣有叙而政治成焉;用之于天下,则诸侯顺服而纪纲正焉。”(《通鉴》汉纪三,高帝七年)司马光虽然也主张“天命”,不过作为一位积极参与政治活动的人物,他说的“天命”不是宿命,而是近于孔子的天命观,具有政治伦理学的意义。他提出“天之分”和“人之分”两个概念,区分开自然和人为,人们行为的规范是“礼”。司马光是希望君王们通过阅读《通鉴》而吸取历史的经验和教训,顺应天命,以“礼”治天下,成为明君。

① 司马光:《谨习疏》,《司马光集》第二卷,四川大学出版社,2010年,页603。

司马光以“礼”为核心的历史哲学发源于人性论。他不赞成孟子的“性善说”，也不赞成荀子的“性恶说”，认为这两种说法都是“皆得其偏，而遗其大体也”。他赞成的是扬雄的理论：“扬子以谓人之性善恶混，混者善与恶杂处于身中之谓也。”他认为：“夫性者，人之所受于天而生成者，善与恶必兼有之。是故虽圣人不能无恶，虽愚人不能无善。”[①]人们合乎“礼”的行为是出于“善”，反之，违背“礼”的行为出于“恶”。

司马光用“礼”来判断是非，用“善”与“恶”来剖析人物。“善恶混”的人性论是他观察历史人物的基础和原则，也成为《通鉴》选择材料和叙事的一条线索。由于编年叙事的体例，人物的事迹可能分散在不同的年代和时间，但司马光在叙述时，始终对他们进行人性的解剖，看到“善”，也看到“恶”，这样对他们的描述得到贯通，个性显示出前后一致，形象得到了整一。

唐太宗李世民是《通鉴》中令人印象最深刻的人物之一，他是中国历史上著名的明君。司马光给了唐太宗很高的评价，详细记载了他的事迹，也有许多赞颂。但是《通鉴》并没有把他写成一个完美无缺的圣人，而是揭示他人性中阴暗的一面，写出了他的复杂性格。李世民流传最广的故事是他心胸开阔、善于纳谏，这些故事大多同大臣魏徵联系在一起。魏徵原是太子建成的门下，他多次建议太子及早除掉李世民。建成失败被杀，李世民召来魏徵说：“汝何为离间我兄弟！”众人都为魏徵担心，魏徵却神态自若地回答：“先太子早从征言，必无今日之祸。”（唐纪七，武德九年）这样大逆不道的话，李世民却没有怪罪，而是看重他的才华予以重用，成就了中国历史上明君铮臣的佳话。其后太宗纳谏的故事很多，他对魏徵甚至有一种敬畏之情：魏徵曾经告假去祭扫祖墓，回来后问太宗，听说要临幸南山，都已经整装完毕，而最后又没去，这是什么原因。太宗笑着回答：“初实有此心，畏卿嗔，故中辍耳。”太宗得到一只好鹞鹰，将它置于臂上，远远望见魏徵过来，便藏在怀里。

① 司马光：《善恶混辩》，《司马光集》第三卷，页1460。

魏徵站在那里上奏朝政大事，时间长了，鹞鹰最后竟死在太宗的怀里。（唐纪九，贞观二年）

但是，太宗并不总是“闻过则喜”，对魏徵也不总是敬畏，有时听到劝谏他嘴上不说，心里却是愤愤不平。有一次，他上朝回到后宫对皇后说：“会须杀此田舍翁。”皇后问他要杀谁，他说：“魏徵每廷辱我。”（唐纪十，贞观六年）其实，太宗想杀魏徵，并非一时性起，而是内心深处的一种暴虐，《通鉴》中多次写到他发怒时杀错人的事，还有他在东都、夏县等地屠城的记录。对魏徵这样的亲信重臣，他集聚的不满以至仇恨最终到魏徵死后还是暴露了出来。魏徵病重时太宗曾亲自去看他，还答应把公主许配给魏徵的儿子叔玉；魏徵死后，他亲自写了碑文，命令百官送丧。但魏徵死后不到一年，太宗怀疑魏徵生前结党营私，他不但自食其言，取消了公主婚约，还打翻了魏徵的墓碑：“上愈不悦，乃罢叔玉尚主，而踣所撰碑。”（唐纪十二，贞观十七年）他只是根据一些捕风捉影的事，对一个已死的大臣这样翻脸无情，内心的残暴可想而知。

太宗礼贤下士的实质在他同李世勣的关系上也可以看出来，李世勣是太宗的三位大将之一，为大唐王朝立下不世之功，深得李世民信任，他原名徐世勣，特地赐姓为李。有次李世勣得了暴疾，听说胡须的灰可以治病，太宗就剪下自己的胡须，为他和药。李世勣因此感激涕零，顿首出血。还有一次李世勣侍宴，太宗对他说：“朕求群臣可托幼孤者，无以逾公，公往不负李密，岂负朕哉！”（唐纪十三，贞观十七年）李世勣又是流涕辞谢，啮指出血，当晚他喝得沉沉大醉，太宗脱下自己的衣服盖在他身上。李世勣感谢太宗时，太宗回答说：“为社稷，非为卿也，何谢之有！”这是心里话，这只是出于夺取权力和巩固权力的需要，为同样的目的，他也会毫不犹豫除去任何一位大臣。几年后太宗卧病在床，给太子交代后事，担心李世勣不服，就为太子设下收服或杀掉李世勣的计划：“我今黜之，若其即行，俟我死，汝于后用为仆射，亲任之；若徘徊顾望，当杀之耳。”（唐纪十五，贞观二十三年）李世勣幸好对太宗的性格深有所之，太子即位后任命他为叠州都督，他受诏后连家都没敢回就去上任，这才免过一劫。

李世民性格中残暴的一面，在玄武门之变中清楚地显示出来。李世民原是李渊次子，李渊已经把长子建成立为太子，李世民同建成以及弟弟元吉之间长期争权恶斗，最后的决战是一场血腥的杀戮。李世民先是找了一个毫无根据的罪名："密奏建成、元吉淫乱后宫。"第二天趁两兄弟前往宫中接受鞫问之机，在路上埋伏重兵，把他们杀死，此后又把他们的十个儿子全部处死。李世民自己两天后当上太子，两个月后当上皇帝，李渊不得不退位做了太上皇。

司马光对太宗的恶行从不隐瞒，李世民和他的部下虽然为发动这场政变讲出了许多理由，司马光并不赞成，并且作了尖锐的批评："立嫡以长，礼之正也"，"太宗始欲俟其先发，然后应之，如此，则事非获已，犹为愈也。既而为群下所迫，遂至蹀血禁门，推刃同气，贻讥千古，惜哉！"（唐纪七，武德九年）

司马光对太宗的批评还有很多，比如太宗曾答应把公主许配给北方部落薛延陀的可汗，后来又反悔，司马光对此批评说："孔子称去食、去兵，不可去信。唐太宗审知薛延陀不可妻，则初勿许其昏可也；既许之矣，乃复恃强弃信而绝之，虽灭薛延陀，犹可羞也。王者发言出令，可不慎哉！"（唐纪十三，贞观十七年）

"贻讥千古"、"昏"、"可羞"，司马光对一位"明君"这样严厉尖锐的批评，对人性"善恶混"作了生动的说明，也为传记家作了很好的示范。"讳"是中国史学从《春秋》就开始的一种陋习："观夫子修《春秋》也，多为贤者讳。"[①]学界对中国古代传记评价不高，主要也因为忌讳太多，失去真实。胡适的说法最具代表性："传记最重要的条件是纪实传真，而我们中国文人却最缺乏说老实话的习惯。对于政

① 刘知几：《惑经第四》，《史通》卷十四。

治有忌讳,对于时人有忌讳,对于死者本人也有忌讳。圣人作史,尚且有什么为尊者讳,为亲者讳,为贤者讳的谬例,何况后代的谀墓小儒呢!”①

司马光不同于正统“善恶混”的人性论,不但使他保持了“良史”的可贵品格,也体现了传记“纪实传真”的要求。现代史学家金毓黻高度评价《通鉴》:“融会众家,首尾一贯。”②张煦侯有类似的说法,他说《通鉴》的特点是“通而能密”,所谓“密”,就是“能于异文丛互之中,汰其不可信者,而存其可信者以成定本”,这就是对材料的严格的考订和选择;所谓“通”,也就是“首尾一贯”,“一事之书,一言之援引,而作者之闳识孤怀必寓焉”③,司马光对材料的使用反映了他广阔的视野和独特的眼光,“首尾一贯”和“通”也都有“整一”的含义,司马光特有的眼光贯穿全书,这就是他的历史哲学的出发点:人性“善恶混”。各种人文学科,包括历史学,当然都离不开人性理论,但是历史学一般并不研究具体的人性,司马光却用“善恶混”的原则来考察和分析他笔下的人物,他的这种见解是《通鉴》从编年史通向传记的桥梁。

二

故事化叙事在传记中具有重要意义。司马迁《史记》中那些名篇,常常被人视为短篇小说,还被大量改编为戏剧,就充分证明其故事性。在现代传记中,故事化的倾向有愈益增长的趋势,美国传记家、普利策奖得主艾德尔说过:“传记家基本上是个讲故事的人。”④只有把历史事件组织为带有细节的情节,人物的个性才能显示出来,成为鲜活的东西。

---

① 胡适:《南通张季直先生传记序》,《胡适全集》第三卷,页181。

② 金毓黻:《中国史学史》,河北教育出版社,2001年,页262。

③ 张煦侯:《通鉴学》,页2。

④ Leon Edel, *Writing Lives: Principia Biographic*, New York: W. W. Norton, 1984, p. 218.

故事化叙事是传记的特点和标志，它不同于小说中的故事，它不是虚构出来的；也不同于历史叙事，它是通过叙述在一定背景中发生的、具有因果关系的一系列真实事件，包括相关的细节，通过揭示其中的人物关系和人物冲突，使之成为情节而获得故事性。

《通鉴》中许多地方采用了故事化叙事，《通鉴》作为编年史不可能写出完整的人物生平，必须删繁就简；但是司马光还是尽可能地把历史情节化。编年史的叙事中一个很容易出现的问题是：一件事如果延续的时间很长，在叙述中头尾相距过远，叙述的过程会不断被其他事件所打断，不断停止和重新开始，因此不能形成完整的印象。

司马光常常打破编年限制，把多年间发生的事件集中一道叙述，在顺叙中加入插叙、倒叙、补叙、预叙，突出了事件的矛盾冲突，从而形成完整的情节，实现了故事化甚至是戏剧化，同时形成鲜明的人物性格。这样，《通鉴》中就出现了坎道尔所说的“传记素描”。“隋纪”中的“杨广夺嫡”就是其中最精彩的篇章之一。

在《通鉴》“隋纪三，开皇二十年”中，司马光把这一年（600年）以及之前几年发生的二十六件事放在一道叙述。故事围绕着太子杨勇、晋王杨广以及隋文帝、独孤皇后、大臣杨素等五个主要人物展开。它如同一部多幕剧，完整地展现了杨广夺嫡的过程。杨勇作为太子开始得到文帝的信任，参与国事，但他生活奢华而且僭越宫制接受大臣朝拜，又引起文帝的不满；他宠幸许多嫔妃，冷落了皇后为他选中的妃子元氏，从而开罪了皇后，这些都为他最后的被废黜种下祸根。与之相反，杨广则用各种手段骗得皇后的喜爱和文帝的信任。这是故事的开端。杨广不断离间皇后和太子，并设法收买了文帝信任的开国重臣杨素，杨素不断在杨勇同文帝和皇后之间离间进谗，使皇后有了废除太子之意，文帝也对他更加不满，削减了他的侍卫。这是故事的发展。杨勇对自己的处境非常忧虑，但在杨素的攻击下却无法自保，杨广又收买了太子身边的幸臣姬威，密报其一举一动，文帝终于下定决心，宣布了的太子罪状，并命姬戚当众揭露，将太子禁闭于东宫。这是故事的高潮。杨广奉命审讯太子，捏造其罪状，文帝废杨勇为庶人，处死其党羽，责罚为其辩护的大臣，厚赏杨素，立杨广为太子。这是故事的结局。杨勇被囚禁后，要求见文帝申冤，杨广隐瞒消息，杨勇只好爬到树上大声喊叫，希望父亲听到，杨广却说他已经发疯，文帝信以为真，父子终于不能再见一面。这是故事的尾声。

这个故事惊心动魄，杨勇和杨广构成冲突的两个主要方面，为皇位进行殊死的搏斗。人物关系也非常复杂，父子、母子、兄弟、君臣之间的关系在不断变化。杨勇作为东宫太子，本来占据着极大的优势，杨广却设下一整套阴谋诡计，他欺骗和利用文帝和皇后，收买杨素，终于击败和取代杨广，夺得东宫之位。

“杨广夺嫡”是杨广的传记素描，也可以看作以杨广为中心的隋代宫廷人物的集体传记，其中的几个主要人物无不栩栩如生、跃然纸上：杨广既有宫廷贵胄的放荡，又有阴谋家的虚伪狠毒；太子杨勇个性粗直而又轻浮无能；文帝猜忌刻薄，不辨是非；独孤皇后轻信狭隘，见识浅短；杨素老谋深算，强横毒辣。成功的故事化叙事必然生动地表现出人物个性，《通鉴》就是一例。

“杨广夺嫡”大约五千字的叙事里包含着许多杂事和细节，相关人物的行为、语言、情绪等常有细致的描述。比如杨广为了骗取文帝和皇后的好感，凡是他们派来的奴婢，都亲自开门迎接，赐之美馔厚礼，甚至他宠爱的萧妃还同她们同眠，这样她们回到宫中就多说他的好话；文帝和皇后来到他的府邸，他把美貌的姬妾藏起来，只留下老丑者，府中的屏帐都换成缣素的，乐器的弦是断的，上面留着灰尘，这些都骗得生性节俭的文帝的好感。还有一个有趣的例子：文帝已有废太子之意，他想在大臣中引起这个话题，就故意说：“我新还京师，应开怀欢乐；不知何意翻邑然愁苦！”他以为大臣们知道他的心意，会顺着他的意思来数落太子的过失，但大臣们并不知底里，反而回答说:“臣等不称职,故至尊忧劳。”这个回答让文帝很不高兴,变了脸色说:“仁寿宫此去不远,而令我每还京师,严备仗卫,如入敌国。我为下利,不解衣卧。昨夜欲近厕,故在后房恐有警急,还移就前殿,岂非尔辈欲坏我家国邪!”这里君臣之间的应对如此生动,万乘之尊的皇帝情急之下,竟然说到自己如厕的经历,其心理和情绪充分反映出来。

塔西佗《编年史》有很多精彩的内容,特别是关于罗马几个暴君的故事,被认为是古代传记中最出色的篇章之一。“杨广夺嫡”同为宫廷故事,与之相比毫不逊色,它们都写出了尖锐的宫廷斗争以及最高统治者凶残而又复杂的性格。

“杂事”和细节在传记叙事中具有重要的意义。张煦侯说:“以杂事入史,如颊上添毫,栩栩欲活,风味颇近小说,此境界亦自《左传》得来,非为妙肖《左传》为长也”①,“至温公之时,所见杂史小说益多,苟可示警,未尝不录。于史事有立竿见影之妙,于文字有引人入胜之长”②。以下五个例子是明清以来的读者多次引用的:魏国大将宇文泰面对强敌,作战前夜害怕得睡不着觉,只有把头枕在部下将领的大腿上才能睡着;梁武帝时名将韦睿从不争强好胜,在一次大战胜利后同人一道赌钱取乐,他投骰子赢了,但随即翻了过来认输;梁朝太守江革善于作文,城破后被魏刺史所俘获,他既不施礼参拜,又拒绝写作碑文;晚唐崔胤以宰相之尊,为了讨好强藩,居然在宴会中执板唱歌劝酒;后梁皇帝朱温(朱全忠)为了考察手下人是否说真话,故意说柳树可以做车轮,而又把那些附和的人杀掉几个。

《通鉴》中引用的这些例子无关大局,所以称为“杂事”。西方传记学者也称之为“琐事”或“轶事”,它们看来无足轻重,但却是精心选择。传记中叙述它们并常常伴有细节,不仅是为了增加趣味性,而且具有更重要的意义。

---

① 张煦侯:《通鉴学》,页171。

② 同上,第84页。

英国十八世纪传记家约翰生是西方传记史上最重要的人物之一，他反复告诉他的传记作者鲍斯威尔要注意小事，要“严肃地写琐事”，“对人这样一种小小的生物来说，没有什么事情是太小的，正是通过研究小事，我们获得了具有尽可能少的痛苦和尽可能多的快乐的伟大的艺术”。[①] 胡适也强调写琐事的重要，他说中国传记短、西方传记长，长传的一个好处是“琐事多而详，读之如见其人，亲聆谈论”，短传的短处之一是“太略。所择之小节数事不足见其真”。[②]《史记》受到正统史学家如刘知几的批评：“迁之所录，甚为肤浅”[③]，就是因为司马迁引用了大量琐事及细节，这对传记来说是必不可少的，但也为正统史学所不能容许，他们要求尽可能“省字”、“省句”。被正统史学家奉为圭臬的《春秋》，其编年大事记的体例，必然是提纲式的“断烂朝报”，没有琐事和细节的位置。

三

在传记的故事化叙事中，语言具有重要意义。传记作品的语言同小说语言相似，而同历史著作的语言有一个重要的区别：使用第一人称的个性化语言的存在是传记的鲜明特征。在传记中如果没有这种语言，那就只剩下作者第三人称的叙事，就会失去生活实感，成为没有动感的静态表述，难以传达人物个性，只适合在传记工具书这类初级形式中使用。传记，特别是文学性较强的传记，作者都精心设计人物语言，特别是谈话和对话，使之个性化，还常常附带动作或表情的描述，使读者如见其人、如闻其声。口语化的

---

① James Boswell, *Life of Samuel Johnson*. See James Lowry Clifford, *Biography as an Art: Selected Criticism 1560-1960*, New York: Oxford University Press, 1962, p. 46.

② 胡适：《留学日记》，《胡适全集》第二十七卷，页 516。

③ 刘知几：《杂说上第七》，《史通》卷十六。

对话可以加强生活气息，可以展示人与人之间的复杂关系、揭示人物心理，并且对他们形成比较、构成冲突，产生戏剧性，也可以交代事件的过程，推动情节的发展。总体来说，在传记史上，对话的重要性越来越突出，在作品中占的比重越来越大。现代传记的一个标志就是传记家处理对话的手段日益成熟和丰富，是否善写对话是一位文学传记家成熟与否的标志。

中国的历史学，从《左传》开始就重视人物语言，《左传》虽以“记事”为主，但也有不少“记言”的例子，甚至还有一些精彩的人物对话。到了《史记》，人物语言的处理到了炉火纯青的地步，即使身份相似的人物，也是“同叙智者，子房有子房风姿，陈平有陈平风姿。同叙勇者，廉颇有廉颇面目，樊哙有樊哙面目。同叙刺客，豫让之与专诸，聂政之与荆轲，才出一语，乃觉口气各不相同”。[①]

《通鉴》的语言可以同《史记》媲美，精彩的人物对话在《通鉴》中时时可见。

司马光所用语言有三种类型，第一种是作者作为历史叙述者的语言，简洁、明晰、客观，用很少的文字把事情的经过交代清楚，采用第三人称；第二种是作者作为历史评论者的语言，其数量不多，它同《左传》中的“君子曰”、《史记》中的“太史公曰”一脉相承，在文本中以“臣光曰”的形式导引出来，对重要的事件或人物进行评价，表明司马光自己的观点、立场和感情，采用第一人称；第三种是人物语言，它包括人物对特定对象或公众的讲话，两人之间的对话和一群人之间的谈话，这些言说者是各式各样的人物，他们都用第一人称说话。

“赤壁之战”(汉纪五十七，建安十三年)是《通鉴》最著名的段落之一，这是三国时期的一场大战，也是中国历史上最著名的战役之一。人物的对话

① 斋藤正谦：《拙堂文话》，王水照、武鸿春选编：《日本学者中国文章学论著选》，上海古籍出版社，1994 年，页 60。

在其中占有重要位置，“赤壁之战”总共两千五百字，写战斗的实际过程只有三百多字，占全文的七分之一，而人物对话和讲话则近两千字，占全文的四分之三。其中有孙权同诸葛亮、周瑜、鲁肃、张昭、黄盖的对话，以及刘备和曹操的话语，共二十八段。

通过这些话语，特别是对话，孙权、刘备、曹操三方复杂的关系，他们的战略意图和战前的各项准备工作，几个主要人物的心理、眼光、胸襟、个性都生动地显示出来。其中重点是诸葛亮、鲁肃、周瑜三人同孙权的几段对话，描述了孙权下定决心抗曹的心理过程。开始是诸葛亮游说孙权，他采用激将法，劝孙权降曹，因为只有刘备这样的王室后裔才有资格抗曹，孙权果然被激怒，勃然作答：“吾不能举全吴之地，十万之众，受制于人。吾计决矣！”表示了抗曹的决心。诸葛亮见其中计，又给他分析了曹操的弱点，使他也具有了信心；其后是孙权同鲁肃的谈话，孙权手下群臣都被曹操气势汹汹的战表所吓到，惊慌失措建议降曹，只有鲁肃告诉他：别人可以降，因为降了仍有高官厚禄，你不可降，“将军迎操，欲安所归乎？”这种利害关系的分析，打动了孙权，使他抗曹的决心不再动摇；再后是孙权同周瑜谈话，周瑜详尽地分析了两军对立的态势，指出曹操背有后患、不善水战、天寒地冻、马无藁草，水土不服等致命弱点，犯了用兵的大忌，孙权听了这番话，具有了必胜的信心，发出“孤与老贼势不两立”的誓言，并且拔刀斫向奏案：“诸将吏敢复有言当迎操者，与此案同！”最后，当晚周瑜再见孙权，进一步剖析曹军的虚弱，制定了具体的作战计划，孙权把决心和信心转化为实际行动。

“赤壁之战”写的主要不是战争，而是战争前的准备活动，即大战的主导人物孙权下定决心抗曹的过程，这是通过对话叙述出来的。这些对话具有丰富的潜台词，反映了人物的性格、心理以及他们之间复杂的关系和各自的目标，诸葛亮、鲁肃和周瑜同样是劝孙权抗曹，他们的话语符合他们不同的身份：诸葛亮机智善辩，但他是客卿，只能察颜观色、旁敲侧击；鲁肃和周瑜一是文臣，一是武将，鲁肃忠诚正直、一心护主，周瑜则是一位意气风发，有着卓越战略眼光的军事天才。中心人物孙权不愧是一代英主，不但多谋善断，雄才大略，而且善于驾驭群臣，统领全局。只有对话才能如此生动地显示这些人物的心理状态和鲜明个性。

鲍斯威尔说得好："肖像画的艺术集中于外貌的特征，而乐音以其动听的音律变化也可以确定目标，语言也许可以提高到描绘心灵瞬间变化的程度。"①确实，人们心灵的状态和一瞬间的变化，虽然也可以描述，但是只有人物自己的语言才可以更生动、更贴切地反映出来。在很少直接的心理描写的古代传记里，人物语言是表现心理活动的主要手段，"赤壁之战"就是一例。

"玄武门之变"中还有一个精彩的例子。政变发生的时候，李渊正在海池游船行乐，太子和李元吉兄弟二人被杀以后，李世民派他的主要帮手、骁将尉迟敬德去见李渊，尉迟敬德闯入宫中——

> 上大惊，问曰："今日乱者谁邪？卿来此何为？"
>
> 对曰："秦王以太子、齐王作乱，举兵诛之，恐惊动陛下，遣臣宿卫。"
>
> 上谓裴寂等曰："不图今日乃见此事，当如之何？"
>
> 萧瑀、陈叔达曰："建成、元吉本不预义谋，又无功于天下，疾秦王功高望重，共为奸谋。今秦王已讨而诛之，秦王功盖宇宙，率土归心，陛下若处以元良，委之国务，无复事矣。"
>
> 上曰："善！此吾之夙心也。"（唐纪七，武德九年）

这五段短话内涵十分丰富，可以想象，刚在战斗中杀过人并拿两颗人头示众的尉迟敬德一定满身血污，他披甲持矛闯入宫廷重地，无疑带有逼宫的意味。李渊自然是"大惊"，责问尉迟敬德谁发动了叛乱，你来

① J. L. Clifford, ed. *Biography as an Art: Selected Criticism 1560-1960*, p. 50.

干什么。听到尉迟敬德的回答，他知道两个亲生儿子（一个还是太子）已经被杀，虽然不满，但也木已成舟、无可奈何，只有询问身边的大臣，“当如之何？”他主要是问最信任的宰相裴寂，裴寂此时却没有出声，反而是另外两位出来说话，他们的意见是杀得好，秦王杀了他们是建了不世之功，应当做太子，掌管国务。听到这样的回答，李渊发现自己十分孤立，他回天乏术，只有顺水推舟：“此吾之夙心也。”李渊从震惊到无奈，继而求助但无果，到最后只有接受事实，司马光只用了五段对话，就把他在很短的时间内，那种复杂的心理变化生动地描述出来。用第三人称的叙述恐怕很难达到这样的效果。

四

传材是传记的基础。特别是写作前人的传记，作者收罗材料的对象只能是历史文本，他得到的传材数量及其范围具有决定性的意义。

司马光虽然在政治上偏向保守，但是在为《通鉴》选择材料时却是眼界开阔、思想开放，他引用资料不但数量众多，而且范围极广。按照现代学者张煦侯的研究，共有十类三百零一种，其中正史只有二十五种，而正史以外还有别史五十四种、杂史六十七种、霸史三十五种、别集十六种、传记十五种、小说十八种等。[①] 也就是说，非官方的文献资料在《通鉴》中占有很大的比重。

正史的价值毋庸置疑，但正史的编撰往往受官方意识形态的控制，史实的叙述和资料的选用都可能有所偏颇，也有各种曲笔或忌讳。现代学者都强调正史之外各种文献的价值，梁启超说：“所谓别史、杂史、杂传、杂记之

---

① 张煦侯：《通鉴学》，第 63 页。《四库提要》根据《纬略》称《通鉴》引用资料 222 种，陈光崇《通鉴新论》认为《通鉴》引用资料 359 种，高振铎认定 339 种，周征松认定 356 种。对这一问题本文不作辨析。

属，其价值实与正史无异。”[①]鲁迅甚至认为野史和杂说比正史更可信：“‘官修’而加以‘钦定’的正史也一样，不但本纪咧，列传咧，要摆‘史架子’；里面也不敢说什么。”“野史和杂说自然也免不了有讹传，挟恩怨，但看往事却可以较分明，因为它究竟不像正史那样地装腔作势。”[②]

司马光也有类似的观点，他说：“其实录、正史未必皆可据，杂史、小说未必皆无凭，在高鉴择之。”[③]这样的观点已经被现代人普遍接受，但是在司马光的时代却非常难得，那些正统史学家嗤之以鼻的野史杂说，他不是一概排斥。当然，司马光也不是有闻必录，他在选用史料时经过认真的考订、研究和比较，只选用那些可信、可靠或合理的成分；对两种看来都合乎情理而无法取舍的材料，他就都收入书中；还有一些相互矛盾的说法，他就选择其中一致的部分；还有一些可疑的说法，司马光采用了，但也明确指出其中的可疑之处。司马光除《通鉴》外还有一部三十卷的《通鉴考异》，其中包含了写作《通鉴》时所作的 2977 条资料考订。

更加引人注意的是，他阅读和参考的书籍中包括《汉武故事》和《飞燕外传》这样的作品。《汉武故事》内容同《史记》、《汉书》有相当大的出入，并且夹杂着妖妄之语；《飞燕外传》讲述汉成帝时赵飞燕淫乱宫闱的故事，是中国早期的情色作品，被认为是中国“传奇之首”。它们都是公认的小说，鲁迅就把它们放在《中国小说史略》中讲述，但是司马光作为一个严肃的历史学家，《飞燕外传》、《汉武故事》这一类的作品他也认真地阅读了，虽然他不一定采用其中的材料，但是他也因此知道了正史之外民间的观点、立场和写作方法，包括那些背离正统思想的异端邪说，这扩展了他的认知范围。这类作品中生动的故事和丰富多彩的写作方法，比如重视人物形象和人物性格，对琐事和细节的重视，对故事性和趣味性的追求，同《通鉴》是一致的，司马光无

① 梁启超：《中国历史研究法》，东方出版社，1996 年，页 56。
② 鲁迅：《这个与那个》，《鲁迅全集》第三卷，人民文学出版社，2005 年，页 148。
③ 司马光：《答范孟德书》，《司马光集》第三卷，页 1743。

疑从中得到了启迪。

史学家金毓黻比较了《通鉴》同其资源著作的关系，特别是同纪传体史学的两部经典《史记》和《汉书》的关系："试取其书观之，无一语不出《史》、《汉》，而无一处全袭《史》、《汉》，非特前汉为然，全书无不如是，所谓剥肤存液，取精用宏，神明变化，不可方物者，非《通鉴》一书不足以当之，此所以为冠绝古今之作也。"[①]《通鉴》的材料全部来自前人的著作，但他进行了改造，并且超出前人，司马光的成功，不仅因为他占有更多的资料，包括那些野史杂说可以参考，而且因为他更多注意到人性的复杂，并对材料进行了相应的选择、重组或改写。

《通鉴》作为一部治国宝典，"叙国家之兴衰，著生民之休戚"（魏纪一，黄初元年），记述的主要是国家和社会的重大事件，其中主要人物是帝王将相，即政治和军事人物，这也是中国古代传记共同的特点。进入现代社会以后，传记的范围不断扩大，知识分子甚至普通人也成为传记的对象。但是在中国现代传记中，政军界的著名人物仍然是传记的重要对象。他们同现代史上的许多重大事件密切相关，牵涉国内、国际许多重要历史问题，他们的传记写作必然具有严肃性，材料的取舍和人物的书写都应当认真和严谨。其中出现了不少好作品，但也有一些传记作者小心翼翼，一切材料选自官方文献，其他材料一概不予引用。作品里很少细节、很少对话，看不到故事，看不到生动的个性。作者在资料收集时下了大工夫，但传记成了文献的堆砌，刻板无趣。他们应当学习司马光。

历史学和传记有着重要区别，传记中文学的因素增加了，传记是历史学向文学的位移。《通鉴》中对人性复杂性的描写、故事化的叙事、个性化的人物对话等，都是文学性强化的标志。增加文学性可以有多种途径，可以通过合理的想象，用故事和细节把历史的空白填补完整；也可以把分散的材料适

① 金毓黻：《中国史学史》，页261—262。

当集中，加以渲染，使叙述更加生动，人物形象更加丰满；还可以从各种野史、小说、民间故事、口头文学中吸取有用材料和手法，补充正史的不足。司马光写作《通鉴》时就做了这些工作，作为中国古代最重要的一部编年史著作，《资治通鉴》中大量的传记“素描”，具有重要的传记学价值。

2015 年

作家、文本与问题

西方现代传记文学中的精神分析

一

精神分析学的核心是俄狄浦斯情结理论。按照这一理论写作的第一部传记是弗洛伊德本人的《达·芬奇》(1910)。有关达·芬奇生平的材料传世极少,弗洛伊德主要就是从俄狄浦斯情结出发,对这些材料进行演绎、推断,目的在于解释这份伟大艺术家和科学家非凡创造力的源泉。达·芬奇说过,性"如果不是一种传统习惯的话,人类会厌恶得立即死去";弗洛伊德还引用了达·芬奇的一段回忆:"当我还在摇篮的时候,一只雕飞了下来,用尾巴把我的嘴打开,并对着我的嘴把尾巴伸进去许多次。"弗洛伊德认为,这并非达·芬奇的真实回忆,而是梦;雕是男性生殖器的象征,而在古代埃及神话中又代表着那些不需要接近男子、因风就能怀孕的妇女。达·芬奇是个私生子,他出生后五年中单独同母亲生活在一起,没有父亲的意象,他希望自己的母亲就是因风怀孕的。母亲的过分宠爱使他的性生活过早成熟并部分失去了生殖能力。由于对性的厌恶,他的性欲升华为一种永不止歇的雄心和生气勃勃的创造力。

《达·芬奇》在传记文学史上有着重要意义,它标志着一种新的传记形式——精神分析传记的诞生。但此书中的结论能否成立则是大有疑问的。《达·芬奇》问世不久，就有学者指出：弗洛伊德所说的“雕”，在达·芬奇著作的原文中是 nibbio，这个意大利单词指鸢，而非雕，也根本不具有古代埃及神话中的那层含义。此外，关于俄狄浦斯情结理论本身，据一位英国学者统计几十年来心理学家已做过几十次试验，结论很不一致，至今并不能确证这一理论具有普遍意义。

但是，俄狄浦斯情结理论始终吸引着许多传记作者。早在二十年代，随着弗洛伊德主要著作的英译本出现并得到学术界的承认，兴起了弗洛伊德热。甚至有人提出，要根据这一新理论重新写作一些人物传记。于是，西方历史上的许多名人，诸如马丁·路德、瓦格纳、斯威夫特、拜伦、林肯、爱伦·坡、大仲马、普鲁斯特……在他们身上都有人发现了俄狄浦斯情结，并且正是这种恋母无意识成为他们的命运之神。照此模式所写的传记，大多是捕风捉影，穿凿附会，虽也曾风行一时，但至今早被历史湮没，传世者极少。

英国传记作家、牛津大学教授戴维·塞西尔(1902—1986)的《受惊吓的鹿——卡帕传》(1929)是其中较好的一部。威廉·卡帕是十八世纪的英国诗人，文学史上的一位怪才，他极有才华，抒情诗和译诗都很出色。他曾任律师，后为英国上院秘书。他二十二岁时一次突然精神病发作，此后精神沮丧，终生受疾病折磨。他缺少独立工作和生活的能力，1763 年发病后就完全依赖一位朋友莫奈·恩温，这位朋友死后，就同其寡妻玛丽生活在一起，由她照料，并在她的监护下根据她的意见写作。

对卡帕的这种特殊性格，塞西尔的解释是：卡帕从小就很爱母亲，同母亲关系极为亲密，但母亲的早逝，使他十分痛苦；而他从小在英国著名的威斯特敏斯特学校读书，那里的严酷纪律使他的神经系统又受到损坏。他和俄狄浦斯一样陷入了不可避免的同命运的冲突之中，成为“胡言谵语狂”，注定死于疯狂的可怕的痛苦之中。他同玛丽·恩温的亲密关系则是俄狄浦斯情结的转移或伪装。

塞西尔对卡帕一生精神发展过程的描述大体是可信的，但他所说的卡帕的俄狄浦斯情结却缺少足够的根据。塞西尔认为，“通过时间和机遇留给我们的记录来追溯一个人的历史，就如同阅读一部小说，而其中最重要的篇章被人胡乱撕去了”，所以他对人物的精神活动常常进行猜测，造成了夸大不实。他自己大约也意识到这一点，《卡帕传》是他的第一部人物传记，此后，从三十年代到八十年代，他还写过许多传记作品，其中都可以看出精神分析的痕迹，但一般都不再把人物命运归结于俄狄浦斯情结。

当代西方传记中，用俄狄浦斯情结解释人物性格的至今仍不乏名作，乔治·D.派因特尔（1914—2005）的《马歇尔·普鲁斯特》（1959、1965）即为其一。派因特尔是英国大英博物馆的研究员，专攻法国文学。他十四岁就阅读法国意识流小说家普鲁斯特的作品，感到十分难懂，于是决心写出一部普鲁斯特传。他花了六年时间读完了普鲁斯特的全部著作以及有关他的所有回忆录、通信和评论，此后又花了十二年之久，才写出这部传记。

普鲁斯特的代表作《追忆似水年华》有人称为意识流小说，但其中并没有明晰的情节；派因特尔则认为这是一部创造性的自传。他做了大量的考证，一层一层，逐人逐事地解释作者是如何把自己的一生改造成为这部作品的。他也生动地描绘了人物的性格，而其中心点则是普鲁斯特同母亲的关系。派因特尔认为，普鲁斯特一生对母亲有一种强烈而极为矛盾的感情；他爱母亲，但由于幼时母亲不肯给他一个晚安吻，这使他终生妒忌。“爱和妒忌”成为其作品的主题，他感到爱是一种妄觉，“我们珍惜的一切，最终都会失去”，这是他作品的基调。俄狄浦斯情结使他成为一个同性恋者，再加上自幼体质孱弱，患有神经性哮喘病，他越发孤独，而要完成自己的著作，他又需要疾病和孤独；他只有写作，只有完成这部作品，才感到完成了人生。

派因特尔的《马歇尔·普鲁斯特》被公认是一部巨著，提供了研究普鲁斯特极为丰富的资料；但是，在探索普鲁斯特复杂的性格时，母亲的影响被夸大了，其他因素则被忽略了。《追忆似水年华》所反映的非常广阔的社会生活面和描绘的贵族阶级的命运远远超出了“爱和妒忌”的主题，这些都被派因特尔所冲淡。

俄狄浦斯情结显然无法解释一切人物的命运，一些信奉精神分析学的传记作家也发现了这一点，他们在运用精神分析法时，就比较宽泛，他们把性欲看作是驱动人物行为最强大和最根本的动力。在这类作家中，最早也最重要的一位是著名的奥地利作家茨威格。

斯蒂芬·茨威格(1881—1942)生于维也纳，又是犹太人，所以同弗洛伊德有过多年密切交往，深受其影响。这方面，他的代表作是《玛丽·斯图亚特》(1935)。

玛丽·斯图亚特是十六世纪苏格兰公主，嫁给法国王太子，王太子即位成为法兰西斯二世，但不久后死去。玛丽又是英国国王亨利七世的长孙女，有权继承英格兰和苏格兰两个王位。母亲死后，她从法国回到苏格兰，成为苏格兰女王。这时她狂热地爱上了贵族唐莱，唐莱貌美心邪，玛丽女王执意同他结婚。但不久，女王又爱上了包斯威耳伯爵，唐莱也在王宫的一次突然爆炸中被炸死。随即包斯威耳同妻子离婚，女王将他封为公爵后与之结婚。这一连串的事变，使苏格兰举国上下议论纷纷，一些贵族十分不满，发动叛乱。玛丽只得逃往英国，投靠表姐伊丽莎白女王。但伊丽莎白却将她投入狱中，在关押多年后，以叛乱罪把她送上了绞刑台。

这是欧洲历史上一场著名的宫廷之争，情节扑朔迷离，其内幕究竟如何，引起历史学家无穷的猜测。据统计，从玛丽女王被处死刑到1700年的一百一十年间，欧洲出版的有关她的论著即达二百八十种之多，此后的近三百年中更是不计其数。玛丽女王美丽多才，懂得四种语言，能诗善歌，有些历史学家对她十分同情，把她说成是清白无辜、单纯善良的圣女和一连串宫廷阴谋的牺牲；但也有人认为她软弱无能，缺少独立意志，一直被人摆布，后来又患有多种疾病，完全失去自主能力；还有人认为她邪恶阴险，干尽坏事，最后被处死是咎由自取。

茨威格则根据精神分析学对玛丽女王的命运作了与众不同的解释。他认为这位女王是一种很少见的女性，她的全部生活被一种热烈而狭隘的情欲所左右。茨威格从莎士比亚的《罗密欧与朱丽叶》得到这样一种启示："在真正的但相对比较弱的爱情之后随之而来的是一种使人迷恋的情欲和完全的委身"，玛丽女王开始真心爱着唐莱，但她后来发现体质孱弱的唐莱是个孩子气的丈夫，只能算半个男人；冷酷而雄壮如野兽般的包斯威耳才是个完整的男人，他激起了女王无法控制的情欲力量，成为他的奴隶，"把她所有的一切，她的王国，她的荣誉，她的肉体和灵魂，都投入这一情欲的深渊"。在茨威格笔下，玛丽女王是性格坚毅的女强人，她同包斯威耳通奸怀孕，为了掩盖丑行，而让包斯威耳害死唐莱，她是包斯威耳自觉的同谋和帮凶。

茨威格这部传记写得相当生动，但玛丽女王的性格是否就如他所说，找不到多少历史根据，也没有为多数历史学家所接受。茨威格又是一位小说家。《玛丽·斯图亚特》与其说是一部真实的人物传记，不如说是一部传记小说。

二

弗洛伊德的精神分析学起源于精神病理学，这位精神病医生把俄狄浦斯情结看成是人类的一种病态，他把作家、艺术家以及许多天才人物都说成是精神病患者。他的这一部理论对现代西方传记文学的写作也有着重要影响。前文所提到的塞西尔的《卡帕传》也可以归入这一类。但其他一些传记作者把人物写成精神病患者，并不把病因统统归结于性，而是从人物的生活道路，特别是童年生活中找出精神病的隐秘起因，精神病则决定人物性格，左右人物的命运。这类传记作者特别喜欢到那些非比寻常的天才人物或者行为怪异的人物身上一显身手。

美国传记作家万・维克・布鲁克斯(1886—1963)的《马克・吐温的考验》(1920)即是这类最早的传记之一。布鲁克斯认为,马克・吐温的一生是绝望而不幸的,他始终有一种病态的犯罪感。这起源于马克・吐温少年时代的一件事:他幼时不爱学习,十二岁父亲去世,母亲逼着他在父亲的灵前起誓,他决心改变习气,努力上进,以不辜负父母的期望。这一情景时时会浮现在他的脑海里。后来他虽然通过自学成为著名作家,不过在他心灵深处始终认为,自己的才能更适合于写作那种雪莱式的诗歌或者斯威夫特式的讽刺作品,但自己却为了迎合"镀金时代"实利文化的需要,为提供笑声写作,这违背了在父亲灵前的誓言;但他又无法改变创作方向,他始终受着良心的谴责。布鲁克斯的结论是:马克・吐温是个被社会生活环境所击败的天才。

布鲁克斯是个著名的文学史家,他的《马克・吐温的考验》和其后的另一部人物传记《亨利・詹姆斯的远游》(1925)可以说是精神分析传记的典范之作;不过他对马克・吐温的这种贬抑过多的分析既没有为其他学者所接受,也不符合一般读者心目中这位幽默大师的形象。布鲁克斯后期写作的传记和文学史著作也不再依赖于精神分析。

爱伦・坡是美国文学史上的怪才,他的一生和他的作品都有种特殊的神秘性,引起许多传记作者的兴趣。约瑟夫・W. 克鲁奇(1893—1970)认为,在他之前有关爱伦・坡的传记都没有深入人物的内心世界,对爱伦・坡这样敏感而天才的作家必须使用精神分析法。他的《埃德加・爱伦・坡:天才的研究》(1926)也是精神分析传记的代表作品。克鲁奇认为爱伦・坡的一切都不正常,他的天才被扭曲了,他举止古怪,作品奇特,他的艺术是颓废的。这是因为他有一种心理变态。他童年时体质有缺陷,受到人们的嘲笑,他感到耻辱,自尊心受到极大创伤。他的许多作品带有恐怖色彩,这是因为他自己内心软弱,具有某种情结或恐惧症。

克鲁奇对爱伦・坡的作品和心理作了相当深入的分析,他的观点常为后来的研究者所引用，但对爱伦·坡的生活时代和创作的历史背景却很少涉及，这是很大的缺点。

弗洛伊德去世以后，世界精神分析学的领袖人物是厄涅斯特·琼斯(1879—1968)，他曾因按照俄狄浦斯情结理论对莎士比亚的《哈姆雷特》作了详尽分析而称著于世，不过他最重要的作品却是三大卷的《西格蒙德·弗洛伊德的生平与事业》(1953、1957)，这部巨著在非常广阔的背景上描述了弗洛伊德的生活经历和思想发展的历史，评价了精神分析学的主要观点，是一部权威的作品，但其中使我们最感兴趣的还是他对精神分析的创始人所作的精神分析。

琼斯认为，弗洛伊德有精神病，在他的无意识深处有一种病态的幻想：作为犹太人，他始终以犹太古代民族英雄摩西自居，当年摩西把犹太人从埃及沙漠中引导出来，回到巴勒斯坦，重建犹太国家。弗洛伊德自认为是同摩西一样的先驱，在心理学和精神病学、在无意识问题和人类文明的起源问题上只有他才代表着正确的方向。这种自居心理造成了弗洛伊德的坚强性格；早年生活的困顿，后来的被误解遭攻击，晚年的健康恶化以及友人的背弃，这种种打击挫折，他都能一一克服，而在对世俗传统的反抗中得到极大的满足。他有一种固执的探索精神，他对一切都要作出自己的判断，他拒绝按照事物的表面价值接受传统，终于在精神病、性、梦等问题上作出重要贡献，成为现代西方思想发展的启蒙人物。但是这种自居心理也使他独断专行，不能容忍，以致许多学生和朋友都先后离他而去。琼斯还指出，弗洛伊德在许多问题上是自相矛盾的，他敢于反抗正统和权威，但内心深处又渴望得到权威的承认，这也正如摩西，既是犹太人的领袖和立法者，又是上帝的奴仆。这里特别使人感兴趣的是，琼斯并没有把弗洛伊德的性格归结于俄狄浦斯情结或性；他把弗洛伊德病态的自居心理看作一个主要因素，但也用大量篇幅论析早年的家庭生活和经历对弗洛伊德的影响。这些都反映了精神分析学在弗洛伊德以后的发展和修正。

美国著名心理学家埃里克·埃里克森(1902—)的作品也反映出当代精神分析的某些特点。他的主要传记作品是《青年路德：精神分析和历史的研究》(1958),马丁·路德是十六世纪德国宗教改革家。十六世纪的德国四分五裂,天主教势力十分庞大。但就在这样一个落后的国家和一个最守纪律的民族中首先出现宗教革命,此后影响到欧洲各国,有力地推动了欧洲的进步。为什么宗教革命始于德国,这是历史学家感兴趣的问题,埃里克森认为路德本人起了决定性的作用。他的这部传记就是用精神分析的方法探讨路德宗教革命思想产生的原因。路德青少年时代曾加入一所修道院的唱诗班,那时他常常精神病发作,埃里克森根据流传下来的资料,对路德的疾病进行临床诊断并作历史研究。他认为,路德幼时受到父亲过于严厉的管教,造成精神上的危机和创伤。后来在同精神病的斗争过程中,他决心让自己从精神的重压下解放出来,并从这一点出发,他又推而广之,决心把自己的同胞从中世纪僵化严峻的天主教禁锢中解放出来,这就是他倡导宗教革命的动因。

埃里克森对路德宗教革命思想的形成提供了有一定价值的说明,对人物的精神分析同人物生平结合起来,也比较灵活;但是宗教革命的政治和经济因素却没有充分考虑,对这一重大的历史事件只从领导者个人性格去解释是远远不够的。

最近一部从病理学的角度分析人物的名著是福恩·M.伯劳底(1915—1981)的《理查德·尼克松性格的形成》(1981),伯劳底是一位美国历史学教授,她擅长对美国史上的政治家进行精神分析。尼克松作为美国第三十七届总统在美国公众中名声不佳,除了不光彩的水门事件导致最后被迫辞职外,他对美国国内外的一些重大问题还说过一些很不得体的话,某些决策也悖于情理。伯劳底虽然力图公允地评价这位有很大争议的人物,但结论却是毫不留情,她称尼克松是“卑鄙的忧郁的重罪犯”,是由精神病引起的说谎家和妄想狂,精神病造成了他种种反常的行为。尼克松精神变态的原因是他幼年时两个兄弟的死亡：尼克松的一个哥哥死了，他对此本来毫无责任，但也因此由家中的老二上升为老大，获得长子权和家庭中的优越地位，从此他产生了一种犯罪感，似乎哥哥的死同他有关。后来一个弟弟又死了，这就更加重了他的犯罪感，他的一些乖谬的言行就是在精神病发作的恍惚状态中作出的。

伯劳底的这部著作同尼克松本人一样，引起很多争议，书中提供的有关尼克松青少年时代的大量资料，对研究这位政治家很有价值，但她所分析的尼克松精神病的起因使人感到牵强，据说尼克松本人对此也是一笑置之，不屑作答。

三

萨特在西方传记文学中独树一帜。萨特从存在主义出发，试图把精神分析同马克思主义结合起来，他的自传《词语》和几部传记都显示出这种特点。

《波德莱尔》(1947)是萨特的第一部传记，最初作为波德莱尔的日记和书信选集的导言，其中大量涉及这位诗人的怪癖、精神病和痛苦。波德莱尔是法国资产阶级社会的荡子，他的《恶之花》以很高的艺术技巧表现丑恶。他的人品和作品都引起过激烈的争议。萨特把波德莱尔的性格、行为归结为“自由选择”，而波德莱尔的自由选择方式又是童年生活所决定的。波德莱尔的母亲是父亲的后妻，两人结婚时前者二十六岁，后者已六十岁，他深受富有艺术气息的父亲的影响，但他六岁时父亲去世；他也深爱母亲，但母亲等到父亲的丧期刚满就又改嫁。波德莱尔同继父欧立克将军处于尖锐的对立之中，因此在他的无意识深处，他希望延长自己同父母相亲相爱的童年时代，以否定可怕的现实，这成为他特殊的“自恋”形式，他选择作为另一个人活着，其方式包括孤独和独创性、自我否定、对父母的独立性、对权威的需要、对过去的崇拜、自我强加的痛苦、形而上学的无聊、寄生习惯、性延迟、绮丽文风、对恶的崇拜、保守主义等。

萨特的这部传记收集了有关波德莱尔的不少资料。不过后来萨特认为自己进行的精神分析并不准确，甚至是一部坏作品。

萨特在《圣·热内，逢场作戏者和殉道者》(1952)中所写的让·热内(1910—1986)也是一位存在主义作家，他是个私生子，在巴黎出生后就被遗弃，由外省农民收养，十五岁因偷盗被送入教养所，后来因偷盗和充当男妓被关押多年。他从小又是个虔诚的宗教徒，并具有文学天才，1942 年在监狱中写出他的第一部作品《鲜花圣母院》。这部小说具有自传性质，热内在书中写到他的同性恋和犯罪，也论及暴力、监狱、死亡等各种社会和宗教问题。此书颇有文采，出版后引起轰动。此后热内又连续发表几部小说。一群法国知识分子为他进行请愿，结果当时的法国总统将他特赦出狱。

萨特的《圣·热内》是热内作品集的一篇导论，长达 573 页，他自称这部传记"可以算是把我理解的'自由'一词的含义解释得最清楚的一本书"，它"显示出精神分析和马克思主义方法的局限，只有自由才能从总体上解释一个人"。

萨特认为，热内童年时作为一个被收养的私生子没有任何社会地位，别人说他是小偷，他就自认为是小偷，他把自己新的客观性变成了自己的主观性，他的行为被他对这一本质的自由构想所制约，造成了他认为自己有罪的迷信。他在作恶的时候，他的自我意识归于同一，恶却变成了他的善，善恶在他身上得到辩证统一。萨特还分析了热内的偷窃、同性恋和文学创作之间的关系，萨特认为这些都是他的自我创造的形式，他用这些形式恢复被异化的自我，而异化又是由于经济结构和等级制度造成的。

萨特最著名的传记《家中白痴》(1971—1972)，这部三卷巨著用马克思主义的异化加弗洛伊德来解释十九世纪法国大作家福楼拜性格的形成。早在五十年代中，萨特就同法国共产党员文艺评论家荷耶·加劳笛相约进行一次比赛，萨特用存在主义的方法，加劳笛用马克思主义的方法，各去解释一位著名人物，看谁做得更好。萨特选择的是福楼拜。为写这部传记，他花了十年之久。

萨特认为，福楼拜终生承受着一种深深埋藏在心灵中的创伤，这是他父亲造成的。福楼拜的父亲是位著名的外科医生，被称为“科学界的王子”，但又盛气凌人，专横傲慢。在七岁生日的那一天，福楼拜因为弄不懂文字同这些文字所指的事物之间的关系而受到父亲嘲笑，斥为“白痴”。萨特认为，福楼拜由此而来的心灵伤害决定了他一生的经历。影响福楼拜性格的另一重要人物是他的母亲卡罗琳娜。母亲从小是孤儿，由亲戚抚养成人，童年的不幸使她渴望有个女儿，并且生活幸福，以此来补偿自己苦难的过去。但她第一个生下来的是儿子，第二个又是福楼拜，这使她极为失望，对福楼拜毫无热情。此外，福楼拜出生在哥哥死后不久，后来家中另一个孩子又死了，因此他从小就被这个优裕的家庭过分地照料。他得不到母爱，也缺少自爱，他性格被动，缺乏自我意识，毫无阳刚英武之气，认为自己的一生单调乏味，没有意义。他自小的雄心是成为一个伟大的喜剧演员。这个愿望的背后是一种施虐受虐狂，他希望别人嘲笑他，他公开地在自己身上消灭一切人的价值，证明他配不上他们，但是他们也配不上他的宏愿。他后来成为作家，是因为在文学中他用不着实践就可以满足自己想象中的愿望。

萨特最后的结论是：福楼拜是个精神病患者，这种精神病是时代的结果，是这个世界的矛盾在一个人身上的内化。福楼拜不幸的童年正如整个资产阶级一样，是对自由的异化。十九世纪法国资产阶级的客观处境及其意识形态，以及福楼拜特殊的家庭生活条件决定了他的童年，他因此选择想象性的创造作为自己的生活道路而成为一个艺术家。

萨特把他的存在主义传记称作精神分析和马克思主义的结合。在这几部传记中他引入了马克思主义的社会—历史方法，并且克服了精神分析把心理学还原为生理学的最大弊病，人的社会性突破了精神分析狭隘的视野。但是萨特从马克思主义那里取得的主要是“经济结构”、“异化”之类的概念，他所采用的社会—历史方法是不彻底的，他同弗洛伊德一样，把人物的性格和生活道路看作是由童年时代所决定，忽视了随着社会环境的变化人物心理发展的可能，这未免失于简单化。萨特对现代西方传记的发展是有很重要贡献的，这也证明了一点：马克思主义可以吸取精神分析学的成果，但两者的“结合”从根本上来说则是不能的。

四

随着对精神分析学研究的逐步深入，越来越多的作家接受了这样一种观点：弗洛伊德是个伟大的心理学家，他在研究深层心理方面迈出了决定性的一步；然而又只是第一步，无条件地接受弗洛伊德说过的一切，同把精神分析视为异端邪说而绝对排斥一样，都是不科学的。

这种观点也反映在传记文学上，一些作者借鉴了弗洛伊德的方法分析和描写人物，但并非依靠弗洛伊德的结论去演绎人物性格，把人物传记纳入精神分析的狭隘轨道。二十世纪西方成就最大的几位传记作家在这条道路上都比较成功。

英国作家里敦·斯特拉奇（1880—1932）是现代西方传记的奠基者，他的最后一部名作《伊丽莎白与埃塞克斯》（1992）中已可以看见弗洛伊德的影响。斯特拉奇的弟弟詹姆斯和弟媳阿丽克丝是曾师从弗洛伊德的精神分析家，他在写作这部传记时接受了他们的一些建议。

埃塞克斯伯爵是英国历史上的著名人物。他聪明俊美，英武多才，十八岁就深得伊丽莎白女王的宠爱，被委以重任，权倾当朝；但后来却同女王产生了种种分歧，并因远征爱尔兰受挫而失宠；他企图叛变，最后阴谋暴露下狱，被处死于伦敦塔中。

埃塞克斯从对女王忠心耿耿到后来叛变，对这一巨大转变，斯特拉奇是从物质利益和无意识心理两个方面揭示的：一方面他的权势欲和野心越发膨胀，同女王有了矛盾；另一方面他受到一种自己也无法控制的非理性的力量的影响。他对女王的知遇感恩戴德，对女王的非凡智慧和勇气甚至怀有崇拜，真心愿意做女王“忠实的仆人”，但这位伯爵内心深处有一种“暴戾之气”，一旦情绪发作，再加上亲属和部下的怂恿，他就急转直下，成为忿忿不平的叛逆。不过，当他制定叛变阴谋时，他又一下子恢复理智，产生一种“浪漫主义的忠诚”和“高贵的悔恨”，他动摇于这种矛盾之间，阴谋也终于不能得逞。

斯特拉奇刻画埃塞克斯的性格时力图客观，出色的心理分析又使这个人物带有一种浓烈的悲剧色彩，颇具效果。这种创作方法，在传记文学史上被称为“社会心理传记”。

法国传记家安德烈·莫洛亚（1885—1967）有“传记王”的美誉，他认为传记是“揭示人类灵魂的故事”，他从精神分析学得到启示，擅长于从童年经历发掘人物性格的无意识基因，对变态心理也有着强烈兴趣。在他众多的传记作品中，《唐璜，或拜伦传》（1930）就颇有代表性地反映出这种特色。

拜伦无疑是位天才诗人，他情感丰富，智慧超群，在他身上始终可以看到一种高贵的情感，他最后参加希腊民族解放运动显示出英雄式的自我牺牲精神。但是，有关他的许多桃色传闻又使人们感到他正如他笔下的那个著名的登徒子——玩世不恭、自私自利、缺少道德责任心的唐璜。莫洛亚对拜伦的这种矛盾性格进行了解释，他认为，事实上拜伦终生都在追求和崇拜女性纯洁的完美；由于从小跛足，这位极其敏感的贵公子深受屈辱和痛苦，当他单纯热烈的初恋被贵族少女玛丽·查沃斯冷漠地拒绝和嘲笑后，出于自卫的本能，他形成了对世俗传统的强烈叛逆和报复心理。他的许多荒唐的恋爱故事，他同妻子草率的结合和离异，与同父异母姐姐奥古斯塔的暧昧关系，都是这种心灵创伤和变态的表现。

莫洛亚还认为，在拜伦灵魂深处有一种从加尔文教得来的命定的犯罪感，这使他高贵的天性始终不会完全泯灭，最后他终于在民族解放斗争中找到了实现自我的方式，莫洛亚称他是“下凡的天使”。对这个复杂的、有争议的人物，莫洛亚的解释是较有说服力的一种，这部《唐璜，或拜伦传》至今仍拥有广泛的读者。

美国作家里翁·艾德尔(1907—1997)写出了一部迄今为止关于一个人物的最长的传记：《亨利·詹姆斯》(1953—1972)。艾德尔是一位著名作家，曾任美国笔会中心主席、全美文艺协会书记；又是一位很有成就的学者，公认的研究亨利·詹姆斯的权威，他以五十年的时间和精力研究詹姆斯，选编过八十种詹姆斯文集，出版过多种研究著作。

詹姆斯在美国文学史上虽有很高的地位，但他的一生比较平淡，似乎不宜作为传记写作的对象：艾德尔之所以能写好这部传记，一方面得力于他对詹姆斯的深刻理解，掌握了完备的资料；另一方面则是熟练地运用了精神分析的方法，对詹姆斯进行“临床诊断”，用一般读者能理解的生动的文字语言描绘其个性。具体地说，他从心理原因追究詹姆斯小说的艺术表现；再反过来，从作品推断其心理动机。这样，他把詹姆斯风平浪静的一生写得津津有味，波澜起伏，极富情趣。

比如，詹姆斯小说中出现过各色各样的人物，这些人物原型是谁，作者是根据什么给他们起名的，又为什么那样安排他们的生活和结局；还有作品中的大量细节，建筑物的格局和装饰等，艾德尔都要挖掘其起源和底蕴。詹姆斯出过一套二十三卷的选集，为什么不是二十四卷也不是二十二卷？艾德尔说，这是因为詹姆斯收藏的《巴尔扎克全集》是二十三卷，而他又始终想成为美国的巴尔扎克。在詹姆斯的好些小说中都出现气球，詹姆斯的父亲是被一只着火的气球炸伤了腿，成为跛足；詹姆斯喜欢的诗人拜伦也是跛足，所有气球是自由联想的结果。

探究人物性格的深层因素，这是一切精神分析的要求，艾德尔也遵循这一方法，不过他力戒牵强附会，也不拘泥于弗洛伊德的某一定式，而是从不同的角度多方位探索詹姆斯性格的复杂结构。比如詹姆斯坦率和善，乐于助人，艾德尔认为这是因为他是个同性恋者，对妇女没有兴趣，这也用来掩盖他的纨绔习气、吹毛求疵和势力。艾德尔还发现，有两个人物深刻影响了詹姆斯。一个是他的哥哥、著名的实用主义哲学家威廉·詹姆斯，亨利在无意识中总是觉得比他大一岁的威廉篡夺了他的长子权，两人一生都在暗中竞争。所以在他的许多小说中，篡夺者的结局都是失败或死亡。另一个是女作家弗妮姆，这位老处女并不漂亮，但聪明、活跃，她以一种强烈的激情崇拜着詹姆斯，詹姆斯同她有过一些约会，但并不知道她的感情。弗妮姆后来失望自杀，詹姆斯也几乎精神崩溃，自此他产生了一种深沉的负疚感，这是理解他后半生作品的一条重要线索。

艾德尔用精神分析法把詹姆斯的性格刻画得活灵活现，而且不断产生戏剧效果。《亨利·詹姆斯》可以说是西方传记文学史上的一部“纪念碑式的杰作”，1962年该书二、三两卷出版，一年中同时获得两项最重要的美国文学奖——普利策奖和国家图书奖，这部作品是传记文学中精神分析运用最为成功的范例之一。

传记文学已成为现代西方文学最重要的形式之一。据统计，在英语国家，每年出版的全部书刊中有5%是传记，可以说传记文学拥有最广大的读者。优秀的传记文学作品不断出现，文学批评家们也不得不放弃偏见，刮目相看。西方传记文学从古希腊发源，十八世纪形成高峰，但此后又陷入低谷。二十世纪西方传记文学的重新兴起并取得巨大成就，其主要原因之一就是引入了精神分析，精神分析的介入使传记写作发生了一系列重要的变化。

从精神分析出发，传记作者致力于人物的性心理和无意识分析，打破了时代—生平这一传记写作的陈旧模式，对人物的气质、秉性和反常行为等传统方法很难解释透彻的问题找到了新的途径。精神分析善于从人物的具体行为入手，探析幽微，揭示深层动机，这对心理描绘、心理提示和心理图像等传统的艺术手法也是一种重要补充。

精神分析学认为人都具有共同的生理欲望，因而具有相同的心理机制和弱点，这就对十九世纪西方传记一味歌功颂德、扬善隐恶的弊病形成巨大的冲击，伟大人物头上的神圣光环消失了，这有助于恢复历史人物的本来面目。精神分析把人都说成各种精神病患者，这自然过甚其辞，但是在现实生活中，人总处于极为复杂的矛盾冲突之中，人们的心理确实受到种种压抑以至可能产生变态，这就提醒传记作者更深入地研究生活条件的变化对人物心理和性格的微妙影响。

精神分析可以说是一种决定论，弗洛伊德认为人的一切行为，小至遗忘、语误、笔误和读误都有心理原因，这自然太过武断；但是从精神分析的角度观照人物就会发现，一些被认为是细微末节的小事具有重要价值，可以成为人物性格的点睛之笔。这便促使传记家更详尽地收集和研究资料。

精神分析强调童年时代（甚至婴儿时期）的经历对人一生的影响；而二十世纪以前的传记文学只侧重于记述人物的成熟期和他们最显赫的经历，精神分析打破了这种形而上学，虽然它又把儿童经验绝对化，陷入了另一种形而上学，但是性格发展的辩证过程毕竟更易于被传记作家理解了。

传记文学是科学和艺术的结合，精神分析学对传记文学的科学性和艺术性的提高都是有益的；不过前文所分析的各类传记的得失也可以证明，精神分析可以帮助作者更好地认识和描绘人物，但也不能把它当作万应灵药。

1990 年

莫洛亚传记文学述评

安德烈·莫洛亚是二十世纪法国最多产的作家之一。他写作过长篇小说、短篇小说、科幻小说和戏剧，也写作过《英国史》、《美国史》、《法国史》这样的历史学巨著，不过，他最大的成就还在传记文学方面。

莫洛亚对传记文学的理论有浓厚的兴趣，早在1928年，即他刚写出最初几部传记以后，曾应邀去剑桥大学作了六次有关传记文学的讲演，后来经整理以《传记面面观》(1929)为名出版。第二次世界大战期间，他去了美国，1946年又在堪萨斯市立大学作了题为“传记艺术”的六十次讲座，进一步发挥了他的传记理论观点。

在《传记面面观》中，莫洛亚认为，进入二十世纪以后，传记发展到了一个新阶段，现代传记的第一个特征就是“对真实的无畏的追求”，第二个特征是坚持人性的复杂性，第三个特征在于它致力于怀疑而不是肯定，它是怀疑而不是肯定的结果。追求真实是历史学家的任务，传记家应当把这两者统一起来，他说：

> 真实具有岩石般的坚硬，个性具有彩虹般的光彩，但是罗丹和他以前的希腊雕刻家们有时能把人的肌肉难以言述的曲线和变化不定的光泽注入大理石之中。

莫洛亚强调，传记是一种艺术又是一门科学，他特别反对把传记看作历史科学的分支，而忽略其艺术的要求。传记作者作为艺术家应当从整体中选择最本质的东西而不破坏整体性，在写作时应当按照时间的顺序，所采用的视点应以主人公眼光看待一切，还应当特别重视选择生动的细节。

莫洛亚还认为，传记家无权改动任何事实；但是他可以选择，他可以选择那些适合自己气质的人物，这样他自己的感情可以同传主的感情统一起来。“传记作者几乎不可能不在某些方面和某些时候按照他的主人公那样去感受，否则他又怎能去理解他?”不过，这样做的时候必须十分小心和诚实。

同二十世纪许多作家一样，莫洛亚反对传记的道德目的，因为那会扼杀艺术作品本身，“一旦我们企图证明什么，我们就什么也没有证明。但这并不是说重大的道德问题不可能是作品的材料”。他认为，“最好的道德教训，唯一有力的道德教训，就是榜样”，“伟大的传记是一种教育，这并非由于传记家的戏剧化手法，而是因为伟大的人生的美”。

莫洛亚最后的结论是：

> 无论未来的传记采取什么形式，它总是难度最大的艺术形式。我们要求它具有科学的准确，艺术的魅力，小说的感性的真实和历史博学的虚构。

莫洛亚五十年的创作生涯中共写作十四部长篇传记以及几卷短篇传记和人物速写，这些作品基本上贯彻了他的理论。

莫洛亚的第一部传记是《爱丽儿或雪莱传》(1923)。珀西·比希·雪莱(1792—1822)是位浪漫诗人，不过《雪莱传》并没有对他的诗歌给予关注。莫洛亚曾回忆说，他第一次阅读一篇有关雪莱的短文时，一下子产生了强烈的激情，他发现，他有一段时间的政治和哲学思想同雪莱被牛津大学开除到达伦敦时的思想极为相似，他那时的感情和理性相矛盾，自己制造着痛苦，这些也都同雪莱相似。于是他就决定写作这部《雪莱传》。

莫洛亚笔下的雪莱是一个悲剧人物，他有着崇高的理想和献身精神，有着杰出的才华和善良的天性，但这个世界不是为他所建造的。在伊顿公学，他因为不愿意侍候高年级学生而遭到毒打，在牛津大学因为宣传无神论而被开除，他拒绝父亲的管教而失去经济资助，他这个百万富翁的后代、男爵爵位的继承人却爱上一个咖啡店老板的女儿并同她正式结婚。他得到了诗人骚塞的帮助，但看到骚塞歌颂英国国王的文章后就立刻同他断交。他同爱荣华而又不贞的妻子哈丽艾特分了手，但她一旦生病，他仍然忠心耿耿地服侍她，给她生活费。他可以把钱随便送人而自己却靠朗读莎士比亚来忘掉饥饿，他每月拿到年金，总是用铁铲分配那一堆银币，一半家用，四分之一给第二任妻子玛丽，留给自己的四分之一实际上是给了岳父葛德汶。他对任何弱小或者处在困难中的人总是伸出援助的手。这就是雪莱！莫洛亚通过那些同雪莱关系最密切、最熟悉他的人来评价他。第二任妻子玛丽知道，“珀西是正直而忠诚的，他的品行超人一等，如天使般纯洁”，高傲的拜伦感到“雪莱博学多才，造诣深厚，这使他惊讶不已。他自己虽然博览群书，但没有像雪莱般严谨，一丝不苟……雪莱的意志是一股纯洁而强劲的力量”。雪莱的朋友威廉斯把他同拜伦作了一个比较：

> 拜伦是他自己情绪的奴隶，也是女人的奴隶……而雪莱好强，他把自己裹在坚实的核桃壳里，投进阿尔诺河中，横在那里，甘当中流砥柱，顶住汹涌的急流，执意不肯让河水把他冲走。

雪莱天性高贵、善良、充满温情，他热爱世人，但他自己总是遭到攻击和诽谤，个人的生活也总是不幸；他永远在追求真、善、美，但最后总是失望，美丽的梦想总是破灭。他早就想自杀，他要离开这个浑浊的人间，到一个“只有缠绵的柔情和感觉无法察觉到的梦幻似的轻歌、光辉般的曼舞”的世界去遨游，他最后淹死在大海的风暴中，其实这是雪莱的必然结局。他的缺点在于过于脆弱、敏感，沉溺于幻想。他毫无自我保存的能力，他不能适应这个社会，所以莫洛亚把雪莱比作轻盈可爱的小精灵爱丽儿。他被魔法所拘禁，不能越出孤岛。从另一方面说，雪莱敏感、细腻的情感和他自由的精神也如爱丽儿那样飘忽不定，难以捉摸。

《雪莱传》是莫洛亚的试笔之作，它出色的剪裁甚至使读者误认为是小说，而清新的文笔令许多人赞赏不已。

《狄斯莱里传》(1927)是莫洛亚的第二部英国人物传记。传主本杰明·狄斯莱里(1804—1881)是著名英国犹太作家的儿子，玩世不恭的花花公子，曾欠下不小的债务。他还是个作家，后来他从事政治活动，三十三岁成为国会议员，六十四岁第一次出任英国首相八个月。七十四岁时第二次任首相六年，成为维多利亚女王的密友。他当政期间，英国的外交政策取得很大成功，他退休以后又继续写作，一生中出版过多部小说，也写作过政治历史读物和传记，还有几种通信集问世。

狄斯莱里的一生，代表了英国的一个时代，莫洛亚把他放在一个广阔的背景中来描述，这一时期英国国内和国际的主要历史事件，传中都有涉及，并且同狄斯莱里个人生活有机地结合在一起。莫洛亚也对狄斯莱里的性格进行了研究，把他写成是两种对立因素的统一：一方面，他是个浪漫主义者和理想主义者，敏感而富有幻想，有种不顾一切、不计后果的冒险精神；另一反面，他又是个实际的行动者和精明的政治家，在错综复杂的形势中能够应付自如。在《雪莱传》中，理想和现实的冲突总是导致理想的破灭；而在《狄斯莱里传》中，放任的梦想和实际活动，文学同政治都成功地结合起来，他是莫洛亚所欣赏或者说羡慕的人物。

在写作风格上，《狄斯莱里传》同《雪莱传》也有所不同，《雪莱传》中那种想象性的细节和对话不再出现，莫洛亚对历史事实和文献进行了认真的研究，几乎每一段都引用狄斯莱里本人的著作做参证，一共引用了七十五种之多。狄斯莱里的一生本来就极富传奇色彩，莫洛亚的描述又颇为生动，他把历史学家的精确和艺术家的才能统一了起来，《狄斯莱里传》是莫洛亚最成功的作品之一，已被译为世界上几乎一切主要文字而广为流传。

《狄更斯传》(1927)是莫洛亚紧接着《狄斯莱里传》完成的短篇传记。狄更斯是出身于社会底层，经过奋斗而成为一位大作家的，通过他的生平，莫洛亚把英国上层社会的富足、傲慢和自私自利同下层社会的极端贫困作了鲜明的对比。莫洛亚把狄更斯的性格同他的小说艺术联系起来分析，他认为狄更斯如同孩子一样天真纯朴，他的作品，特别是早期的作品，总是包含有“一种无边的乐观主义”，“他是一个见识多的人，又是一个用孩子眼睛观察事物的人”，所以他把世上的一切看得泾渭分明，善就是善，恶就是恶，他的作品中体现了天真的欢笑，泛爱主义和对生活的信心；对于现实中的丑恶，狄更斯的武器就是幽默和嘲讽，对它加以惟妙惟肖的模仿再加上夸张，使它显得荒唐可笑。在他的小说中，最后的胜利总是属于善的一方。狄更斯的乐观主义是英国人共同的哲学，他是个伟大的民族和人民的作家。

莫洛亚也分析了狄更斯性格和作品中的另外两个重要因素。由于幼年时代的悲惨和屈辱的遭遇，狄更斯知道贫困的滋味，他的后半生就是一直在同这个可怕的魔鬼进行着斗争，他竭力摆脱噩梦一般的过去，但是又始终摆脱不了残留的阴影和对不幸的童年时代回忆。而他也始终对自己青年时代在感情上的纠葛不能忘怀，他对早逝的妻妹始终温柔眷恋着，所以他的作品中会不断出现那种温柔的、完美的女性形象。莫洛亚对狄更斯的心理分析非常成功，《狄更斯传》突破了《雪莱传》的单一模式，它包含了对狄更斯作品相当深入的研究，具有述评性质。

写完《狄更斯传》后，莫洛亚企图寻找一种新的理想的传记形式，结果写出了《唐璜，或拜伦传》(1930)，这比他的前几部著作都长得多，其中几乎每一个事实都用资料来证明，是有关拜伦的众多传记中最完整、最重要的作品之一。

《拜伦传》不只是显示出莫洛亚严肃的写作态度和丰富的资料搜集，而且他力图深入地理解拜伦的性格。在一般西方人的心目中，拜伦是个唐璜式的登徒子，短短的一生中留下了许多桃色丑闻，是个毫无道德感的人物，莫洛亚却对拜伦作出了与众不同的解释。他笔下的拜伦有极高的智慧和丰富的情感，他非常敏感，富有才华。他又受到一种危险的遗传，他从小就渴望着甚至崇拜着女性纯洁的完美；但是从加尔文教得来的命运的、无法避免的犯罪感始终笼罩着他，他的跛足又使他从小就有低人一等的耻辱感，这刺激着他的自尊，使他感到痛苦，他力图在其他方面高人一等来抵消自卑感。在他的初恋玛丽·查沃斯冷漠地拒绝和嘲弄以后，他出于自卫的本能，就转为对这个充满偏见的世界和陈旧的传统实行报复，过分的敏感又使他怀疑一切、玩世不恭，最后他就失去了一切道德的自我控制。莫洛亚这样分析拜伦性格的发展：

> 拜伦说他是个下凡的天使，这是对的，在他身上有天使的一切素质。但他发现人是如此的残忍和邪恶之后，对伪善的厌恶就成为他的主要性格。

莫洛亚就是以这一观点为依据来解释拜伦同卡罗琳·兰波的恋爱，与同父异母的姐姐奥古斯塔的暧昧关系，同平庸而迟钝的妻子的婚姻及其破裂，以及他的宴饮、狂欢、胡闹。不过莫洛亚又认为，拜伦心灵中高尚的情感也始终没有完全泯灭，这使他参加了希腊的民族解放斗争，最后英勇牺牲，他的自我最终找到了一种表达和实现的方式。

《拜伦传》中包含着对拜伦诗歌的文学批评，但不是学究式的。莫洛亚着重指出拜伦诗歌中特殊的韵律同诗人的气质和经历的关系。

在《拜伦传》取得重大成功后，到第二次世界大战，莫洛亚又写作了五部传记。《吕奥泰》(1932)的传主路易·吕奥泰(1884—1934)是一位法国元帅,曾率军驻守在阿尔及利亚、摩洛哥、马达加斯等地,可以说是法兰西帝国的创建者之一,莫洛亚同他相识多年,有亲密的私交,这是一部关于吕奥泰的权威著作,书中引用了大量的文献资料,对他的一生事迹作了详尽而生动的介绍,但对人物的性格和内心世界的探讨还不够深入。

《屠格涅夫》(1931)同《吕奥泰》同时出版,屠格涅夫(1818—1883)是十九世纪俄国大作家,在法国生活过,深受西方文化的影响。莫洛亚着重分析他思想发展的曲折矛盾的过程,以及他同一位已婚妇女感情上的纠葛,但是由于对俄国社会背景和文化传统的不熟悉,所以写得较平淡。

《伏尔泰》(1932)是部人物小传,莫洛亚也认为这不是他的重要作品。伏尔泰(1694—1778)是法国历史上一位伟大哲学家,经历也极为丰富,莫洛亚简略地叙述了他漫长的一生,以及他的主要性格特征和哲学观点,客观而明晰,比如关于伏尔泰的性格,他写道:

> ……他讽刺帝王而又谄媚帝王。他对教会中人宣说应当宽恕横暴,他却不能放过他的敌人。他慷慨又吝啬,坦白又撒谎,懦怯而又勇敢,他最怕人类免不了的打击,他的一生却老是卷入最易遭受打击的纠纷。他在法尔奈有如一头躲在窟中的野兔,但是狡猾的野兔,在政治场中曾令狮虎却步。他受不了有利可图的事情的诱惑,但更受不住危险的善行的诱惑……

这是非常出色的概括,但是这部传记篇幅较短,人物的性格没有充分展开。

《爱德华七世及其时代》(1933)是部学术性很强的传记,并且把叙事同描绘人物的艺术出色地结合在一起,它既是一部传记,又是二十世纪初期英国政治和社会生活的编年史。爱德华七世(1841—1910)是继维多利亚女王后的英国国王(1901—1910 在位),他算不上一个很有个性或有多少建树的人物,他不懂艺术,也缺少激情。莫洛亚发现和描绘的是他这样一些性格特点:善良、坦率、可亲,并且有政治眼光。在实行内阁制的英国,他并没有多少实际的权力,但他首先发现了德国军事力量增长的危险和德皇威廉二世的野心,他向欧洲提出了警告,并且对大陆各国和英国外交部施加影响,促使了英法两国重新和解和协约国的形成。通过爱德华七世的这一系列活动,莫洛亚发掘出他生活的目的和意义。

《爱德华七世及其时代》完成以后,莫洛亚的传记从以写英国人物为主转入写法国浪漫派作家为主,其中一部是《勒内,或夏多布里昂传》(1938)。夏多布里昂(1768—1848)的个性十分复杂,从事过政治、文学等多方面的活动,他自己又写作过一部被公认为文学史上杰作的《墓外回忆录》,此外还有关于他的大量回忆录、书信和资料,所以莫洛亚面临着的是一个困难的任务,他把重点放在夏多布里昂的性格和情绪的发展上,他一方面是命运的牺牲品,带有一种悲剧色彩;另一方面又写了他性格的反复无常,对自己的贵族出生和对付女人的成功洋洋自得,并有许多怪癖。因此这部传记又带有一种讽刺色彩,《夏多布里昂传》趣味性很强,类似于小说。从此,莫洛亚确定了他以后的传记模式。

第二次世界大战打断了莫洛亚的写作,战后他恢复了创作,他的传记也增加了新的特色:在材料的收集上更为广泛,其中包括大量的私人回忆、书信、日记,其内容之丰富为其他传记作品所少见,但有时未免收容过多,而影响了艺术加工;同时,他的个人因素在作品中更显著地表现出来。

《普鲁斯特的探索》(1949)是莫洛亚战后第一部传记作品。马歇尔·普鲁斯特(1871—1922)是法国著名的现代派作家,以意识流小说《追忆似水年华》闻名于世。莫洛亚的妻子和岳父都同普鲁斯特相识,他自己是普鲁斯特妻子的朋友,他还在大学里开过有关普鲁斯特的课程。这部传记有很强的学术性,其中三章专门从学术上分析普鲁斯特的作品以及他的意识流创作方法和过程，指出这位小说家对人物心理的敏锐分析使他在文学史上占有独特的地位。莫洛亚也分析了普鲁斯特的悲剧性格：他极为敏感，又是一个同性恋者，并且为自己的这一癖习受到道德的谴责而深感痛苦；但他又无法摆脱诱惑，越到晚年他越感到痛苦，并成为一个性虐待狂。莫洛亚引用了普鲁斯特未出版的手稿和通信，揭开了他的经历和性格中使人感到神秘的一面，使这部学术传记也具有很强的趣味性。

《雷丽亚，或乔治·桑传》(1952)是莫洛亚第一部以妇女为传主的作品，乔治·桑(1804—1876)是法国文学史上最富有魅力的女作家，也是受指责最多、最被人误解的人物。莫洛亚在这部传记中试图对乔治·桑的性格作出解释。他的方法是以乔治·桑的小说为参照，一部是乔治·桑早期小说《雷丽亚》，莫洛亚认为它是乔治·桑伪装的"忏悔录"。雷丽亚是个美丽高傲的女子，感情热烈，早年有过心灵的创伤，但她又是个女唐璜，有过许多男朋友，最后总是让他们痛苦和失望。青年诗人斯裁里奥为她自杀，连隐士玛纽斯也为她的美貌所动，因而把她视为诱人的魔鬼。另一部小说是《孔雪萝》，女主人公孔雪萝是个年轻的西班牙姑娘，她从小随一群吉卜赛人到处流浪，被他们抚养长大，后来又被抛弃在意大利。她天生一副金嗓子，又得到一位老师的严格训练终于成为著名的歌剧演员，她经过种种冒险和考验，始终保持着纯真、善良的天性，最后得到完美的结局。

莫洛亚认为乔治·桑就是雷丽亚和孔雪萝这两个人物的结合，她也是一个女唐璜，追求着一种永远不可能得到的绝对的爱情和绝对的幸福。但她的本性是善良的，她总是给别人同情和安慰，随着年龄的增长，她性格的后一方面也在不断增强。莫洛亚在传记的最后写道："孔雪萝战胜了雷丽亚。"莫洛亚对乔治·桑的性格分析是非常成功的，他的方法也颇给人启发。乔治·桑从外省初到巴黎从事写作，她缺乏生活的经验，只能通过自己的经历和体验来虚构一些青年妇女的形象，莫洛亚看到了这一点，他从两篇小说的女主人公的不同的气质中发现了共同之处，认出了她们都是乔治·桑自己的化身,对这位女作家复杂的性格作出了合理的解释。

《乔治·桑传》有着宏大的背景,乔治·桑一生经历了法兰西的两个帝国和两个共和国时期,这期间复杂的政治、军事、文化、外交形势在书中都有描述,书中出现了一千个人物,作者作了几千条注释,反映了这位作家兼历史学家的严谨,这同他出色的人物性格分析相得益彰。

《奥林匹欧,或雨果传》(1954)是莫洛亚又一部写浪漫主义作家的杰作。这部六百多页的作品把雨果一生复杂的经历几乎包罗无遗,也写了他丰富的感情世界,还有对雨果主要作品的分析。在结构上,他经过精心推敲,把这些内容组织得非常完美。但莫洛亚的主要兴趣是雨果的恋爱,而对雨果一生的思想变化和经历的精神危机却没有重视,这主要是由于作者缺乏宗教方面的知识。“奥林匹欧”是雨果一首诗的题目。莫洛亚把它放进书名以表示对这位天才诗人的崇敬。

莫洛亚关于浪漫作家的系列传记中最生动、最吸引读者的是《三仲马》(1957),这是描写著名的小说家大仲马(1802—1870)、小仲马(1824—1895)父子以及大仲马之父祖孙三人的传记。其中祖父是一个法国侯爵同黑人女奴的私生子,在法国大革命期间由于体格健壮、作战勇猛而升为将军,但后来又同拿破仑发生矛盾,在意大利坐了几年牢,回到法国后即退休。

对祖父富有传奇色彩的一生,莫洛亚只作了简单的叙述,目的是为大仲马的生平铺垫,更突出大仲马辉煌的一生。莫洛亚怀着一种欣赏的态度叙述大仲马成功地征服了一个又一个妇女,去欧洲各地和美洲旅游,在小说和喜剧创作中取得巨大的成功,到剧场和新闻业中投资,在政治斗争、革命和战争中冒险。通过大仲马的丰富经历充分表现出他的复杂性格:他有运动员一般健壮的体格,有无穷无尽的精力和令人不可思议的想象力,他心地仁慈,对人没有恶意,他极其慷慨,也挥霍成性,他做一切事都不顾后果,讲起话来滔滔不绝,永远兴高采烈、兴致勃勃。但在这些特征的背后,莫洛亚又写出了大仲马性格中更深刻的东西:由于身上所具有的黑人血统,他感到这个社会对他的父亲以及他本人(青年时代)都是不公正的、冷酷的。他为此感到悲痛,只是由于在写作上所取得的巨大成功,才使他获得名誉和地位。

莫洛亚还结合大仲马的作品来分析他的性格。大仲马最重要的作品是《三个火枪手》和《基督山伯爵》,莫洛亚认为,前一本书有两个主题:一个是一位勇敢而贫困的英雄同一个敌对的、危险的世界的斗争;另一个是从坚定的友谊所获得的巨大的力量。后一本书也有两个主题:一个是巨大的财富使人具有力量;另一个是受害者的复仇。这四个主题制约着大仲马的一生。

莫洛亚认为,复仇的愿望同样是理解小仲马的关键,他们"父子之间非常相似,他们都有着从仲马将军继承来的家庭纽带,两人都不得不同令人痛苦的不公正进行斗争,大仲马忍受着种族的不平等带来的痛苦,小仲马则忍受着私生子的耻辱。他们都希望证明自己的价值同别人一样,甚至超过别人"。但是小仲马同父亲又有不同,他不赞成父亲的生活方式和作品,他不是幻想去当火枪手,而是在舞台上进行道德的教诲,不过,他在实际生活中又无法遵照自己的道德原则行事。所以他的性格比父亲更复杂。除了私生子的原因外,他还承受着自己道德良心的重压,莫洛亚就是这样以他"最大的努力描绘这一幅被折磨的面孔的真实图画"。

莫洛亚在写作浪漫作家系列传记的间隙,也应人邀请写了另外两部不同题材的传记。《弗莱明爵士传》(1959)是根据传主妻子的请求为英国科学家、青霉素的发明者、1945年诺贝尔医学奖得主亚历山大·弗莱明(1881—1955)所作。《拉法耶特夫人传》(1960)的传主阿德里安娜·德·拉法耶特夫人是十九世纪法国的一位贵妇,她丈夫拉法耶特侯爵是一位将军,参加过美国独立战争和法国大革命。1965年,其后代在他当年的庄园中发现大量资料,就请莫洛亚写作一部传记。

这两部传记保持着莫洛亚一贯明晰生动的风格,是莫洛亚技巧的典范,但作者的性格同这两个人物的性格没有多少共同之处,也并不真正了解他们,而且是受人所请,所以在这两部传记中赞美过多,弗莱明只是一个严谨、勤奋的科学家和诚实谨慎的苏格兰绅士；拉法耶特夫人则是一个忠实可爱的妻子和谦逊、高雅的贵妇，他们身上有种种优点，但缺少性格深度。

莫洛亚最后一部传记是《普罗米修斯，或巴尔扎克传》(1965)。莫洛亚受阿兰的影响，很早就阅读巴尔扎克的作品，而且他的创作始终都从《人间喜剧》中得到营养和借鉴。他经过精心准备，在晚年写下了这部巨著。

在莫洛亚笔下，巴尔扎克是个普罗米修斯式的巨人，是无可匹敌的天神，他如魔术师一般变出一部部不朽的杰作，可是他又是个干许多蠢事、常常为人所骗的"傻瓜"。就他纪念碑式的宏伟巨著而言，他是个英雄和伟大的天才，他有无穷的精力和永不停止的创作灵感；可是在日常生活中，他为了发财去从事种种荒谬可笑的商业冒险，结果负债累累，他有孩子气一般的虚荣心，并且沉溺于平庸甚至粗俗的恋爱。莫洛亚生动地揭示了这位提坦神是现实和虚幻、生活和梦想、崇高的创造和低下的实践的奇特的结合和活生生的统一。他这样概括巴尔扎克的两重性：

> 在巴尔扎克身上事实上有两种不同的东西。一种是：这个胖子看来是生活在这个人类世界上，他同母亲和姐姐吵架，被债务打得满身窟窿……他写信向一个波兰女伯爵献殷勤，同时又在家里爱上一个女仆；另一种是：他是世界的创造者，他爱那些有着洁白的肩膀和明亮的眼睛的女人，他能理解最微妙的感情……凡人巴尔扎克不得不接受他自己的小资产阶级家庭，普罗米修斯巴尔扎克生活在他所创造的许多辉煌的家庭中……

莫洛亚的《巴尔扎克传》不但生动地揭示了巴尔扎克的复杂性格，而且具有很强的学术性，此传中引用的大量的资料，有两千条精心准备的注释和四个附录、二十页索引，这部作品为莫洛亚的传记写作画上了一个完美的句号。

莫洛亚是传记文学史上最卓越的作家之一，很少有人能像他那样既达到很高的水平，又那么多产。他取得成功的秘密首先在于他非常善于选择对象，他总是选择那些最适合他自己创作风格的人物。莫洛亚刚从事写作时，曾想成为巴尔扎克式的小说家，但他后来发现自己没有巴尔扎克那样描写各类人物的能力，而只善于描写同自己有着某种共同点的人物，这成为他选择传主的标准。他在思想上和气质上同雪莱的相似最为明显：雪莱的第一个妻子哈丽艾特虚荣浅薄同他的理想相距甚远，莫洛亚对自己的妻子嘉妮娜也有同样的感觉，他把《雪莱传》称作是自己的“忏悔录”。他幼时体弱多病，脊柱有毛病，但他天性要强，通过刻苦锻炼变得强壮起来，在体操比赛中得奖，在他的传记人物中，拜伦跛足，吕奥泰、雨果、伏尔泰、狄斯莱里也都同他的这一经历相似；他同狄斯莱里、普鲁斯特都是犹太人，但又都欣赏基督教文化；他同狄斯莱里、雨果、拉法耶特夫人、夏多布里昂的政治态度有相似之处。在艺术上，他同屠格涅夫趣味相投；在人生道路上，他同巴尔扎克一样，都是出于个人的不幸而转入创作，作为一种解脱的方法。

这些共同点使他对这些人物有一种深刻的同情，他愿意接近他们，了解他们，感受他们并表现他们，也从他们那里汲取养分来丰富自己。特别是对那些浪漫作家，因为他自己也具有浪漫气质。他总是带着一种极大的兴趣和愉快去探索他们的内心世界和复杂的矛盾性格，这些作家他也写得最成功，他效仿巴尔扎克的《人间喜剧》，自称在写作《浪漫喜剧》。由于同传主的某种认可，莫洛亚的作品总是充满了感情色彩，也总能打动读者。

莫洛亚同情但并不有意美化他的人物，他总是力图表现人性的复杂性，包括那些伟大人物都有种种缺点或不足；不过他也从不嘲笑或挖苦他们，而是设身处地努力挖掘他们性格畸变的原因。他不只是描述，而且解释人物性格，他的作品在告诉读者，人有共同的本性，人性原都是善的，人性所以偏离正道，是由于家庭或社会的原因，特别是童年时代的生活条件以及遗传的影响(这是他从左拉那里得到的启发)。这样读者也就同他一样原谅了人物所犯的错误，并且从中得到教训。

莫洛亚在《伏尔泰》中引用过一句格言："我们必须行动，并非一切都好，但一切都可变得更好。"这就是莫洛亚人生哲学的基本信条和他写作时的指导思想，对人物无论褒贬，都可以使人感到一种乐观主义的精神。

莫洛亚的传记有着广阔的背景，宏大的气魄，众多的人物，但主人公始终占据着舞台的中心。其他人物不管多么重要，多么有趣，他只做简单的交代，只写他们对传主的影响；主人公的活动地点发生变化时，他就立即描绘新的背景，但背景必须是同主人公有关的，他不允许人为地打断主人公的活动。除了巴尔扎克和普鲁斯特等少数例外，他不专门去分析作品，而只是把作品看成深入人物个性的途径。他严格按照时间顺序来写，通常是追溯到人物出生之前，先写他的家世，写传主的出身、童年和家庭生活，然后以人物成熟期的活动为重点，再到人物一生的结束，最后还常写到人物的安葬，有时还写到传主死后其配偶、后代和朋友的结局，这使读者始终感到自己是生活在人物的历史情境中，并同人物共命运。

莫洛亚对他的人物的性格常有一个高度形象化的概括，并且在标题中就反映出来。如雪莱——爱丽儿，拜伦——唐璜，巴尔扎克——普罗米修斯，乔治·桑——雷丽亚，这些概括是当时的读者十分熟悉的，这使他把握了人物的主要特征。此外，他的几乎每一部传记都有一个反复出现的中心意象，如《雪莱传》中的大海、《拜伦传》中的跛足、《狄斯莱里传》中的花，这些意象具有象征性的主题意义，通过这些方法，他的传记作品使人感到存在着一种韵律，并给人以诗意和美感。在莫洛亚的传记作品中，诗一般的语言随处可见，如《雨果传》中叙述雨果童年的成长：

这颗珍珠并不在宫殿里用于装饰，而在数千里之遥的大海深处，隐藏在正在形成的珊瑚下……我们潜入这神奇的少年之泉，在那光线朦胧的泉底，我们瞧见一些雪白的美人鱼，一些被淹没的安达卢西亚辉煌城市中的教堂和宫殿。

莫洛亚的人物有英国人、法国人、俄国人，有属于历史的、有他的同时代人，不过他们有共同特点：都有独特的个性，都是社会生活中的积极行动者、某一方面的伟大人物，都在历史上打上了自己的印记。雪莱和拜伦开创了英国文学的一个时代；狄斯莱里被称为“英国政治庭院中穿着漂亮羽衣的外国孔雀”；爱德华七世涉及1900年前后几乎欧洲所有的重大事件；拉法耶特夫人及其丈夫的活动横跨欧美两个大陆，伏尔泰是十八世纪法国影响最大的人物之一；夏多布里昂、雨果、乔治·桑和大仲马，都是一整个历史时代的见证者，屠格涅夫则经历了俄国沙皇统治的重要转折期。莫洛亚是对欧洲和美国历史都有深入研究的历史家，这些人物给了他渊博的历史知识和用武之地，读者可以从中感受到历史脉搏的跳动。他们鲜明的个性和富有传奇色彩的经历又使他可以避免历史的沉重，给读者以阅读的趣味。

莫洛亚在写作之前总是尽可能地占有材料，他在动笔写一个人物之前通常至少要花一年的时间收集各种已出版和未出版的材料，并作详尽的笔记。写《爱德华七世》时，他甚至收集了英法两国报刊上的各种漫画。此外，他还进行实地的考察，访问人物的出生地、读书的学校、居住过的地方、工作的地点，最后还要看一看他们的墓地。他在自己的回忆录里说，他要给读者“通过一个人物发现世界的感觉”。他本来很熟悉英国文化，当他写英国人物传记时，又再次系统地学习了有关英国的各种知识。为了写《弗莱明传》，他两次访英，参观这位科学家的实验室，熟悉各种设备，访问他的同事，甚至一步步重复弗莱明的实验过程。一位专家看了他写的《弗莱明传》初稿后，十分惊奇地说，莫洛亚已经是一个可以给法国增添荣光的微生物学家了。

当然，由于各种原因，传记家不可能获得他所需要的全部材料，在材料不足的时候，莫洛亚就发挥想象力加以补充，他笔下许多人物的对话、心理活动和私生活都属于这一类。但由于他对人物性格的透彻把握，这些想象的部分大都是合理的。此外,他还有另外一种办法,就是公开承认自己的材料不足,并提供几种可能性,让读者看哪一种更合理,或者让读者去设想各种可能。如《三仲马》中,他不知道大仲马的祖父和祖母是否正式结婚,便写道:“后来这个奴隶被提到了妻子的地位了吗?他孙子是这样说的。时光流逝,这一婚姻似乎已很难证实,没有材料证明这一事实,也没有材料否定这一事实。”又如《拜伦传》中:“拜伦在阿伯戈帝国停了下来,它根本不是什么帝国,只不过是个名字,他停留一天?一周?还是一年?他不知道,命运已满足了他一种有条理的生活,他来这儿是因为一位妇女的召唤,如果他想离开他就会离开的。”这些材料其实无关宏旨,但莫洛亚这种方法却巧妙地赢得读者的信任。

除了少数场合,莫洛亚自己并不在作品中露面,但他的传记总是使读者感到他本人的存在。他在作品里会不时地对人物或时间作出什么简洁的评价,或是引用一两句格言以表明他的立场和态度,他的人道主义和乐观主义的哲学同他的浪漫色彩和优美的文笔结合在一起,形成了他独特的风格。

莫洛亚是二十世纪法国有重大成就的作家之一,被称为法国的“传记之王”。他 1967 年逝世的时候,世界各地都有人表示哀悼,不少街道和广场以他的名字命名。

1993 年

二十世纪西方传记文学述评

一

二十世纪西方文学最重要的现象之一是传记文学的兴盛。在这一世纪，文学呈现多元化格局，各种文学形式共存。引人注目的是文学的两极：在一端，现代派异军突起，以反传统的面目出现，同十九世纪盛极一时的现实主义文学形成鲜明的对比；在另一端，是以历史性为前提的传记文学的复苏。当现代派作家在象牙塔中苦心经营，但又因其作品的晦涩难解而日益丢失读者的时候，传记文学却声势愈益浩大，在文学市场上备受青睐。据《大不列颠百科全书》1986 年第 15 版的统计，在 1916—1930 年间，美国共出版 4 800 种传记，1929 年一年间出版了 667 种，1962 年则出版了 16 448 种，共印刷一亿多册。在英语国家，传记作品已占全部出版物总量的 5%。

传记文学的繁荣不仅表现在数量上，还表现为出现了一批第一流的、具有世界意义的作家和作品。在英国，里敦·斯特拉奇的《维多利亚时代名人传》带来传记领域的一场革命，此后他的《维多利亚女王传》和《伊丽莎白与埃塞克斯》风靡西方世界。温斯顿·丘吉尔(1874—1965)是位著名的政治家，也是位优秀的传记家，这位反法西斯阵营的领袖人物、英国战时首相为他的祖先所作的《马尔波勒的生平和时代》是一部史诗式的巨著,文学史家把它比作莎士比亚的历史剧。在奥地利,斯蒂芬·茨威格以欧洲的统一作为自己的理想和目标,为欧洲各国的历史名人作传,《巴尔扎克》、《玛丽·斯图亚特》等十六部作品被译成多种文字,享有极高的声誉。在法国,罗曼·罗兰(1886—1944)的《贝多芬传》、《米开朗琪罗传》、《托尔斯泰传》等"英雄传记"激励过东西方无数受苦受难的人们。安德烈·莫洛亚一生写作十四部长篇传记,在他的笔下,历史真实性同艺术性达到了近乎完美的统一,被称为"传记之王"。在美国,传记文学的发展最引人注目,著名的普利策奖1917年创立之初就专门设立了传记奖,每年奖励一部优秀传记作品。里翁·艾德尔历时数十年写成的《亨利·詹姆斯》被认为是一部"超级传记"、传记文学中的一座"纪念碑式的杰作",其中的二、三两卷曾同时获得美国最重要的两项文学奖——普利策奖和国家图书奖。

除了专业的传记作家外,传记文学中的一个分支——自传和回忆录受到了二十世纪西方各个领域许多代表人物的钟爱。夏尔·戴高乐(1890—1970)是本世纪法国最重要的政治家,第二次世界大战一结束,他便撰写了三卷本的巨著《战争回忆录》;1969年他辞去法兰西第五共和国总统职,随即就撰写《希望回忆录》,直到他去世(未完成)。英国首相麦克米伦和撒切尔夫人,美国总统尼克松和国务卿基辛格,德国总理阿登纳……这些西方政要一旦下台,也都纷纷出版自传或回忆录。哲学家对自传似乎有着特别的偏爱,让-保尔·萨特(1905—1980),不但用他的存在主义方法为波德莱尔、福楼拜等人写传记,而且写作了自传《词语》。萨特的女友西蒙娜·德·波伏娃是西方女权运动最著名的领袖,她也为自己写作了四部自传。自传作者还包括英国哲学家罗素、美国哲学家杜威等人。在文学家中,纪德、弗朗索瓦·莫里亚克、盖尔哈特·豪普特曼等诺贝尔文学奖得主也都写过回忆录。这些名人给自己写传,既表明了传记地位的提高,又引起了公众对他们普遍的注意,推动传记文学的发展。

传记文学的繁荣也带来了传记理论的极大发展。西方传记文学虽然早在希腊、罗马时代就已发源，但传记的理论研究却一直未引起重视，只有一些传记家根据自己写作的经验做过零星的论述。到二十世纪情况有了变化。1916 年美国教授瓦尔德·H. 邓恩出版了第一部传记史《英国传记》，此后出现了多重传记国别史和断代史，传记理论著作大量出现，特别是莫洛亚的《传记面面观》(1927)对有关传记的各种理论问题进行了全面的探析，艾德尔的《文学传记》(1957)则继莫洛亚之后总结了二十世纪创作的经验，借鉴了现代文艺学的成果，把传记理论发展到一个新的阶段。目前在欧美的一些大学里有一批学者专门进行传记研究，出版各种专业刊物，还召开了多次有关传记文学的国际学术会议。1994 年 8 月在加拿大埃德蒙登召开的国际比较文学学会第十四届会议上，传记和回忆录也是受到特别注意的一种文学样式。

如果回顾一下西方文学史，就可以发现，在二十世纪以前，西方传记曾有过两度繁荣。第一次是在古代罗马，普鲁塔克的《希腊罗马名人传》、塔西佗的《历史》和《编年史》、绥通纽斯的《十二恺撒传》，代表着西方传记古典的黄金时期；第二次是在十八世纪，撒缪尔·约翰生的《诗人传》和鲍斯威尔的《约翰生传》、卢梭的《忏悔录》等一批作品开始把出身下层的知识分子作为传主，真实地表现人性，在传记的内容和形式上进行了重要革新，产生了巨大影响。

二十世纪出现了西方传记的第三个高峰。这一高峰有着多方面的原因。二十世纪西方社会经历了前所未有的巨大变化。两次世界大战以及第二次世界大战以后社会主义和资本主义两大阵营持续四十余年的对立，直到九十年代初东欧社会主义国家解体，整个世界始终动荡不安。与此同时，科学技术和生产力却突飞猛进地发展，这是人类历史上最伟大的创造的时代。在这样一个时代，许多民族都产生了一批优秀人物，他们在政治、经济、军事、文化、科学等领域中作出非凡的贡献，取得引人瞩目的成就，影响到民族甚至整个人类的历史进程。他们给传记文学——以真实的历史人物为对象的文学——提供了新的、更加广泛的对象。对于广大群众来说,二十世纪普遍的民主化进程带来了个性的大解放,人们的主体意识极大地强化了,产生了自我实现的强烈要求,了解历史上或现实当中那些杰出的人物,效仿他们或是吸取他们的经验教训,正是认识自我、发展自我的最好参照系,传记文学满足了人们的这种要求。社会的需要造就了一个庞大的传记文学读者群,也召唤大批作者投入这一形式的文学实践中。

从十九世纪下半叶起,西方自然科学和社会科学取得了巨大进步,特别是心理学的发展对传记文学产生巨大影响。精神分析学、分析心理学等新的心理学派别问世以后,引发了西方学术界的一场革命,也带来了传记文学中具有根本性质的变化。传记家在心理学的启发之下,不再只是记述传主的生平,而是更多地关注传主的感情世界,力图进入传主的深层心理,发现人物行为隐秘的或者无意识的动机。这样,传记的重心发生了转移,传记在表现人物性格和心理方面取得了重大的突破,也更适合现代读者的趣味。

十八至十九世纪,西方现实主义小说取得巨大成绩,出现了一大批经典名著,小说家在叙述情节和细节、表现人物个性、描绘环境等方面取得丰富的经验,创造出许多技巧。尽管小说同传记文学有着原则的区别,但小说家的经验和技巧为二十世纪的传记家提供了很好的借鉴。二十世纪还有一些传记家本人也写作小说,如茨威格、莫洛亚等,他们把小说的方法引入传记之中并加以改造,以适应传记的特殊要求,这就大大提高了二十世纪传记的艺术水平。

西方民主政治和现代科学技术的发展又为提高传记的历史科学性提供了条件。资讯日益公开,公共图书馆、博物馆、档案馆等设施在西方普及城乡,有线、无线的通讯手段越来越先进,信息的传播迅速而准确。现代传记家不必再像他们的前辈那样只能使用原始的手段为收集资料而疲于奔命,费尽心机,甚至要冒政治的风险,他们可以比较方便地获得大量材料。美国传记家弗兰克·弗瑞道尔为富兰克林·罗斯福总统作传，曾处理过共达四十吨重的文献；威尔逊总统去世后，其夫人请传记家贝克尔作传，美国陆军部下令派七量装甲车给他选送有关材料；莫洛亚的《巴尔扎克传》有两千多条注释、四个附录、二十页索引，传中涉及的历史人物一千多个；他为英国科学家、青霉素的发明者弗莱明写作传记，曾两次访问伦敦，参观弗莱明的实验室，甚至一步步重复弗莱明的实验过程。《弗莱明传》手稿完成以后，一位生物专家读后惊奇地对莫洛亚说，你已经是一个可以给法国增添光荣的微生物学家了。这些事实固然说明了传记家写作态度的认真，但也只有在现代民主政治和高度发达的科学技术的前提下才有可能做到。

二

现代西方学术界给传记文学所作的定义是："……以文字重现某个人——或者是作者本人，或者是另外一个人——的生平。"[①]这一定义对古往今来一切传记都大体适用；不过二十世纪西方传记同过去的传记相比也有一个明显的变化：在重视传主人生经历的基础上，它更强调对人物的生平作出解释。当然，对人物的解释并非始于二十世纪传记，不过在二十世纪的传记中，解释的成分大大加强了，而且成为传记家自觉追求的目标和判断一部传记成败优劣的重要标准。比如在西方，有关华盛顿的传记到 1899 年已出版 502 种，有关十六世纪苏格兰女王玛丽·斯图亚特的传记到 1700 年已出版 280 种，而在二十世纪有关华盛顿和玛丽女王的传记又出版了几十种。这些新的传记一般来说已不大可能提供传主多少的新材料，传记家所做的主

---

① *New Encyclopaedia Britannica*, 15th edition, Vol. 23, Chicago: University of Chicago, 1989, p. 195.

要工作就是对他们进行新的解释，以适应读者新的认知要求。

现代传记对传主的解释大体上有三种途径：心理学的解释、社会—历史学的解释和综合解释。

心理学解释是现代西方传记中最流行的一种。早在三十年代，在英国出现了所谓“新传记”，首先提出这一概念的是英国著名女作家弗吉尼亚·伍尔芙。伍尔芙也是一位传记家，还对传记进行过理论研究。无论在文学创作或理论研究中，她都十分敏感。1927年，她在评论英国传记家尼柯尔森的传记《某君》时指出：英国传记出现了一个新的倾向，对人物的心理世界的兴趣日益增长，传记家除描述经验事实外，还注意到心理事实，即人物个性和行为的动因。伍尔芙称之为“新传记”。后来新传记又影响到美国，而且在其他西方国家也出现了类似的倾向。

心理学方法又可以分成两种。一种是直觉方法。这种方法在十九世纪就有人采用过，比如著名的法国传记家圣勃夫总结他的写作经验说，他要写某个人物，就关起门来读这个人的作品，这个人物的主要特征会一下子出现，“这个形象……说这话，变活了；我找到了这个人！”①一些二十世纪传记家受到柏格森直觉主义的影响，认为只有直觉和灵感才能真正认识人的生命，甚至有人提出“直觉比世界上一切资料都更能了解一个人”。莫洛亚在他早期的传记写作中就喜欢通过直觉去认识人物，他主张在熟悉了传主的全部材料以后，通过“倏忽的内视”而发现特殊的意象，然后就以一个或一组意象组织材料和解释传主。他的第一部成名之作是写英国诗人雪莱的，叫《爱丽儿，或雪莱传》。这部传记的中心意象是大海，大海在传中反复出现；另一个意象是海岛上轻盈可爱的小精灵爱丽儿（见莎士比亚的《暴风雨》）。莫洛亚认为，雪莱天性高贵善良，充满温情，他热爱世人，但始终为人们攻击

① *See John Arthur Garraty*, *The Nature of Biograph*, New York: Alfred A. Knopt, 1957, p. 130.

和诽谤，个人的生活也始终不幸；他永远追求真善美，但最后总是失望，美丽的梦想总是破灭。他早就想自杀，到一个“只有缠绵的柔情和感官无法察觉到的梦幻似的轻歌、光晕般的曼舞”的世界去遨游，他的激情如同大海，他的生命也结束于大海，“他把自己裹在坚定的核桃壳里，投进阿尔诺河中，横在那里，甘当中流砥柱，顶住汹涌的激流，执意不肯让河水把他冲走。”他的缺点在于脆弱，沉溺于幻想，毫无自我保存的能力，他不能适应这个社会，就如同爱丽儿被魔法拘禁不能越出孤岛，而他的敏感、细腻的感情和自由的精神也如爱丽儿那样飘忽不定，难以捉摸。莫洛亚同样以直觉的方式解释拜伦，他认为“必须培养一种类似于拜伦的感应能力，这样，他的全部性格就立即被其中的光辉照亮了，因为在这一瞬间——无论这一瞬间是多么短暂——他同拜伦同一了”。[①] 在这“一瞬间”，莫洛亚发现了可用来解释拜伦的一个中心意象——跛足，拜伦复杂的多重性格的各个方面都同跛足有关。

德国著名传记家、同茨威格齐名的埃米尔·路德维希（1881—1948）以《歌德》、《俾斯麦》、《拿破仑》三部传记饮誉全欧。他写作的方法是“从对人物的观感开始，并且实际上是在档案中寻找直觉的确证”[②]，他写作之前先阅读有关传主的作品，然后通常是反复观看和研究传主的画像。如果看画没有效果，他就采用其他方法，比如听贝多芬的音乐，最后一下子得出一个关于传主的简单的主题：歌德是天才同恶魔之间的斗争，俾斯麦是骄傲同野心之间的冲突，拿破仑是伟大的统帅同风流浪子的结合。这样，他就对这些性格极为复杂的人物作出了自己的解释。

心理学方法的另一种是精神分析。最早用精神分析方法写出的传记是弗洛伊德本人的《达·芬奇》。弗洛伊德写作此传的目的是用俄狄浦斯情结理论解释达·芬奇非凡创造力的源泉：达·芬奇是个私生子，不知道父亲是

---

① See John Arthur Garraty, *The Nature of Biograph*, p. 131.

② Ibid.

谁,他自幼同母亲生活在一起,母亲的过分宠爱使他的性生活过早成熟并失去部分生殖能力;由于对性的厌恶,他的性欲升华为永无止境的雄心和生气勃勃的创造力。《达·芬奇》问世以后,虽然早有学者指出其中在资料引用上的错误,而且俄狄浦斯情结理论至今得不到实验心理学的支持,但精神分析的方法仍吸引了许多作者,甚至有人提出要用俄狄浦斯情结理论重写一切传记,还有些作者在许多名人身上发现了俄狄浦斯情结。照精神分析模式撰写的传记大都穿凿附会,但也产生过一些有价值的作品。比如英国学者乔治·D.派因特尔所作的《马歇尔·普鲁斯特》,传记解释了普鲁斯特写作《追忆似水年华》的动因。派因特尔认为,普鲁斯特的一生对母亲有种强烈而矛盾的感情。他爱母亲,但因为幼时母亲不肯给他一个晚安吻,他终生为嫉妒所折磨,“爱和嫉妒”成为他作品的主题,他感到爱是一种妄觉,“我们珍惜的一切最终都会失去”成为他作品的基调。俄狄浦斯情结使他成为一个同性恋者,加上自幼孱弱多病,他越发孤独,而要完成自己的著作,他又需要孤独。他只有写作,只有完成《追忆似水年华》才感到自己完成了人生。又如茨威格,他同弗洛伊德有过密切的交往,他的《玛丽·斯图亚特》就用弗洛伊德的性理论解释玛丽女王。这位女王参与一场宫廷阴谋,杀死了自己的亲夫而同另一位贵族结婚,结果众叛亲离,导致自己的灭亡。茨威格认为玛丽女王的这些反常行为都是强烈的情欲所致。

精神分析同病理学有密切的关系,弗洛伊德认为作家以及许多天才人物都是精神病患者,他们的许多行为都同精神病有关。于是也有一些传记家采用精神分析的病理学解释人物。美国著名的文学批评家和传记家维克·布鲁克斯的《马克·吐温的考验》即为一例。布鲁克斯认为马克·吐温终生有一种病态的犯罪感,他没有按照父母的期望和自己的才能写作,而是适应了“镀金时代”实利文化的需要,为提供笑声而写作,所以他始终受着良心的谴责。弗洛伊德的学生、世界精神分析界的领袖厄涅斯特·琼斯对弗洛伊德本人进行了病理学分析。琼斯在《西格蒙德·弗洛伊德的生平与事业》中提出：弗洛伊德也有精神病，他的无意识深处有精神病态的幻想，他始终以犹太人的民族英雄摩西自居，这种自居心理使他性格坚强，不怕一切困难和挫折，坚定地按照自己确定的方向前进，在许多方面作出了贡献；病态的自居心理也使他独断专行，不能容人，许多朋友和学生最终都离他而去。

心理学的方法，包括直觉和精神分析，都写出过不少优秀的作品。实践证明，尽管人们对直觉的认识还不是很清楚，对它产生的心理机制还不充分了解，但直觉并不神秘，它是人类的一种特殊的认识形式，特别是在认识某个具体的人的时候，常常相当准确。至于精神分析，其中独断的泛性论和精神病论会把人们引向歧路，但是精神分析也可以给传记家许多重大的启迪；性生活和两性关系确实可能对人物性格和行为产生重要的影响；现实生活中的人又总是处于矛盾冲突之中，特别是在尚未成熟的童年时期，人们的心理可能受到各种压抑以致形成疾病或变态，这些潜在的因素也会对人物产生影响，传记家应当深入地考察生活环境和条件的变化对传主的作用。但是，传记家无论用何种心理学的方法来解释传主，都有一个重要前提：必须全面完备地获取资料，对资料进行深入的研究分析。只有在这一基础上，直觉和精神分析的方法才有某种价值；离开历史事实，把心理学方法当作万应灵丹，把它们绝对化，那就会歪曲人物，制造出一堆传记垃圾。而且，由于心理学方法本身并没有发展到完备的程度，用这种方法写出的传记，即使是那些优秀的作品，其结论也远非无可挑剔，为一切人所接受。

社会—历史学方法在传记的发展史上有着悠久的历史，传记家曾用这种方法写过一些伟大的作品，他们通常是通过时代背景和传主生平描述其人、解释其行为。这种方法在二十世纪的西方传记中仍然被许多作者，特别是专业学者所使用，也写出过许多皇皇巨著，具有很强的学术性。不过传统方法常常沉闷乏味，人物缺少性格，被淹没在史料的堆砌之中，还有些作者加入了许多自己对传主的道德或政治的评论，使人厌烦。于是有些传记家对这一方法进行了改造，新方法的目的不在于提供史料，而在于解释人物，但是传记家对传主又似乎并不作任何解释，而是有意识地提供有选择的背景资料，引导读者自己去解释，给读者留下参与的空间。

这种方法对某些情况特殊的传主颇为适用，比如莎士比亚。这位西方文化巨人至今仍是个谜，至今仍有人认为莎士比亚是某个名人，如马洛、培根、骚桑普顿甚至伊丽莎白女王的化名。有许多人写过莎士比亚传，但没有一部能得到莎学界的公认。美国著名女传记家，美国笔会中心首任主席玛谢特・裘特（Marchette Chute，1909—1994）又承担起这个任务，写了一部《伦敦的莎士比亚》(1949)。她在此书的"前言"中称：她要把莎士比亚表现得"正如他的同时代人所看到的样子，而不是后来变成传说中的巨人的形象"。她不去费尽心机地杜撰莎士比亚的生平，而是严格地选用莎士比亚在世时的各种资料，描绘当时的社会生活和莎士比亚同时代人的性格，让读者自己去想象莎士比亚。比如谈到《罗密欧与朱丽叶》时，她先介绍莎翁此剧所依据的布鲁克斯的一首长诗，把此诗同莎士比亚的剧本进行比较，从而证明莎士比亚只保留了原诗的骨架而改造了其精神；然后再介绍作者的手稿，抄写员的笔迹，演员使用的台词，演出的阵容、服饰和音乐，演出前的排练和广告……这样通过一个剧本，读者对莎士比亚有了大量的感性认识，可以产生丰富的联想，就可以自己去解释这位天才的戏剧家了。裘特的这部传记出版后得到很高的评价和多种学术奖，她还以同样的方法写作了一部《威斯敏斯特的本・琼生》。

这一方法可以用于莎士比亚这样几乎没有生平资料的传主，不过也有人把它用于那些资料极多的传主，如托尔斯泰。托尔斯泰的作品都有一定的自传性，在他的九十卷全集中有四十五卷是日记、笔记和书信，此外还有大量同时代人写的有关他的回忆录。高尔基对托尔斯泰有个著名的评价："世界上再没有一个比他更有资格被称为天才的人，再没有一个比他更复杂、更矛盾而且在各方面都了不起的人……"(《列夫・托尔斯泰》)众多的资料加上矛盾的性格，对托尔斯泰的解释可谓众说纷纭。法国著名传记家亨利·特罗亚(1911—2007)是龚古尔文学奖获得者,法兰西学院院士。他是俄裔作家,十月革命后随家人迁入法国。他受俄法两国文化的影响,以俄国作家和政治家为传记写作的对象。他的《托尔斯泰》(1965)在一个宏大的历史背景上,精心选择了托尔斯泰的日记、信件等原始材料,通过细致的编排写出他同各式各样人物的关系,一步步揭示他的性格和思想发展的过程,让读者看出他是怎样从一个浪子和军官成为一个艺术家,又怎样从一个艺术家成为鼓吹禁欲主义、反对唯美主义、主张博爱的基督教宣教士的。特罗亚在此书的开头就宣称:"其他人已经更多地致力于把托尔斯泰作为一个对象、进行批评的对象,而关于托尔斯泰的生平,本书是唯一的作品。"他提供的虽是托尔斯泰的生平,但在材料的选择和编排中又包含了对托尔斯泰的解释。

社会—历史学的方法通常资料丰富,稳妥可靠,但很少触及传主的深层心理。它同心理学的方法各有短长,这一点通过实践被人们越来越清楚地认识到。二十世纪西方那些最重要、最成熟的传记家于是采用了一种综合的方法,他们不是把某一种方法一成不变地运用于一切场合,而是根据材料所提供的可能性,在传主生平的不同阶段和个性的各个方面选择最适当的方法加以灵活运用。

在运用综合方法的作品中,艾德尔的《亨利·詹姆斯》是典范之作。艾德尔穷数十年之功,把有关詹姆斯的资料几乎搜罗无遗,然后根据丰富的资料并且灵活运用社会—历史学的或心理学的方法对詹姆斯的经历以及他作品的许多细枝末节探幽发微,进行入情入理的解释。詹姆斯写过大量的小说,小说中出现各式各样的人物,这些人物的原型是谁,是根据什么给他们起名字的,又是根据什么安排他们的生活和结局的;小说中各种情节和细节,有各种建筑物、街道、装饰等,艾德尔都对照时代背景和詹姆斯的经历——推断其起源,寻找詹姆斯这样写作的根据。这基本上是社会—历史学的方法。然而艾德尔又进一步研究生活中的原型,詹姆斯为什么在作品中作出这样或那样的改造，这就加入了心理学的方法。比如詹姆斯出了一套二十三卷的选集，为什么不是二十四卷或二十二卷，艾德尔的解释是：詹姆斯收藏着一套二十三卷的巴尔扎克选集，而詹姆斯的内心是希望成为美国的巴尔扎克。又如詹姆斯的作品中常出现气球，却又没有什么情节意义，艾德尔把它解释为詹姆斯自由联想的结果：因为他父亲是被一只着了火的气球炸伤腿的，拜伦也是跛足，詹姆斯喜欢拜伦，于是他从跛足的拜伦想到瘸腿的父亲，再从父亲联想到造成父亲残疾的气球。艾德尔还寻找出决定詹姆斯性格的三种深层因素：他同哥哥威廉之间暗中的竞争，他无意识中认为哥哥篡夺了他的"长子权"，他们争强斗胜，互不服气，结果双方都在各自的领域中取得了巨大的成功；他的同性恋倾向，使他表面上坦率和善，对人彬彬有礼，乐于助人，骨子里却很势利；还有他同一位女作家之间的关系，这位女作家对他很有激情，他却不知道，后来女作家自杀，这使他感到歉疚，他后期的作品中始终表现出负疚感。《享利·詹姆斯》有五卷之多，实际上就是对传主的所作所为不断进行解释，把他平淡的一生写得波澜起伏，趣味盎然。

萨特写作传记采用了一种独特的综合方法，他用精神分析加马克思主义来解释人物。他的名著《家中白痴》是给福楼拜所作的传记。他先用精神分析证明福楼拜是个精神病患者，这是因为专横傲慢的父亲曾嘲笑幼年的福楼拜是个"白痴"，母亲对他毫无热情和优裕的家庭又对他过分照料，这都使他缺少自爱和自我意识，成为施虐—受虐狂。因此他想成为一个喜剧演员，让自己在舞台上受到别人的嘲笑，从而消灭自己身上的人的价值。他后来成为作家，是因为在文学创作时，他用不着实践就可以在幻想中满足自己的这种愿望。接着萨特又用马克思主义的方法证明福楼拜的精神病是时代的结果，是这个世界的矛盾在一个人身上的内化，他不幸的童年正如整个资产阶级一样，是对自由的异化，十九世纪法国资产阶级的客观处境及其意识形态以及福楼拜特殊的家庭生活条件决定了他的生活道路。

萨特的自传《词语》对自己作了精神分析加马克思主义的解释。他认为自己的一生是在词语的环境中，在与词语打交道的过程中度过的。他幼年在当教师的外祖父家接触了大量的书籍，他迷上了书，拼命阅读，从此与词语结下了不解之缘。此后他又学习写作，对词语进行征服，幻想成为作家—骑士，讨伐世上的不平，当生命结束时，词语可使自己永恒，写作使他有了存在的理由，忘记了自己的孤独。他似乎成了人类的救星，其实他这时患上了“文学精神病”，他所以写作和奉词语为上帝，不过是为了摆脱生活中的困境，词语实际上抵不上一块面包和一件衣服，他除了词语就一无所有，除了同词语打交道就干不了别的事，因此就只能如同一列车，只能凭惯性前进，自己也被资本主义社会异化了。

萨特一生写过三部传记和一部自传，这些作品都是对人的生存状况的一种研究。他先从弗洛伊德出发，把传主都看作是精神病患者，接着他转向马克思，认为他们的精神病是社会的产物，是被资本主义社会异化的结果。萨特解释了资本主义社会知识分子的共性，为了让人物符合他的这个公式而忽略了人物的个性；但是他把人物的命运提高到哲学的层次来认识，这是前所未有的思辨哲学同传记文学的结合。

三

二十世纪西方传记家表现出鲜明的创作个性。他们在写作对象、旨趣、风格方面都有自己自觉的追求，不再像十九世纪的传记那样千篇一律。发生这种变化的一个重要原因，是人们对传记认识产生了重要的飞跃。

西方学者从古开始，一直把传记当成历史学的一个分支。在英语中，第一个使用传记一词的是十七世纪英国文艺批评家德莱顿。他在 1683 年为《希腊罗马名人传》英译本所写的序言中，把传记界定为“特定的人的生平的历史”。他把历史著作分成编年史、历史和传记三种。这种观点一直持续到十九世纪末。二十世纪的西方传记家否定了这种传统的观点，认为传记是一种艺术，它属于文学的范畴。伍尔芙有一部理论著作就叫《传记艺术》，斯特拉奇指出：“一位伟大的历史学家的首要任务是成为一个艺术家。”①莫洛亚认为传记家“完全正确地起了一位艺术家的作用”②，艾德尔称“传记是用文字作的人的画像，它是一种高贵的，带有冒险性的艺术”③。

但是传记又是一种非常特殊的文学艺术形式，它同历史学有着密不可分的关系，经过反复的探索和实践，人们得出比较一致的结论：传记文学最基本的特点是科学性同艺术性的结合，它既要求写出历史的真相，又要求写出生动的人物性格。这种双要求是近乎苛刻的，因此传记是一切文学形式中受限制最多、难度最大的一种，正如伍尔芙所说：“一方面是真实，另一方面是个性，如果我们想到真实是某种如花岗岩般坚硬的东西，个性是彩虹般某种不定的东西，再想到传记就是把这两者融合成浑然一体，我们承认这是个棘手的难题。”④

这个难题向一切传记家发起了严峻的挑战，同传记史上出现过的大量平庸之作相比，成功之作为数不多，其原因之一就是传记家没有认识到传记的两重特征而把传记归入历史学的范畴，没有注意到在尊重历史的前提下，传记应当具有艺术的特性。二十世纪西方传记家接受了这一教训，他们不再满足于资料的收集和整理，做一个史料编辑家，而是意识到创作主体的地位，力图在传记中显示个性，在重视历史的同时也表现自我。上文所说传记家通过各种方法对传主作出解释，这也是他们张扬个性的一种形式。

---

① David Novarr, ed., *Lines of Life*, *Theories of Biography 1880-1970*, Purdue University press, 1986, p. 28.

② André Maurois, *Aspects of Biography*, Cambridge: The University Press, 1929, p. 44.

③ Leon Edel, "The Figure under the Carpet," Marc Pachter, ed., *Telling Lives: The Biographer's Art*, National portrait Gallery, 1979, p. 20.

④ David Novarr, ed., *Lines of Life*, *Theories of Biography 1880-1970*, p. 53.

二十世纪的传记家，不再是奉政府的命令或是应传主遗嘱的要求去写作传记，他们选择那些最适合自己写作的人物。选择一个好的传主是任何传记成功的第一条件。一般说来，经历曲折、个性鲜明、富有传奇色彩的人物比较适宜作传主，但是写这类人物的传记并不一定就能获得成功。传记家越来越认识到他们同传主之间有种特殊的精神联系，从而在选择传主时进入理性的自觉。这是一些传记家成功的秘诀。莫洛亚在这方面最有代表性。他在思想上和气质上同雪莱非常相似，他也同雪莱一样不满妻子的浅薄和虚荣，从而蒙受精神的创伤，他把《雪莱传》称作是自己的“忏悔录”。莫洛亚幼年体弱，脊柱有病，但他生性要强，通过刻苦的锻炼，变得强壮起来，并在体操比赛中得奖；他的《拜伦传》、《伏尔泰传》、《雨果传》、《狄斯莱里传》、《吕奥泰传》等传记的传主都有类似的经历。他同狄斯莱里和普鲁斯特（《普鲁斯特的探索》）都是犹太人，但又都欣赏基督教文化。作为犹太人，他能理解有黑人血统的大仲马（《三仲马》）所受到的种族歧视。他主张社会变革，但反对暴力革命，这同狄斯莱里、雨果、夏多布里昂（《夏多布里昂传》）、拉法耶特夫人（《拉法耶特夫人传》）的政治态度是一致的。在艺术上，他同屠格涅夫（《屠格涅夫》）趣味相投。在人生态度上，他同巴尔扎克（《巴尔扎克传》）一样都是出于个人的不幸而转入写作。

由于传记家同传主具有经历、性格和精神上的联系，所以他们能够设身处地为传主着想，揣摩他们的心理，深入探索他们行为的动因，并且在不违背历史背景和传主生平基本事实的前提下，通过合理的想象，按照传主性格发展的线索虚构出某些细节，以补充现有资料的不足。这样，历史遗留的空缺被填补了，传记家的自我使陈旧的史料发出光彩，传主从“扁平”变成“浑圆”，从历史的帷幕之后重新走到前台，历史学著作常常难以避免的沉闷和滞重为文学的生动和活跃所取替。

由于精神上的联系，现代传记家对自己选择的传主大都具有某种程度的同情，他不再以所谓“纯客观”的面目出现。莫洛亚等人的作品也证明传记家的客观性和他的同情心是可以统一起来的，正如一位传记家所说："公平应当是至高无上的目标，富有同情心的传记家比不友好的传记家更常实现这一目标。"①传记家对传主虽然大都具有一定的同情，但同情并不是无原则的，它不能违背历史，也不是廉价的恭维，它是出于传记家对人性更深刻的理解。二十世纪传记在表现人性方面取得了突出成绩。人性是发展的，任何具体的人性都不可能是完美无缺的，但这种不完美总是有其历史的原因。优秀的传记家总是力图在作品中揭示这种原因，而不是对传主的错误或弱点作空洞的指责。现代西方传记的发源之作、斯特拉奇的《维多利亚时代名人传》是传记名著中比较特殊的一部。此传写了四个十九世纪英国著名人物：宗教和社会活动家曼宁，现代护理学创始人南丁格尔小姐，军事冒险家、在中国镇压过太平天国、后来又成为英国驻苏丹总督的戈登，教育家阿诺德。这四个人物都是当时英国引以为荣的。从表面看，斯特拉奇对他们采取了冷嘲热讽的态度，揭露他们都沾染上维多利亚时代一些令人讨厌的东西。他们外表神圣庄严，实际上愚蠢可笑；他们的内心深处极为复杂，"利己主义同自我克制相互交融在一起，在精神中情欲失去了自身，而在情欲中精神失去了自身"，他们被神秘的力量所左右，就如同木偶戏中的木偶走向预定的结局。斯特拉奇是在嘲笑他们人性中的不完美，但在嘲笑的背后是一种惋惜，他在期盼着实现更完美的人性。所以如果对斯特拉奇的传记作品作整体的考察，就可以发现他的传记表现出对光明不懈的追求。二十世纪西方传记家都在不同程度上受到斯特拉奇的这种影响。

二十世纪西方传记在形式上越来越呈现多样化，有些传记家按照传统严格地服从历史事实，另一些传记家则作较多的虚构。但随着传记属于文学艺术的共识和传记家自我意识的强化，在多数传记作品中艺术虚构的成

---

① See John Arthur Garraty, *The Nature of Biograph*, p. 164.

分有所增加。正如一位美国学者所说:“新的传记概念是把正统的学者的研究和学术真实同二十世纪通俗作家的想象性和艺术性结合起来。”[①]一些传记家认为,在真实描述传主基本经历的前提下,可以虚构出某些次要的轶事和细节,传主周围的主要人物必须是真实的,但也可以虚构某些次要人物,这可以使传记更为生动可读,传主的性格更为鲜明突出。这样就出现了众多的传记形式,有人按传记中所包含的科学成分和艺术成分的不同比例,分成研究传记、学术传记、标准传记、虚拟传记(fictionalized biography)、传记小说等类型。此外,还有一些传记家打破一部传记写一个传主的传统,在一部传记中出现一组传主,称之为“群主传记”(group biography)。

还有些传记家试图在叙述传主生平的同时,更多地表现自己的政治或学术观点,通过传记作品更多干预社会现实。比如七十年代德国出现了一个“传记文学”的高潮,这些传记作品已同通常意义上的传记有所不同。其代表作有彼得·魏斯的《抵抗的美学》,其中的“我”是反法西斯的战士,他身上包含了魏斯本人的经验和思考,但有些内容是他后来才具有的,所以这个“我”又是一个小说形象。作品中的其他人,凡有姓名的都是真实的历史人物,但他们的言行并不完全符合史实,而是作者认为他们可能有的。这部作品中还有大量关于文艺问题的讨论。又如金特尔·格拉斯的《蜗牛日记》,以作者1969年的竞选经历为基础,又穿插着他对早年生活的回忆,还有对文艺复兴时期雕塑作品的研究,还写到1971年纪念杜雷尔(Albrecht Durer,1471—1528)诞生五百周年的场景。全书不断出现一只蜗牛的形象,作为对作者本人以及当时执政的德国社会民主党和勃朗特总理的隐喻。

艾德尔作为目前尚健在的二十世纪西方最重要的传记大师,他在一次国际传记学术讨论会上告诫传记家应当记住四个主要原则:“必须懂得人们梦想、思考和运用他们的想象力的方式”,“必须学会做一个客观的参与的观

---

① See John Arthur Garraty, *The Nature of Biograph*, p. 149.

察者”,“必须艰苦地探索促使传主行动的更深刻的真实”,“必须为传主的生平寻找到理想的文学形式”。[①] 这四点正是对二十世纪西方传记写作经验的总结和主要特征的概括。

1996 年

---

① Leon Edel,“biography and the science of man,” Anthony M Friedson, ed. , *New Directions in Biography*, University of Hawaii at Manoa, 1981, pp. 1-11.

中国自传：现代性的发生

中国二十世纪最重要的一批作家大都有自传问世，其中不乏经典之作。这些作品不但产生广泛的影响，而且大大提高了自传的品位。从二十年代末至三十年代末，中国自传形成第一个高潮，古典自传的写作模式终结了，新的自传方法出现了，自传有了质的飞跃，这就是现代性的发生。中国自传开始融入世界文学之林。

在西方国家，现代自传的出现大约比中国早一百六十年，自传研究已经成为学术热点，特别是在美国，自传已经“从文学研究的边缘进入了主流”①。在中国，对自传的研究还刚刚起步。本文以西方自传和传记理论的研究成果为参照，并把中国现代自传同古代自传进行比较，论析中国自传现代性的发生。

一

自传是非常古老的文类，又是发展非常缓慢的文类。依照胡适的说法，

① Joseph Hogan, “Life Writing Canon and Traditions,” *Auto/Biography Studies*, Vol. 9, No. Fall (1994), p. 163.

“二千五百年来，中国文学最缺乏、最不发达的是传记文学”①，其中，自传同他传相比，就更加不发达。

自传“不发达”的最重要证据，是没有长篇。有学者把古代自传分为四种形态②：第一种是“自叙”或“自序”，即作者为自己的某一作品所作的说明，其中包含了作者生平的内容。司马迁的《太史公自序》即属此类，也是中国自传的奠基之作，其他还有刘知几的《史通・自叙》、王充的《论衡・自纪》、李清照的《金石录・后序》等。第二种是抒情、明志或实用性的散文，其中包含作者的生平，但不以叙述生平为目的，如曹操的《让县自明本志令》、陶潜的《五柳先生传》、欧阳修的《六一居士传》等。第三种是作者生前为自己死后所撰写的墓志铭、祭文、挽词之类，其中名家之作如陶潜的《自祭文》、杜牧的《自撰墓铭》、白居易的《醉吟先生墓志铭》(作者存疑)，包含了作者的家世、功名、著作等内容。上述三种作品，都不是本来意义上的自传。第四种是比较正式的自传，如陆羽的《陆文学自传》和刘禹锡的《子刘子自传》，作者在文中自述一生。

中国的史传传统“以简要为主”，“一曰省字，二曰省句”③。史传如此，自传也是如此。上述四种形态的自传，篇幅都不大，长者不过千字左右。同西方自传相比更显短小：罗马末期奥古斯丁的《忏悔录》是西方第一部自传，成书于397年左右，长达十三卷；卢梭的《忏悔录》(1781—1788)是西方第一部现代自传，长达两部二十章。这种长度在中国古代是不可想象的。

中国古代自传也始终没有出现经典之作。《让县自明本志令》、《五柳先生传》、《六一居士传》都是散文中的名篇，但篇幅短小，没有对传主生平作完整的记录，也没有表现完整的人格，不能算经典自传。

---

① 胡适：《在台湾省立师范学院的讲演》(1953年1月12日)，载刘绍唐编：《什么是传记文学》，台北：传记文学出版社，1967年，页230。

② 川合康三：《中国的自传文学》，蔡毅译，中央编译出版社，1999年。

③ 刘知几：《史通・叙事》。

中国自传“不发达”的状况在二十世纪二十年代末开始改观。抛弃文言采用白话，这是自传进入现代形态的一个标志；另一个标志就是篇幅的大大扩充。美国学者汪荣祖把中国现代传记和自传分为三体：“叙述之体”、“专题之体”和“散文之体”。[①] 如果按照这一分类，所谓“叙述体”是自传的主流，这类自传绝大多数都是长篇或短篇的汇集，最短者字数也在五万左右。

谢冰莹的《从军日记》和郁达夫的《日记九种》均发表于1927年，是中国最早的现代自传。郭沫若从1928年起发表自传作品，直到1945年，后来汇集成长达四卷、共一百一十万字的《沫若自传》，这是中国最大的自传之一，其规模在世界传记史上也不多见。其后出现的长篇自传还有欧阳予倩的《自我演戏以来》(1929)、沈从文的《从文自传》(1932)、张资平的《资平自传》(1932)、胡适的《四十自述》(1933)、巴金的《巴金自传》(1934)、许钦文的《钦文自传》(1934)、谢冰莹的《一个女兵的自传》(1936)、郁达夫的《达夫自传》(1936)、邹韬奋的《经历》(1937)、冯玉祥的《我的生活》(1939)等。

具备一定长度是自传现代性的必要保证。什么是自传的“现代性”？我们可以从不同时期对自传的认识中得到启示。1866年，法国权威的《拉罗斯百科全书》对自传作了这样一个定义：“由某人写作的其本人的生平。”这一定义曾经为大多数学者所赞同；一百多年以后的1971年，法国学者菲力浦·勒居恩为自传作了一个新的定义：“由一个真实的人，关于自己的存在所写作的回顾性的、散文体的叙述，重点在于他的个人生活，特别是他的人格的故事。”[②]这一定义迄今为止仍被当代西方学术界普遍接受；1972年，美国学者阿伯特·E.斯通也作了一个关于自传的定义：“对一个人的一生，或者一生中有意义的部分的回顾性的叙述，由其本人写作并公开表明其意图：真实地讲述他或她公众的和私人的经历故事。”[③]比较三个定义，可以得出一个结

① 汪荣祖：《史传通说》，中华书局，1989年，页106。

② Philippe Lejeune, *On Autobiography*, Minneapolis: University of Minnesota Press, 1988, p. 4.

③ Albert E. Stone, "Autobiography and American Culture," *American Study*, 12(1972), p. 24.

论：现代理论认为自传的重点在于传主的“人格故事”或“经历故事”，勒居恩称之为自传的“被叙述的主体”①。

“故事性”，这是现代自传的重要特征。美国当代传记家艾德尔讲得更明白：“说到底，传记家同小说家或历史家完全一样，是个讲故事的人。”②现代自传要求作者详尽地叙述自己的生平，特别是要求他讲自己的“人格故事”或“经历故事”，否则就不可能生动、具体地表现其人格。

同“故事”有关的，是大量生活细节的出现。早在十八世纪，现代他传的奠基人撒缪尔·约翰生就主张传记“严肃地写琐事”③，大量细节是现代传记所独有的。现代传记家所关注的是人性，斯特拉奇认为传记是“写作艺术一切分支中最精致、最富有人情味的一种”④。细节是表现这种“人情味”的必要手段，一位美国学者举例说：“如果我们知道乔治·华盛顿有一双大脚——在他那个年龄令人奇怪的大脚——我们并没有从这一点得到什么启发，但是我们会因为一个活生生的人出现在我们面前而感到温暖；我们少了一点崇拜，多了一点兴趣。”⑤

要讲故事和写细节，就必须有足够的长度。胡适早就发现了这一点，他指出中国传记短、西方传记长，长传的一个好处是“琐事多而详，读之如见其人，亲聆谈论”，短传的短处之一是“太略。所择之小节数事不足见其真”。（《藏晖室札记》卷七，1914 年 9 月 23 日）郁达夫也看到了这一点：“所以若要写出新的有文学价值的传记，我们应当将他外面的起伏事实与内心的变革过程同时抒写出来，长处短处，共生活与私生活，一颦一笑，一死一生，择其

① Philippe Lejeune, *On Autobiography*, p. 5.

② Leon Edel, *Telling Lives, the Biographer's Art*, Washington: New Republic Books, 1979, p. 20.

③ James Boswell, *Life of Samuel Johnson*, Vol. iv, p. 34n.

④ David Novarr, *Lines of Life, Theories of Biography 1880-1970*, Purdue University Press, 1986, p. 28.

⑤ Marc Pachter, "The Biographer Himself," *Telling Lives: The Biographer's Art*, National portrait Gallery, 1979, p. 10.

要者，尽量写来，才可以见得真，说得象。”(《什么是传记文学》)

胡适《四十自述》最初的写作计划，是“从这四十年中挑出十来个比较有趣味的题目，用每个题目来写一篇小说式的文字……这个方法是自传文学上的一个新路子”，他打算“赤裸裸的叙述我们少年时代的琐碎生活”(《四十自述·自序》)，后来他虽然没有把这一设想贯穿到底，回到传统史学的老路，但他这部自传，特别前几篇，仍然包含着不少生活故事和细节。

早期的现代自传家大都又是小说家，他们一反古典自传的旧习，常常采用小说笔法，用“场面”组织材料，一个场面就是一个故事，或一组性质相似的故事。这成为中国现代自传的主流。沈从文的《从文自传》和谢冰莹的《一个女兵的自传》，一些篇章读来如同小说，前者的军旅见闻，后者的五次出逃，都颇具传奇色彩。许钦文也认为，“……自传，最紧要的是表现出整个的我来，这要从我的个性，和我所经历的事实来表达。”他的自传采用一种特殊的结构，第一章写他因命案入狱和出狱的经过，到第八章才叙述童年时代，他承认他是“用做小说的一种方法，把认为重要的放在前面，以后逐步补充说明”(《钦文自传·自序》)。

我们还可以发现，许多自传家不但讲故事，也留下一幅幅生动的地域风俗画，郁达夫笔下的富春江岸、巴金笔下的川西小城、沈从文笔下的湘西苗汉杂居之地、胡适笔下的皖南婚嫁风俗，都是中国现代乡土文学的出色篇章，所以有这样的效果，有赖于文中大量生动的细节描写。

林语堂的《林语堂自传》(1933)和瞿秋白的《多余的话》(1935)是在特殊情况下写成的短篇自传(前者应国外杂志之邀而作的急就章，后者写于狱中受刑之前)，但也包容了许多细节。郭沫若写道：“听说我出生的时候是脚先下地”(《少年时代·我的童年》)，这个细节同写华盛顿有一双大脚有异曲同工之妙。胡适因说话轻薄被母亲罚跪，哭泣中以手擦眼，害了眼翳，母亲又悔又急，半夜把他叫醒，用舌头为他舔眼。这个细节取得出色的效果，成为传记史上的经典例证。

二

西方自传的发展以两部《忏悔录》为标志，奥古斯丁和卢梭虽然都在其中进行了"忏悔"，但是他们的出发点并不相同：奥古斯丁倡导"原罪说"，认为人从婴儿起就带有从亚当、夏娃所犯而遗传至今的罪恶；卢梭主张"性善论"，认为自己善良的本性被社会所玷污，罪恶在社会。奥古斯丁"忏悔"的基础是对人性的批判，卢梭"忏悔"的基础是对人性的信仰。不过尽管有这种区别，卢梭在批判社会的同时，也坦陈了自己的过错，他热烈歌颂自我，又具有强烈的自我批判精神。

卢梭之后西方自传史上的一些名作，比如歌德的《诗与真》、富兰克林的《富兰克林自传》、赫尔岑的《往事与随想》、亚当斯的《亚当斯的教育》、托尔斯泰的《忏悔录》、萨特的《词语》，当作者进行反思的时候，也都陈述了自己的种种过错。正是在这样的意义上，弗莱把自传同"忏悔录"看作是一回事。[①]

斯蒂芬・斯宾德进一步发现了"忏悔"在自传中的意义："忏悔录可以是依据价值准则对错误进行改造的记录；或者它可以是对价值准则的一种探索；甚至它也可以用于证明作家对价值准则的缺乏所发出的诉求的正确。奥古斯丁的过错正是在他忏悔它们的时候、被他的供认所改造，变成了拯救他的上帝的力量的证明。卢梭所揭示的不仅是他自己的过错，也揭示了：他以为别人具有同样的过错，自己的过错就得到了赦免，这不过是一种可怜的幻想。"[②]作者的"忏悔"意味着奉行、思考和追求某种价值准则。斯宾德还认

---

① Northrop Frye, *Anatomy of Criticism*, Princeton: Princeton University Press, 1957, p. 306.

② Stephen Spender, "Confessions and Biography," James Olney, *Autobiography: Essays Theoretical and Critical*, Princeton: Princeton University Press, 1980, pp. 121-122.

为："当我们观察现代文学的时候，发现它被忏悔录式的自传材料所淹没，虽然很少作品明确地写出来。"①

这就是说，"忏悔"是现代文学的一种精神，也是现代作家普遍的心理特征。在现代自传中，"忏悔意识"表现得更加强烈，自传家以一种价值准则对自我的历史进行评判，目的在于实现自我的更高价值。这同建立在宗教信仰的基础上、以彼岸世界为终极关怀的古典自传的"忏悔"有所不同。

中国古典自传中看不到什么"忏悔"。《论语》中有"吾日三省吾身"的说法，后来"自省说"又为宋明理学所强化。不过在实践的领域，"自省"早已沦落为教条，而且根据"君子敏于行而讷于言"的要求，并没有形成留诸文字的"自省"传统。被现代学者列为"自传"的中国古代作品，绝大多数出于实用目的，或带有游戏性质，既很少看到对个性的张扬，也没有出现"自省"或"忏悔"。日本学者川合康三认为："一句话，中国文人写自传，归根到底都是为了强调自己的正确。"也有极个别的例外，如明代张岱的《自为墓志铭》，川合康三称其为"极其罕见的苛刻的自我剖析，全文充满了自虐色彩"。② 一些中国学者也认为：这些自传"并不具备西方自传的'在上帝面前认罪'的忏悔意义，而更多的是一种'自我解嘲'的意思"。③

二十世纪以后，随着新生活方式的出现和个性解放的进程，一些自传家在西方思想的影响下（包括卢梭的巨大影响）具有了新的价值观，他们严肃地思考着自我的意义，期盼着更高层次的自我实现，中国自传里开始透露出"忏悔"意识，具有了自我批判的色彩。

郁达夫的"忏悔"在当时可谓惊世骇俗。在自传中公开自己的性心理、性活动并予以"忏悔"，达夫是第一人，比如他写到在日本求学时，一个雪夜

---

① Stephen Spender, "Confessions and Biography," James Olney, *Autobiography: Essays Theoretical and Critical*, Princeton: Princeton University Press, 1980, p. 122.

② 川合康三：《中国的自传文学》，页 206。

③ 陈兰村：《中国传记文学发展史》，语文出版社，1999 年，页 374。

进了一家妓院，第二天醒来又十分后悔，他流着泪自责："太不值得了！太不值得了！我的理想、我的远志，我的对国家抱负的热情，现在还有些什么？还有些什么呢？"(《达夫自传·雪夜》)

读到这里，我们至今仍然能感受到他心中的沉重和忏悔时的真诚。胡适这位温文尔雅、素有长者风度的学界领袖的"忏悔"同样引人注目。他在《四十自述》中回忆他十八九岁在上海的"堕落"：喝酒、打牌、逛窑子，有次在堂子里喝醉酒，在路上打伤巡捕，被关了一夜并罚了款。他从镜子里看见脸上的伤痕和浑身的泥湿，"心里万分懊悔，觉得对不住我的慈母——我那在家乡时刻悬念着我，期望着我的慈母。"

郭沫若也是卢梭的信徒，他"最要忏悔"(《少年时代·黑猫》)的是同一个旧式女子结婚。他承认参加北伐以后，"我在江西的半年，可以说完全做的是这样昧良心、卖人格的工作"(《革命春秋·脱离蒋介石以后》)，有一次他醉后骂人，接着"打了自己重重三下重实的耳光，连连骂自己是政客，政客，混账的政客！"(《洪波曲·洪波曲》)。这里郭沫若的诗人气质战胜了左翼知识分子通常的矜持，他的自我批判和他的社会批判具有同样的价值。

类似的自我批判在现代自传里屡见不鲜，欧阳予倩《自我演戏以来》开宗明义就说："这篇文字是我前半生的自传，也就是我的忏悔。空在戏剧界混了许多年，毫无贡献，只剩下些断纨零绮的记忆，何等惭愧！追思既往悲从中来，极目修途，心热如火！今后的记录当不至这样空虚罢！"

瞿秋白《多余的话》不但以其深沉、哀婉的风格打动读者，对人生坦诚的总结和自我批判精神更树立了一种榜样。他说自己是一个"文人"、"读书的高等游民"，什么都懂一点，可又没有一点真实的知识，没有对任何学问的系统研究，优柔寡断、随波逐流，有许多标本的"弱者的道德"，差不多完全没有自信力。虽然成了政治领袖、共产党的主要负责人，但是实际上不过是一个"脆弱的人物，敷衍、消极，怠惰的分子"。虽然这是个短篇自传，但在中国自传史上却具有特殊的意义。

说到“忏悔”又不能不提到巴金，从三十年代到九十年代，自我批判是巴金自传中的一贯主题。经历了“文革”十年，劫后余生的巴金一再呼吁不要忘记过去，但他不是把一切责任都推给别人，而是经历了沉重的自我反省：“那些年我受尽侮辱，受够折磨，但我还是不能不责备自己为什么不用脑子思考?！作为知识分子，我的知识表现在什么地方？‘四人帮’称我为‘反动学术权威’，我唯唯诺诺，早把学术抛在脑后了！”(《无题集·二十年前》)“难道我欠的债就比朋友S欠下的少?！难道我不曾受骗上当自己又去欺骗别人?！难道我没有拜倒在巫婆脚下烧香念咒、往井里投掷石子?！还有，还有……可是我从来没有想到‘惩罚自己’，更不打算怎样偿还欠债。”(《无题集·访日归来》)

其实，巴金的这种自我批判意识在他半个世纪前写的自传中已经反映出来：他对童年的回忆中使我们最难以忘却的是他亲眼目睹的一连串的死亡：从大花鸡的被杀和女仆杨嫂的死，到后来亲人的死亡，包括母亲的死、二姐的死、二哥和五弟的死、父亲的死、祖父的死、大哥的死，对这些死亡巴金并没有责任，也没有任何人要他负责；但是他的回忆却是那么沉重，似乎他也有责任。他的自传中没有“忏悔”的字样，但到处透露出一种“过失感”和自我批判的意识。他后来回忆说：“我二十三岁从上海跑到人地生疏的巴黎，想找一条救人、救世，也救自己的路。说救人救世，未免有些夸大，说救自己，倒是真话。”(《文学生活五十年》)“救自己”，正是巴金自我批判意识的表征。

现代自传家的“忏悔”，可能有不同的动机，也许可能同卢梭一样，夹杂着几分玩世不恭；但是总的说来，从“自辩”到“忏悔”是质的飞跃，“忏悔”即自我批判的精神，它标志着对更高的人格层次的追求，也标志着自传从古典向现代的转化。

三

一般说来，传记的初始形态是记录生平；其后，传记开始注重表现人格；

到现代传记，传记家又力图解释人格。如歌德所说："我们生活中的事实，不是当它是真实的，而是当它有意义的时候，它才是重要的。"①从卢梭开始，"……自传写作的特点是对一种生平的解释，卢梭通过小说的手法进行这种解释。"②

英国"新传记"的奠基人斯特拉奇在其具有里程碑意义的《维多利亚时代名人传》的"前言"中有段名言："没有解释的真实如同埋藏的黄金一样毫无用处；而艺术就是一位伟大的解释者。"③法国传记家莫洛亚认为："如果说传记家没有权利杜撰事实，然而他完全有权利甚至有义务解释事实。——有些情况下甚至很多情况下，事实本身是说不清楚的，有时读者不知道该怎么理解它们，在这些情况下，传记家就有权利停下来尝试进行解释。"④当然，"解释"并不是二十世纪传记所特有，在西方那些优秀的古典自传和他传作品中，也可以看到"解释"的成分；不过，到了现代传记特别是二十世纪传记，"解释"成了显著的特征。

传统的解释方法是"时代与生平"，即以时代特征和生活道路来解释传主；二十世纪出现了新的方法，主要依赖于心理学，特别是弗洛伊德的精神分析。精神分析给传记的解释指出了三种主要途径：俄狄浦斯情结或性心理，精神创伤或变态，童年经历。对于西方许多他传作者来说，这已经成为一种固定的（也是引起许多争议的）模式；对于自传来说，性心理和精神创伤的解释并不普遍适用，但是在精神分析的影响之下，自传作者越来越重视童年时代，把它看作是决定自己一生的非常重要的因素。萨特的《词语》只写了他十二岁之前的经历，而这些经历就决定了他的一生。

---

① Catherine D. Bowen, *Adventure of a Biographer*, Little Brown, 1946, p. 64.

② Huntington Williams, *Rousseau and Romantic Autobiography*, Oxford University Press, 1983, p. 218.

③ David Novarr, *Lines of Life*, *Theories of Biography 1880-1970*, p. 28.

④ André Maurois, "The Moral of Biography," James Lowry Clifford, *Biography as an Art: Selected Criticism 1560-1960*, New York: Oxford University Press, 1962, p. 169.

中国古代自传由于篇幅短小，不可能深入考察自我的成长条件，很少涉及人格发展和人物行为的动因，也很少涉及传主的童年，至多是一笔带过。对于西方和中国传记在这方面的差异，胡适也早有发现，他指出，西方多长篇传记，其中一个长处就是“可见其人格进退之次第，及其进退之动力”。中国都是短篇传记，其中的一个短处就是“传记大抵静而不动。何谓静而不动，但写其人为谁某，而不写其人之何以得成谋事是也”(《藏晖室札记》卷七，1914年9月23日)。胡适更明确地指出，写自传“最要紧的是要他自己写他心理上的动机”(《四十自述·自序》)。

胡适的这一认识为中国许多现代自传家所共有。郭沫若在说明自己写作自传的动机时这样说道：“我不是想学 Augutine(奥古斯丁)和 Rousseau(卢梭)要表述甚么忏悔，我也不是想学 Goethe(歌德)和 Tolstoy(托尔斯泰)要描写甚么天才。我写的只是这样的社会生出了这样的一个人，或者也可以说有过这样的人生在这样的时代。”(《少年时代·我的童年》)

由于心理学的不发达，中国现代自传家熟悉的是历史方法，他们同郭沫若一样，习惯于用时代和社会解释自我，不过他们也受到西方心理学和西方自传的启示，开始重视童年时代的经历。胡适《四十自述》虽然逐步回到传统史学的老路，但其中的序幕“我的母亲的订婚”和第一篇“九年的家乡教育”，重点写母亲的影响以及从小接受的中国传统文化的熏陶，这两个方面可以用于解释他一生发展的方向。

童年时代的生活(特别是母亲和书刊的影响)和自我的心理发展，现代自传家普遍给予了注意。以沈从文为例。沈从文出生在古老、闭塞的湘西小镇，只有初中学历，后来当兵，每天的生活是吃喝和看杀人，“在一个小小的天地中度过了二十年噩梦般恐怖黑暗生活”，后来他却成为大学教授和名作家，对其中的原因可以在《从文自传》中找到线索：母亲使他学会“决断——作男子极不可少的思考以后的决断”(《我的家庭》)；他有强烈的好奇心和求知欲，“我的心总得为一种新鲜声音，新鲜颜色，新鲜气味而跳”；在私塾中逃学的习惯造成了他“对于一切成例与观念皆十分怀疑，却常常为人生远景而凝眸”(《我读一本小书同时又读一本大书》)；他把人生当作一个大课堂，五四运动以后，他接触到《新潮》、《改造》、《创造周报》等刊物，激发了他对人生的思考和对新生活的渴望。这种种因素都是培育沈从文人格发展的土壤。

至于巴金，他童年时代所目睹的各种“死亡”以及所带来的痛苦和引发的思考，也可以视为有关巴金人格发展的一种自我解释。巴金还写到自己目睹做县官的父亲审问犯人的情景；犯人不肯招供，父亲下令打一百小板子，一直打到犯人招出实话为止，然后被打倒的犯人就由差役牵了起来，给大老爷叩头，或者自己或者由差役代说“给大老爷谢恩。”有评论家认为，“缠绕了巴金一生的梦象就是挨板子后的谢恩”①，无论巴金本人是否意识到这一点，《巴金自传》始终是巴金的自我解读。

中国自传的“现代性”，比西方迟了一个多世纪，也受到西方自传的影响。但是由于生活条件和文化传统的不同，中国自传同西方比较，其现代性也有明显的差异，没有那种强烈的自我张扬的精神。弗洛伊德的精神分析问世以后，西方许多自传家将其性理论和俄狄浦斯情结理论引入自传之中，暴露性隐私，进行自我的深度分析，但这一理论同中国传统价值观无法调和，很难为中国自传家所接受。中国自传的现代性中依然显示出民族的特点。

2002 年

---

① 陈思和：《人格的发展——巴金传》，上海人民出版社，1992 年，页 18。

传记诗学的开拓者

——评里翁·艾德尔

二十世纪西方国家中出现一批著名传记家，产生了巨大影响，如英国的里敦·斯特拉奇、奥地利的斯蒂芬·茨威格、法国的安德烈·莫洛亚、美国的里翁·艾德尔等。艾德尔是其中最后的一位，这使他能够借鉴二十世纪上半叶西方传记所取得的成就，写出了美国传记中的经典之作《亨利·詹姆斯》(1953—1978)。

艾德尔写作《亨利·詹姆斯》耗时三十年之久。《未入世的岁月》、《伦敦的征服》、《中年》、《背弃的岁月》、《大师》这五卷长达两千两百多页的巨著，完整而详尽地叙述了美国小说家亨利·詹姆斯的一生，被认为是“美国文学传记中的伟大示范作品”，也被公认是关于詹姆斯最重要的论著。此书第三卷出版后，1963 年同时获得普利策奖和美国国家图书奖。

艾德尔还写作了其他几部传记：《亨利·D. 梭罗》(1970)是美国作家和自然主义思想家梭罗的一部简传；《乔伊斯最后的旅行》(1977)写英国作家乔伊斯一生中的最后岁月；《布罗姆斯伯里：狮屋》(1979)是一部集团传记，传主是布罗姆斯伯里文社中的九位核心成员，其中包括伍尔芙和斯特拉奇；《造访往昔：战时回忆录》(2001)是艾德尔去世后出版的一部回忆录。

与二十世纪其他几位传记大师不同的是，艾德尔是一位学者，曾先后在纽约大学和夏威夷大学任教，1976年在夏威夷大学和同仁一道建立了著名的传记研究中心，次年出版学术刊物《传记》，这些在西方国家都是首创，极大地推动了英语国家的传记研究。艾德尔对理论具有浓厚的兴趣。早在二十年代，伍尔芙发表了两篇具有划时代意义的论文《新传记》和《传记艺术》，莫洛亚在剑桥大学发表了著名演讲《传记面面观》，他们发出了西方传记理论现代化的先声。艾德尔在他们研究成果的基础上，结合自己的写作经验，参照现代心理学的发展，对传记的理论问题进行了更深入的思考，发表了一系列的论文，后来选编成三部论文集：《文学传记》(1957)、《叙述人生：传记家的艺术》(1979)和《记录人生：传记原理》(1984)，这些论著属于当代西方传记最重要的理论成果，其中涉及传记本体、传记方法、传记写作等一系列的问题。

一

传记文类的归属为西方学界所长期争论，也是传记理论的基本问题。按照传统的观点，传记同通史、编年史一道，构成历史学的三种分支。二十世纪以后，人们对传记的认识有所变化，提出了各种不同的观点，比如英国传记家尼柯尔森认为传记具有科学的性质；伍尔芙认为传记是艺术，也是一种更高级的技巧；莫洛亚认为传记是一种文学艺术。

艾德尔没有给传记作出一般的定性，他注意到传记至少有三种主要形式：最常见的是传统的文献传记，是官方传记的形式，一般是编年的，收有大量材料，背景是基本确定的，其中生动的作品很少，传记家“不过是把读者放在他们安排得很好的工作台前面。或者换一种比喻，他们把我们的手放在青铜雕像上，如大理石和坟墓一般冰冷”[①]。第二种是类似于肖像画的图像

① Leon Edel, *Writing Lives: Principia Biographica*, New York: W. W. Norton, 1984, p. 177.

式传记，它不用编年形式，而是捕捉传主本质的特点以及一切可以显示和表达其个性的东西，把表象之后的世界展现给读者。第三种是叙述一图像式或小说式的，它比画像式传记大，比文献式传记小。它很少引用文献资料，但传记家非常熟悉材料，把材料融化，以全知的叙述者面貌出现，传主处于行动之中，其背景不断变化，这类传记中许多方法来自小说，但是又不同于小说，它摆脱了材料的束缚，通过对材料的选择和心理分析，达到某种真实。这类传记以斯特拉奇为代表。

艾德尔指出，各种形式的传记都有存在的可能和必要，传记可以分别偏向科学和文学这不同的两极，它们之间的区别是："对于传记，科学所关注的不是事实，而是全部事实，文学所关注的是对事实的部分的或艺术化的表现。"[①]按照艾德尔的说法，传记的基础是事实，不同的传记对于事实具有科学的或文学的不同要求。艾德尔所关注的是文学传记[②]，这类作品也是二十世纪西方传记的主要成就，但是他并不排斥科学的传记，他认为科学的传记需要特殊的技巧，他甚至设想，将会出现医学的传记、社会学的传记、经济学的传记、美学的传记、哲学的传记，这些都会是有趣和有益的。艾德尔把传记看成是一种开放式的、具有极大包容性的文类，这符合传记的实际。

关于文学传记，艾德尔认为其实质是讲故事："说到底，传记家同小说家或历史家完全一样，是个讲故事的人，他是个特殊的历史家。"[③]小说同传记的区别是个非常复杂的问题，许多小说以传记或自传的面目出现，一些理论家甚至否认传记是独立的文类，把它们看作是小说的一种形式。艾德尔认为，传记不同于小说，但传记同小说确实有一致的地方，伍尔芙既写小说又

---

① Leon Edel, *Literary Biography*, Richard Clay and Company, Ltd., 1957, p. 6.

② "文学传记"(Literary Biography)，艾德尔最初用以称呼以作家为传主的传记，但后来一些学者主张用以泛指文学性较强的传记。

③ Leon Edel, *Telling Lives, the Biographer's Art*, ed. by Marc Pachter, Washington: New Republic Books, 1979, p. 20.

写传记，这表明“一个熟练的小说家在小说艺术和传记艺术之间，并没有看到明显的区别”[①]。文学传记与小说的相同之处在于叙事，“它同小说唯一相似的地方，是它使用现存的叙事形式，这些形式是可以用许多方法使用的”[②]。

文学传记同文献传记或历史著作的区别也在于叙事，文献传记或历史学著作通常采用那种编年的方式，艾德尔认为文学传记应当同小说一样，采用场面的方法组织材料和进行叙事。所谓“场面”是以某种人物关系、某个事件、某一问题、某部作品之类为核心，组成一个相对独立的叙述空间。这些核心的前因后果，可能本来就很集中，也可能分属不同的时空，但是传记家把有关的材料归并到一起，连贯地叙述其发生、发展和结束的全过程，或者是其中的一个阶段，这样一个场面大体上就成为一个相对独立的故事或故事中的一幕，从总体而言，这种叙事打破了历史叙事中常用的时间顺序。采用场面叙事，可以取得故事化或戏剧化的效果，使读者对传主的生平获得更真切的感受：“把文学传记中的场面方法推荐给我们有许多理由，除了这是一种戏剧化的方法外，它能使我们更加容易地传送时间段。当我们构造出一个接一个的场面，而每一个场面都是由那些我们可以用文献所证明的时间片段构成的，我们就可以在连续的统一体中而不是相互分离的时间片段中取得存在感。这就有点像我们每年夏天都去同一个地方，就会有已经连续在那里很长时间的感觉。”[③]场面的写作方法，就是要把那些分散的事件组织起来，打破时间和空间的隔离，清除那些不相关的事件的掩盖。“只有在论证的链条中事实才是重要的”[④]，所谓论证，就是证明事实之间的联系，就是在传主看似平常的生活中清理出有意义的故事。

---

① Leon Edel, *Writing Lives: Principia Biographica*, p. 186.

② Ibid., p. 185.

③ Ibid., p. 201.

④ Ibid., p. 98.

场面叙事并非从艾德尔开始，不过他对这种叙事方法进行了自觉的传记艺术的试验和理论的总结，《亨利·詹姆斯》就是场面叙事方法的典范，“我试图进行传记叙述的试验，突出的是追溯方法的使用；材料允许的地方，我就‘场面化’(scenic)。”①詹姆斯本人有过一个比喻：故事和小说，思想和形式，就如同针和线。艾德尔认为，在传记中选择和设计就是针和线。如果没有选择和设计，只是刻板地按照年代顺序叙述材料，那么“完工的时候，他们手里拿的不是一件外套，而是一些布卷和几盒纽扣，还没有缝纫。也有些传记家，他们缝了，但是用了太多的纽扣，有太多的针脚”②。

选择和设计场面需要精心的构思和众多的技巧，但艾德尔也一再强调：叙事的场面化和故事化，必须以事实为基础；场面化和故事化离不开想象，但是想象只能用于结构而不能用于事实，传记家不能对传主的生平想象任何东西。“传记家可以按其所愿地想象——越富有想象力越好——以他想象的方式把材料组织起来，但他决不能想象材料，他必须在阅读时进入过去，但他又必须从过去进入现在。他必须判断事实，但他又不能坐着判断，他必须尊重逝者——但是他又必须说清真相。”③艾德尔总结写作《亨利·詹姆斯》的经验说：“我在形式和结构的想象之中发现了给我个人的奖赏——这毕竟是传记家所能够允许的唯一的想象。”④文学传记的场面化和故事化的叙事虽然可以同小说一样，但是所使用的材料完全不同于小说，“在写作小说时，艺术家可以自由地使用他的全部想象力；在写作传记时，材料早就是固定的，想象的功能只能运用在材料上，并给材料定型，艺术在于叙述之中，而叙述又必须具有这样的特质：不改变材料”⑤。

---

① Leon Edel, *Henry James: The Master*, J. B. Lippincott Company, 1972, p. 19.

② Leon Edel, *Writing Lives: Principia Biographica*, p. 204.

③ Leon Edel, *Literary Biography*, p. 1.

④ Leon Edel, *Henry James: The Master*, p. 20.

⑤ Leon Edel, *Literary Biography*, pp. 4-5.

场面化叙事对传记家提出了很高的要求：对材料详尽的把握、深刻的理解和精心的选择，传记家对传主必须十分熟悉。艾德尔指出，居里夫妇花了那么长时间，熔化了多少吨沥青铀矿才得到一克镭，传记的写作也是如此，在无数历史文献中发现那些最重要、最有价值的材料也必须经过艰巨的劳动，他开玩笑说：传记家比大多数其他作家需要更大的工作台或书桌，“我在怀疑，如果有人用花费的时间来衡量得到的报酬，就会发现传记是所有文学劳动中代价最昂贵的一种”①。艾德尔自己也正是如此，他写作《亨利·詹姆斯》时把有关詹姆斯的材料几乎收罗无遗，而且烂熟于胸，他编的《詹姆斯文献目录》就有四百多页，在写作《亨利·詹姆斯》的同时，他选编了詹姆斯的小说、书信、评论、散文、戏剧、笔记等十多种文集，在写《亨利·詹姆斯》第一卷的时候他就仔细阅读了詹姆斯的五千封信件，到写第三卷的时候又阅读了七千封信。翔实可信的材料是传记的基础，正是在这一点上传记同小说划清了界限。

十九世纪英国维多利亚时代的传记大都卷帙浩繁，风格也滞涩沉重，令读者望而生畏，到二十世纪二十年代，以斯特拉奇为代表的“新传记”问世，其风格简短轻灵，讲究技巧，趣味盎然，令人耳目一新。但是诸如斯特拉奇《维多利亚时代名人传》那样的短篇作品又无法完整地叙述传主的一生和深入探析其心理世界。对传记来说，历史性和文学性都是不可或缺的，前者要求完整和精确，后者要求个性和趣味，艾德尔在理论上和实践上都主张一种文学传记，把这两者完美地结合起来。

二

如果以政治家和军事家为传主，他们大都经历了各种斗争和风暴，生平

---

① Leon Edel, *Writing Lives: Principia Biographica*, p. 113.

充满波澜和曲折，传记的故事化就不一定是难事。艾德尔的传主都是作家，他们的一生看来都很平淡，在他们的传记中怎样写出故事和趣味来，这是个难题。艾德尔的方法是探索传主的精神世界，发现其中的种种故事，即对传主进行解释。艾德尔谈到他的《布罗姆斯伯里：狮屋》时说："在情节化的结构和对布罗姆斯伯里的历史的心理解释中寻找我的真实。"[①]"真实的心理解释"，就是他的传记目标。

艾德尔常常引用斯特拉奇的话："没有解释的真实如同埋藏的黄金一样毫无用处；而艺术就是一位伟大的解释者。它独自可以把无数的事实统一为有意义的整体，对想象的黑暗领域进行分类、强调、压制和照亮。"[②]对传主进行解释，是传记的要素之一，在二十世纪以前，解释已为许多传记家所重视，特别是像鲍斯威尔《约翰生传》、卢梭《忏悔录》那样的优秀作品，对传主的行为或人格的解释已非常成功，在当代西方传记中，解释已成为一种核心关注，它带来了一场"传记革命"。

这场"传记革命"的发生，在很大程度上受到弗洛伊德的影响，弗洛伊德写过一部《达·芬奇》，用精神分析的方法，分别依据达·芬奇同母亲的关系和同父亲的关系剖析了他伟大的艺术创造力和科学创造力的源泉。在这部著作的示范下，二十世纪三十年代，在西方传记中引起了精神分析的第一次浪潮，一些人盲从弗洛伊德，企图用俄狄浦斯情结解释一切传主，结果炮制了大量"垃圾传记"。不过一些传记家大家，如斯特拉奇、茨威格、莫洛亚等人，也或多或少地使用了精神分析的方法，并取得了一定的成功。他们的实践证明，精神分析可以为传记家有选择地使用。

艾德尔对精神分析进行过相当深入的研究，他写过一部《睡眠和梦的材料：文学心理学中的实验》(1982)，对一些作家及其作品进行深度心理分析，

① Leon Edel, *Bloomsbury: A House of Lions*, Philadelphia and New York: J. B. Lippincott Company, 1979, p. 13.

② Leon Edel, *Writing Lives: Principia Biographica*, p. 183.

提供了他们的心理画像。艾德尔认为，应当学习弗洛伊德对人们思想、梦想和幻想的洞识，否认精神分析就是否认现代人类知识很大一部分的内容，“文学不能被精神分析，但文学可以分析，作为方法，我们分析的过程大部分取自弗洛伊德，我称为文学心理学——这是传记家可以运用的心理学”①。

艾德尔认为传记家可以向精神分析学习的是：“传记从精神分析取来三种原理：第一，在人类的动机和行为，在梦、想象和思想中，存在无意识；第二，在无意识中存在某种被压抑的感情和生命状态，在有意识所创造的文学形式中，它们有时会进入感知在梦的形式中，这些感情是被改造和伪装的材料——常常是以神话和象征的状态被无意识所构建的原料，在故事、诗歌和戏剧的形式中，同样的原料被文学的敏感和气质利用巨大的文学传统，改造成为意识的艺术作品；第三，通过归纳的过程，也就是通过考察感觉中没有出现的、精神对事物的文字描述，我们可以发现更深刻的动机和意义，这对传记家和批评家都是有意义的。”②从这里可以看到，艾德尔强调的是无意识在作家生活和写作中的重要意义。但是精神分析并非传记唯一需要的。传记同心理学的关系已有很长的历史，在精神分析问世前很久所出现一些优秀传记，比如《约翰生传》也对传主的心理世界作出深入的分析，弗洛伊德及其追随者打开了探索心理世界的一种新的方法，但不是唯一的方式，精神分析并非万能。

艾德尔非常欣赏英国传记家西蒙斯(A. J. A. Symons)的传记《考弗的探索》，考弗是一位不太为人所知的作家，西蒙斯根据他留下的手稿进行了十分细致深入的分析，一步步揭示其生平和性格，具有侦探小说的魅力和紧张性。艾德尔从中得到启发，他说：“我建议的传记方法同福尔摩斯的方法有关，也同弗洛伊德的方法有关。”③艾德尔所主张的“福尔摩斯的方法”，是指

---

① Leon Edel, *Writing Lives: Principia Biographica*, p. 148.

② Ibid., pp. 148-149.

③ Leon Edel, *Telling Lives, the Biographer's Art*, p. 25.

福尔摩斯式的发现事物真相的技巧和综合、判断、推理的能力，这就是要把传主一生中的各种事实的材料尽可能收罗无遗，然后进行仔细的鉴别、分析和研究，"福尔摩斯的方法"也就是注重证据，避免主观臆断，在这样的基础上采用"弗洛伊德的方法"就获得了比较可信的基础。

艾德尔的传主都是作家，他特别重视这些传主的作品，将"福尔摩斯加弗洛伊德"的方法应用于传主的小说文本，从作品来考察作者的生活经历和心理发展，"把想象性的作品看作可能的'生活'材料"①。他认为，"狄更斯和亨利·詹姆斯的几乎每一部小说都反映了他们写作这些小说时的特定生活"②。"传记的秘密在于发现天才和他的成就之间的关系。一部传记如果没有发现传主的行为同其生活之间的关系，这部传记就没有切中目标，没有发现生活怎样造成这些行为，你就只有一些不成型的事件和闲聊。"他力图"说明创作的神秘的、魔术般的过程"③。

这形成了艾德尔传记的一种特点：把作家的生平同作品进行互证、互释。在这方面，艾德尔同莫洛亚、茨威格等人有很大的区别，他们也写了一大批作家传记，但对传主的作品文本并没有给予太多的注意，莫洛亚早期的名作《雪莱传》甚至没有提到传主的作品。艾德尔则像福尔摩斯那样，对传主作品中的每一个细节都不肯放过，都要找出其根据。艾德尔经常引用伍尔芙的一段名言："作家心灵的每一个秘密，他的生活经验，他的精神的每一种特征，大多写在他的作品中，然而我们需要批评家解释其中某一个，传记家说明另一个。"④他更具体地指出："在编写故事、使用词汇、形成风格的时候，一个作家也在表现着他的个性的存在和天才，最终，他的作品成为最高的传记。这就是我在寻找阅读的传记。对詹姆斯的小说、故事、评论、那些

① Leon Edel, *Henry James: The Master*, 1972, p. 19.
② Leon Edel, *Writing Lives: Principia Biographica*, p. 140.
③ Leon Edel, *Literary Biography*, p. 52.
④ Leon Edel, *Writing Lives: Principia Biographica*, p. 132.

难以捉摸的片断，以及虽然偶然但大量保存下来的文献，通过不断查找其平行的条目——如人名、地名、日期、相遇者、来者、去者、人物关系——我发现了失去的人物，以及在两者之间的作者，他具有充分的创造力，又对他丰富的经验加以精细地考虑。”①艾德尔坚信文学的风格就是人格，“把一部作品特征化，其结果是把作者特征化。我们探索一种文本，也就是探索一个心灵以及其激情和信仰”②。传主的作品就是他最好的传记材料。

艾德尔认为，要解释传主，就应当发现传主的“神话”。这里有两种神话：一种是人们的感官所能发现的神话；另一种是隐藏的神话，它们存在于无意识之中，传记家应当发现的是后者。以海明威为例，艾德尔认为现有的传记都没有揭示海明威隐秘的神话。海明威热衷于射击、钓鱼、喝酒，喜欢自我吹嘘，他争强好胜、想做“超人”，他好冲动，勇敢、单纯，富有男子汉气质，在艺术上追求简洁纯净，没有多少感情色彩，这些都是关于海明威的公开神话。但是海明威也有许多东西同他说的正相反，真正的男子汉是不需要时时显示自己的男子汉气质的，海明威则必须不断证明自己是最好的和最伟大的，这说明他有了麻烦，他感到不踏实、不稳定，他要拼命工作给自己提供一种永久的保证。这就是海明威隐藏的神话。隐藏的神话是同公众的神话和传主所提供的心理证据不一致的部分，它很难发现，很少见到暗示和因果关系，但是传主的作品就源于其中。因此，艾德尔这样阐明文学传记的任务：“把握隐喻后面忽隐忽现的幻象，触及拿着笔的那只手的冲动，这就是传记家所打算做的，虽然他知道他至多只能捕获某些瞬间，而且大多是重复。批评家解释和阐述笔下流出的文字，传记家在做这些事的时候，总是为了去发现驱动笔杆进行创造性活动的特定的心灵和肉体。”③

艾德尔写《亨利·詹姆斯》，就是把福尔摩斯的方法和弗洛伊德的方法

① Leon Edel, *Henry James: The Conquest of London*, J. B. Lippincott Company, 1962, p. 18.
② Leon Edel, *Writing Lives: Principia Biographica*, p. 141.
③ Ibid., pp. 133-134.

结合起来，把詹姆斯的小说文本同其经历结合起来，寻找隐藏的神话，力图把这位小说家的灵魂从他的作品中重新呼唤出来，发现这个“特定的心灵和肉体”。书中对詹姆斯的那种深入底蕴的探析几乎随处可见，鲜明地反映出艾德尔精致、细腻的风格。举例来说，艾德尔认为亨利·詹姆斯同他的哥哥威廉·詹姆斯(即那位著名哲学家)暗中的激烈竞争是影响亨利一生及其人格发展的最重要的因素，第一卷有一个名为“雅各和以扫”的场面就是讲这场竞争的一个片段。艾德尔把他们兄弟之间的关系比作《圣经·旧约》中的那两个人物，始终在为争夺“长子权”而斗争。艾德尔写了这样一件事：威廉1866年从巴西回来，亨利的背立即就痛了起来，也很少写作了。这年秋天，威廉也生了许多的病：背痛、眼痛、消化不良、心情压抑，这些病状直到他离家才逐步消失。第二年，威廉去了德国，亨利的身体立即逐步恢复，文学上也进入多产期，还挣了八百美元稿费。十八个月后威廉回来了，亨利的背又痛了，他不能读，不能写，不再发表作品。威廉去了亚马逊，亨利就感到舒服多了，“昆西街看来不能同时成为两位天才的舒舒服服的住所”①。兄弟俩表面看来互爱互敬，实际上他们在无意识中尖锐地对立着，碰到一起就出麻烦。

艾德尔还用这个时期亨利所写的三个短篇小说来证明他们之间的对立。一篇写两姐妹的竞争，她们生活在一个殖民地，都爱上一个英国人，结果妹妹如愿同英国人结婚，但死于难产，临死前她从丈夫那里得到保证，她的嫁妆被锁起来，为女儿保存。她死后姐姐嫁给了这个英国人，成为孤儿的继母，丈夫禁止她碰妹妹留下的衣服。这个姐姐最后偷到钥匙，丈夫在天亮时发现她死在妹妹留下的衣箱旁边，漂亮衣服散满一地，她脖子上有十个鬼魂的指印。第二个故事讲德格里地方的一位新娘拒绝了一个古老的家族对她的诅咒，把诅咒推给对方，她活了下来，但是结果反而造成即将成为她丈

---

① Leon Edel, *Henry James: The Untried Years*, J. B. Lippincott Company, 1953, p. 244.

夫的人的死亡。第三个故事是詹姆斯自己特别喜欢的,故事的主人公马克西姆是个快乐的恶棍,他不诚实,喜欢投机,他从欧洲回到美国,身无分文,他的一个同学西奥多像兄弟一样对待他,把他接到自己的主人家中,主人很有钱,喜欢两个年轻人,他本来已写好遗嘱让西奥多作继承人,马克西姆却骗取了老人的信任,取代了西奥多,老人把旧遗嘱销毁了,但在写出一份新遗嘱前就死去了,马克西姆剥夺了西奥多的权利,自己也没有得到。

艾德尔发现詹姆斯兄弟始终难以相容,相互敌视,亨利所写的小说也证明了这一点:"这三个故事的形境中都包含着两个密切关联和相互取代人物的角色调换:姐姐成为死去妹妹的丈夫的妻子,她要穿妹妹的衣服时自己死去了;德格里的新娘为了拯救自己,像吸血鬼一样,把注定要成为她丈夫的人毁灭了;马克西姆夺走了西奥多在一个有钱人家中的地位,掠得他朋友生来注定的权利:篡夺是这三个故事的中心。"[①]在亨利和威廉的无意识中,也都认为自己的合法权利被对方篡夺了。

在艾德尔之前,许多批评家们认为詹姆斯是一部写作机器,他脱离实际,整天固定在书桌旁写作,是一个没有血肉的人物,他的一生是一个没有激情的故事。艾德尔却通过这部传记证明,詹姆斯有着异常丰富和复杂的心理世界,是一位富有创造性的伟大艺术家。

三

在艾德尔探讨的理论问题中,"传记家同传主的关系正是传记活动的核心"[②],这是长期困扰着西方哲学界的主体性问题向传记理论的延伸。在传

① Leon Edel, *Henry James: The Untried Years*, J. B. Lippincott Company, 1953, p. 251.
② Leon Edel, *Writing Lives: Principia Biographica*, p. 14.

记中，事实上存在着两种主体：即作为创作主体的传记家和作为历史主体的传主，同小说中的虚拟主人公不同，传主是真实的历史人物，传记要求真实，这就使传记的主体性问题变得更加复杂，也对传统的传记理念发出了尖锐的挑战。人们公认，作家总是在他的作品中留下自己的痕迹，那么传记家是否也是这样，也在传记中留下自我的印记？莫洛亚是最早涉及这一问题的作家之一，他认为艺术是一种自我表现的手段，狄更斯写《大卫·科波菲尔》、司汤达写《红与黑》、巴尔扎克写《幽谷百合》都是在表现自我，正如福楼拜的名言："包法利夫人就是我。"小说家是这样，传记家同样是这样："传记是一种表现的手段，传记家选择传主来迎合他自己本性中的秘密需要"①，莫洛亚还以他自己的传记写作为例来证明：他写《雪莱传》就是为了表达自己青年时代的一种哲学理念和浪漫主义的感情，写《狄斯莱里传》则是为了表达一种"民主的保守主义"的政治教义。

问题正在这里：如果传记像莫洛亚所说，是一种自我表现的手段，那么它是否还具有客观性，是否能够真实地再现存在过的历史人物？传记家和传主的这种关系问题，是当代传记理论激烈争论的焦点。

艾德尔认为，传记家必须了解传主，要达到这一目的，传记家首先要了解自己，在某种程度上要把自己同传主同一起来："传记家在企图了解另一个人的生平之前必须试图了解他自己。然而我们很清楚，自我认识是不太可能的，而我们的两难处境是，要写一部好的传记我们必须在一定程度上把我们自己同传主同一起来。"②传记家同传主的所谓同一，是指身份的同一，目的是为了真正了解传主，每个人都有特定的社会和文化身份，传记家不能站在局外人的立场观照传主，而应当假定自己获得了传主的身份，站在传主的立场，设想着自己也处于传主的那种历史背景和生活形境中，推测在特定

① André Maurois, *Aspects of Biography*, Cambridge: The University Press, 1957, p. 111.

② Leon Edel, *Writing Lives: Principia Biographica*, p. 63.

的历史条件下，他的思想、情感以至心理活动，发现他之所以那样思考、那样行动的原因。

但是艾德尔也指出：传记家这样做的时候，并不意味着把自己同传主混同起来，他不能失去自我，他对传主始终要保持独立的判断和评价。传记家同传主的同一，就如同演员同他扮演的角色之间的关系："演员是一个角色的扮演者，他在舞台上进入人物的内部，并停留在那里，把他自己真实的自我全部掩盖起来。传记家也需要进入他的传主的内部，他有时使自己进入另一个时代，有时他改变自己的性别，一眨眼、一耸肩，他就有了别人的经历。但是任何时候，他都保留自己的心灵，自己的平衡感和自己评鉴的眼光。传记家必须温情而又冷漠，投入而又疏远。在评鉴的时候如冰一样冷，然而又是那么温情、富有人情味和同情心，这就是传记家的两难处境。"①

传记家同传主的同一，说明了两者之间一种深刻的心理联系，但是这种联系有一定限度和范围，并不是两者心理的混同，对传主的同情性的理解应当同客观公正的评价结合在一起，同情只能表现在对材料的选择和处理之中，在所使用的结构和话语以及叙事方式之中，而不能改变事实，不能违背传记的真实性要求，这确实是个十分困难的任务，从这个意义上说，"在传记家和他的传主之间存在着永恒的斗争，这是隐藏着的自我和展示了的自我、公开的自我同私密的自我之间的斗争"②。

关于传记家和传主的关系，艾德尔总结出四个原则："(1)他必须懂得人们梦想、思考和应用他们的幻想的方式；(2)他必须学做一个客观的'参与的观察者'；(3)他必须努力探究传主行动原因的更深入的真相；(4)他必须为他的传主的生活发现理想的文学形式。"③艾德尔一方面强调了对传主心理

① Leon Edel, *Writing Lives: Principia Biographica*, p. 41.

② Leon Edel, "Biography and Science of Man," in Anthony M. Friendson, ed., *New Directions in Biography*, Hollunono: University of Hawaii Press, 1981, p. 1.

③ Ibid., pp. 1-12.

世界的深入探索，另一方面也强调了传主的心理世界是客观的存在，传记家应当去发现它，而不是去杜撰它，传记家应当成为一个“客观的、参与的观察者”，一部好的传记总是意味着传记家对传主心理世界的一定程度的卷入，否则，作品就没有感情，不能打动读者；但传记家也必须自我控制，对传主做到总体上的不介入。

艾德尔特别提出，传记家要避免移情。“移情”(empathy)是个心理学术语，传记中的“移情”和“同情”是相反的心理活动，同情是站在传主的立场，设身处地为传主着想，更深入地理解他；移情是传记家站在自己的立场，把自己的某些心理移入传主，通过传主表述自己。艾德尔认为，莫洛亚所说的“传记家选择传主来迎合他自己本性中的秘密需要”就是“移情”，艾德尔反对传记写作中的移情：“当一位传记家同‘自己本性中的秘密需要’呼应时，他就把自己的感情关系同他的传主混同起来了——他有了麻烦了。”[①]传记家应当对他的传主有所同情，但是传记家如果要写出一个真实的传主，就不应当也不可能移情，“传记家要表现他或她本人，不是通过把个人的感情移入传主，而是通过传记的写作，通过赋形或叙述”[②]。

艾德尔不赞成莫洛亚的说法，在肯定斯特拉奇的成就的同时，他也对斯特拉奇进行了批评，艾德尔引用《斯特拉奇评传》的作者、当代英国著名传记家霍尔劳伊德所提供的材料来证明，斯特拉奇的作品中有一系列具有强大个性的妇女，这是斯特拉奇对生活的寓言，是他自己同母亲关系的戏剧化。斯特拉奇的母亲是有权势的贵妇人，意志坚定、富有决断、敢作敢为，这些方面正是《维多利亚时代名人传》中的南丁格尔；他母亲有一群孩子，沉溺于家庭生活之中，这就是《维多利亚女王传》中的女王；他母亲有统治能力，这就是《伊丽莎白与埃塞克斯》中的女王。换句话说，斯特拉奇把他对母亲的感

---

① Leon Edel, *Writing Lives: Principia Biographica*, p. 68.

② Ibid., p. 72.

受“移情”到这些女性传主身上。

关于传记中移情是否可以避免，理论界有很大争论，实际上，不同的传记家面对不同的传主，在不同的传记形式当中，会出现不同情况。艾德尔承认，移情常常难以避免，但是传记家还是应当努力克服这种倾向，他把传记家称作“有四只眼睛的旅客”，“他的基本工作就是通过他的传主陌生而又友好的眼光去观察，同时不断寻找他自己。对世界的两种观察的方法最终变成一个”①。

艾德尔在考察传记家同传主的关系时，一方面力图发现两者之间的心理联系，另一方面坚持传记的客观性，他不赞成移情，这同他反对想象材料、强调对传主的解释必须依据文本等主张一样，反映了他同样的理论立场。近三十年来，西方国家出现了大量研究传记的论著，后结构主义的各种学派介入传记领域，一些学者依据“互文性”、“作者死亡”、“语言的自主性”等理论，对传记进行消解，否认传记的客观性和传记作为一种独立文类存在的可能，得出“传记死亡”的结论，或是认为一切传记都是自传，传记不可能写出真实的历史人物。②

艾德尔的传记理论以自己丰富的实践经验为基础，避免了形式主义脱离实践的纯粹的理论推导，他强调传记的文学特征，也坚持传记必须以历史学和文献学为基础，保留其客观性，他既注意到传记的历史传统，也适应了现代理论，特别是现代心理学的发展，探讨了新的问题。艾德尔作为传记界的领袖人物，痛感传记理论的落后，曾提出建立“传记诗学”的建议，这是十分艰巨的任务，需要许多人的共同努力，艾德尔则是迄今为止这一领域中最重要的开拓者。

2003 年

---

① Leon Edel, *Writing Lives: Principia Biographica*, p. 227.

② 参阅拙文《自传死亡了吗？——关于英美学术界的一场争论》，《当代外国文学》2001 年第 4 期。

中国传记的文化考察

胡适多次提出这样的观点:“二千五百年来,中国文学最缺乏、最不发达的是传记文学”[①],梁启超、郁达夫、朱东润等前辈学者和传记家也都表示过类似的看法;但也有一些学者持不同的意见,比如有人认为“我国的传记文学发达甚早,可以说是源远流长,并且数量繁富、体裁多样”,是“一份丰硕珍贵的遗产”[②]。

对中国传记文学的总体评价可以从两方面考量。一方面,中国传记史上出现过《史记》这样伟大的作品,但除《史记》、《汉书》、《三国志》与《后汉书》等“前四史”外,中国传记作品,无论史传或杂体传记,佳作都很少,更没有出现具有足够篇幅、能够完整叙述传主一生的长篇传记,传记的成就同诗歌、小说等文类的成就都无法相比。不过从另一方面看,中国又是传记大国,中国的历史学十分发达,所谓“二十四史”,如果把《新元史》和《清史稿》再算上,这“二十六史”相当系统地记录了中华文明发展的历史进程,世界上没有其他任何一种文明被这样完整地记录下来。“二十六史”以纪传为主体,共收录了四万五千人的传记资料,这四万五千个人物,就是中华民族历

① 胡适:《在台湾省立师范学院的讲演》(1953 年 1 月 12 日),刘绍唐编:《什么是传记文学》,页 230。

② 《中国古典传记》,上海文艺出版社,1982 年,页 1。

史的精英和代表。以人物传记的形式来叙述自己漫长的历史,世界上也只有中华民族,因为中华文明不但历史悠久,而且从未中断,这就形成了深厚的传记积淀和强大的传统,美国诗人和哲学家爱默生(Ralph Waldo Emerson)说过:“严格说来,没有历史,只有传记。”这句名言用于中国历史尤为适用。从这个意义上说,中国的传记具有重大的意义和无可替代的价值。

一百多年来,西方学界关于传记文类的归属问题进行了长时间的争论:传记究竟属于历史学还是文学,争论的双方各执一词,难有定论,后结构主义诸如“互文性”、“作者死亡”等理论的出现,把问题更加复杂化。[①] 其实如果把传记看作是一种文化,就可以避开那些脱离实际、永远无法得到结论的争论,而对传记本体可以得到更深刻的认知和把握。

“文化”是一个众说纷纭的概念,如果把社会当作一个完整的体系来考察,文化则是对一种特定生活方式的描述,它是一种符号系统,表达了某种意义和价值标准。仔细考察一下中国文化的各种表现形式就可以发现:无论是精神文化、物质文化还是社会结构,无论是文学、戏剧、伦理,还是宗教、民俗、建筑,以至山水景观、政治机制……到处是历史人物或明或隐的身影和巨大的影响,到处可以发现传记的材料。这也是其他民族的文化中很少见的。从这个意义上说,中国文化是一种传记文化。

本文即从文化和比较文化的角度考察中国传记史中下列使人困惑的问题:

第一个问题是,中国古代传记在西汉出现一个高峰,其后就不再出现;其后唐代是中国封建社会的鼎盛期,唐代文化取得极高的成就,各种文艺形式和历史学都得到高度发展,但是唐代却没有出现什么优秀的传记作品。

第二个问题是,从传记角度看,《史记》已经相当成熟,并且影响了中国

---

① 参阅拙文:《自传死亡了吗?——关于英美学术界的一场争论》,《当代外国文学》2001年第4期。

的小说技法，但是《史记》的传记方法未能为后代传记所继承和发扬，相反，传记始终停滞不前，多为扬善隐恶，刻板老套。

第三个问题是，在传记领域以及思想史领域，自传具有特别重要的文类意义，而中国自传尤其落后，不但数量很少，更缺乏佳作。

一

探讨第一个问题时可以发现一个有趣的现象：同西汉出现的传记高峰大体同时或者说稍后，在遥远的西方，在罗马帝国同样出现了一个传记高峰。在这双峰并列之后，无论中国还是西方，都进入了一个长时期的传记沉寂期。

传记的繁荣取决于两个因素：一个是历史是否为传记家提供了写作的对象，一个是时代的文化及价值取向是否为传记家提供了写作的氛围。

西汉传记和罗马传记，它们的出现离不开那个培育它们的伟大时代，无论司马迁《史记》和班固《汉书》，还是普鲁塔克《希腊罗马名人传》、塔西佗《编年史》和《历史》以及绥通纽斯《十二恺撒传》，那种雄大的气势和开放的心态，只能出现在西汉和罗马那样疆域辽阔、国力强盛的伟大帝国之中。

《史记》专家李长之指出，司马迁同他那个时代具有精神的一致性：

> 驰骋，冲决，豪气，追求无限，苦闷，深情，这是那一个时代共同的情调，而作为其焦点，又留下一个永远不休的记录的，那就是司马迁的著作。[①]

在汉武帝统治下，出现的是中国历史上空前庞大而强盛的帝国，版图的

① 李长之：《司马迁的人格与风格》，开明书局，1947 年，页 23。

扩张、国力的强大，激发着人们的想象力，为《史记》这样气势恢宏的伟大作品提供了氛围。这个时代精神的核心，李长之认为是自然主义和浪漫精神的结合，司马迁是一个“自然主义的浪漫派”（同上），更准确地说，这是以“自然主义”为基础的浪漫主义，其实质不在那种脱离现实的幻想，而是立足于现实，以充沛的激情和理想主义观照人生。[①] 司马迁就是这种精神的体现者，人们公认他“好奇”，他笔下最成功的就是那些富有个性、特立独行的人物，如项羽、荆轲、孟尝君等。人们也公认司马迁的人物多有悲剧色彩，这固然同他个人的遭遇有关，但更多的是体现了同命运抗争的悲壮，只有在那种充满追求、不甘屈服的时代才能感受到人生的这种况味，在《史记》中，书写主体、文本主体和时代精神都显示出鲜明的一致性。西汉的浪漫精神到了东汉已经熄灭，其后在越来越严酷的封建道统束缚下，浪漫精神和浪漫文化虽然也时有所现，但那种自然主义的浪漫精神从整体而言已不可能复活，也不可能产生司马迁这样的作家和《史记》这样的作品。

在西汉之前，中国经历了春秋、战国的动乱，其间烽火狼烟、刀光剑影，也有诸子并世、百家争鸣，出现了中国历史上最伟大的一批军事家、谋略家、思想家。秦始皇一统天下，成为“千古一帝”，但是秦王朝二世而亡，此后群雄并起、刘项争锋，最后西汉帝国建立，社会发生巨大的变革，这是中国历史上最有声有色的三百年，司马迁笔下那些最生动、最出色的人物，正是这个时代所提供的；没有这一段历史提供素材，即使是司马迁这样的天才，也不可能写出《史记》这样的作品。汉武帝在位五十多年，这一时期是中国文化思想的转折期。西汉初期经过文景二帝的休养生息、开明的社会和经济政策，到汉武帝的时代已经是国力大盛，中国文化进入了一个总结的时代：汉武帝听从董仲舒的建议“罢黜百家，独尊儒术”，把儒家经学作为意识形态定

① 丹麦文学史家勃兰兑斯在其名著《十九世纪文学主潮》中把十九世纪英国浪漫诗人拜伦、雪莱等人称为“自然主义”，具有相似的含义。

为一尊的指导，这是思想的总结，瑰丽铺陈的汉赋继承《诗经》和楚辞的传统，而又结合时代的特点予以发扬光大，这是文学的总结；以刘向的《说苑》为代表，是学术的总结；《史记》“究天人之际，通古今之变，成一家之言”，则为统率这个时代的精英人物作出历史的总结。

罗马的情况与西汉有类似之处。罗马是个庞大的世界性帝国，横跨欧、非、亚三洲大陆，如此辽阔的版图是依靠一次次血腥的战争所征服的，军事将领成为罗马最有权势的人物，要维持其统一就必须高度集权，这又引起罗马内部激烈的斗争，斗争的结果总是强者获胜，成为实际的统治者，罗马先后出现了庞培、克拉苏和恺撒组成的“前三头同盟”和屋大维、安东尼和李必达结成的“后三头同盟”，最后屋大维消灭了对手，成为唯一的统治者，公元前27年建立了罗马帝国。尖锐复杂的政治和军事斗争成为罗马的特色，叱咤风云、所向披靡的将领常常又是能言善辩、惯用诡计的政客，他们既在元老院中滔滔不绝地雄辩，又会率领令人生畏的罗马军团征伐四方，罗马是精英统治的社会，罗马的精英左右着历史，他们为传记家提供了最好的素材。

罗马同样是个文化总结的时代。罗马是西方古代社会的终结，罗马文化同希腊文化有着血缘的关系，罗马人一方面从希腊文化中汲取了养料，另一方面又弥补了希腊文化的不足，承担起总结历史的任务。罗马的历史学不再像希腊历史家那样记录见闻，他们对历史进行清理和总结，出现了李维(公元前59—公元17)《罗马史》那样的著作；罗马人对世界的一大贡献是法律，罗马法起源于公元前七世纪的王政时期，此后不断修订，到东罗马帝国皇帝查士丁尼执政期(527至565)发展到成熟阶段，至今影响着西方以至世界许多国家的法制；罗马人的另一大贡献就是传记，出现了普鲁塔克、塔西佗和绥通纽斯三大传记家。特别是普鲁塔克，他把一个希腊人同一个罗马人进行比较，现存的文本中就达二十三对之多，这样的写作方法是前无古人、后无来者，《希腊罗马名人传》同罗马竞技场一样，显示出罗马文化宏大、壮丽的精神，只有罗马人才有资格和气魄纵观两个民族漫长的历史，把两个民族的精英进行比较和评判，相比之下，他发现了两个民族气质的不同：希腊人比罗马人单纯，甚至带有几分天真，他们相信命运，干什么似乎都从容不迫，具有艺术家的性格；罗马人对财富、荣誉、女色等似乎具有更强烈的欲望，他们常常是天生的政治家和军事领袖，更善于思考和处理那些复杂的形势，更善于付诸行动。普鲁塔克是在写传记，更是在总结历史，在剖析希腊人和罗马人即古代世界两个伟大民族相异又相似的命运。

西汉之后的唐王朝和罗马之前的希腊，同样是伟大的时代，同样创造出灿烂的文化，但是这两个时代并没有出现伟大的传记作品。其中的原因在于时代精神的差异：传记是对历史，也是对作为历史主体的人的认知和总结。希腊和唐代都是创造而不是总结的时代。

希腊人创造了伟大的文明，他们有无与伦比的创造精神，有无数天才的发现和发明，创造出让后人无比景仰的艺术、哲学和科学。但是，希腊毕竟是一些实行城邦制和民主制的小国（希腊的心脏雅典还不到十万人口），希腊文化体现的是希腊精神（Hellenism），希腊精神是灵与肉、理想与现实、个人与城邦之间的和谐，希腊人不可能是以武功见长、建功立业的英雄人物（亚历山大大帝毕竟出现于希腊本土之外的马其顿）。

希腊是小国，伯里克利在雅典执政的黄金时代只有短短的几十年，希腊人还不可能聚集足够多的素材来进行总结。希腊有发达的历史学，希腊出现了西方“历史学之父”希罗多德，他写出了史学名著《历史》（又名《希波战争史》），另一位著名历史学家修昔底德（公元前460—公元前400）写出了《伯罗奔尼撒战争史》，这两部历史著作都是断代史和战争史，都具有“纪实”意味，从内容看，作者没有也不可能对民族的历史进行宏观的总结。

希腊高度发达的民主制度决定了希腊文化是一种公众文化，戏剧是在酒神剧场对全体公民演出的，诗歌是在婚礼或庆典中当众吟唱的，雕塑是在公众场所陈列的，希腊人不承认公民中有什么精英，他们只崇拜和纪念希腊神话和荷马史诗中的神和英雄，现实中的希腊公民是平等的，多数官员靠抽签产生，公民也可以随时罢免他们，希腊喜剧可以挖苦和嘲笑任何人，喜剧家阿里斯托芬现存的作品里就嘲弄了伯里克利本人，希罗多德的《历史》和修昔底德的《伯罗奔尼撒战争史》中也没有突出任何个人。希腊文化的公众性不适宜以个人为对象的传记。

唐帝国的时代精神虽然也有着强烈的浪漫主义因素，但并不适宜传记。帝国建立后不久出现了所谓的“盛唐”，中国封建社会进入了鼎盛期。稳定的社会结构，迅速发展的经济，开明的政治制度，向唐代士子展现了光明的前程。唐代知识分子最重要的人生课题是建功立业，帝国疆域的开拓激励着人们放马边塞，依靠真刀真枪博取功名富贵和青史留名，同时科举制度的日益完善也诱惑着一帮士子实现金榜题名，“春风得意马蹄疾，一日看遍长安花”。唐代文化建设也取得空前成就，诗歌、音乐、绘画等艺术品类在这时都得到高度繁荣，唐代文化的一个重大特点就是其创造性，唐人决不愿意摹仿。传说李白登上黄鹤楼，读到崔灏的名句“黄鹤一去不复返，白云千载空悠悠”就感叹道：“眼前有景道不得，崔灏题诗在上头”[①]，这就是唐人不屑雷同、立志创新精神的写照。

至少在古代，传记属于总结而不是属于创造的，唐代文化在哺育和制造英雄，而不是崇拜和叙述英雄，所以唐代没有出现《史记》、《汉书》那样的作品。而且唐人对《史记》并不很重视，评价也不高，史学家如刘知几对司马迁批评多于表彰，唐代出了无数诗人，但很少像后代诗人那样在诗歌中歌咏《史记》人物的，韩愈对司马迁的评价是有代表性的：“汉朝人莫不能为文，独司马相如、太史公、刘向、扬雄为之最。然则用功深者其收名也远，若皆与世沈浮，不自树立，虽不为当世所轻，亦必无后世之传也。”[②]在韩愈心目中，司马迁同司马相如、刘向、扬雄等人一样，不过是个会写文章的人而已。一个

① 辛文房：《唐才子传》。

② 韩愈：《答刘正夫书》，《昌黎先生集》卷一八。

需要创造、高扬创造精神的时代，是难以理解总结的价值和意义的。

二

时代精神同传记有密切的关系，文化传统同样在影响着传记，如果说时代精神如同横向坐标，那么文化传统则是纵向坐标，传记就在两者的交汇点上。

比较一下中国传记史和西方传记史，可以看到种种鲜明的区别，其背后则是文化传统的差异。

《史记》被公认具有“实录“的精神，真实是传记的灵魂，但是传记家能否写出真实，这并非传记家的主观意愿所能决定，它也受制于时代的文化思想和意识形态。中国长期占据主流地位的儒家哲学，主张“人之初，性本善”的“性善论”居于统治地位，人的本性为善，即使犯下过错，也是可以改正的，现实中的人通过道德的改善可以成为“圣贤”，即所谓“人皆可以为尧舜”(《孟子·离娄下》)。这种性善观对传记书写产生了深远的影响。

司马迁被班固批评为“是非多谬于圣人”，但司马迁对孔子还是十分崇敬，也部分地吸收了儒家思想。《史记》并没有掩饰对传主的臧否，不过，司马迁对自己同情的那些传主，还是有所维护的。所谓“互见法”就是例证。某些传主可能在几篇传记中出现，一般说来，司马迁在其本传中写其主要事迹，次要事迹则一笔带过，比较详细的叙述则放在其他什么人的传记中，同时提醒读者“事见某传”或“语见某传”。司马迁采用“互见法”，一个目的是为了避免叙述时枝蔓过多，妨碍读者对传主生平和人格的了解，但是如果仔细推敲，也可以发现，在本传中回避掉的东西常常是司马迁有意为传主回避的东西，比如项羽的一些暴行在《项羽本纪》中就不写，而散见于《高祖本纪》等篇；信陵君是司马迁最为推崇的人物，但他未能及时救援秦王追杀的魏武,犯下严重错误,对这一事件《信陵君列传》也不载,放到了《范雎蔡泽列传》中。

在司马迁之后,中国传记中的忌讳就越来越多,中国是一个幅员辽阔而又自给自足、闭塞的社会,两千年的封建制度形成了一种超稳定的社会结构,一切变革都十分缓慢,社会的僵化带来传记的僵化,封建统治者把原本活泼生动的人生哲学孔孟学说变成了僵死的教条,用"三纲五常"束缚着现实生活中人的个性发展。另一方面,统治集团把传记用作道德教诲的工具,也不允许传记中出现超越意识形态所规定的人格模式,许多传记不是如实写出传主,而是把传主纳入道德的规范。如刘知几所说的:"惟闻以直笔见诛,不闻以曲词获罪"①,"为尊者讳,为亲者讳,为贤者讳"成为传记的通病,隐恶扬善、文过饰非成为多数传记的通病,史学家汪荣祖说得好:

> 即《史通》所谓"其书名竹帛者,盖记善而已",即偶尔记恶,辄渲染其恶,亦存惩劝之意,然则善同圣贤,恶比修罗,俱非真人,盖真人善恶兼具,短长相间。求传主之真相,不亦难乎。②

这样的传记脱离传主的实践,不需要从运动的角度来观照。这也带来传记方法的退化,司马迁那种"有似两手分书,一喉异曲,则又莫不同条共贯、科以心学性理,犁然有当"③的立体化的、多角度的写作方法,在传记中再难出现。对人物是一种静态的叙述,其结果,人物不再是"圆形的",而成为"扁平的",所以中国古典传记大多也如同八股文章,单调、乏味、毫无个性,这成为传记的常态。这就是梁启超所说的:

---

① 刘知几:《史通》,"曲笔第二十五"。
② 汪荣祖:《史传通说》,中华书局,1989年,页100。
③ 钱锺书:《管锥篇》第一册,中华书局,1979年,页275。

> 今中国之史，但呆然曰：某日有甲事，某日有乙事，至此事之何以生，其远因何在，近因何在，莫能言也。其事之影响于他事或他日者若何，当得善果，当得恶果，莫能言也。故汗牛充栋之史书，皆如蜡人院之偶像，毫无生气，读之徒费脑力。[①]

中国传记的这种弱点，在西方传记中就少得多，这同文化传统有关。宗教是文化传统中一个十分重要的因素，对传记的发展有着重要的影响。罗马后期出现的基督教在一定意义上决定了西方传记主流发展的方向。

基督教最重要、影响最深远的教义之一是“原罪”说。所谓“原罪”，即原始的罪恶，这种罪孽是由人类的始祖亚当和夏娃所犯下的，他们不听上帝的话偷吃了“智慧之树”的果实，被逐出伊甸园来到人世，他们的子孙继承了这一罪过，一代代传下去，“我是在罪孽里生的，在我母亲怀胎的时候，就有了罪”。[②] 按照基督教教义，人们不但有“原罪”，而且在生活中还会继续犯下各种各样的罪行，在上帝面前，人人都是有罪的。这已经成为基督徒普遍的集体无意识。

既然人皆有罪，在基督教文化影响下的传记原则上并不回避传主的缺点、弱点和犯下的罪过，或者说，写出传主的罪过是符合基督教教义的。《旧约》的传记作品中就记录了那些希伯来最伟大的君王所犯下的罪过，比如《撒母耳记》中写到扫罗为王以后，变得傲慢自大，原本善良的天性被恶所腐蚀，逐步堕落，他听到民间歌颂勇士大卫的歌曲，就十分嫉妒，萌发杀机，不顾大义，企图置大卫于死地，但是他的良心又因此受到折磨，十分痛苦，以至精神失常，他最后死于战场、以身殉国，才得到解脱。大卫是希伯来人最崇敬的英雄，但是他继任王位以后，也同样犯下罪过：他看中了大将乌利亚的

---

① 梁启超：《中国之旧史》，《梁启超全集》第三卷，张品兴主编，北京出版社，1999 年，页 737。

② 《圣经 · 旧约》，“诗篇”五十一章。

妻子拔示巴，乌利亚在外御敌，他却把拔示巴带回宫中，并使她怀孕，为了掩盖丑行，他召回乌利亚汇报战事，目的是让他和妻子同房，这一诡计为乌利亚严辞拒绝，大卫王不惜借刀杀人，设计派乌利亚孤军深入，让他死在敌人手中，自己就此霸占了拔示巴。民族英雄和贤明君王居然也会犯下这样罪恶的丑行，《旧约》对此并没有任何隐瞒，这在其他民族古代传记中是很少见的。

西方文化和西方传记的另一个源头在希腊。希腊是一个实行民主制的城邦国家，公民之间是平等的，官员是公民选举产生的，并不享有多少高于常人的权势。希腊文化充满民主气息和怀疑精神，在喜剧中（比如阿里斯托芬的《蛙》）甚至可以对在位的官员（比如当时雅典的执政官伯里克利）和在世的名人任意讽刺挖苦，竭尽嬉笑怒骂之能事。希腊传记中对后代影响最大的是柏拉图写作的关于苏格拉底的三篇回忆以及以苏格拉底名义出现的其他对话录。在这些作品中，柏拉图显示出对老师发自内心的崇敬和热爱，写出他的种种美德，但是柏拉图也写到苏格拉底外表的丑陋和衣着的褴褛，这虽然也反衬出他的谦逊、平和和智慧，但还是充分体现出对真实的追求，这同《圣经》传记的精神是一致的。

从源头开始，西方传记原则上并不回避传主所具有的弱点、缺点和罪过；当然也有一些例外，比如中世纪的“圣徒传记”就按照宗教教义只描述传主的德行，不过这时传主并不是世俗的常人，而是宗教中的圣徒。在西方传记中更多地见到具有多重性格或性格丰满的“圆形人物”，西方传记中也免不了种种忌讳和对传主的美化，但是相比中国传记还是要少得多。《约翰生传》是西方现代传记的奠基之作，有着重大影响，作者鲍斯威尔对约翰生非常崇敬，但《约翰生传》中也有相当多的篇幅写了这位老博士种种可笑的怪癖和不近情理之处，写了他的饕餮贪食而吃相不雅，外貌难看而衣着邋遢，但这些并没有妨碍鲍斯威尔所描写的他性格中那些让人感到可敬可爱的方面，鲍斯威尔竭力写出人性的复杂和多样，这对现代西方传记起了一种示范的作用。

基督教认为人生来有罪,因此人生就是一种“救赎”,是人在上帝的指引和感召下弃恶向善的过程,弃恶向善既是一种心灵的历程,更是一种实际的行动。既然人的本性是可以改变的,并且是通过行动实现这种改变,所以西方传记也更多地从运动、行为的角度来观察和描写传主,如《撒母耳记》中扫罗和大卫的个性都是在变化的,这样的描述同“圆形人物”的模式相适应,西方传记中可以见到更多的这种动态描述的方法,即写出传主性格发展变化的过程,虽然也有以静态方式描述“扁平”传主的,但从总体而言,基督教的教义有助于传记用动态的方式来描写圆形传主。

基督教的“原罪说”到了现代逐步丧失其影响力,在一定程度上被精神分析所取代,精神分析的核心俄狄浦斯情结是指人们婴儿时期就产生的对父母的性愿望,按照弗洛伊德的说法,这是人类共同的天生的原始欲望,对文明人来说,因为它违背了道德,所以被压制在无意识之中。对西方人和西方传记家来说,俄狄浦斯情结的理论同“原罪说”有其共同之处,或者说是一种“现代原罪说”,就比较容易接受。这样无论在他传还是在自传中,俄狄浦斯情结和性冲动都成了叙写和解释传主的重要内容,这样在西方传记中那种对传主进行隐讳的倾向再一次受到巨大的冲击,二十世纪西方传记革命的兴起和传记繁荣与此有重要关系。

三

同一般传记或他传相比,中国自传就显得更加落后,这是中国历史文化语境的产物。

中国主流意识形态形成了一种非常不利于自传发展的文化环境:中国式的封建专制要求个人必须服从于家族、社会和国家的整体利益,在强大的国家机器前面，个人的意志、感情和利益都是无足轻重的，这种对个性的压制极大地限制了自我的发展，也从根本上取消了自传的生存空间；中华民族传统的价值取向和思维方式同样不利于自传的发展。孔子对他的学生就提出过一个很重要的要求："君子欲讷于言而敏于行"（"里仁"），"我欲载之空言，不如见之于行事之深切著明也"。[①] 这种少说多做的要求完全符合一个农业民族的价值标准和人格要求，也成为一种文化传统。影响中国文化思想的主体除了孔孟之外，还有老子和庄子，这两位"东方的懒惰圣人"[②]给中国知识分子和民族人格的形成同样产生极大影响，所谓"儒道互补"构成了中国传统意识形态的主体。孔孟学说中的消极、退守的方面，正好同老庄学说合流，老子主张"无为"，回归于"婴儿"或"赤子"以求全身，庄子主张取消一切矛盾和是非以求解脱，按照老子说的"知者不言，言者不知"（《道德经》，五十六章）和庄子说的"生而不悦，死而不祸"（《秋水》），一切精神活动和文化活动都是毫无意义的，更何况去记述自己的生平，这同孔子要求的"讷于言"一样，都从哲学的高度否定了自传的价值和意义，也造成了中国自传的落后局面，这表现在以下几个方面：

第一，缺乏自传传统。严格意义上的，或者说标准的自传作品中国古代很少出现。如果把书信、日记、游记这些边缘形式的传记文类撇开不论，可以把中国古代自传分为四种形态[③]：第一种是所谓"书序"，是作者为自己的某一作品所写的序言或所作的说明，其目的虽不在叙述生平，但其中也包含了作者生平的内容。司马迁的《太史公自序》即属此类，也是中国自传的奠基之作，其他还有刘知几的《史通・自叙》、王充的《论衡・自纪》、李清照的《金石录・后序》等。第二种是抒情、明志或实用性的散文，其中包含作者的

---

① 见《史记・太史公自序》。

② 胡适：《我们对待西洋近代文明的态度》，《胡适文集》第一卷，欧阳哲生主编，北京大学出版社，1998 年，页 6。

③ 参见川合康三：《中国的自传文学》，蔡毅译，中央编译出版社，1999 年，页 14—204。

生平,但不以叙述生平为目的,如曹操的《让县自明本志令》、陶潜的《五柳先生传》、欧阳修的《六一居士传》等。第三种是作者生前为自己死后所撰写的墓志铭、祭文、挽词之类,其中名家之作如陶潜的《自祭文》、杜牧的《自撰墓铭》、白居易的《醉吟先生墓志铭》(作者存疑)等,文中包含了作者的家世、功名、著作等内容。第四种是比较正式的自传,如陆羽的《陆文学自传》和刘禹锡的《子刘子自传》,作者在文中自述一生。考察中国自传史,大部分作品和影响最大、最著名的自传作品,都属于前三种,而它们并不是本来意义上的自传,因为它们的写作目标不在于自叙生平,严格意义上的自传作品只有第四类,而且数量很少,也鲜有名篇。

第二,没有出现自传巨著。自传虽然不可能像他传那样写出一个人完整的一生,但自传要比较完整地写出作者的一段生平总是需要相当的篇幅。在西方,虽然自传的发展落后于戏剧、小说等文学形式,但在古代罗马时代末期就出现了奥古斯丁《忏悔录》这样的巨著;到十八世纪自传兴盛,除其奠基作卢梭《忏悔录》(1764—1770)外,还有富兰克林的《富兰克林自传》(1818,生前未出版)、歌德的《诗与真》(1811—1833)、赫尔岑的《往事与随想》(1852—1868)、亨利·亚当斯的《亚当斯的教育》(1906)等自传巨著问世。在中国,清代沈复(1763—?)的《浮生六记》可能是最长的一篇自传,但现存的也只有三万六千余字,而且从其文体看,显然脱胎于明清笔记,自传的特征还不很完备,内容还比较单薄。[①] 中国比较严格意义上的长篇自传的出现还是二十世纪以后的事,其中是否具有重大自传文类价值的巨著,也还有待讨论。

第三,自传意识不明确。记述作者生平是自传最基本的特征,一位作者如果要记述自己的生平,就应当是一种相对完整的叙述,他应当真实地叙述

---

① 原作前四记为《闺房记乐》、《闲情记趣》、《坎坷记愁》、《浪游记快》,后两记《中山记历》和《养生记道》,存目佚文,分别写作者随从清廷官员出使琉球国的见闻和介绍摄生养性、处世待人的学问。

自己生平，向读者真实地袒露自己的心理世界，再现一个真实的自我。在中国古代自传中，对生平的完整的叙述并不多见，真实披露自己心理世界的作品就更加少见。多数作者的写作目的是对自我的美化或辩解，关于自己的生平和心理活动，也只说出自己愿意让人知道的那些内容，自传中充塞着隐瞒和忌讳。西方自传从其诞生之日起就反映出一种忏悔精神[①]，由于中国文化中没有基督教的那种罪感传统，中国古典自传中不存在这种忏悔精神，到二十世纪以后，在卢梭《忏悔录》影响下，中国现代自传中出现了种种忏悔话语[②]，但就其实质，仍然没有超越儒家传统的“自省”要求[③]，由于缺少对自我罪恶或不良方面的描述，就把自传变成一种自我辩护甚至自我标榜的手段，这种内在真实的缺乏，削弱了自传的本体意义，自传必定不可能对人性作出深刻的揭示，显示出自传意识的欠缺。

从文化的角度考察传记是个新课题，以上的考察可以得到启示：传记与其说是文学或历史学中的文类，不如说是一种文化的形式和载体，无论中国传记还是西方传记，其发生和发展的轨迹，其长短优劣和各自特色，都是一定的社会结构的产物，反映了文化传统和时代精神。

2007 年

① 参见杨正润：《论忏悔录与自传》，《外国文学评论》2002 年第 4 期。

② 参见杨正润：《中国自传：现代性的发生》，《中国现代文学传统》，南京大学中国现代文学研究中心编，人民文学出版社，2002 年。

③ 关于这一论点将有另文详论。

实现传记的现代化

自上世纪初开始，梁启超、胡适、郁达夫、朱东润等学界名流都先后一再呼吁重视传记文学，也取得了一定的效果。虽有种种曲折，中国传记还是顺应着时代的变革和读者的需要，得到了迅速的发展。这一百多年间传记形成两个高峰：一个是三十年代前后，另一个是“新时期”以降。特别是在后一阶段，这二十多年来我国传记出现了前所未有的繁荣局面。可以从一组统计数字看到我国传记发展的这一轨迹：从 1911 年到 1949 年，民国时期三十八年中我国共出版传记著作（不包含报刊发表的短篇传记，下同）3 403 种，平均每年约 90 种；从 1949 年到 1966 年，十七年总共出传记大约 380 种，平均每年约 22 种；从 1979 年新时期开始，八十年代我国每年出传记约 200 多种，九十年代初每年出版约 300 余种，从 1995 年起每年出版达到 400 种以上。目前的状况没有精确的统计，估计我国每年出版传记至少 1 000 种以上，这一数字已经超过了长篇小说。如果把传记也算成一种文学类型（这是有争议的问题）的话，传记已经成为中国文学中最大的一个文类，这同西方国家的情况是相似的。我国新时期的传记不仅包括了他传、自传、回忆录、年谱、书信、日记、游记、传记词典等传统形式，而且出现口述历史、画传等新形式。在传记研究方面，出现了多种中外传记史和传记理论专著。

但是对我国传记的现状也不容十分乐观，这里还有另一组数字：在英语国家，传记类读物的总出版量，早已达到全部出版物的5%；而在我国，每年出版书籍总数大约65—70亿册，传记估计恐怕还不到这个总出版量的0.1%。这个数字说明，传记作品虽多，但每种作品的平均印刷量却不大，也就是说传记的读者不是很多，影响还不是很大，特别是得到公认的优秀传记作品并不多见。

这种矛盾的状况，正是中国古代传记史的继续。中国历史上就是个传记大国，中国正统史学都是“纪传体”，也就是说历史学的主体就是传记，以正史中的“史传”为例，“二十六史”（“二十四史”加上《清史稿》和《新元史》）中出现的人物达到四万五千个，中国历史上几乎所有的精英人物和各个方面代表人物都被纳入其中，都有传记传世，这是世界上其他任何民族所没有过的。中国有着独一无二的“传记文化”，中国文化的许多领域，比如文学、艺术、宗教、景观、民俗、美食、语言等，到处可见历史人物的身影，可以发现传记的材料。但是在中国古代大量传记作品中，除《史记》，至多再加上《汉书》、《后汉书》、《三国志》等“前四史”，就没有什么经典之作。《史记》在传记写作中的许多成功经验为后代小说家所继承，却受到正统史学家的抵制。即便是《史记》，主要也是短篇传记的合集，中国历史上几乎没有出现过完整叙述传主一生的长篇传记经典。在自传领域，则更显贫瘠，虽然传记史家可以列举出司马迁《太史公自序》、陶潜《五柳先生传》等作品应对，但是这些作品篇幅都比较短小，而且也不是严格意义上的自传。因此可以说，除《史记》外，我国传记史上没有出现过可以同英国鲍斯威尔的《约翰生传》、法国卢梭的《忏悔录》、德国歌德的《诗与真》等作品相媲美的伟大传记或自传。我国传记同群星灿烂、名家辈出的诗歌、小说、戏剧相比，也不在一个等级。正是基于这样的原因，胡适把传记称作“中国文学里最不发达的一个部门”，其他许多前辈学者也表达过同样的意见。因此可以说，中国是一个“传记大国”，却又是一个“传记弱国”，传记多但佳作少见，这是我们不得不承认的一个事实。

造成这种状况的原因是非常复杂的。简单一点说，中国传记有两个主要弱点：一个是忌讳太多，以歌功颂德为能事；一个是重历史而轻人物，读来无味。针对这些弱点，古人早就有“谀墓”、“断烂朝报”之类讥刺，近人梁启超则批评传记成了“专门表彰一个人的工具”，“差不多变为修身教科书”。可是这些弱点至今并没有在我国传记中完全避免，对于现代读者来说，这样写出来的传记是缺乏吸引力的。

我国传记的现状同读者的需要以及精神文明建设的需要是不相称的。英国历史学家卡莱尔说过：“一个不知道崇拜英雄的民族是可悲的。”中国历史上有过那么多英雄豪杰、志士仁人，有过那么多思想和文化的巨人，如果我们的传记不能引导广大读者，特别是青年去熟悉、热爱他们，向他们学习，而是去崇拜影视明星，那也是很可悲的。传记是国民精神的表征，任何时代、任何国家，没有优秀的传记作品传世，就很难建设健康的国民人格。

要改变中国传记的现状，就应当克服传统传记的弱点，与时俱进，实现传记的现代化。为了达到这一目标，可以同时从两方面入手：一方面继承和发扬《史记》的优秀传统，包括其“实录”精神和丰富多彩的人物塑造方法；另一方面应当学习国外传记的积极成果。自二十世纪以来，西方主要国家出现了一场范围相当广泛的“传记革命”，传记取得很大成绩，也逐步成为文学批评中的核心关注，传记理论取得长足的进步。中国的传记家应当从中进行借鉴，确立更为自觉的、科学的传记理念。为了实现传记的现代化，作者应当注意以下问题。

第一，在冲突中再现传主，给读者讲述一个人的真实故事。

广大读者所需要的是那种既真实可靠又写出传主个性的、故事化的传记。有些传记为了吸引读者，就一味猎奇或揭露隐私，甚至捕风捉影，真真假假，哗众取宠，这违背了传记道德，也败坏了传记声誉。同样需要注意的还有另一种倾向：一些传记，特别是写当代人物或领袖人物的传记，只是编排传主一生事迹，把传记停留在年谱或编年史的层次，无视矛盾冲突的存在，或者把冲突简单化、表面化，依照教科书上或官方文件中的表述演绎历史背景。这也是司马迁以后中国的正史传记的通病。三国时代风云变幻、英雄辈出，是写作传记的好材料，但是陈寿《三国志》中的人物就远不如《史记》生动，正如清代史学家赵翼所说，这段历史和这些人物如果由司马迁来写，就不知道要精彩多少倍。这原因就在于陈寿对矛盾冲突的理解和叙述不够充分。

传主总是生活在外在的和内部的复杂矛盾之中，只有揭示矛盾冲突，通过场面和故事，传主的个性才能凸显出来。这就必须注意轶事和细节，优秀的传记家总是在细节和轶事的使用上显示出高人一等的见识，那些看来似乎无关紧要的东西，因为传记家适当的使用，会一下子散发出光彩。撒缪尔·约翰生有句名言："一个人的真实性格，从同他的一个仆人的简短谈话中可以得知的，比从那些从门第开始到葬礼结束的、一本正经的叙述中所能得到的要多得多。"司马迁的《史记》就显示出这种特点，可以回想一下，在他的笔下，《项羽本纪》中的"鸿门宴"、《刺客列传》中的"荆轲刺秦"等场景中包含着多少生动、详尽的细节描写。这样一部"究天人之际，通古今之变"的伟大著作，里面还几次写到小小的老鼠：《酷吏列传》写了张汤少年时"审鼠"的轶事；《李斯列传》开头也有一段李斯少年时观鼠的轶事。正统史学家讥讽司马迁"甚为肤浅"的地方，其实正是他的高明之处。我们有一些传记作者有着太多的忌讳，总是在有意无意地回避传主经历过的冲突，也不注意对轶事和细节的收集、考订、选择和使用，这样的传记自然枯燥无味，没有生动的人物和故事，自然无法吸引读者。

第二，对传主进行解释，说明他的命运和行为的动因。

传记不但要写出传主的生平和个性，还应当解释传主。司马迁已经懂得"知人论世"的意义，《史记》就常常通过"太史公曰"的形式对传主进行解释或评价。在现代优秀传记中，"解释"不只是一种文本指向，而且成为不可或缺的因素，"解释"成为传记家普遍的、自觉的追求和传记的一种要素。从浅层解释转为深度解释，这是现代传记的鲜明特点。鲍斯威尔写《约翰生传》就认真观察和分析了约翰生的心理世界，指出童年时代的苦难带给他的精神创伤，他不得不同自己内心深处的那种孤独感、负疚感和耻辱感进行顽强的斗争，鲍斯威尔对传主的这种心理解释使二十世纪的精神分析家也感到敬佩。斯特拉奇这位英国“新传记”的代表讲过一句名言：“没有解释的事实正如埋藏着的黄金一样毫无用处；而艺术就是一位伟大的解释者。”英国另一位重要传记家戴维·塞西尔进一步把“解释”看作是传记同小说的主要区别，他说：“小说家主要通过创造性显示自己，他尽其所能去创造场面和人物；传记家是通过解释显示自己，他竭力去发现一个既定故事的意义。”

解释是现代人的社会诉求，对于历史和历史人物，读者不仅希望知道“怎么样”，而且要求知道“为什么”。随着社会的民主化进程和教育程度的普遍提高，主体意识的强化，人文关怀愈益被普遍接受，清理历史、认识人和人性的要求更加迫切，对传主的解释也成为传记写作和传记阅读的重要目标。在西方现代传记中，一些传记家依据传统的社会—历史学的方法（即考察传主的生活道路和时代精神），另一些传记家则用精神分析或其他心理学方法，还有一些传记家综合使用各种方法，他们对传主的命运和性格、对他一生中那些看似费解的行为，以致他生活中一些通常被人忽略的小事，都尽可能地作出合理的解释。这里以几部西方传记名著为例。比如大仲马是人们十分熟悉的一位作家，他的《三个火枪手》和《基督山伯爵》等小说使他获得世界性的声誉，大仲马是怎样写出这样两部小说来的，莫洛亚在《三仲马》中就进行了解释：大仲马的父亲因为具有黑人血统而受到不公正对待，大仲马自己也因此受到歧视，这些在其无意识中始终是一种伤痛，《三个火枪手》的主题是一位勇敢而贫困的英雄同一个敌对的、危险的世界斗争，友谊给了他巨大的力量；《基督山伯爵》写了财富使人具有不可战胜的力量，这使得一个受害者得以复仇，这两部小说的主题就是大仲马一生的梦想、信念和追求。萨特的《家中白痴》是一部关于福楼拜的传记，萨特用精神分析和马克思主义相结合的方法来解释这位小说家：福楼拜童年时代曾被父亲斥为“白痴”，这使他产生了精神障碍，他不得不到小说的幻想世界中寻找解脱，他写了一位平庸的小市民女性包法利夫人，他说过“包法利夫人就是我”，实际上通过包法利夫人自杀的结局满足了自己的“受虐”倾向，也通过《包法利夫人》这部伟大的小说抗拒“白痴”这样的贬责，福楼拜的精神病又是社会疾病造成的结果，是人被资本主义社会所异化的表现。读者未必都能同意这类解释的方法和解释的结果，但是这反映了传记家的一种追求，它深化了对传主的认识，也加强了读者的阅读兴趣。那些平铺直叙、满足于表层记述的作品是不可能满足现代读者的需要的。

第三，选择适合自己的传主，对传主同情而不移情。

传记活动的主体包括文本主体和写作主体，即传记家和传主，两者的关系问题是传记活动的核心，也是当代传记理论研究的重点。美国当代传记理论家艾德尔认为：“在传记家及其传主之间永远进行着一场斗争，这是隐含的自我同显露的自我、公开的自我同私密的自我之间的一场斗争。”选择什么传主，对有关传主的大量史料如何甄别和选用，对传主又进行什么样的解释，这些都体现了传记家的自主性；传记家要表现自我，但是他又应当写出一个真实的人物，留给读者一段信史，让历史主体在文本中复活，这是一种矛盾，就如艾德尔所说，传记家同传主是在“进行着一场斗争”，他们相互依存又相互对立，传记家应当清醒地认识到并把握好同传主的这种关系。

传记家首先要选择适合自己的传主，古代史传编纂时除了帝王入传外，其他主要是根据官衔、地位、影响等确定传主，作者不过是奉命写作而无选择传主的自由，这种写作方式在一定程度上延续至今，一些传记作者也是奉命为某个人物作传。这样写作很难保证传记的成功。法国的莫洛亚是二十世纪西方最重要的传记家之一，他一生写作了十多部长篇传记，有“传记王”的美誉，他的作品至今在世界各地拥有众多的读者。莫洛亚传记中凡是写得成功的人物，如拜伦、雪莱、大仲马等，同莫洛亚的个性总有某些相似之处，都具有某种浪漫气质。但莫洛亚也有个别不成功的作品，比如《弗莱明爵士传》，传主弗莱明是发明青霉素而获得1945年诺贝尔医学奖的科学家。莫洛亚虽然为写这部作品花了极大的工夫，但是传主是一位严谨的科学家、正统而刻板的苏格兰绅士，这同莫洛亚的个性相差甚远，所以尽管莫洛亚在材料的收集方面用力甚勤，他也看了大量生物化学方面的书籍，甚至一步步重复弗莱明所进行的那些生化实验，但这部传记就没有写成功。同样的，司马迁的《史记》总共写了约四千个人物，主要人物约两百个，一半以上具有悲剧色彩，其中包括《史记》中写得最好的，如项羽、信陵君、屈原、韩信等人。司马迁自己的一生是悲剧性的，所以对历史上的悲剧人物，他给予了极大的同情，而且能够深入地探索他们的性格和研究他们的心理，准确地理解和描绘他们的命运。

这些例子证明，在某种程度上传记家需要把自己同传主同一起来，要站在传主的立场，为他着想，才能把握他的个性和人格发展的内在动力，发现他种种行为背后的原因，为他的性格和命运找出合理的解释。当传记家同传主在性格、气质、经历上有相同或相似之处时，就比较容易做到这一点；相反，如果传记家同传主在经历、个性、气质等方面相距甚远，就很难体察传主的心理世界。一些传记作者，什么传主都写，什么人是热点或是估计能成为卖点就写谁，写谁有好处就写谁，这样可以写出畅销书，但写不出优秀的传世之作，因为他无法真正进入传主的内心世界，发现他的秘密。

传记家还应当确立对传主的科学态度。传记家对传主的同情是难以避免的，这种同情并不可怕，甚至是需要的，因为这样才能达到对传主的“同情性的理解”；但是同情只能限于为传主设身处地着想，对他的所作所为有更深入的理解，决不能“扬善隐恶”，也不能把“同情”变成“移情”，即用自己的思想感情来取代传主的思想感情，把自己的感受和心理强加在传主身上。没有同情，传记只剩下冷冰冰的事实，不可能写出血肉丰满、有个性的、活生生的人物。如果“移情”，传记就失去了真实性，即失去了传记存在的基础和价值。

司马迁之前的六百多年，可谓气象万千、色彩斑斓，英雄豪杰纵横天下，这为《史记》提供了多好的材料，没有这段历史就没有《史记》。过去的一百多年，是中国历史上又一个波澜壮阔、生机勃发的时代，志士仁人前赴后继，这又给传记家提供了用武之地。传记是一种文化，新时代的文化建设不能没有传记，传记也必须跟上历史的步伐，写出更多体现时代精神并能满足读者需要的现代传记。

2007 年

中国现代自传与国民性

国民性(national character),也有民族性、国民人格等说法,指一个国家或民族多数成年成员所共有的、稳定的和反复出现的心理特质和性格特点,又可称国民性格或民族性格。美国社会学家 A. 英格尔斯(A. Ingalls)在其名著《民族性格》(1969)一文中又把它称为"众趋人格"。

国民性的概念不能代替个性。实际上,同为一国国民或是同一个民族的成员,生活在不同的环境中,性格上的差别是显而易见的;处于不同的阶级和阶层,不同地域、不同性别的人,在价值观、感情、思维方法等方面的差异是不言而喻的;即使是生活环境相同,也会有天性的差别。国民性是从国民的个性中概括出来的共性,个性可以丰富和补充国民性,但并不能取代国民性概念,比如说日本人有危机感、美国人天性乐观、英国人保守等,这些都是人们公认的。

关于中国人国民性问题的各种论说历时已久,鉴于这一问题的重要意义,各种不同立场、不同观点的人都加入其中,可谓众说纷纭、五花八门。大体说来,这些论说沿着三个方向进行:一个是用文学形象的方法描绘中国的国民性;另一个是用历史哲学的方法进行分析;再一个是用文化人类学(或社会学的方法)进行分析和研究。

本书试图开辟一种新的途径研究这一问题:以现代自传为对象,考察中国人所描绘的自我形象和表现出来的自我意识，从个别的叙述中看出国民性格的整体。

一、国民性：文学的描述

学术界和知识界通常是把鲁迅看作提出中国国民性问题的第一人，其实这是当时中国启蒙主义者的共同课题，鲁迅是其中论述最多，也最著名，影响最大的一个。

鲁迅提出国民性问题，受到了外国传教士一些著作的影响。十三世纪成吉思汗远征欧洲，西方对蒙古产生极大恐慌，罗马教皇和世俗统治者都想借助宗教的力量，阻止元朝大军再次西进，前后选派代表和传教士多名出使中国。其中最著名的是十三世纪意大利人马可·波罗和十七世纪的利玛窦，此后直到清末民初，来到中国的西方传教士有上万人之多，他们回国以后用各种语言写出了近千部有关中国的著作，其中除了描述中国的社会、经济状况外，也涉及中国人的性格问题。早期的传教士对东方的所谓"天朝大国"感到敬畏，他们笔下的这一异国形象基本是积极的、肯定的，随着封建专制社会的日趋老迈和没落，西方的中国形象也变得越来越破败和丑陋，对中国的国民性也出现越来越多的批评、攻击和嘲弄。

在这类著作中，对鲁迅影响最大的是史密斯(Arthur Henderson Smith，1845—1932)的《支那人性格》(现译《中国人德行》)。史密斯是一位美国传教士，参加过南北战争，大学毕业以后于1872年同妻子一道来到中国，取中文名明恩溥。他先后在天津、山东等地传教，并从事医药、教育、救灾等慈善事业，在中国一共居住了五十四年。史密斯写过两部关于中国的书，《支那人性格》是他在上海的英文报纸《中国北方每日新闻》上发表的一系列文章的汇集，1894年在纽约出版。此书后来被译成法、德、日等国文字，引起广泛关注，成为当时外国人了解中国的必读书籍。

史密斯对中国的态度总的来说是友好的，他的另一部著作《支那的上升》肯定了中国社会的进步。在他1906年返美为教会募捐期间，受西奥多·罗斯福总统的邀请出席白宫的午宴，他趁机向总统建议：把美国得到的庚子赔款退还中国，用于中国有益的事业，他还为此给罗斯福总统写了一封信。罗斯福给他回了信，接受了他的意见，也高度赞扬了他关于中国的著作。不久，在罗斯福总统的支持下，退还给中国庚子赔款的议案在美国国会顺利通过。后来中国用这笔钱创办了清华大学并派遣大批留学生去美国留学，史密斯在这一问题上对中国的巨大贡献是不应抹杀的。

《支那人性格》是史密斯积来华二十二年之功对中国人和中国文化的观察而写成的，上涉宫廷贵胄，下至平民百姓，远及古代文化，近观日常起居，他都有所分析和思考。书中论说的中国的国民性，有长有短，长处如孝顺、坚韧、节俭、勤劳等。缺陷则更多，比如容貌丑陋、男子长辫、女子小脚；缺乏公共精神和公德，不守时刻、不懂礼貌、爱好嫖赌；与人相处不诚实，要面子、好猜疑、善于欺瞒；个性麻木不仁、缺乏同情心，虽然有时显得慷慨仁慈，但又会溺婴杀生，见死不救，虐待动物；此外还很守旧，盲目迷信古代，等等。

史密斯的有些观点是入木三分的，比如他指出中国人特别好面子，只要给足了"面子"，什么事都好办。在这里，"面子"一词不是简单指人的脸，而是具有非常复杂的含义，"中国人作为一个种族，具有强烈的作戏的本能"[①]，"面子"是明白中国许多事情的钥匙。中国人喜欢演戏，把自己当作戏剧里的一个角色，比如两个村庄发生纠纷，就会有人扮演"和事佬"的角色，"和事佬"便会仔细考虑如何保全双方的"面子"，以平息纷争。他还发现，中国人的有些特点是两面性的，他引用中国俗话"礼多人不怪"，认为中国的礼仪实在很多：

---

① 亚瑟·亨·史密斯：《中国人德行》，张梦阳、王丽娟译，新世界出版社，2005年，页1。

我们来到东方时，发现亚洲大陆上的众多人在调解人际关系摩擦的技巧方面远远胜于我们，心里充满了敬意。对于这样一个彬彬有礼而又做得如此自然轻松的民族，我实在不能妄加评论。即使最挑剔的批评家也不得不承认，中国人已经把礼节升华到了一个完美境界。[①]

中国人讲究“没有规矩，不成方圆”，但过于注重礼节，不免虚伪，让人无所适从。

史密斯的这部著作鲁迅读过，他一方面指出这本书“虽错误亦多，但较日本人所作者为佳，尚值得译给中国人一看”[②]。书中对中国国民性的批判也给鲁迅留下深刻的印象，他在逝世前十四天发表的一篇文章的末尾，还再次谈到这部著作，他说：“我至今还希望有人译出史密斯的《支那人气质》，把这本书当成一面镜子，看了这些，而自省，分析，明白哪几点说的对，变革，挣扎，自作工夫，却不求别人的原谅和称赞，来证明究竟怎样的是中国人”[③]。这段话里包含着丰富的内容，鲁迅对史密斯所说的中国的国民性是经过认真思考的。

关于国民性问题，影响鲁迅的还有一些日本作家。鲁迅 1902—1909 年间在日本留学七年之久，他熟悉日本文化和日本人对中国的评价，甲午战争的结果是日本的胜利和使中国十分屈辱的《马关条约》，此后日本人同西方人一样，加入了蔑视中国人的行列。一些日本人的中国游记出现了丑陋的中国形象，中国人既精明世故又愚昧无知，他们说谎、肮脏，奉行多妻制度，喜欢吸鸦片……芥川也是其中的一员，他深受中国古典文化熏陶，在汉学方面有很深的造诣，对中国古典文学的熟悉程度使许多中国学者自叹不如。

---

① 亚瑟·亨·史密斯：《中国人德行》，页 15。

② 鲁迅：《致陶亢德》(1933 年 10 月 27 日)，《鲁迅全集》第十二卷，人民文学出版社，1981 年，页 151。

③ 鲁迅：《且介亭杂文末编·立此存照(三)》，《鲁迅全集》第六卷，1981 年，页 633。

他早就有来中国一游的愿望，后来终于成行，1921 年他来中国三个月，游历了二十多个城市。但是芥川的中国之行却使他非常失望，他的《支那游记》不时透露出这种情绪。他的第一站是中国经济最发达、现代化程度最高的城市上海，但是他一到上海，看到的是"一张张丑陋不堪的脑袋"，是"厚脸皮的老太婆"，是肮脏、落后、愚昧，他笔下的中国就是这样：

> 一间耸立在阴沉沉天空里的中国式破旧亭子，一泓布满病态绿色的池水，一大泡斜斜射入池中的小便……这不仅是一幅爱好忧郁的作家所追求的风景画，同时也是对这又老又大的国家可怕且具有辛辣讽刺意味的象征。[①]

芥川的中国之行在中日两国都有较大的影响，两国报纸都做了报道。鲁迅翻译过芥川龙之介的好些作品，并作过很高的评价。可以想象，芥川的中国游记对鲁迅会产生一定的影响。但是，国民性问题是鲁迅那个时代里人们普遍关注的话题，鲁迅的观点主要来自他对中国社会亲身的观察和感受，以及他深深的失望。鲁迅 1906 年在日本弃医学文，据他自己说，作出这一影响他一生的决定，是在仙台医学专科学校时看到一部纪录片的刺激：一些中国人无动于衷地围观自己的同胞被日本军人当作俄国间谍砍头。这一场景对鲁迅心灵产生强烈的震撼，使他感受到国民性中的麻木和愚昧。鲁迅 1918 年 5 月在《新青年》发表第一篇现代白话小说《狂人日记》，1921 年 12 月至次年初，他最重要的代表作《阿 Q 正传》在报纸连载。在《阿 Q 正传》以及《药》、《示众》等小说和大量杂文中，鲁迅对中国的国民性进行了严厉的批判。其中不少地方，应当说，鲁迅的观点同史密斯和芥川等人相比，并没有多大区别，比如鲁迅说：

---

① 芥川龙之介：《中国游记》，《芥川龙之介全集》第三卷，山东文艺出版社，2005 年，页 625。

> 中国人不敢正视各方面，用瞒和骗，造出奇妙的逃路来，而自以为正路。在这路上，就证明着国民性的怯弱、懒惰而又巧滑。一天天的满足着，即一天天的堕落着，但却又觉得日见其光荣。[①]

这个著名的“瞒和骗”，史密斯等人就说过类似的话；但是史密斯、芥川等人对中国国民性的论说是无法同鲁迅相提并论的，这中间有着根本的区别。鲁迅的批判是建立在对中国社会、中国文化和中国人深刻了解的基础上的，这无论是史密斯还是芥川都无法相比的，鲁迅所批判的，诸如奴才性格、面子观念、看客心态、马虎作风、因循守旧，盲目自大，以及麻木、卑怯、自私、狭隘、保守、愚昧等特点，他们也可能发现，但那只是一种表象的观察，而鲁迅却是深入脊髓，把它们看作几千年文化所形成的积淀，并把它们融入一个个活生生的人物形象中，特别是鲁迅国民性批判中最核心的阿Q精神，其中包含着妄自尊大、自轻自贱、欺弱怕强、麻木健忘等看来似乎矛盾的性格特征，在一个地地道道的乡下农民的身上统一了起来，也只有鲁迅才能够那么生动和深刻地描绘出这样的性格。

这些外国传教士或作家面对着中国国民性的缺点，或者是揭露、抨击，或者是挖苦、嘲讽，其中当然也有人感到惋惜和同情，但即使对中国友好，基本上仍是“隔岸观火”的立场，他们没有鲁迅那样的切肤之痛，那样激愤、悲悯和无奈；鲁迅对国民性的批判是“哀其不幸，怒其不争”，是为了“疗救”国民和社会，正如他反复表达过的：“所以我的取材，多采自病态社会的不幸的人们中，意思是揭出病苦，引起疗救的注意。”[②]所以他在写作时，始终在思索着这些问题：“一怎样才是理想的人性？二中国民族性中最缺乏的是什么？

---

① 鲁迅：《坟·论睁了眼看》，《鲁迅全集》第一卷，人民文学出版社，1981年，页244。

② 鲁迅：《南腔北调集·我怎么做起小说来？》，《鲁迅全集》第四卷，人民文学出版社，1981年，页508。

三它的病根何在?”[①]这是建立在爱国主义和民族主义基础上对国民性的批判,痛责中包含着大爱,这也是同局外人根本不同的。

鲁迅在批判中始终坚持爱国的民主主义立场,随着形势的发展,他也在改变着自己的批判话语。1931 年日本军国主义占领东三省,中国面临着巨大的民族危机,这时鲁迅对国民性的批判大大地减弱了,出于拯救民族危亡的需要,他更注意激励民族精神,比如 1934 年 9 月他写道:

> 我们自古以来,就有埋头苦干的人,有拼命硬干的人,有为民请命的人,有舍身求法的人……虽是等于为帝王将相作家谱的所谓“正史”,也往往掩不住他们的光耀,这就是中国的脊梁。[②]

在 1925 年,鲁迅又说过这样的话:

> 中国一向就少有失败的英雄,少有韧性的反抗,少有敢单身鏖战的武人,少有敢抚哭叛徒的吊客;见胜兆则纷纷聚集,见败兆则纷纷逃亡。[③]

这两者之间的差别正好证明了鲁迅始终以国家和民族的最高利益为原则,依据时势的变化来调整着他批判的重点和写作的方向。

林语堂也是一位关注国民性问题的作家,《吾土与吾民》(现译《中国人》)是其代表,林语堂多年留学西方,对西方生活和西方文化相当熟悉,他这部著作是用英语写给美国人看的。为便于读者接受,他将中国社会和中

---

① 许寿裳:《怀亡友鲁迅》,《亡友鲁迅印象记》,上海文化出版社,2006 年,页 153。

② 鲁迅:《且介亭杂文·中国人失掉自信力了吗?》,《鲁迅全集》第六卷,人民文学出版社,1981 年,页 118—119。

③ 鲁迅:《华盖集·这个与那个(三)》,《鲁迅全集》第三卷,人民文学出版社,1981 年,页 145。

国人的性格同西方作了相当广泛的比较。赛珍珠在序言中称“它的笔墨是那样的豪放瑰丽，巍巍乎，焕焕乎，幽默而优美，严肃而愉悦。对于古往今来，都有透澈底了解与体会。我想这一本书是历来有关中国的著作中最忠实、最钜丽、最完备、最重要底成绩”①。这种评价也许过高，但是林语堂确实发现了中国人性格中的某些特点和弱点，他认为中华民族具有十五个方面的特点，即稳健、单独、酷爱自然、忍耐、消极避世、超脱老猾、多生多育、勤劳、节俭、热爱家庭生活、和平主义、知足常乐、幽默滑稽、因循守旧和耽于声色。② 他认为中国人在本性上是属于道家的，而在文化上则属于儒家，上述十五个特点正是儒道两种价值选择相互作用的结果。他认为中国人不太愿意介入公共事务，这是因为法律缺乏所形成的一种自我保护，就像乌龟有壳一样。中国人害怕“枪打出头鸟”，奉“不为人先，勿为人后”、明哲保身的生存哲学为最大的智慧，以自我保存为第一要务，重血缘、重祖先和重生殖繁衍正是自我保存的核心，中华民族能延续几千年不绝的根本原因也在于此。林语堂还认为，统治中国的三女神是“面子、命运和恩典”。而在这三位女神中，“面子”又比“命运”、“恩典”更有势力。中国社会之所以不能有民主、法治以至安全的交通，都是由于“面子”的作祟。③ 林语堂也十分赞美中国人的一种生活态度：“云淡风轻近午天，傍花随柳过前川”，中国人相信“百忍传家”、“知足常乐”，不迷信身后的天堂，也不追求世俗的成就。林语堂对国民性的认识远没有鲁迅那么深刻，他的某些发现虽同鲁迅有共同之处，不过在鲁迅是批判，在林语堂是玩味和赞美，他宣扬的实际上是有钱也有闲的士大夫明哲保身、不求进取的生存哲学。

还有一位对国民性的认识和态度同鲁迅完全相反的人物，这就是被称为“遗老”的辜鸿铭。辜鸿铭生于南洋，带有西方血统，又从小生活在西方，

---

① 赛珍珠：《序》，见林语堂《吾国与吾民》，宝文堂书店，1988 年，页 5。

② 林语堂：《中国人》，学林出版社，2000 年，页 54—82。

③ 林语堂：《吾土与吾民》，台北综合出版社，1976 年，页 158—164。

接受了系统的西方教育，但是他不遗余力地宣扬中国传统文化，鼓吹儒家思想，为封建文化辩护，带有强烈民族主义色彩。他的《中国人的精神》是由多篇论文组成的论文集，他认为中国人的精神，是中国人赖以生存之物，是本民族固有的心态、性情和情操，这用一个词可以概括："温良"(gentle)，"真正的中国人或不免于粗鲁，但不至于粗俗下流；或不免于难看，但不至于丑陋骇人；或不免于粗率鄙陋，但不至于放肆狂妄；或不免于迟钝，但不至于愚蠢可笑；或不免于圆滑乖巧，但不至于邪恶害人"。[①] 在辜鸿铭看来，中国人富于同情心和很高的智慧，非常有礼貌，追求心灵的生活，讲究廉耻和忠诚。按照辜鸿铭的说法，中国的国民性非常高尚，远高于西方人，这是孔子学说和儒家文化培育的结果。

辜鸿铭在观察中国人国民性的时候，比林语堂带有更强烈的主观色彩，在鲁迅之后，站在客观立场对国民性进行比较深入剖析的是钱锺书。钱锺书的《围城》写于抗战胜利后的 1947 年，描写的是 1937 年 7 月至 1939 年间的中国社会，这正是国难当头、中华民族生死存亡的时刻。小说中出现的人物，不再是鲁迅笔下阿 Q 式的农民或孔乙己式的旧知识分子，而是一群接受了新式教育的大学教授或留洋博士，他们穿着西装，讲话中夹着英语，却是一样的浅薄自私、麻木不仁、无聊可笑，他们忙忙碌碌，不过是为了一点虚名微利，他们爱慕虚荣，总要显示出自己的与众不同，还因此沾沾自喜、自以为高人一等，他们整天盘算着，或是趋炎附势、钩心斗角，或是男盗女娼、心怀鬼胎，却都要装出一副仁义道德、正人君子的面孔。除了三闾大学的这群教员，书中还出现了官僚、乡绅、军人、妓女、职员、司机、工人等各色人物，但几乎没有一个是完全正面的，个个都有一点荒唐可笑，都带着一点人性的畸变，都是名利场中的匆匆过客。钱锺书受到十八世纪英国风俗小说和风俗喜剧的影响，他高高在上俯视芸芸众生，用英国式的幽默去调侃和讥笑人性中虚荣、自私的弱点，

① 辜鸿铭：《中国人的精神》，黄兴涛、宋小庆译，广西师范大学出版社，2001 年，页 26。

这是在十八世纪英国文学，诸如《名利场》中也是常见的，钱锺书自己说：

> 在这本书里，我想写的是中国某一部分社会，某一类人物，写这类人，我没有忘记他们是人类，只是人类，具有无毛两足动物的基本根性。[①]

钱锺书要嘲笑中国人身上那种全人类普遍的弱点，但是他笔下这些人物仍然是典型中国式的，他们都是病态的人物，他们身上同样可以看到民族人格中的劣根性，可以看到阿Q、孔乙己的影子。

鲁迅、林语堂、辜鸿铭、钱锺书，这是中国现代作家中论析过国民性问题的代表人物，他们的观点是如此不同，辜鸿铭倾心赞美，林语堂抑扬各半，钱锺书挖苦嘲笑，鲁迅痛心疾首，这中间有多大的差异！而且就鲁迅而言，他早期和晚期对国民性的评价又是如此不同。他们时代的差距并不很大，最早的辜鸿铭同最晚的钱锺书也不过大约五十年，钱锺书同鲁迅相差也就二十多年，但是他们的经历和生活环境都大不相同，辜鸿铭虽然熟读中国古代典籍，但是他所谓“生在南洋，学在西洋，婚在东洋，仕在北洋”，对中国社会并没有真正深入的了解，他是用自己崇拜的儒家学说对人的道德要求来演绎人生，把它当作真实的国民人格，他的看法带有强烈的理想化色彩。鲁迅虽出生官宦之家，但十三岁祖父因乡试贿考案发入狱，家道从此败落，加上父亲久病去世，家庭更由小康转入困顿，鲁迅也因此屡遭白眼、时感屈辱，他对人心叵测、世态炎凉有切肤之痛，这形成了他心理上始终挥之不去的阴影，有人说他“猜忌多疑”，虽是一种攻击，但他确实对周围的人和事常常带有警惕的心态。林语堂也算是鲁迅的朋友，但是两人的性格相差很大，林语堂是“嘻嘻哈哈”式的人物，到八十高龄也不失幽默的天性，他自称“我只是

---

① 钱锺书：《围城·序》，人民文学出版社，1991年，页1。

一团矛盾而已，但是我以自我矛盾为乐”[①]。他出身基督徒家庭，相信善良、怜悯、快乐之类的教义，他虽然少年穷困，但得到很好的教育，还靠妻子的嫁妆留洋，进了哈佛大学，后来靠写作成了上海滩的富翁作家。他一生成功，使他对社会，也对人性和国民性采取了乐观的看法。钱锺书出身江南名门世家，从小生活优裕，求学、留洋一路顺利，他出众的才华处处为人所敬，但从小严格的家教才使他不致把恃才傲物、目中无人时时放在脸上，不过在同行以及在众生面前总难免有一种居高临下的优越之感[②]，他批评的国民性主要是大学知识分子的人格，他的智慧、渊博和敏锐使他对世人的观察也可以入木三分，但从没有鲁迅那样辛辣的痛感，嘲讽的背后更多的是自得。

二十世纪中，除了这四位外，还有一些作家提到国民性问题，柏杨《丑陋的中国人》是流传最广的一种，柏杨对中国人的“脏、乱、吵”、“窝里斗”、“不能团结”、“死不认错”等，进行了批判。他说自己站在鲁迅的肩膀上，但并没有达到鲁迅的思想深度。所有这些作家都是站在自己立场对国民性格的一种观察和描述，其结论各不相同。这就产生了一个问题：他们每个人所能接触和观察到的国民都是在一定的范围内，他们各自的结论是否能够准确地反映多数国民性的性格特征？他们的见解是否可以得到多数国民的认同？任何时代，国民总是“沉默的大多数”，无法让国民来回答这些问题，所以对这个问题的研究还可以采取其他途径。

二、国民性：哲学的考察

除了作家的观察和描述以外，还有一些学者进行了国民性的研究，

---

① 林语堂：《八十自叙》，《林语堂自传》，江苏人民出版社，1995年，页43。

② 传说钱锺书把他清华大学外文系的三位老师、三位著名教授分别评为“太俗”、“太懒”、“太蠢”就是一例。

他们试图从更客观的立场研究这一问题，他们的共同点是承认统一的国民性的存在，因为在同一个国家之中，全体国民有着某些相同的生存条件。

最早研究国民性问题的是十八世纪法国的一批唯物主义哲学家，其中阿金斯侯爵（Jean-Baptiste de Boyer，d'Argens，1704—1771）在一封信中第一个使用了“国民性”（le caractère de la nation）这一概念，比如他说西班牙人的性格有这样一些特点：骄傲、机灵、固执、天真、顽固、迷信、虚荣、妒忌等；英国人性格既有聪明、勤奋、慷慨、讲究规则等优点，但也有粗野、蛮横和盲目爱国等弱点。除阿金斯外，孟德斯鸠、爱尔维修、狄德罗、卢梭等人都讨论过国民性问题，他们都承认一个民族有其共同的性格，但这种国民性是怎样形成的，是物质因素还是精神因素影响的结果？政治制度在其中起了多大的作用？对这些问题他们有各不相同的说法。

哲学家拉美特里专门考察过人的性格是怎样形成的。他的名著《人是机器》把人比作一部机器，影响这部机器的因素有食物、睡眠、性欲的满足程度、气候、年龄、健康状况等。拉美特里写作这部著作的目的是从唯物主义出发，从生活条件解释人性的形成，其中涉及国民性问题。比如他认为食物对人来说非常重要，人吃什么食物，就会形成什么性格。野兽凶残是因为吃生肉，人吃生肉后就变得同样凶暴，英国人就是吃肉的时候不像法国人那样烤熟，所以英国人多少也占有了凶残的特点，并且形成骄傲、容易怨恨以及对其他民族的轻视和强暴的性格；法国人喜欢富有营养的食物和烈酒，就形成勇敢快乐的性格。拉美特里的分析显然带有对英国人的偏见，这是英法两个民族历史上长期冲突和多次战争造成的后果。

对国民性问题最著名的论述来自孟德斯鸠。孟德斯鸠在他的代表作《论法的精神》中提出了一个“总精神”的概念，它包括道德特征、思想和行为习惯，这个总精神是“气候、宗教、法律、施政的准则、先例、风俗、习惯”等共同造成的。[1] 孟德斯鸠特别强调气候对一个国家的影响，他在第三卷中就是以气候的不同为根据分析了许多国家，其中包括希腊、罗马、西班牙、葡萄牙、英国、印度、中国等国国民性的特点。十八世纪的法国人对中国普遍感到兴趣，虽然孟德斯鸠对中国的知识只是从传教士或其他人那里得到的一知半解，但是他对中国社会却做了不少分析和评论，比如他说："中国人生活的不稳定使他们具有一种不可想象的活动力和异乎寻常的贪得欲，所以没有一个经营贸易的国家敢于信任他们。"(页 308)"中国的立法者们认为政府的主要目的是帝国的太平。在他们看来，服从是维持太平最适宜的方法。从这种思想出发，他们认为应该激励人们孝敬父母，他们并且集中一切力量，使人们恪守孝道。他们制定了无数的礼节和仪式，使人对双亲在他们的生前和死后，都能克尽人子的孝道。"(页 315)孟德斯鸠认为中国人聪明、勤劳、孝敬父母，但也特别狡猾，他说：

> 中国人的生活完全以礼为指南，但是他们却是地球上最会骗人的民族。这特别表现在他们从事贸易的时候。虽然贸易会很自然地激起人们信实的感情，但它却从未激起中国人的信实。向他们买东西的人要自己带秤。每个商人有三种秤，一种是买进用的重秤，一种是卖出用的轻秤，一种是准确的秤，这是和那些对他有戒备的人们交易时用的。(页 316)

孟德斯鸠和许多西方传教士一样，认为中国人道德低下，特别贪婪和善于欺骗，他说：

---

[1] 孟德斯鸠：《论法的精神》(上册)，张雁深译，商务印书馆，1982 年，页 305。以下此书引文均依据这一版本，随文注出页码。

中国人贪利之心是不可想象的，但法律并没想去加以限制。一切用暴行获得的东西都是禁止的；一切用术数或狡诈取得的东西都是许可的。因此，让我们不要把中国人的道德和欧洲人的道德相比较吧！在中国，每一个人都要注意什么对自己有利；……在中国，欺骗是准许的。（页316）

孟德斯鸠作为启蒙主义重要思想家，在法国和欧洲思想界有很高地位，他对中国国民性的论述对后代产生很大影响。孟德斯鸠把气候当作决定国民性的主要因素，这一观点为后代许多哲学家所接受，比如著名德国美学家文克尔曼、法国美学家丹纳都是用地理位置和气候来说明希腊人的性格和艺术天才的，黑格尔的美学中也反映了这种观点的影响。

启蒙主义者都很注意启迪民智，因此关注国民性问题，在法国启蒙思想家两个世纪以后，中国启蒙思想家也注意到这个问题。梁启超是其中之一。自十九世纪鸦片战争以来，中国的一次次失败、一个个丧权辱国的不平等条约的签订，迫使梁启超一类人物认真思考其中的原因，并且归结到国民性问题上来，他的《中国之武士道》分析了中华民族的"尚武精神"（梁启超也借用日本人的说法，称之为"武士道"），这部著作一开头他就说：

泰西日本人常言，中国之历史，不武之历史也；中国之民族，不武之民族也。呜呼！吾耻其言，吾愤其言，吾未能卒服也。[①]

对嘲笑中国人"不武"的说法，梁启超不得不默认，但也决不服气，他在这部著作中分四十三篇，介绍了从春秋战国到汉初总共七十一位以武德闻

① 梁启超：《自序》，《中国之武士道》，中国档案出版社，2006年，页21。以下此书引文均依据这一版本，随文注出页码。

名天下的古人的事迹，其中包括人们熟悉的曹沫、蔺相如、毛遂、侯嬴、樊於期、聂政、荆轲、信陵君、墨子、项羽、田横、程婴等。梁启超认为自黄帝以来，华夏民族就是靠武力征服夷蛮，而且自有正史开始的五百年间，卓越的尚武人物不计其数，他得出这样一个结论："中国民族之武，其最初之天性也；中国民族之不武，则第二之天性也。"（页 22）梁启超默认了中国人从"尚武"到"不武"，"不武"终于成了"第二天性"，他认为这是时势、地势、人力造成的。春秋战国时民风强悍，是因为强手很多，不强无以自存，于是上至君主，下至黎民百姓，无不提倡尚武精神；秦始皇一统天下以后，为了君权能相传万世，就开始扼杀尚武精神，"堕名城、杀豪俊，收天下之兵，聚诸咸阳，销锋铸鐻，以弱天下之民"，其结果是"士不敢弯弓而报怨，民气之摧残，自兹时矣"。（页 26）然而，秦的统治并不长久，所以在民间还保存着尚武的遗风，在楚汉相争期间，还能涌现出张良、田横等优秀人物。但随着汉高祖和景帝、武帝两次中央集权的加强，用血腥镇压的方式使人民不敢反抗，此后又用酷吏、法网使人们不敢存尚武之心。因此，尚武精神是与霸国政治相终始，由时势所造成，并不是中华民族从骨子里就是柔弱的。

汉代之后，民族尚武精神和阳刚之气的逐步丢失其实是由多种因素造成的，这同儒家成为正统和礼教的束缚有关，也同佛教的流传，特别是科举制度的推行有重要关系。中国从隋代开始实行科举，到唐代科举被制度化，通过考试选拔官员，比起东汉那种以门第选人的方法是重大的进步，但在以后的发展中科举也越来越教条化和程式化，逐步失去其积极意义，变成束缚知识分子个性的沉重枷锁，削弱了民族的创造精神。梁启超的解释并不完全，但也有重要意义，他说明了国民性是属于历史的，随着社会物质生活条件、政治制度、文化状况的变化，国民性也可能发生变化。中国的历史哲学家们常常比较不同时代"民风"的不同，民风即国民中流行的风气，这同国民性是难以分开的，承认不同时代民风的不同也就是承认国民性的可变性。只有看到国民性的可塑性，才能对改造国民性和提高国民素质具备信心。

三、国民性：文化人类学的研究

文化人类学对国民性也进行了比较深入的研究。十九世纪下半叶，文化人类学在英国诞生，这是人文科学、社会科学和自传科学中各种理论彼此激发、相渗互补的结果。其后文化人类学得到十分迅速的发展，同语言学一道被公认为发展最快的两个现代学科，并逐步形成为若干流派。人格研究是文化人类学中的重要内容，而国民性研究则是人格研究的重要分支。这一学科的中心后来转移到美国，美国学者对国民性的研究取得一些重要成果，他们对中国的两个近邻日本和俄罗斯的国民性研究最有启发意义。

对日本国民性研究最负盛名的著作是鲁思·本尼迪克特的《菊与刀》，书名中的"菊"与"刀"这两个意象是作者用来说明日本民族既爱美又尚武的双重性格：

> 日本人生性极其好斗而又非常温和；黩武而爱美；倨傲自尊而又彬彬有礼；顽梗不化而又柔弱善变；驯服而又不愿受人摆布；忠贞而又易于叛变；勇敢而又怯懦；保守而又十分欢迎新的生活方式。他们十分介意别人对自己的行为的观感，但当别人对其劣迹毫无所知时，又会被罪恶所征服。他们的军队受到彻底的训练，却又具有反抗性。[①]

本尼迪克特在得出这一结论的过程中，使用了文化人类学所能使用的一切研究手段，比如她对在美国的日本人以及日本战俘进行访问、调查，查阅文献资料和电影资料，把日本文化同亚洲其他民族的文化，如中国文化、

---

① 鲁思·本尼迪克特：《菊与刀——日本文化的类型》，吕万和等译，商务印书馆，2004年，页2。

泰国文化、缅甸文化进行比较，等等。本尼迪克特还强调，必须对那些人们习以为常的琐事加以研究来发现其意义：

> 学者们越是把他的调查扩散到经济、性生活、宗教以至婴儿抚育等领域，就越能探究他所研究的社会中发生的事情。他就能有效地在生活的各个领域设立假说并搜集资料。他就能学会把任何民族所形成的要求，无论是用政治的、经济的，还是用道德的术语来表达，理解为他们从其社会经验中学来的思维方式和习惯的表现。①

日本人为什么具有“菊”与“刀”这样双重的性格，本尼迪克特的回答依据这样的观点：这是日本民族的婴儿抚育方式所造成的，日本由于地域狭小、人口众多，为了防止疾病流行，婴儿从出生四个月起就受到排泄的严格训练，如果脏污了衣服，就会受到父母严厉的训斥或打骂，所以日本人从小就养成一种习惯：重仪式、爱整洁、守秩序，具有强迫症的倾向，他们的双重性格即由此而来。

在本尼迪克特以后，美国哈佛大学俄罗斯研究中心的两位学者杰弗里·戈雷尔和约翰·里克曼对俄国国民性的研究有类似之处，他们对在美国的三千名俄罗斯移民进行了调查，他们的调查结论是：“亲和需求”是俄国人最显著的特征，他们希望建立比较密切的人际关系，还有比较明显的“依赖需求”，同美国人相比，他们的“成就需求”比较低。俄国人自尊感很强，他们常常控制不住自己的情绪，反复无常，会从和蔼可亲突然转入残酷无情。造成俄国人这种性格的原因同他们传统的抚育婴儿的方式有关：由于天气寒冷，婴儿一出生，俄国人就用布层层缠裹起来，到换尿布和喂奶时才打开，这时婴儿就突然得到了自由和母亲的爱抚，但一会儿以后又被布裹了起来

---

① 鲁思·本尼迪克特：《菊与刀——日本文化的类型》，页9。

不能活动，重新体味寂寞，所以俄国人从婴儿时代起就时而感到孤独和压抑，时而感到快乐和自由，他们的感情也因此交替变化，摇摆于两个极端之间，对人时而残酷，时而亲切。①

美国学者对日本和俄罗斯国民性的研究，显示了文化人类学的共同特点和基本方法，也反映了弗洛伊德精神分析学的影响：强调人们童年或婴儿时代的生活条件对人格形成的决定性意义。

1920年代文化人类学传入中国，中国国民性问题的文化学研究也从此开始，社会学家孙本文在《我国民族的特性与其他民族的比较》一文中，认为中华民族有重人伦、法自然、重中庸、求实际、尚情谊、崇德化等六种特点，而这六种特点有优点也有缺点，孙本文的结论虽然同文学描述相比比较平实，但没有完全摆脱观察和描述的方法。更深入的研究是美籍华裔学者许烺光所进行的，许烺光曾担任过美国人类学会会长，他创立了人类学新的分支：心理人类学，他从文化与社会人格、社会心理之间的相互作用出发，研究不同民族文化的差异以及由此而来的民族性格的差异。他的方法是从每一文化体系对事对物的看法和想法中，抽出若干可以概括那个民族的基本主张的主要概念，再对这些概念进行比较得出结论。他的《家族、世袭阶层和自由社团》(1963)比较了中、印、美三国的国民性，认为印度人重超自然，中国人重情境(指的是家族与宗法)，美国人重个人(即自我信赖)。在《有文字文明的研究》(1969)中，他从中国文化和民族意识中抽出十四条基本主张，其中最重要的是认为“一个人的最大义务和责任是对待父母的”，“孝道即是用以报答父母给他生命并抚养他长大”。中国文化以父子关系为主轴，家长视干涉子女的所有事务为天经地义，这样中国社会强调依赖、不重隐私、经济活动注重家族式的亲缘关系，认为权威合法，追求孝顺和地位。

---

① G. Gorer and J. Richman, *The people of Great Russia: A Psychological study*, New York: W. W. Norton & Company, Inc., 1962.

文化人类学家同哲学家一样,在对国民性的论析中都包含着理论的分析和思考,不仅要揭示国民性的特点,还要说明这种国民性形成的物质的、文化的或历史的原因;不同的是,哲学家是在思考中寻找这种原因,文化人类学作为一门现代科学,特别强调“田野调查”,即对大量的调查对象进行实地考察,对大量个案进行分析和概括,得出一般的结论。比如许烺光为了研究中国的国民性问题,就曾专门到香港实地考察。文化人类学使用了自然科学常用的实证方法和数据统计,力图避免主观随意性。

不过,文化人类学的田野调查仍然有其局限,比如以研究现代化而闻名的美国学者英格尔斯为了研究现代化和现代人格问题,从1962年到1964年在六个发展中国家进行了大规模的调查;每个国家访问一千人进行问卷调查,包括农民、产业工人,以及其他阶层的人士,为此也耗费了大量人力和资金;但是一千人同这些国家的众多人口相比,也只占很小的比例,所以其结论的可靠性还是容易引起怀疑。文化人类学的方法同作家的描述相比,大大降低了调查研究者的主观色彩,但是这种群体调查的结果虽然比较准确,但只能是普泛的、一般的结论,失去了文学描述的那种生动性和具体性。

四、国民性与中国现代自传

无论文学家、哲学家还是文化人类学家对国民性的概括,都有一种共同的特点或弱点:都是从外部观察的一种结果,没有考虑到国民的自我认识和自我评价。文化人类学的问卷调查中虽然包含了心理问题,但是对于个性和生活经历各不相同的个人来说,这些问题就过于普泛而缺乏针对性,通常使用的打钩式的答题方式也使被调查者无法袒露丰富的意识活动,而离开这种意识活动是无法深入考察其性格的,这就是说,研究国民性还应当考察国民自己怎么想的、怎样自我评价的,即考察国民的自我意识。卢梭是十八世纪法国哲学家中研究国民性的学者之一，他在生前未发表的《科西嘉制宪计划》一文和教育小说《爱弥儿》中都讨论了国民性问题——

> 让-雅克·卢梭丰富了国民性的复杂构成，把它同民族意识联系起来，看作一种基本成分。他认为每个民族都有自己特定的性格，这是由其气质、身体特征、风俗、道德品质所组成的，此外他又加上了独特的礼仪、文化和宗教传统，这些给群体成员形成了民族凝聚力的意识。他解释说一个民族的同一性就来自其独特的精神、性格、趣味、礼仪、法律，即使没有领土和政治的统一，这个民族仍然可以存在。①

卢梭这里提出了一个很有价值的观点：国民性（民族性）是民族意识或国民意识的表现形式，而民族意识或国民意识只是自我意识的组成部分，也就是说，国民性是同自我意识联系在一起的，研究国民性问题不能脱离一个国家、一个民族的自我意识，脱离国民的自我意识来讨论国民性问题显然不够全面，正如认识和评价一个人，固然要考察他的行为，但是只有知道了他的内心世界，知道了他的性格和行为的动机，才能更深入地理解他的行为，更准确地认识和评价他。

自我意识是个十分复杂的概念，哲学、心理学、神经学、生物学等多种学科都在使用这一概念，也都有自己的理论。一般说来，自我意识是人们对自我的认知，包括对自己的外部行为、心理活动以及自我同周围世界的关系的认知。自我意识是人类特有的能力，有了自我意识，人才知道自我的存在，才能把自我同非我区分开来，也才能够认识外界事物；有了自我意识，人们才有自我体验的能力，具有了自觉性，可以控制和调节自己，不断进行自我

---

① Pauline Kra, *The Concept of National Character In 18th Century France*, http://www.cromohs.unifi.it/7_2002/kra.html.

教育和自我完善。关于人们的自我意识,自传是一种最集中的表现。把自传作品集合起来视为一个整体,就最集中也最客观地表现了国民的自我意识和国民性。

自传包括两种主要形式。一种是正式自传,这是严格意义上的自传,作者回顾性地叙述自己的生平,自我叙述中也包含着自我的表现和解释。同正式自传有时很难区分的是回忆录,自传要求准确和比较全面的自我叙事,不能有大的遗漏,而写作回忆录就比较自由。严格意义上的、正式发表的自传作品和回忆录在中国古代很少见,中国的农业文化形成了强大的实用主义传统,也形成了所谓“实用理性”的思维方式,在一个强调实用的国家,并不可能形成那种以回忆过去、表现自我为目标的自传传统。

自传的另一种形式是私人文献,如书信、日记、笔记、游记,还有言行录、访谈录,以至求职简历、检查、申诉、控告等,以及新出现的口述历史,其数量极大,种类繁多,内容也非常丰富。它们都属于私人写作,写作时不准备公开发表,是为了个人实用的目的,如信件是为了私人之间的感情和信息的交流,日记和游记是为保留见闻和感受以备忘,私人文献还有说明观点、抒发情感、自我介绍、求职、辩诬等目的,作者多为一时一事而作,只给少数人阅读,也有是除自己外就不准备给任何人阅读的,后来它们虽然也可能出版或是向公众开放,但并非作者写作的初衷。私人文献不以叙述生平为主旨,没有作者完整的经历,也没有专门去叙述作者的思想感情、说明或解释其人格,所以不同于正式自传。

无论正式自传还是私人文献,文本中留下的材料都同作者本人有密切关系,这些材料通常非常个人化,也非常具体、细微,历史学著作中不可能收入,但正是这些正史所无法保存的原始材料可能包含着生动的历史细节,虽然零碎分散,但也可能具有重要史料价值,可以补充正史的不足。自传作品中包含着作者生平和心理的第一手材料和原始信息,反映出作者的个性和意识活动,特别是日记和私人信件,常常是一种即兴的表述,写作时不准备发表，甚至是只给自己阅读的，也许写作时没有深思熟虑，但也更少顾忌和隐晦，更翔实可靠。

自传，特别是其中私人文献的这些特点，对国民性研究就有了另一方面的意义：这是作者个性的一种即时的、原发性的记录，具有无可替代的文献价值。可以把它们同文学家、哲学家、文化人类学家对国民性的描述和论断进行比较考查，看其是否符合实际，比如鲁迅所说的精神胜利法，梁启超所说的缺少尚武精神，钱锺书所嘲笑的虚荣，以及许多人都指出的孝敬父母、好面子、易说谎等中国国民性的特点，都可以同各种自传文本进行对照。

当然这不是一两种自传作品就可以承担的任务，而是从总体说，一个时代的自传是一个时代国民性最真实的记录。国民性是个历史的概念，研究中国现代国民性，中国现代自传是重要的对象，而且中国现代自传，特别是私人文献，内容非常丰富(还有相当一部分有待开发)，中国现代自传中的国民性研究是一个迫切需要开展的课题。

中国现代自传从古代自传发展而来，加入现代生活的内容和现代精神，自传的发展变化不可能如同诗歌、小说那么迅速，但它也同中国社会的变革紧密联系在一起，反映了社会的历史进程。中国现代自传的发展大体经过了七个阶段。

中国封建社会经过几千年的发展，到十九世纪已经老迈腐朽。中英第一次鸦片战争(1840—1842)以后，中国结束了闭关自守的局面，在军事、工商、思想意识等方面，开始向现代的转型。但是，这一转型是缓慢而曲折的。从鸦片战争(1840)到甲午战争(1894)这一时期，中国社会主体仍然是传统的，反映在自传文献中，绝大多数旨在传达祖宗阴德、个人功业、冀望子孙等封建意识；其中少数展示出士大夫的人格锤炼与精神诉求，具有一定的积极意义。但是自传中也出现一种新的倾向：鸦片战争以后，清政府与列强签订了《南京条约》和《天津条约》，中国的国门被打开，清帝国不得不同西方国家交往，或派出政府考察团，或派外交使节，而民间商人、买办、知识分子，也越来越多踏上西方的土地。他们当中不少人留下自传类作品,记录了他们同西方交往的经过,比如斌椿的《乘槎笔记》、王韬的《漫游随录》、郭嵩焘的《使西纪程》、张德彝的《航海述奇》、薛福成的《出使英法义比四国日记》等。这些作者对西方文化的态度不一,但是无论是抵制和攻击、好奇和探究还是欣赏和接受,都表明东西方文化最初的撞击,西方文化对中国文化和国民性格的影响从此开始。这是中国现代自传的孕育期。

1894 年的甲午战争,大清帝国竟然惨败于东方弹丸之国日本,朝野上下一片惊恐,也给国民留下沉痛的记忆。封建专制制度已经无法维持,康有为、梁启超等人胸怀救国与救世的政治激情,引领潮流、领导了戊戌变法,但由于强大的保守势力的反扑,维新百日即告失败,康梁被迫逃亡国外。中国从此由改良转向革命,革命派在孙中山的领导下于 1910 年推翻帝制,建立了中华民国。这一时期的变革和动乱给社会各阶层都带来了思想和情感的动荡,一些接受西方思想影响的知识分子如林纾等人则徘徊于传统与现代、中国与西方之间,在困惑和焦虑中思考着自我的定位;更多的人则体验着由于自我身份乃至生命存在遭受的威胁而产生的愤懑、忧虑和恐慌,他们都为这个时代留下了生动的自我剪影。容闳的《西学东渐记》,康有为的《我史》、《欧洲十一国游记》,梁启超的《新大陆游记》是这一时期最重要的自传作品,其他一些作者如王国维、林纾、单士厘、刘鹗等人的短篇自传类文献,从中同样可以看到新思想的出现和对自我的新思考。这是中国现代自传的准备期。

辛亥革命以后的十年,中国处于混乱的局面,军阀割据、烽火四起,天灾人祸、民生凋敝,人们感到痛苦和迷茫。但是统治中国数千年的帝制毕竟被推翻,开始了一个新的时代。这一时期还不具备出现新型自传的充分条件,但是在传统形式中涌现出越来越多的新内容,这一时期最有价值的自传作品是日记,《吴宓日记》、《胡适日记》、《顾颉刚日记》都是从这一时期开始。鲁迅等人也有一定数量的日记和书信问世。这些作者面临着新与旧、中与外的文化选择，承担起启蒙大众的任务。他们一方面接受了新式的教育，吸收了许多新知识、新思想，但是另一方面也无法完全摆脱传统文化的影响。他们的自传作品包含了大量史料，字里行间也可以看到在新旧交替之际，知识分子复杂的心理世界和感情活动，透露出变革中难以避免的阵痛。还有一些人身份更加复杂，如梁启超、蔡元培、于右任等人，基本上是从革命转入文化。由于新文化运动的影响、西方文化的传播和个性解放潮流的兴起，自传中心理的内容开始增加，也有了较多的个性表现。这一时期是中国现代自传的继续准备期，是中国现代自传辉煌时期到来的前奏。

1920年代，中国现代自传诞生了，并且立即显示出青春的活力和光彩，进入了第一个黄金期。五四运动从思想上、文化上对封建传统发起了空前猛烈的冲击，“打倒孔家店”的口号在当时是惊世骇俗的，自由、平等、独立的观念为青年一代广为接受，西方文学、文化的大量介绍，尤其是卢梭《忏悔录》等经典自传的译介，更使个性解放的潮流汹涌澎湃，对个体自我的关注以及自我表现、自我剖析成了时代的精神特征。随着现代诗歌、小说和戏剧的出现，直接叙述个人生活的现代自传也相继出现，郁达夫的《日记九种》、谢冰莹的《从军日记》是其中最早的作品，无论其风格体式还是内容，都是中国自传史上从未有过的，可以视为中国现代自传诞生的标志。此外，郭沫若、胡适、沈从文、巴金、庐隐等一批现代作家学者都拿出了自传作品，其中无论生平叙述、价值判断、个性表现，还是叙述话语、文本结构都具有了现代自传的特征。

从1937年开始的抗日战争到1949年中华人民共和国成立，这十二年中仅有一年没有大规模的战争。战争所造成的离乱、时局的动荡以及政治集团的对立都深深地影响着每个人的生活，在这种特定的历史语境中，挽救民族危亡和争取革命胜利成了压倒一切的中心任务，启蒙和文化建设以及个性解放只能退让一边。自传的黄金时期结束了，这一时期的作品，除了郭沫若的《抗战回忆录》、蒋梦麟的《西潮》等少数长篇外，主要是一些短篇自传以及写作起来比较方便的日记，胡适、吴宓等人仍然坚持写日记，而赵超构的《延安一月》、萧乾的《一个中国记者看二战》等也是日记体的形式，此外还有战火中残留的一些书信。这些自传性文字一方面显示了中国人特有的韧性的反抗，成为这个苦难时代的生活和人性的珍贵记录；同时也表现出生命个体在“大我”与“小我”之间的徘徊、困惑和挣扎，体现出自我意识在现代化过程中更为曲折和复杂的一面。

从中华人民共和国成立到“文化大革命”结束，这期间虽然也出现过思想比较开放的时刻，但总的来说，“左”的思潮不断强化，到“文化大革命”时期甚至提出在思想领域实行无产阶级专政的说法。这种形势下不可能出现自传的繁荣，在一个强调集体主义的时代自传甚至成了“个人主义”的同义语，自传作品也很少见。大量出现的作品是官方组织写作、出版，或得到官方支持的回忆录，以及经过审定的日记，如溥仪的《我的前半生》、六十年代的雷锋日记和七十年代的黄帅日记。这些作品是意识形态宣传工作的一个部分，目的主要在于歌颂革命领导者的功绩和革命路线的正确，作者的个性受到束缚，历史的回忆也遭到不同程度的扭曲。这一时期比较有价值的自传或是在海外出版，如周作人的《知堂回想录》，或为作者所藏、“文革”结束以后出版，比如《顾准日记》和《顾准自述》，以及《吴宓日记》、《施蛰存日记》、《沙汀日记》、陈白尘《缄口日记》等，比较真实地记录这个时代，反映了作者内心的苦闷。这一时期一些普通民众的书信和日记，既是那个狂热时代的写照，也展示了民众的心理诉求。一些“犯错误”的人所写的检查、交代之类的档案，有一些被保留下来，从中可以看到人性被扭曲的程度，以及人与人之间的紧张关系。

“文化大革命”结束以后，1979 年开始了中国现代史上所谓的“新时期”，这时自传出现了第二个高峰。这之前的三十年里，中国经历了一场场政治运动，特别是“文革”这样的历史劫难，需要思想的清理。自传也承担起这样的任务。一些经过苦难的老一辈人对过去进行了反思和总结，还有一些人感到需要清洗自己的恶名和冤屈，或是一舒积郁，他们都用自传或回忆录的形式来实现自己的目标，如巴金、杨绛、冯友兰、陈白尘等。特别是巴金，其《随想录》开创了在自传中反思历史和剖析自我的先河。此后稍年轻的一些自传者，比如戴煌、韦君宜等人，更多是从自我的经历出发探讨人生的道路和民族的命运。随着政治气候的进一步宽松，一些革命领导人对历史的反思也通过自传形式表达出来，最典型的是李锐的多种回忆性文字。1990 年代以后，中国经济迅猛发展，发家致富成为一种普遍的社会风气，拜金主义盛行，各种各样的“明星自传”追风逐浪、应运而生，其中也有作品传达了某种具有积极意义的个体意识，但多数明星对自我和对社会的认识都很不成熟。与此同时，更多的当代作家推出了自传作品，反映出形态各异的自我价值观念。这是一个思想日趋多元化的时代，各种文体、风格和价值追求的自传作品随处可见，自传出现空前繁荣的局面。它们良莠不齐，但也显示出一个变革时代中的众生世相和心态。

中国现代自传是现代中国人的自画像，对国民性研究具有特殊的价值。

五、身份的自我认定

自传中的国民性研究，除了可以把自传同其他文类所论说的国民性进行比较外，还可以通过考察作者的自我意识和身份意识来进行。自传中总是包含着身份的自我认定。

自传中自我意识的核心是身份意识，身份是对一个人所扮演的社会角色的确认或自我确认，自传中的身份意识即作者对自己身份的确定。社会人从不同的角度考察，就有不同的身份：从家庭的角度出发，可以定位为父亲或儿子、妻子或丈夫；从职业的角度出发，可以定位为总统或工人、教师或农夫；从道德的角度出发，可以定位为善人或恶棍；从阶级的角度出发，可以定位为贵族或平民、资本家或工人;从民族的角度出发,可以定位为英雄或叛徒,等等。一个人可能同时具有几种身份,但是他自己常常是突出其中的一两个主导的身份。

人们的身份有些是自然形成的,有些是有意去争取的,有些是社会赋予的,有些是经过努力才能获得的。有些身份有着明确的外部标志,有些身份则需要社会的公认,也有些身份有待自我的确认。有些身份确定了以后又可能失去,身份是确定的但又是变化的。在古代社会,失去或被剥夺某种身份就是一种严重的问题或者惩罚,越是在现代,人们的自我意识越是强烈,失去身份就成了一种苦难,在现代社会,人们常常会感到自己被异化,感到“身份混淆”或“身份丢失”,这就感到痛苦和迷惘,没有了归属感,这就是“身份危机”。没有了身份,就失去了在社会的立足点,自我的存在遭到了否定。因此可以说,身份意识是各种自我意识汇集的焦点。

正式自传写作必然把身份的确定作为前提,私人文本写作时,对身份的认定有时可能不具有那么强烈的自觉性,但也必定是一种隐性的前提,也更真实地显示出他对自我的认识和评价。因此可以说,各种自传中总是透露出作者的身份意识。

传记起源于人类纪念的本能,自传起源于纪念自我。人类纪念自我的本能会以不同形式表现出来,到某地游览在名胜古迹留下“某某到此一游”几个字,这种根深蒂固的陋习就是这种本能的低级表现形式,自传则是一种高级表现形式,当然并非任何人都会去写作自传,自传者要有可写的内容,还需要写作的冲动,写作自传的这两种前提都同作者的身份有关,自传的写作冲动是为了维护自己身份的强烈愿望,自传的内容是叙述充分的根据来维护自己的这一身份。自传作者不可能在文本中写出自己的一切,在写作前他必须确定自己的身份,他就是依据其中最重要的一种或几种身份回顾自己的过去,对无数的材料进行选择和扬弃、使用和安排、解释和说明,他对自我的认知和评价都依据他对自己身份的确认。

身份是自传写作的前提，也是国民性的一种表征。在古代自传中已经显示出自传作者的身份意识。司马迁的《太史公自序》虽然不是一篇严格意义上的自传，但其身份意识十分明显。文章开头，他就说明司马氏的来历和到父亲司马谈为止的家谱，并说明了司马谈的学术思想和贡献，这样通过自己的家史和家学，司马迁确定了自己的家世身份；接着，司马迁说了青年时代的游学、父亲临终的嘱托和自己继承父业的经过，这就确定了自己的职业身份；再后通过同上大夫遂壶的对话，对以《春秋》为代表的孔子著作进行了分析、总结和评价，表明了志向，这就确定了自己的学术身份。这三种身份结合在一起，确定了司马迁写作《史记》的合理性和基础。最后司马迁说到自己所遭受的李陵之祸，写下一段名言：

> 昔西伯拘羑里演《周易》；孔子戹陈、蔡，作《春秋》。屈原放逐，著《离骚》；左丘失明，厥有《国语》；孙子膑脚，而论兵法；不韦迁蜀，世传《吕览》；韩非囚秦，《说难》、《孤愤》；《诗》三百篇，大抵贤圣发愤之所为作也。

司马迁在《报任安书》中，同样用了这段话而稍作改动，为了把意思说得更清楚，他还在前面加了一句："古者富贵而名磨灭，不可胜记，唯倜傥非常之人称焉。""贤圣"和"倜傥非常之人"，他们是司马迁所努力效仿的榜样，是对他所崇敬的古人的评价，在写这篇自序的时候，司马迁已经在他们之后完成了伟大的《史记》，所以这个"倜傥非常之人"也是司马迁为自己确定的主导身份，所以他才在《史记》的最后郑重放上自己的这篇自序或自传。

现代自传作者的身份意识就更加强烈。以胡适为例，胡适的自传《四十自述》以开头就说了一件事："到处劝我的老辈朋友写他们的自传。不幸的很，这班老辈朋友虽然都答应了，终不肯下笔。"[①]胡适的这班老辈朋友包括

① 胡适：《四十自述》，《胡适传记作品全编》第一卷上册，东方出版社，1999 年，页 1。

林长民、梁启超、梁士诒、蔡元培、陈独秀等一大批二十世纪初期的文化和社会名流，他们虽然答应了胡适，但是终于没有留下什么自传作品，给胡适，也给中国现代史和传记史留下极大的遗憾。胡适为什么动员人们写自传呢?他回答说:“为的是希望社会上做过一番事业的人也会赤裸裸的记载他们的生活，给史家做材料，给文学开生路。”[①]这既是胡适动员别人写自传的理由，也是他自己写自传的原因，写自传的应当是什么样的人，他说得很清楚，这个“社会上做过一番事业的人”，就是胡适那些老辈朋友们的身份，也是他给自己确定的身份，否则他就没有必要也不配写自传。这部《四十自述》胡适没有写完，只写到他1910年参加去美国公费留学的考试为止，后来胡适把他一篇单独发表的文章《逼上梁山》算作第六章，这一章是他对1915—1917年间发动“文学革命”经过的回忆，虽然同前面五章风格很不一致，但胡适一定要把它收入，因为这一章正是他心目中自传的核心，因为其内容是胡适四十年来做过的“一番事业”中的第一件，前面各章他回忆了自己的童年时代和学生生活，实际上也是作为这番事业的思想、学业和人格的准备来叙述的。

胡适同司马迁相距约两千年，他们的时代，以及他们个人的经历、性格几乎没有任何可比之处，但是司马迁的“倜傥非常之人”同胡适的“做过一番事业的人”，这种身份的自我确认又是多么相似，其实不只是司马迁和胡适，古往今来许许多多中国人，特别是知识分子表示过类似的思想，“天行健，君子以自强不息”已经成为他们的一种集体无意识。在一生中应当有所作为，在多数中国自传中常常可以看到类似的身份确认。这体现了中国知识分子甚至是多数国民的一种国民责任感。

不过，通过自传研究自我意识和国民性，也面临着一个巨大的难题：有时自传者对身份的自我确定同别人对他的确定并不一致，他一生中有很多重要的经历和事件在自传里可能并没说，或是说得不符合事实。比如胡适

---

① 胡适:《四十自述》,《胡适传记作品全编》第一卷上册，东方出版社，1999年，页1。

是一个享有社会威望的学者，他的道德品德得到普遍的赞誉；可是在他的《四十自述》以及后来的《胡适口述历史》中除了对童年时代有所叙述外，对自己的个人生活就涉及很少。胡适奉母命娶了一个不识字的妻子，后代的研究者发现他后来有过几次恋爱，这些在他的自传中就无一字提及，自传中的胡适，主要是以学者、教育家和新文化运动的领袖的身份出现，有时也以忠于友谊的绅士的身份出现，他大量的自我叙述证明了他的这些身份，可是他从来没有以情人的身份出现过。

类似的情况几乎在一切自传作品中都有，自传者没有也不可能写出他的全部生活和全部身份，这有两个方面的原因。一方面是正如宋人吕祖谦所说："明于观人，暗于观己，此天下之公患也。见秋毫之末者，不能自见其睫；举千斤之重者，不能自举其身。甚矣，己之难观也。"①自传作者常常难以避免"当局者迷"的误区。另一方面由于自传写作时的忌讳，许多事情发生在别人身上就但说无妨，在自己身上就难以启口，因为牵涉到自己和亲友，出于感情或利益，作者对自己和所爱隐恶扬善，对所恶扬恶隐善，成了自传中常见的现象，甚至有些自传的目的就在于自我颂扬或自我辩护，对敌手进行攻击，这就影响到自我叙述的真实性和完整性。

隐恶扬善是自传中普遍性的问题，不过在中国自传中尤为严重，这是由中国文化中对人性的理解和人生目标的价值取向所决定的。中国古代严格意义上的自传作品很少，今天可以看作自传的那些文章，大多是在"文以载道"，或者是在"诗言志"理念的影响下，为阐释作者的某种思想观点或是抒发情感而写作，不过同时提及自己的生平而已，司马迁的《太史公自序》也属于这类。依照儒家传统的人生哲学，知识分子一生使命在于所谓"修身、齐家、治国、平天下"，其中又以"修身"为根本，孔子在《论语》中对修身有详尽的说明，一方面是要"克己"，所谓"克己复礼，天下归仁"；另一方面是要"自

① 吕祖谦：《东莱博议》，陕西人民出版社，1991年，页334。

省”，如“吾日三省吾身：为人谋而不忠乎？与朋友交而不信乎？传不习乎？”孔子的理想人格是“君子”，这到了孟子那里就发展为“大丈夫”，孟子旗帜鲜明地主张人性善，他认为“人皆可以为尧舜”，通过“吾养吾浩然之气”，就可能成为“富贵不能淫，贫贱不能移，威武不能屈”的“大丈夫”。这样，孔子的“修身”以及孟子的“养气”，都是希望通过发扬人类本性中的积极方面。而且根据“君子敏于行而讷于言”的说法，在中国古代文化中没有形成留诸文字的“自省”传统，“自省”只是一种主体独立的行为，在思考中完成，不需要向别人说，也不需要记录下来。到后来这又同佛教教义结合起来，出现了所谓“面壁思过”的说法，“自省”更脱离现实世界，成为一种孤立的精神活动。这种价值观影响了中国几千年，中国古代自传中很少看到作者写到自己的缺点、弱点和过失，很少见到深入的自我解剖，就是出于这样一种有着几千年传统的人生哲学，以致一位日本研究者认为：“一句话，中国文人写自传，归根到底都是为了强调自己的正确。”①

这同西方自传的情况有所不同，西方自传开始于奥古斯丁的《忏悔录》，现代自传则开始于卢梭的《忏悔录》，忏悔的基础是自我的罪感，忏悔录就应当公开承认自己的罪恶，不惜展示私密，以显示纠正错误、追求一种更完美的人生目标的决心，这种基督教价值观在一定程度上对自传中的隐恶扬善的虚假起了制约和匡正的作用。中国传统文化中的“自省”不同于“忏悔”，它不是一种宗教道德的要求，不具有精神的强制性。

二十世纪以后，随着新的社会结构和生活方式的出现，以及个性解放的进程，一些中国现代自传家在西方思想的影响下，具有了新的价值观，他们严肃地思考着自我的意义，期盼着更高层次的自我实现，中国自传里开始透露出某种自我批判的色彩。比如郁达夫、郭沫若、欧阳予倩、瞿秋白、巴金等人的自传都反映了西方自传和忏悔录，特别是卢梭的极大影响，他们都使用

① 川合康三：《中国的自传文学》，蔡毅译，中央编译出版社，1999 年，页 206。

了“忏悔”的话语。

但是中国现代自传中的“忏悔”仍然更接近于儒家学说中的“自省”，主要是属于道德或政治道德层面的自我批判，其中包含着一种自我激励，他们的心情也许是沉重的，但他们坚信我性本善，犯下的过错是一时的或人所共有的、外力逼迫的，也是难以避免的失误，其中并没有什么无法启齿的“私密”和罪恶。就如胡适，他的自传中也深深自责过，但自责的原因不过是自己“吃花酒”、打牌，没有认真读书、上进，辜负了母亲的教诲和期望而已。巴金一再强调说真话，他所忏悔的内容是：“不能不责备自己为什么不用脑子思考?！作为知识分子，我的知识表现在什么地方？‘四人帮’称我为‘反动学术权威’，我唯唯诺诺，早把学术抛在脑后了！”[①]“难道我欠的债就比朋友S欠下的少?！难道我不曾受骗上当自己又去欺骗别人?！难道我没有拜倒在巫婆脚下烧香念咒、往井里投掷石子?！还有，还有……可是我从来没有想到‘惩罚自己’，更不打算怎样偿还欠债。”[②]巴金的忏悔是依据中国知识分子的传统道德或所谓“操守”，是出于忧国忧民的政治目标而服膺知识分子的良知。这同西方的忏悔录和自传中那种偷窃、撒谎、偷情内容相比也有根本不同。

可以说中国现代自传，特别是那些公开发表的、正式的自传和回忆录，虽然更富有自我批判的精神，但从本质上说仍然是继承传统，仍然以一种国民责任感为基础，这是从司马迁到胡适一脉相承的。当然在这种责任感的主宰之下，负有“修身、齐家、治国、平天下”重任的“君子”或“大丈夫”，自然不可能也不应当具有基督徒那样的罪恶感，不需要西方自传中的那种忏悔意识。

不过也就给中国自传的真实性带来了疑问，有意无意地回避、隐晦甚至

---

① 巴金：《二十年前》，《无题集》，人民文学出版社，1986年，页133。

② 巴金：《访日归来》，《无题集》，页7—8。

违背事实给自己辩护，仍然是现代自传中经常出现的问题。造成了对自传中的自我叙述和自我意识进行研究时的极大困难，为了解决这一难题，应当对各种自传文本或非自传文本进行比较求证，以获取真相。

此外也需要对自传文本进行“症候式阅读”，自传文本同一切文本一样，总是由“在场”的，即被说出来的内容所结构化了的，但是文本又总有“缺席”的，即那些未被说的、缺漏的、空白的、疏忽的内容。“症候式阅读”就是要发现那些缺席的东西，不但要看到作者所叙述的，也要注意到他没有叙述的，要分析他为什么叙述这些内容，而不叙述那些内容，是遗忘、有意回避，还是认为无关紧要而省略。也就是说，要发现自传作者在确证自己的哪些身份，又在淡化，或是隐瞒、回避哪些身份，通过阅读自传文本弄清了这些问题，也就深化了对作者个性的认识，一个时代各种个性的汇合，正构成了这个时代的国民性。

英格尔斯在《人的现代化》一书中说得好：

> 一个国家，只有当它的人民是现代人，它的国民从心理和行为上都转变为现代的人格，它的现代政治、经济和文化管理中的工作人员都获得了某种与现代化发展相适应的现代性，这样的国家才可真正称之为现代化的国家。①

现代化首先是人的现代化，人的现代化意味着健全的国民人格，也意味着对国民性中的弱点和缺陷进行改造，对国民性中的优点和长处光大发扬。为达到这一目标，就应当首先了解中华民族具有怎样的国民人格。

本书就是试图通过现代自传进入这一问题的探索。

2009 年

---

① 英格尔斯：《人的现代化》，四川人民出版社，1985 年，页 8。

危机与出路：关于传记现状的思考

近三十来中国传记取得巨大成绩：大量作品问世，其数量已超过小说，传记的类型和风格愈益多样，其中有不少优秀之作，传记理论研究也颇有成绩。胡适曾认为"二千五百年来，中国文学最缺乏、最不发达的是传记文学"[①]，这一状况已经根本改观。

但是传记在其发展过程中也潜伏着危机，其中有外部的原因，主要是网络文化在争夺传记读者，特别是青年读者；有历史的原因，主要是中国传记忌讳多、美饰多的传统弱点。但也有传记自身的原因：传记以事实为基础，"纪实存真"是对传记的基本要求，也是传记作为一种文类的主要特征和存在根据；目前传记的写作实践和理论阐释中存在一种潮流，在消解着传记的历史基础，传记作品的真实性不断引起读者的疑问、损害了传记的声誉。造成这一危机主要有三方面的原因。

一

首先，现代和后现代文学对传记的真实性原则不断提出质疑和进行颠

---

① 胡适：《传记文学》，《胡适讲演录》，河北人民出版社，1999 年，页 226—227。

覆，大众文化的流行也影响到传记，一些传记家受其影响，忽略了这一原则。

现代派文学以排除理性为旗帜，以打破传统为特征，把意识流、荒诞、变形、时空颠倒等同传统写实主义完全不同的手法应用到小说中，形成浩大的声势。传记本来同小说有许多相似之处，也不能不受到影响。一些传记作者借鉴现代派的手法进行了实验，对传主生平进行变形，或是加入大量想象的内容。

英国作家伍尔芙是其代表。她的《奥兰多传》写一位英国贵族奥兰多的经历和冒险故事，其中是一连串荒诞不经的故事。主人公奥兰多出生在十六世纪，一直活到二十世纪，一生长达四百年以上，而且这中间从男性变成了女性。这部作品内容虽然荒诞，但是它又具有严肃的历史传记的形式：书前有女作家薇塔·萨克维尔-威斯特的四幅图片，她是伍尔芙的密友兼同性恋伙伴，似乎她就是传主。其实这是一部游戏之作，也是伍尔芙的一次文学实验，她试图开创一种虚构性的传记。《奥兰多传》中包含着传记的某些因素。作品的基础是一个真实的人物，奥兰多性格的发展就是薇塔性格的发展。书中所描写的生活背景就是从文艺复兴到二十世纪的英国社会，具有那个社会的典型特征。这就是伍尔芙在日记中所说的："一部传记，它将讲述一个从1500年到1928年的生活。改变其性别，记载个性在不同世纪中的不同方面。其理论是我们在出生前个性就在隐秘发展；死后也会遗留下某种东西。"①这是建立在真实生活的基础上的虚构式或幻想式传记的一种实验。

另一位现代派著名作家法国的马尔罗也进行了类似的实验，他的《反回忆录》与传统回忆录写法不同：第一，打破按照时间顺序写作的惯例，依据自己的思路来写，时间和地点都在跳跃，被打断重新组合，类似意识流小说的时空颠倒和自由联想，以致让读者产生杂乱无章之感；第二，马尔罗省去一

① 弗吉尼亚·伍尔夫：《奥兰多：一部传记》，韦虹、旻乐译，哈尔滨出版社，1994年，第179页。

生经历中的某些基本内容，又加上了许多虚构的情节。比如他写到1965年同毛泽东的会面，其实那是总共只有三十分钟的礼节性拜访，而马尔罗则用了二十多页的篇幅“回忆”了他同毛泽东关于各种哲学和政治问题的讨论，事实上这些谈话是根本不可能发生的，不过是马尔罗自己的想象。他自己承认：

> 记忆——不知是否出于偶然——无序地再现人生，我任凭记忆驰骋，在文学创作和战争中，在真实或是假象的博物馆里，在文化、也可能在历史的长河中，重新探求一个基本的谜。①

马尔罗和伍尔芙在法、英两国以至欧洲文学界有很高的地位，他们的传记作品都是在传主的生平中加入许多想象和幻想的成分。一般说来，他们的作品得不到多数传记家的认同，但是其影响是深远的。

到1970年代后现代潮流中，包含大量虚构的传记更加流行，美国华裔女作家汤婷婷的《女勇士：鬼魂中的少女时期回忆录》是一个代表。此书自称“回忆录”，但其性质却一直有所争论。此书分成五章，前三章是母亲讲的故事，其中有姑妈恋爱自杀的悲剧，有母亲学医和行医的经历。汤婷婷1940年出生于美国，写作此书时她还没有到过中国，这两个故事中显然有许多想象的成分，其中第二章更是纯属虚构，她幻想着自己变成了中国民间传说中的女扮男装、代父从军的花木兰，到了白虎山学道，修炼十五年，练成一身本领，然后率兵打败强敌，报了国仇家恨。第四、五两章变成汤婷婷本人的叙述，场景回到了美国，分别讲述姨妈在美国的遭遇和自己的经历。在这部作品中，母亲口述的故事和作者的猜测和补充、古代神话传说和自己的改造、作者的人生经历以及对人生的体验和思考、对中国社会的评价和对美国社

① 弗吉尼亚·伍尔夫：《奥兰多：一部传记》，第10页。

会的观察都熔于一炉，其中有传记和自传的因素，但是真实和虚构混杂、难以分辨，有人称之为“影子传记”。

美国还有一部近年问世、也引起很大争议的作品是斯蒂芬·格林布拉特的《尘世威尔：莎士比亚是怎样成为莎士比亚的》（中文译本名为《俗世威尔：莎士比亚新传》）。有关莎士比亚的资料传世极少，这位哈佛大学教授另辟蹊径，他做的工作是对各种各样的历史资料进行发掘，再同莎士比亚戏剧联系起来进行解读，从而推断莎士比亚的一生经历、性格以及莎士比亚内心活动的轨迹和创作灵感的产生，其中包含了种种细节。正如这部传记的标题所示，格林布拉特的目的是要说明莎士比亚是怎样从一个普通乡镇青年成为一位伟大戏剧家的。格林布拉特的传记方法，说到底是想象和猜测，他说：

> 要知道莎士比亚是谁，重要的是跟随着他留下的文字痕迹回到他的生活中、回到他那么开放的世界中去，要知道莎士比亚是怎样运用想象把他的生活改造为艺术的，重要的是运用我们自己的想象。①

比如莎士比亚的《哈姆雷特》等剧中出现过鬼魂和恐怖场面，格林布拉特主要就根据这一点以及其他一些资料，断言莎士比亚秘密信奉当时已经被伊丽莎白女王宣布为非法的天主教。莎士比亚十六岁时还会见过一位著名天主教徒，两人坐在一起交谈，相互都留下深刻的印象，这位耶稣会士不久就被女王处以死刑，这给了莎士比亚巨大的影响。格林布拉特是著名莎士比亚专家，这部传记出版后，轰动一时，但也引起激烈的争论，批评者不乏其人，比如一位莎学家认为格林布拉特说的“几乎全都是没有道理的推测”，

---

① S. Greenblatt, *Will in the World*, *How Shakespeare Become Shakespeare* , New York: W. W. Norton & Company, 2004, p. 14.

还有一位认为此书“完全是建立在他的想入非非和实际经历基础上的独断论”①。格林布拉特对现代莎学的发展有过重要贡献，但是这位优秀的莎学家并非传记家，他写作这部传记的时候忽视了传记写作的基本条件，美国《纽约时报书评》的一篇评论说得是很中肯的：

> 莎士比亚之后四百年，他的生平以及同其作品的关系仍然不清楚、残缺不全而难以确定。他的一切都昏暗不明，这增加了他作品的神秘性，关于他的生平，我们所知道的全部东西，只是一点点可怜的甚至没有多少用处的事实。格林布拉特却说靠这些就够了，他也许是第一个这么说的人。②

这位作者认为格林布拉特的这部著作是“重新虚构了莎士比亚”，它对于解读莎士比亚戏剧和诗歌的文本、了解莎士比亚的时代自有其价值；但是它不能作为一部可信的人物传记来阅读。

现代派或后现代作家写作这类作品，主要是出于一种实验的目的，或者是为了表达一种价值观或理念，他们的实验并没有为传记界所普遍接受，他们写出了出色的文学作品，但不能看作严格意义上的传记。这些作品对传记来说，其意义是反面的：它们对传记的真实性——传统上被认为是传记不可动摇的原则——提出了质疑或进行了颠覆，在直接或间接地打击和改变着传记观念。后现代文化潮流又在推波助澜，它所特有的“戏说”和“碎片化”的潮流在干预传记，使传记偏离原有的方向。大众文化的快餐式操作和商业化特征也在影响传记，一些传记作者急于求成，不肯下工夫，传记的历史真实性和整一性的要求被忽视，虚拟、杜撰的成分在日益增多，以至真假

① http://www.swans.com/library/art11/cmarow16.html.

② Colm Toibin, "*Will in the World*: Reinventing Shakespeare," *The New York Times Book Review*, October 3, 2004.

难辨，这伤害了传记的声誉及其在读者中的影响。比如近年大量出现的叙述各代帝王后妃、文臣武将的作品大都属于这一类。选择传主生平中的某些片段写作（主要是短篇传记），这是可以的，但是一些作者一味突出所谓“卖点”而不及其他，以至哗众取宠，这样的作品无法见到一个完整的传主，很可能歪曲传主的形象。

二

其次，同传记中的实验倾向联系在一起的是理论中的新潮流，文学批评中出现的“自传死亡”、“传记死亡”之类的说法从理论上对传记文类进行了消解。

传记产生于纪念，人类有纪念的本能，传记是这种本能的表现。纪念的基础是记忆，纪念是记忆的人格化和感情化。传记就是纪念或记忆的文字表达。从这个意义上，正如艾德尔所说：

> 传记同历史一样，是对人类记忆的组织。①

但是人的记忆能力又非常有限，记忆是对客体以及人们自我意识的一种记录，但又是一种不很完整、不很准确的记录。遗忘是记忆中最常见的现象之一，记忆还有故事化和理想化的特点，实际上就是在无意识中对材料进行改造，这种改造同遗忘一样是人们自己无法控制的。

除了神经科学指出的记忆的种种不足外，欧美一些不同流派的学者也从不同的理论角度否定传记可能达到的真实。比如美国学者苏珊娜·伊耿

---

① Leon Edel, *Writing Lives: Principia Biographica*, New York: W. W. Norton, 1984, p. 93.

认为，叙述自我本来是个非常复杂的任务，而自传作者却是把它依据一种共同的叙事模式来完成的，他在叙述时，并没有严格地、如实地写下自己的实际经历，更多的是按照传统所形成的各种模式来写作的，她说：

> 它们同实际的生活根本没有什么关系：它们全都是想象性的词语结构，全部是虚构。①

另一位美国学者玛丽·伊万斯则把自传/传记看作是社会根据自己的需要制造出来的现代神话，她写了一部《失踪的人》的专著，这个书名就是为了表明："自传/传记事实上是建立在虚构的基础上的，既是关于某一个人、又是关于任何一个人我们可能知道些什么。""在自传/传记这种样式中不可能描绘出它们宣称所描绘的东西——一个人'完整的'一生。再进一步说，这个'完整的'人，在任何情况中都是虚构，正是由自传/传记这种形式所创造出来的一种信仰。我们习惯于把自传/传记归类为非虚构性作品，然而不这样考虑问题，而是把它看作我们的社会和我们的社会需要的一种神话性结构，也许更有用。"②伊万斯认为，现代神话使自传和传记的主人公失去了个性，消融在社会秩序的需要之中，所以不光是那些没有自传或传记问世的人失踪了，那些被写进自传/传记作品的人也同样失踪了——就失踪在自传或传记之中。他们虽然有传记或自传流传于世，但是他们又是一些"失踪的人"，因为他们并没有真正关于自我的记忆，他们的记忆实际上被流行的现代神话所改造或代替。

对传记文类的颠覆解构主义做得更彻底，解构主义从对逻各斯中心主

① Susanna Eagan, *Patterns of Experience in Autobiography*, The University of North Carolina Press, 1984, p. 5.

② Mary Evans, *Missing Person: The Impossibility of Auto/ Biography*, Routledge, 1999, p. 1.

义的批判，到提出“互文性”和“作者死亡”的理论，试图实现消解语言和消解文本的目的。语言总是离不开记忆的，记忆也总是借助语言进行的，解构主义从语言的角度对文本的消解必然涉及记忆问题，构成了对记忆的消解，这对传记特别是自传理论形成巨大的冲击。解构主义的代表人物保罗·德·曼认为自传不可能具备独立的品格：“自传不是一种文类或样式，而是在某种程度上出现于一切文本之中的一个供阅读或理解的人物。”“正如我们似乎要断言的一切文本都具有自传性，由于同样的原因，我们也应当说，没有任何文本是或者可能是自传。”[①]按照这样的理论，自传文本中所叙述的内容同自传作者的经历并不是同一的，“出现在书名页上的姓名，并不是一个能够自我认识、自我了解的主体的专有名词，而只是一个使合同合法化的署名，在认识论上并不具有权威性”[②]。按照德·曼的看法，自传是不能被当作一种独立的文类对待的，他的这一理论被美国后现代理论家哈桑称为“自传死亡”，有些学者再把这种理论引申到他传，就得出了“传主死亡”或“传记死亡”的结论。在他们看来，一切他传都是自传，一切自传都是小说，这番理论流传甚广，钱锺书在《魔鬼夜访钱锺书先生》中也早说过：

> 现在是新传记文学的时代。为别人作传记也是自我表现的一种；不妨加入自己的主见，借别人为题目来发挥自己。反过来说，作自传的人往往并无自己可传，就趁心如意地描绘出自己老婆、儿子都认不得的形象，或者东拉西扯地记载交游，传述别人的轶事。所以，你要知道一个人的自己，你得看他为别人做的传；你要知道别人，你倒该看他为自

---

① Paul de Man, *The Rhetoric of Romanticism*, New York: Columbia University Press, 1984, p. 70.

② Ibid., p. 71.

己做的传。自传就是别传。[1]

钱锺书这里说的含有调侃意味，但也代表了一种流行的看法。按照这种理论，自传/传记不可能达到真实，同小说并没有原则的区别，那么按照小说的方式来写作传记也是可以的了。这就为传记中的虚假提供了理论的支持。

三

再次，图像和影视成为传记的载体，以其特有的形式和价值标准在淡化传记的真实性诉求。

后现代文化的一个特点是图像的盛行，图像日益成为一种方便的文化符号，一切都商品化的时代，也把一切都图像化。图像同自传/传记的结合不可避免地出现了，这就是所谓“图传”（Photography），即在传记文本中配有大量图像，甚至以图像为主要内容，文字只是对图像的说明。纸质图传流行还没有很长时间，随着网络的普及又出现了电子图传，把一位传主的图传设置在一个网址上，供自由阅读和下载。历史上许多出色的人物图像，产生了巨大的感染力，成为重要的文化遗产。图传中的传主以更直观的图像的形式出现，把读者和传主之间的距离减少到最小的程度，读者在阅读中不需要对文字符号进行理解和转换以及再造视觉形象的过程，减少了阅读时的繁难。电子图传还可以加上各种形象、色彩的设计和背景音乐，强化了效果，增加了趣味性，使阅读更加轻松和简单。在一个消费文化盛行的时代，

---

① 钱锺书：《魔鬼夜访钱锺书先生》，《钱锺书作品集》第三、四卷，台北：书林出版有限公司，1989年，页8—9。

图传以其简便、直观和生动的快餐文化面孔出现，得到读者的欢迎。

但是，图传是把文字同摄影或图画这样两种不同的媒介结合在一起，这就增加了表达的难度，也有无法避免的弱点。对已经去世的传主常常很难找到合适的图像，对在世的传主也未必很容易就能得到。图传不但对传记家和传主两方面都有很大的限制，而且这一形式本身也有局限：图像只能表现传主的某一个瞬间或若干瞬间，很难完整地表现传主的一生。同文字相比，图像所提供的信息具有更强烈的指向性和限定性，不能超越图像中各种信息所规定的范围。图像不可能具有文学想象那样的强度和广度，图传使想象空间受到了限制，读者对传主的认识和理解也被束缚在图像所设定的范围之内。

对文本传记形成更大冲击的是动态的图像，即传记电影片和电视片。电影在十九世纪末出现后不久就同传记结合起来，其主要形式是传记故事片，或简称“传记片”(bio-pic, biopic)。1898 年美国拍摄的《苏格兰女王玛丽的死刑》、1909 年法国拍摄的《莫里哀》，都是最早的传记片。在中国，1940 年也出现了传记片《孔夫子》。中华人民共和国成立以后，拍摄了不少有影响的传记片，如《武训传》、《聂耳》、《林则徐》、《李时珍》、《白求恩大夫》，以及“文革”结束以后拍摄的《廖仲恺》、《孙中山》、《周恩来》都有很大发行量。从电视问世起，传记片始终占据着重要的位置，如一位评论家所说：“从最早出现的电影到制片厂时代结束，电影的发行在有规律地增长，传记片发挥着强有力的作用，一直在为公众构造着历史。”①

传记片通过导演的精心构思、演员的出色演技，再加上生动的画面和逼真的效果，可以取得极富震撼力的视觉效果，这是以文字符号所组成的传记文本所无法企及的。但是，从传记的要求来看，传记片也具有无法避免的缺

① George Frederick Custen, *Bio/ Pics: How Hollywood Constructed Pubic History*, New Brunswick: Rutgers University Press, 1992, p. 2.

陷。电影需要演员处于连续的动作中，也需要大量的对话，任何一位传主，现存的历史著作都不可能记载着他两小时左右的而又适合戏剧表演的动作和对话以及各种细节。所以在传记片中，甚至在那些最严谨的传记片中也总是需要大量的想象和虚构，这些虚构远远超出了传记文学所允许的范围，而这在传记片中却是不可或缺的。传记片属于电影艺术，而不是属于历史，传记所要求的历史真实性，在传记片里常常会被降低到最低的程度。

传记片一般叙述传主的一段或几段最富有戏剧性和故事性的经历，而且时间的跨度不宜太大，人物不宜过多，以符合情节集中性的原则，便于观众的感官能够接受。以几部获得多项奥斯卡奖的好莱坞著名传记片为例：《巴顿将军》只叙述了巴顿两年多的历史，那只是巴顿一生中最精彩的一个片段，巴顿在这段时间中参加了一系列重要战役，但是影片中并没有多少战斗场面，也几乎没有出现德国军队。《甘地传》的导演在影片开始就用字幕说明自己的指导思想："这部只有三小时的电影不可能描述甘地的一生，本片只能尽可能真实地表现其精神的精髓。"影片中就是集中表现了甘地的非暴力的和平主义精神，而对他生平中的许多经历、他的家庭等都没有涉及。周恩来、孙中山一生经历都十分丰富，他们的传记片即使具有史诗的规模，也只能讲述他们的某些活动，远远不可能涵盖他们的一生。

票房价值是电影的生命线。传记片同一切电影一样，是一次性的文化消费对象。传记片制作成本又越来越大，除非得到强有力的财政资助，诸如官方或基金会的无代价投资，电影上映以后这一成本必须收回而且需要获取赢利，所以影片制作的全部过程中都必须预测观众的接受状况，无论是编剧、导演还是演员，都必须迎合观众的期待视野，这就是一句名言所说的——"观众是上帝"，这是电影的娱乐性质所决定的。因此，传记片总是在对历史进行故事化的选择和时尚化的改造，在这一点上它甚至比通俗传记走得更远。传记片的历史感实际上代表着一般群众对历史的理解和想象，不同于传记文本中专家对历史的研究和解读。传记片形成了时尚式与偶像式的视觉专制，观众的接受是集体进行的。传记片虽然保留着传主生平的一些历史框架，但实际上是在其中敷衍故事，电影的娱乐性质和商业化操作决定了传记片的编导比传记家有大得多的自由，它对历史和人物可以作出自己的理解和解释。丁荫楠是中国传记片的主要制作者之一，他这样总结自己拍摄的传记片《孙中山》："《孙中山》是我心中的历史，我心里怎样理解这段历史，我就怎样表现，并非按照真实的历史去创作。"[①]传记片实际上是故事片。

同传记片相似的是传记电视片，不过电视片离传记更远。电视普及以后，其制作和播出方法使它带有比电影更浓厚的商业色彩，娱乐性的要求更强，电视同传记的结合也更加走向非历史化的方向。电视的生存离不开广告，电视片无法摆脱商业化的操作。任何人物的实际生活不可能具有电视所需要的那种密集的兴奋点和快节奏。所以尽管出现了一些以某个历史人物为中心的电视片，但其内容绝大多数只是故事而不是真实的历史，至少是经过了大量改造和渲染的历史。至今没有出现什么合乎传记要求的传记电视片，今后可能还是如此。

无论图像还是电影或电视，都属于另一种艺术门类，同文本传记有质的差异。传记文本没有传记电影和电视那样的故事情节和广大观众，不可能有那样巨大的市场的需求。而且随着数码技术的发展，点播电视的普及和 DVD 成本的进一步降低，可以想象，文字文本现在还存在的一些优点，比如便于携带、阅读时间的无限制和对阅读条件的极低要求等，还可能被进一步弱化。

四

真实性问题，历来是传记写作的核心问题。如果说这古代传记中由于

---

① 丁荫楠：《我的追求》，《电影艺术》1987 年第 3 期。

忌讳而造成的虚假是这一问题的主要表现形式，那么到了现代社会，对传记真实性的质疑从更多的角度发起了，加入大量虚构的内容的传记的实验，贬低了真实性的要求；现代形式主义文学批评流派，则从理论角度否定传记真实的可能；图像和影视等新媒介的介入，改变了传记传统的价值标准。当代传记在这种严峻的挑战中面临着巨大的危机。

面对这一挑战，传记家应当坚守自己的立场，坚定对传记的信念。真实是传记的灵魂，也是传记存在的基础，没有了真实，传记就成了小说或其他什么东西，也无从发挥传记特有的功能。传记发展的总的趋势，是文学性和故事性不断增加，某些传记类型，比如文学传记、通俗传记历来允许一定范围和一定程度的虚构，不同类型的传记对真实性的要求是不一样的，但是任何类型的传记都不能违背真实性的基本原则，这大体包括以下几点：作品中的主要人物即传主是真实存在的；传主生活的历史背景、他同外部世界的关系、他的主要活动及其原因和结果都是真实的；传主的个性特征、思想意识、情感活动以及人格发展的过程是真实的；同传主有关的重要人物的生平活动、思想、感情和性格，特别是他们同传主的关系是真实的。

不符合这些原则就是虚假，虚假的传记必然会引起读者的反感，不可能发挥其功效，作者也会失去信誉，历史上许多传记家都是因此遭受挫折，甚至诸如韩愈这样的大家，其传记作品中的“谀墓”成分也为读者所嘲笑，至今仍被引为教训。那些有大量虚构材料的作品只能是小说，它可以是出色的小说，但不可能是优秀的传记，读者不会把它们当作传记来接受。

当代各种理论对传记的观照，极富挑战性地提出了一系列新问题，打破了传统传记理论的狭隘、保守和封闭，具有积极的意义。但是这并不意味着它们对传记的消解具有充分的理由，因为这类说法脱离了实践，也脱离了历史。心理学和神经科学现有的成果只是说明：记忆因为遗忘的存在以及故事化、模式化之类的特点，使它不可能完全把握对象。但是，记忆总是近似于经验和事实，记忆对事实的偏离是在一定限度内。这是由人类亿万次的实践所证明了的，如果记忆基本失真或是大量失真，现在的世界和人类都不可能存在。记忆中的历史总是近似于事实的历史，传记是建立在记忆基础上的，传记只能接近于记忆而不能等同于记忆，传记文本对于传主的人生经历，也是一种近似的关系，不可能绝对的精确和完整，但也不能因为这种近似性就否认其客观真实性。所谓“传记死亡”、“传主死亡”的说法是把自传/传记中可能存在的不真实的成分无限地夸大，以纯粹的理论演绎取代实践。这里让人想起解构主义的“作者死亡”的理论，英国学者希恩·布鲁克称这种说法是理论上的盲点，把“作者问题”这样一个实际问题变成一种理论问题，“以冗长的、纠缠不休的风格把它变成理论既不能解释又不能取消、令人困惑不安的存在问题”①。对“传记死亡”、“传主死亡”这类理论不能仅仅通过思辨去考察，而要用实践去反驳。传记是历史和文学的交融、科学和艺术的结晶，这是传记特有的魅力。每一部传记都可能有失真之处，但正是传记史上无数的作品，汇集成为人们自身的历史，真实地记载了人类的过去和现在。传记家对自己的工作应当具有充分的信心。

图像、电影、电视同传记的结合是一种无法抗拒的潮流，图传和传记影视片有许多优点，可以满足当代受众的需要；但是传记家也不应当妄自菲薄，文本传记有自身的特点和优点，它把历史真实性和文学性结合起来的品格和所达到的层次，是图传和传记影视所无法企及、也无法取代的。传记家应当遵循自己的传统和原则，这样传记才有存在的理由，不致被其他艺术门类所消解或取代。目前网络电视中“戏说”、“恶搞”成风，传记家应当同这类作品严格划清界限。

中外历史证明，传记作品在任何社会中都是不可或缺的，传记是一个民族历史的记忆，一个不懂得崇拜自己民族的英雄和优秀人物的民族是可悲的、没有前途的。传记所能发挥的认知和教诲功能是无可替代的，也是一个社会健康发展所必需的意识形态条件。传记家应当认识自己的使命，坚守

---

① Sean Bruke, *The Death and Return of the Author*, Edinburgh University Press, 1992, p. 174.

自己的岗位和价值标准。同时也应当与时俱进，在保证传记真实的前提下，对传记写作的方法进行革新，对传记的形式进行探索，以适应当前读者特别是青年读者的需要。传记理论家应当吸收现代学术各种积极成果，丰富传记理论的内容，针对否定传记文类的种种后现代和后结构主义理论，为传记进行强有力的辩护和更生动的评介和推广。

传记写作具有巨大难度，为了再现历史的真实，传记家在各种资料的收集、整理、鉴别和研究时常常要付出艰巨的劳动、耗费大量精力，他们的工作应当得到尊重，必须向社会和国家（比如出版家、企业家、各种基金会和政府组织）不断发出呼吁：对传记写作予以扶持和资助，使传记家能够抵抗商业大潮的侵袭和浮躁的社会心态而潜心于写作。

2011 年

中国传记“不发达”吗？

——对一种主流学术话语的质疑

从上世纪初开始，学术界逐步对中国传记开始了比较系统的研究。总体来说，除了对司马迁《史记》这样个别的作品外，一般评价不高。其中最有代表性、影响最大的是胡适的这一观点：“我觉得二千五百年来，中国文学最缺乏、最不发达的是传记文学。”[①]另一位学者朱东润也有类似的说法：“平心而论，传叙文学在中国文学中实为不甚发达之部门。”[②]他们都是教授，有众多的学生，他们的这类观点经常被人引用并表示赞同（包括笔者本人），成为学术界对中国传记（主要是对中国古代传记）评价中的主流话语。

时间已经过去大半个世纪，传记和传记研究都在发展，情况发生了重大变化，特别是近二三十年来，中国出现了大量优秀传记作品，“不发达”的说法对当代传记已经难以成立。那么，这一说法对于胡适之前的中国传记，特别是古代传记是否适用？随着人们对传记的认识的不断深化，对这一问题就有重新讨论的必要。

---

① 胡适：《传记文学》，《胡适文集》第十二卷，北京大学出版社，1998 年，页 63。

② 朱东润：《大慈恩寺三藏法师传述论》，《文史杂志》1944 年第 1 期。

一、能用小说的标准要求传记吗？

首先应当弄清一个问题，胡适所说的“传记文学”指什么。中国传统的名称是“传”或“传记”，“传记文学”的概念是新文化运动以后开始使用的。现在有些中国学者，把“传记”同“传记文学”区分开来，把传记中文学性比较强的称为“传记文学”。而在胡适那里，“传记”同“传记文学”基本上是一个概念。他早年也是用“传记”，1933 年出版的《四十自述》和在北京大学历史系所作的讲演《中国的传记文学》里开始使用了“传记文学”的说法，他把“没有什么文学价值”的行状，以及年谱、言行录等都归入这个“传记文学”的范畴。他晚年（1953 年）在台北所作的另一篇著名讲演《传记文学》中，把《史记》、《汉书》、《后汉书》、《三国志》、《晋书》等正史中的传记，即所谓“史传”也都列入“传记文学”。这些都清楚地证明，在胡适那里，“传记文学”就是“传记”，他用“传记文学”的说法是为了强调传记的文学属性。

胡适的这一观点反映了当时国际学术界的一种流行见解。在学术传统中，中国和西方国家一样，都是把传记纳入历史学的范畴。中国最重要的历史学著作即“二十四史”，都是纪传体，传记是其中的主要形式，它们当然属于历史学，这没有任何疑问。“正史”之外的传记，同样属于历史学，《四库全书》就是把它们列入“史部”的范畴。在希腊文和拉丁文中都没有“传记”这个词（普鲁塔克的名著《希腊罗马名人传》中的“传”字是后代人的意译）。在英语中，“传记”一词（biography）是 1683 年才出现的，第一个使用这个词的英国批评家德莱顿（John Dryden）明确地把历史学分成通史、编年史和传记三种形式①。德莱顿的观点长期被人引用，在西方学术界，传记属于历史学，

① John Dryden, “Plutarch's Biography,” James Lowry Clifford, ed., *Biography as an Art: Selected Criticism 1560-1960*, New York: Oxford University Press, 1962, p. 17.

这在很长时间里也没有疑问。

到十九世纪末，情况发生了变化，一些英美学者开始把传记列入文学的范畴，这一观点逐步为学术界所接受。特别是 1920 年代欧洲出现了“新传记”潮流，其中的代表人物，如法国的安德烈·莫洛亚、英国的弗吉利亚·伍尔芙和里敦·斯特拉奇，都强调传记的文学性或艺术性。他们的这种观点产生了很大影响。1928 年出版的《牛津字典》，第一次把传记说成是一种文学。从那时直到今天，《牛津字典》和《大不列颠百科全书》这些权威著作，都是在承认传记历史性的前提下，把传记列入文学的范畴。

中国学者逐步接受了西方学界的观点。梁启超从他 1902 年发表的史学名篇《新史学》，到他晚年的著作 1926 年出版的《中国历史研究法补编》，都是把传记列入历史学。他对传记的要求是：“对于所叙述的史迹纯采客观的态度，不丝毫参以自己意见。”[①]这也是他对历史学的规定。不过梁启超毕竟是新旧之间的过渡人物，后期的梁启超虽然还是把传记归入历史学的范畴，但也越来越强调传记的文学性，他这样解说传记：“记个人之言论行事及性格”，“凡记述一个人，最要紧的是写出这个人与别人不同之处”，“凡记人的文字，唯一职务在描写出那个人的个性”。[②] 他这里强调传记要写出人物的性格和个性，这实质上已不是对历史而是对文学的要求，梁启超在不自觉中已经在推动传记向文学靠拢了。

至于胡适以及稍后的朱东润等人，都研究过西方传记文学（特别是朱东润，他在英国留学期间正是“新传记”的盛期，他对莫洛亚和斯特拉奇都很熟悉），他们接受了西方学界的新观点，所谓的中国传记“不发达”的观点正是把传记归入文学的范畴，强调传记的文学属性，用文学的标准作出的评价。

在各种文学类型中，传记同写实主义小说最接近，都以人物为核心，写

---

① 梁启超：《中国历史研究法补编》，《中国历史研究法》，上海古籍出版社，1998 年，页 157。

② 梁启超：《作文教学法》，《梁启超全集》第七册，页 4080。

作方法上也有很多一致的地方。在中国古代传记中，《史记》是得到最高评价的一部，原因之一就是《史记》中高度文学化的人物描写方法。清初批评家金圣叹就发现了这一点，他甚至认为《史记》是小说的源头：“《水浒传》方法，都从《史记》中来。”①反过来，梁启超则要求现代传记家学习《水浒传》：“《水浒传》写一百零八个强盗，要想写得个个面目不同，虽然不算十分成功，但总有十来个各各表出他的个性。这部书所以成为不朽之作就在此。懂得这个道理，对于传记文学作法便有入手处了。”②

这样，评价小说的标准很自然被移用到传记来。胡适特别强调：“传记写所传的人最要能写出他的实在身份，实在神情，实在口吻，要使读者如见其人，要使读者感觉真可以尚友其人。”用这样的标准衡量，他就得出了一个极端的结论：“二千年来，几乎没有一篇可读的传记。”③一些小说家，也同胡适一样用小说的标准对古代传记进行了严厉的批评，比如郁达夫说：“中国的传记文学，自太史公以来，直到现在，盛行着的，总还是列传式的那一套老花样。若论变体，则子孙为祖宗饰门面的墓志、哀启、行述之类，所谓谀墓之文，或者庶乎近之。可是这些，也总是千篇一律，人人死后，一律都是智仁皆备的完人，从没有看见过一篇活生生地能把人的弱点短处都刻画出来的传神文字。”④茅盾甚至认为：“中国人是未曾产生过传记文学的民族”，“即便有所谓的人物传记，也不过是家谱式或履历单式的记载”。⑤ 郁达夫和茅盾都是著名作家，他们的观点影响很大。1930 年代前后，除了胡适和郁达夫，郭沫若、巴金、沈从文等人也都在写作自传，小说笔法在他们的自传中随处可见，这就更加强化了对传记的文学性要求。

---

① 金圣叹：《读第五才子书法》，《奇书四评》，宋俭等编注，湖北辞书出版社，1996 年，页 290。

② 梁启超：《作文教学法》，《梁启超全集》第七册，页 4080。

③ 胡适：《〈南通张季直先生传记〉序》，《胡适文集》第四卷，北京大学出版社，1998 年，页 596。

④ 郁达夫：《传记文学》，《郁达夫文论集》，浙江文艺出版社，1985 年，页 573。

⑤ 茅盾：《茅盾的五篇未署名文章(传记文学)》，《中国现代文学研究丛刊》1982 年第 2 期。

毫无疑问，除了《史记》那样个别的例外，中国古代传记缺少文学性，没有小说那样生动，这是事实。但是问题也随之而来：古代的传记家明白自己的身份，也知道自己的任务，他们是写作传记而不是写作小说。把传记置于文学的范畴、用小说的标准来评价和要求，那是他们不能想象的吧。

二、能用历史学的标准要求传记吗？

中国古代传记所以“不发达”，一方面是从文学的角度，另一方面也是从历史学的角度所作出的批评。

中国历史学素有“良史”的传统，所谓“在齐太史简，在晋董孤笔”就是著名的例子，齐太史兄弟和董孤都是不畏强权，宁可丢掉性命也要秉笔直书。司马迁写作《史记》时也坚持了“不虚美、不隐恶”的实录精神，成为后代历史学家的楷模。但是传记的情况有所不同，胡适的批评是最有代表性的：“传记最重要的条件是纪实传真，而我们中国的文人却最缺乏说老实话的习惯……故几千年的传记文章，不失于谀颂，便失于诋诬，同为忌讳，同是不能纪实传信。”①他还说：“忌讳太多、顾虑太多”，“中国的传记文学，因为有了忌讳，就有许多话不敢说，许多材料不敢用、不敢赤裸裸的写一个人、写一个伟大人物、写一个值得做传记的人物”。② 梁启超也持有相似的观点：他认为中国古代传记“几乎变成专门表彰一个人的工具。许多人以为中国史的最大的缺点就在此处。这句话我们可以相当的承认。因为偏于个人的历史，精神多注重彰善惩恶，差不多变为修身教科书，失了历史性质了”③。应当说，这些批评是符合事实的，中国古代传记中确实忌讳很多，当叙事涉及尊亲、

① 胡适：《〈南通张季直先生传记〉序》，《胡适文集》第四卷，页595—596。

② 胡适：《传记文学》，《胡适文集》第十二卷，页70。

③ 梁启超：《中国历史研究法》，页172。

君王或是自己，作者就往往隐恶扬善，这确实是中国古代传记中常见的一种陋习，甚至连韩愈这样的大家也未能免俗，以至得到“谀墓”之讥。

传记家同历史学家一样，都受到政治和意识形态的影响，但是忌讳以及虚美和隐恶这类现象在传记比在历史学中更为常见，这同传记的功能以及写作对象和写作目标有关，传记毕竟有自身的特点，不能完全等同于历史学。传记起源于对已逝者的纪念，这种功能注定了传记某些方面的特点，各个民族的传记都是如此。中国古代最早的传记作品，无论《论语》，还是《晏子春秋》，都是传主的弟子或再传弟子所记录的老师言行。西方最早的传记代表作，比如柏拉图所写的关于苏格拉底的三篇回忆录，也是学生写老师的言行。在这些作品中，学生对老师都是充满崇敬之情，诚心写其美德；要求他们无所忌讳写出老师的另一面是不可能、也不合情理的要求。即使司马迁这样以直笔著称的传记家，在写他仰慕或肯定的人物时，如信陵君、项羽等人，也难免有所回护，对他们不光彩的一面大都是轻描淡写、一笔带过，或是本传主要写其优点，他们的缺点和过失则用“互见法”放在别人的传记中。西方的传记也大体类似，比如包斯威尔的《约翰生传》和卢梭的《忏悔录》，被公认是传记和自传中的经典，但至今不断有学者指出其中有意无意的隐晦或不实之处。

传记中的虚美和隐恶可能是自觉的，也可能是无意识的。在中国，从古至今“三纲五常”的强大封建道统禁锢着人们的思想意识，不可能要求传记作者超越时代、突破意识形态的限制，直言无忌说出一切，更何况传记的写作目标主要在于纪念而不在于揭露。传记作者如果不是写自己，一般来说也是选择那些自己所尊崇、偏爱或认同的人物为传主，这是传记写作的规律。无论在哪种情况下，要传记作者对传主不带感情、没有任何回护，那是不太可能的，甚至是不必要的，所以也不能完全用历史学的标准来要求传记。

胡适等人从文学和历史学两个方面对中国古代传记作出的批评，分别看来都是正确的，但也必须承认这是一对矛盾，造成了传记评价中的悖论。文学要求生动的个性，历史学要求客观的真实。一方面从文学的角度批评它的人物缺乏个性，另一方面又从历史学的角度批评它不够真实；但是文学并不要求同事实完全一致的那种真实，历史学也不要求具体人物的个性。传记家写传记的时候，既不是写小说，也不是写历史；分别用文学的标准或是历史学的标准去批评它，而不把它看作独立的文类，无视它自身的功能和目标，那就不尽合理。

三、中国传记资源极其丰富

在考察中国传记的时候，不应当忘掉这样一种事实：世界上没有另外哪一个民族有中国这样丰富的传记作品。从数量上看，中国传记不但不是“不发达”，而是相反，数量惊人。“二十四史”加上《清史稿》，构成所谓“二十五史”，它们大都是官方编撰、具有权威性的历史著作，其中包含了总共大约三万五千人的传记材料，如此众多的人物传记构成一个国家几千年的正式的历史叙事，这是世界其他任何国家所没有的。

有这样一种说法：中国古代传记虽多，但很少自传。比如日本学者川合康三认为：“写自传，是西方人特有的习惯。可是在东方，大家都知道，除了那些追随西方的人，没有一个人会写什么自传。”①川合康三的说法并不全面。

如果说，一个人对自己生平的叙述，以自叙生平为目的作品可以看作自传，那么这在中国古代确实非常稀少，只有陆羽的《陆文学自传》、刘禹锡的《子刘子自传》等不多几篇，而且它们都很简短，不足千字，只叙述了自己最

① 川合康三：《中国的自传文学》，蔡毅译，中央编译出版社，1999年，页1。

主要的经历。中国古代被看作自传的作品，主要是一些著作的序或跋，比如被人看作中国第一篇自传的是司马迁的《太史公自序》，这是《史记》的序言；其次是抒情、明志或实用性的散文，如陶潜的《五柳先生传》、曹操的《让县自明本志令》；还有一类是作者生前为自己死后所撰写的墓志铭、祭文之类，如杜牧的《自撰墓铭》等。

不过作出这类划分的依据，是传统的“小传记”(biography)观念，而不是现代学术的“大传记”(Life-writing)观念。如从后一角度考察，中国古代大量的日记、书信、游记等类作品，虽不以叙述生平为目的，不是严格意义上的自传，但它们包含了作者生平的内容，属于广义的自传文类。如果依据广义的自传概念，中国自传就十分丰富。

中国使用书信的历史已有三千年以上，春秋战国时期，书信就为人们大量使用，出现所谓“三代政暇，文翰颇踈。春秋聘繁，书介弥盛”[①]的局面，乐毅的《报燕惠王书》、李斯的《谏逐客书》是其中名篇。到了汉代，书信作为一种文体走向成熟，司马迁的《报任安书》、李陵的《答苏武书》被传诵至今。所谓“唐宋八大家”，都是书信写作的高手，韩愈的《后十九日复上宰相书》和《与柳子厚书》、柳宗元的《贺进士王参军失火书》、苏轼的《上梅直讲书》等，可谓佳作。到明清时期，社会生活更为复杂，通信成为人们生活中不可或缺的内容，凸显其实用功能，为越来越多的普通人使用。其中文学名篇虽然减少，但是也有《曾国藩家书》等具有很高思想和文献价值、流传很广的书信集。

日记在中国的出现也相当早，唐代已有李翱《来南录》等作品。到宋代，王安石、司马光、欧阳修、陆游等人都写过日记，日记渐趋成熟。明代撰写日记的风气更加普遍，内容也更为丰富，发展到清代后期，日记达至鼎盛，曾国藩的《曾文正公日记》、翁同龢的《翁文恭公日记》和李慈明的《越缦堂日记》

① 刘勰：《书记第二十五》，《文心雕龙》。

篇幅都很大，内容几乎无所不包。

中国的游记以明末的《徐霞客游记》最著名，留存的部分有六十多万字，是世界游记中的鸿篇巨制。中国游记中特别有价值的是海外游记，十二世纪宋徽宗时徐兢出使高丽（朝鲜），写了《使高丽录》。元代汪大渊《岛夷志略》，记其所到阿拉伯和东非、南海诸岛及印度洋各国的情况。明人巩珍的《西洋番国志》(1434)是作者随郑和下西洋历时三年的海外见闻录。从十八世纪开始，中国同西方有了更多交往，出现了关于西方国家的游记，樊守义《身见录》记述了他在巴西、葡萄牙和意大利等地的见闻。鸦片战争以后，一些人走出国门考察或留学西方和日本，希望学到富国强民的道理。王韬《漫游随录》记述他在西方的见闻，具有启蒙意义。一批外交官员出使欧美，进行官方的交往，他们留下的一批"使西日记"，无论从史料价值还是文化意义上看，都是游记史上的重要作品。梁启超所辑录的《西学书目表》附有中国人写的西方游记四十九种，其中大多是外交官员所作。比如驻英公使郭嵩焘有《使西纪程》；曾国藩之子曾纪泽出使英、法、俄等国，写了《使西日记》、《出使英法俄国日记》；驻英、法、意、比四国大使薛福成写了《出使四国日记》。

书信、日记、游记等类作品，是中国古代传记不可或缺的重要组成部分。如果把它们以及各种各样的他传作品，包括史传、杂传、碑传、家谱、族谱、故事传记等汇集到一起，将是一个惊人的数字。目前没有见到完备的统计，但是可以见到一些断代文献资料。举例来说，傅璇琮主编的《唐五代人物传记资料综合索引》收录唐五代各类人物近三万人，台湾鼎文书局出版的《宋人传记资料索引》收录宋代两万两千人，如果把这两者相加，也就是说，从隋唐到两宋，即六至十三世纪，中国有五万两千人的传记资料传世。这可以同非常注重传记资料的英国进行一下比较，权威的《牛津国民传记辞典》(ODNB)是从1885年起开始搜集编撰的，收录有史以来英国本土及殖民地人物的传记材料，到2010年，总共出版六十卷，收录五万七千多人。也就是说，英国全部历史上有传记资料传世的人物大体相当于中国中古时期八个世纪中的人物。此外，中国隋唐之前的传记资料已很可观，而到明、清两代，相关资料当比隋唐两宋多若干倍。如果收集齐全，中国人物传记资料的极大规模，远非其他各国可比。

四、传记理念和研究方法亟待更新

中国古代传记，除了《史记》、《汉书》等不多的例外，文学的价值不高，其中还有忌讳之类的痼疾；但是如此庞大的资源，还有没有研究、开发和利用的价值呢？

胡适自己证明是可以的。胡适虽然对中国传记总体评价甚低，但他也十分推崇清代的两部传记。一部是汪祖辉的《汪祖辉病榻梦痕录》。汪祖辉是位绍兴师爷，亲历了衙门里对无数案件的审断，在自传中记录了许多这方面的内容。胡适一再称之为“一部了不得的书”，“我们读了以后，不但可以晓得司法制度在当时是怎样实行的，法律在当时是怎样用的，还可以从这部自传中，了解当时的宗教信仰和经济生活”。[①] 另一部是《罗壮勇公(思举)年谱》，罗壮勇家庭贫寒，他当大兵出身，后来立了战功，当了几省提督。胡适所以称赞这部年谱是因为它“赤裸裸的写实”[②]，提供了关于清代生活的具体翔实又丰富全面的材料，其中写罗壮勇领兵作战粮尽，只好以敌人尸体充饥的情节，读来真是惊心动魄。胡适夸奖这两部传记，都不是因为它们的文学性，而是它们的社会史料价值。

具有重要史料价值的中国古代传记，当然远不止胡适说的这两种。这

---

① 胡适：《传记文学》，《胡适文集》第十二卷，页72。

② 同上，页74。

两部作品都属于自传，自传是当前国际学术研究的热点，美国传记理论家欧奈认为："对于理解历史的曲线、文化的每一种形态以及人类文化自身的真正本质和形式，自传占据着关键的、核心的位置。"①可以说，中国古代的大量自传，主要是日记、书信和游记，在中国文化史上"占据着关键的、核心的位置"，也是亟待研究和开发的一个领域。这一类作品属于私人文献，是一些非正式的、不准备公开的文本，只写给少数特定对象阅读，甚至除了作者自己不打算给任何人阅读。同正式自传相比，私人文献的自传特征较弱。如果说正式自传处于核心的位置，私人文献则处于边缘位置，它们往往是叙述了作者某一方面的经历和个性，而忽略了其他方面，不可能完整地显示作者一生的经历。

但是它们也有特殊的价值。由于私密的性质，所以写作时作者忌讳很少，更具真实性，许多材料是在正统史学著作和正式自传中不可能见到的。它们同作者有密切的关系，其中包含着作者生平和心理的第一手材料和原始信息，看似琐碎但是翔实可靠。它们一般是即时写作，或者说以即时叙述为主，记录当前正在发生的事件和作者现时的感情，包含着生动的细节和准确、清晰的叙述。作者也许没有深思熟虑，可能写得粗糙，但也比较生动，具有鲜明的个人风格。作者写作时对自己身份的认定不具有那么强烈的自觉性，但也是一种隐性的前提，更真实地显示出他对自我的认识和评价。

对中国古代传记的研究，一方面要开拓私人文献等过去被人忽略的领域，另一方面也应当更新观念和方法。传统的传记研究一方面是用文学的方法，主要是考察传主的形象和传记家叙述这一形象的技巧；另一方面是用历史学的方法，主要是史实的考订和梳理。传统的方法在传记研究中取得了许多成果，当然可以继续使用；但是更应当与时俱进、有所突破。传记属

① James Olney, "Autobiography and the Cultural Moment," *Autobiography: Essays Theoretical and Critical*, Princeton: Princeton University Press, 1980, p. 8.

于历史学还是文学，国内外学术界关于这个问题至今仍有争论，其实可以撇开这种无法取得一致意见的争论，换一种角度进行思考。传记无法摆脱同文学和历史学的关系，但是在发展的过程中也出现了独立的倾向，这符合传记作品日益增多、逐步取代小说成为主流文类的趋势。因此可以把传记当成一种同文学和历史学并列的文类进行研究，以自觉的文类意识建立传记自身的评价标准和研究方法。这是个艰巨的任务，其中方法论问题具有重要意义。为了实现这一目标，当代人文社会科学以至自然科学和技术中的许多理论和方法，比如文化学、社会学、信息学、比较文学等学科的理论和方法以及电子计算机技术，都可以为传记学所借鉴。

这种工作其实早有学者在做。李长之的《司马迁之人格与风格》(1947)是中国《史记》研究中最重要的成果之一，也是二十世纪中国最重要的文学批评著作之一。这部著作的中心论题，正如书名所显示的，是司马迁的人格和《史记》风格之间的联系。李长之论析了司马迁人格形成的时代的、家庭的和精神的资源，考察了他人格的内容和在《史记》中的艺术表现。李长之本项研究的基础和出发点是主体理论，主体理论是现代哲学的核心课题之一。传记家的主体精神是现代传记理论的核心，莫洛亚1928年在英国剑桥大学所作的演讲《传记面面观》，是西方现代传记理论的奠基之作，其中最早提出了传记家的主体性问题，从此也引起了西方传记理论家的注意，在他们的一些论著中有所涉及。但是用一部专著深入论析一位伟大传记家的主体世界以及同其笔下许许多多传主的关系，李长之这部著作在中国、在国际传记界都是第一部。李长之不但熟悉中国古代文化，而且具有相当深厚的美学修养，他对德国美学，特别是尼采哲学非常熟悉，他别开生面，把一种复杂的现代哲学理论用于传记研究，并用清新、流畅的语言阐发出来。他走在传记研究的前列，成为研究中国古代传记的出色先行者。

对《史记》这样的经典作品可以运用现代学术方法，对一般作品同样可以运用。这里再举一个青年学者的例子：说晚清出现的那批“使西日记”二十世纪前后陆续问世，并没有引起人们多少注意，上世纪八十年代重新整理出版，引起了国内学界的重视。一些研究者主要是把它们作为一种历史文献，用以探讨中国社会的现代化问题。尹德翔的《东海西海之间》(北京大学出版社，2009 年)继承和吸取了前辈学者的成果，从多重视角对“使西日记”重新考察。他选择了其中十五位作者，重点则是六位最有代表性的作者，对他们的日记进行考订、解读和比较。他以“文化观察、认证与选择”作为自己研究的重点，充分关注历史的细节，避免那种空洞、浮躁的公式化结论。他通过细读，从常常是枯燥无味、流水账式的日常生活的记录中清理出线索。他发现并分辨出这些初出国门的外交官对陌生的西方文化不同的接受姿态和对母土文化不同的守护立场，他又进一步从他们的教养、个性、生活环境和人生道路去解释其中的差异。中国传统的学术研究常常采用比较的方法，比如从汉代开始就出现了所谓“班马优劣论”，即对司马迁同班固、《史记》同《汉书》进行比较和评论。尹德翔的方法也是把不同作者的不同日记文本进行比较，不过在比较中他运用了当代西方学术研究的一些新成果，如自传学、形象学的方法以及身份理论，就得出新的结论，这就为“使西日记”的研究开辟了新的方向，可以给研究中国古代传记的学者以启发。

美国传记家艾德尔把传记家从大量史实中收集传材的工作比喻成镭的开采：“居里夫人和她丈夫花了多长时间，熔化了多少吨沥青铀矿才得到一点点镭，传记的写作过程也是如此，因为它所面对的是神秘的、隐藏的、难得一见的人类精神，及其内部的神话和动力。”[①]其实传记研究同样如此，中国的传记资源实在太过丰富，粗看起来似乎没有多少价值，但是其中包含着极其丰富的历史信息，不能把它当作垃圾抛弃。这里需要艰巨而辛勤的工作，特别是用新的理论和方法去发现其中有价值的东西。

---

① Leon Edel, *Writing Lives: Principia Biographica*, New York: W. W. Norton, 1984, p. 108.

历史学家钱穆主张对历史要怀有“温情与敬意”[1]，另一位史学家陈寅恪则说“其对于古人之学说，应具瞭解之同情”[2]，美国新历史主义主张“同死者对话”。传记所叙述的不是一般的历史而是活生生的人生，研究传记的时候就更应当带有“温情和敬意”去阅读和理解，以期“瞭解之同情”，实现同作者和传主的对话，挖掘出传记文本背后的意义。

胡适对中国传记的发展作出过巨大贡献，他留下的遗产值得认真研究，他对中国传记的评价在当时可谓振聋发聩，有力地推动了中国传记品质的提升，同样应当对他表示“温情和敬意”。胡适从文学和历史学的角度对中国传记作出的评价有其合理的一面，但人们也应当与时俱进，更全面地、更深入地认识中国传记和探析其价值。

2011 年

---

① 钱穆：《凡独本书请先具下列诸信念》，《国史大纲》（修订本）上册，商务印书馆，1994 年，页 1。

② 陈寅恪：《冯友兰〈中国哲学史〉上册审查报告》，《金明馆丛稿二编》，三联书店，2001 年，页 279。

鉴赏与评论

文人无行？

——读保罗·约翰逊的《知识分子》

自八十年代以来，在世界上许多地方，包括美国、俄国、西欧和东欧，一些学者在讨论一个问题：什么是“知识分子”？

问题的提出并非偶然。1789年法国大革命后的两百年，世界历史突飞猛进地发展，在其中发挥了巨大作用的，甚至具有决定意义的，是一种新的社会力量——世俗的（即非宗教的）知识分子。从十八世纪起，知识分子在经济上取得了相对的独立，不再需要依赖恩主的荫庇和供养，在思想上摆脱了神权的束缚，开始意识到自身存在的力量，他们以强烈的使命感探讨人类的各种问题，为人类的未来设计了种种蓝图。他们的理想有的实现了，有的没有实现，但即使没有实现，也成为一种精神的财富。

毫无疑问，没有现代意义上的知识分子，就没有现代社会；可奇怪的是，我们看到知识分子的贡献常常被人忽视，社会对知识分子的总体评价，似乎并不很高，而对知识分子的调侃和讽刺，无论在中国还是在外国，都可以收集到一大堆妙言警句。在二次大战中任盟军总司令，后来又当上第三十四届美国总统的艾森豪威尔就说过：“我听到过一个关于知识分子的非常有趣的定义：一个人用比必要的词语更多的词语，来说出比他知道的东西更多的东西。”这位五星上将尽管说他是“借用”别人的话，可看出对“文人”的鄙薄也不加掩饰。这也难怪，在一些西文中，“知识分子”一词本来就有“夸夸其谈的人”、“空谈家”这样的含义。至少在英语国家，不会有什么人作自我介绍的时候，说自己是一位“知识分子”；而那些贬低知识分子的人，从他们的经历和职业来看，许多也正是属于知识分子的范围，看来他们不愿意同知识分子“同流合污”。

在关于知识分子的讨论中，有人说，知识分子正在退化，知识不再是他们探索真理的武器，而是买卖的资本，他们失去了使命感，变成了追名逐利的庸人。有人说，知识分子的天职是保持独立的人格，做社会的良心和监督者，而现实中知识分子为了个人的利益，大都投靠于政治集团或者商业集团，对既定的社会秩序丧失了批判的锋芒。

在这场讨论中，一位英国作家对知识分子作出了更消极的评价：人们越来越相信，作为导师，或是作为榜样，知识分子并不比古代的巫医或牧师更聪明、更值得尊重。我也具有这种怀疑。在街上随便找十来个人，他们对道德和政治问题所提出的观点，很可能同一个层面的知识分子至少一样合乎情理。但我还要再进一步说，在我们这个悲剧的世纪，千百万无辜的生命牺牲于改善全部人性的那些计划的最主要的教训之一是提防知识分子，不但要把他们同权力杠杆隔离开来，而且当他们试图集体提供劝告时，他们应当成为特别怀疑的对象。

对知识分子提出如此尖锐批评的是保罗·约翰逊(1928—)。约翰逊毕业于牛津大学麦格德林学院，此后一直担任《新政治家》的编辑(至少在我们中国人看来，他是一个典型的知识分子)。他著作极丰，有二十余种，大都是政治和历史作品，诸如《犹太人史》、《当代》、《英国人民史》等，其中最著名、争议也最多的就是他的《知识分子》一书。

《知识分子》涉及的人物中多数是中国读者十分熟悉、并深深尊敬的西方思想家和作家，一些影响了历史进程的人物，如卢梭、雪莱、易卜生、托尔斯泰、海明威、布莱希特、罗素、萨特等人；其余的几位，一般的中国读者不一定熟悉,但也是西方世界有影响的人物,比如英国出版家维克多·高兰茨,美国作家埃德蒙·威尔逊、剧作家莉莲·赫尔曼等。

这是一部很独特的作品,很难说它是哲学著作、历史著作或传记著作,实际上这些成分都兼而有之,约翰逊在追寻这批知识分子的足迹,不过他不是要记述他们的生平,或是评述他们的业绩、表彰他们的功勋,不,他有着另一种完全不同的目的。他清扫历史的尘埃,找来各式各样的参考资料,他全神贯注、小心翼翼地搜索每一个角落,不放过任何一个疑点,他充满怀疑的眼光把这些大人物重新检视一遍,特别是他们的私生活,看看他们是否配得上他们头上的光环。有人称约翰逊是一位"道德侦探",确实如此。他的辛劳使他得到了他所需要的东西,他重新发现了这些知识分子个性中的弱点和他们所犯过的错误,他们生活中种种可恶、可耻、可笑、可悲的方面,他把这些已经被人们遗忘或淡忘的东西组合在一起,毫不留情地抖落给读者。

约翰逊认为,这些知识分子中的领袖人物通常宣称他们热爱人类,或许真的是如此,但是他们爱的是抽象的人,而不是现实生活中具体的人,他们可以为人类设想出种种美妙的图景,但在实际生活中,在同家人或朋友相处时,他们大都是极端的个人主义和自我中心主义者。约翰逊所要证明的,正像我们中国人的一句老话:"文人无行"。

卢梭是这些知识分子中的第一个。他自称生来是为了爱的,他是"人类的朋友",可是他又最忘恩负义,他的养母兼情妇华伦夫人至少援救过他四次,他也一再表示对她的感激,但是到了华伦夫人落魄时,卢梭对她的求助却置之不理,听任她贫病而死;他自称"没有一个父亲会比我更加慈爱",但他又把自己五个孩子送进育婴堂,此后就不再过问。雪莱道德纯洁的说法,是他的第二个妻子玛丽编造出来的,实际上并非如此。他对宠爱他的父母十分粗暴,甚至可以诬蔑自己的母亲同妹妹的未婚夫通奸,还说母亲同意妹妹的这门婚事就是为了掩盖自己的丑行。布莱希特除了自己的名声,其他什么也不关心,他说:"人们饿死关你什么事,一个人应该有所成就,应该使自己出名。”他两面三刀，周旋在两大敌对的阵营之间，终于从各个方面得到了他所需要的东西：奥地利的护照、东德的支持、西德的出版商、瑞士的银行户头。

托尔斯泰所以信奉“博爱”，是因为这可以在公众舞台上表演得更加喧嚣，更富戏剧性和轰动效果。其实，他是个“罕见的利己主义者”，他的日记充分而生动地反映出他的自私，他以为别人都是为他而存在的。他没有爱过一个具体的人，包括他的亲人。对自己的私生子，他从来没有承认过，也没有给予丝毫的关心。对临死的兄弟，他都不愿意去看一眼。他同自己的夫人索尼娅之间的争吵，“充塞着猜疑、怨恨、报复、狡诈、背叛、脾气暴躁、歇斯底里以及褊狭卑劣的行径”。他自认为是上帝，甚至是上帝的兄长，他希望创立一种新宗教来改造世界，“但无论从道德方面还是从智力方面来看，他都没有完成这些任务的资格”，结果是拖着他自己和他的家庭走进一片混乱的荒野。

这些知识分子在两性关系上大多谈不上任何道德，通常是把妇女当作满足自己性欲的工具，他们看中的妇女就不择手段地勾引，什么时候对她们厌倦了，就一脚踢开，无论这可能给对方带来多少痛苦，他们都毫不在乎。雪莱不断找一些年轻的妇女围着他，“总是以为对于性行为的通常准则，自己永远有一种豁免权”，实际上同他有关系的妇女，总是因他而落入灾难。萨特“一心成为他所仰慕的女子芬芳的闺房里的中心人物”，在他的伴侣西蒙·德·波伏娃的帮助下，他勾引了好些十六七岁的女学生，他如同东方的君王，她们组成了他的“后宫”。以坦率、诚实自命的罗素“不顾他的高龄，仍在追逐他遇到的每一个穿裙子的人”，而且什么手段都使得出来。布莱希特和海明威也都是利用他们名作家的地位，引诱众多的女性。

他们当中一些人爱慕虚荣，一些人对金钱特别贪婪，也有些人两者兼备。罗素把他的一笔笔收入都记载在一个小本子上，放在贴身口袋里，心绪不佳时就掏出来仔细翻阅，称之为最有益的消遣。赚钱和存钱是易卜生生活中一股强大的驱动力,他是个十足的市侩,他逢迎权贵,他最喜爱的是各种各样的奖章和勋章,一有机会就挂在身上,炫耀一番,并且乐此不疲。他回到挪威时,当年出身微贱的酒友去码头迎接他,他却躲在船舱,不肯相见。他把自己青年时代的不幸归咎于父母,同他们以及弟弟妹妹断绝了一切联系,当他十分富有以后,也不肯给他们任何帮助,他用五个克郎就打发掉他的私生子,还说:“这对你来说是足够了。”

他们言行不一,嘴上说得很好,却不肯去实行,他们制定的原则是要别人去做的,对他们自己并不适用。他们特别善于说谎、伪装和欺骗,萨特、德·波伏娃、罗素、海明威、高兰茨是突出的典型,他们的回忆录是完全不可信的。但是在这些知识分子的自我美化中最危险的地方,是它们用似乎惊人的坦率和承认有罪来麻痹读者,比如托尔斯泰的日记,虽然好像是诚实的,但实际上它们隐瞒的比披露的要多得多。卢梭的《忏悔录》,正如狄德罗和其他认识他的人当时就已经察觉的,是精心设计的欺骗实验,一块坦率的装饰板掩盖了谎话连篇的泥坑。海明威也是说谎成性,他厚颜无耻地伪造自己在大战中的经历,无中生有地编造自己的性爱故事。布莱希特过着优裕的生活,但在一个号称无产阶级领导的国家里,他穿着工人的服装,每天花几个小时把灰尘弄到指甲里,以装成工人的样子。

这些知识分子还有一种对暴力的迷信。这是个十分矛盾的现象,一般来说,知识分子信奉理性,但是在一定的条件下,知识分子又最迷信暴力,他们理论上反对权力机关施行的有组织的暴力,但他们在实践中又不反对甚至支持个人使用暴力。罗素是个著名的和平主义者,但第二次世界大战刚结束,他就主张赶在苏联造出原子弹之前发动一场“预防性战争”来消灭它。萨特也迷恋暴力,他是“六十年代末起扰乱社会的恐怖活动的理论教父”,波尔布特和“红色高棉”的其他头目就是接受了萨特“必要的暴力”理论,结果是造成了柬埔寨几百万人的死亡。

约翰逊对知识分子领袖人物的攻击非常集中和尖锐。1988 年,《知识分子》在伦敦问世，此后立即在大西洋两岸引起了强烈的反响，在英国和美国一版再版，始终畅销不衰，各种媒体也纷纷予以评介。《伦敦书评》发表文章称它是“一本有说服力也有趣的书；即使那些不喜欢它的人，也会从中得到乐趣”。《纽约邮报》则认为“任何人一拿起这本书就难以再放下”。《纽约时报书评》则俏皮地说：“约翰逊先生在那些伟大的思想家们所干的一切坏事中洋洋得意，书中洋洋得意的部分读来十分有趣。”

尽管《知识分子》写得很生动，一些材料是一般读者难得见到或不予注意的，但本书的缺点也是显而易见，个别资料方面的错误姑且不论，约翰逊评价人物的方法却是难以令人信服的，虽然他没有捏造事实，但是他只列举符合他需要的事实，并按照自己的目的解释这些事实，对书中的许多人物，特别是雪莱、托尔斯泰等最重要的人物，我们也可以举出同他的例证完全相反的东西。

约翰逊列举的主要是这些知识分子私人生活中所犯的错误和他们的弱点，却很少谈到他们对社会的贡献，他们是一些思想家、作家、诗人，约翰逊对他们在思想史和文学史上的地位却很少涉及，这未免有舍本逐末之嫌。评价卢梭、萨特和罗素，不研究他们的著作和他们所创造的新概念、新理论在哲学史上的意义，说到雪莱、托尔斯泰、海明威、布莱希特，又无视他们是自己时代文学史中最杰出的代表，这就让人感觉到如同在讨论《哈姆雷特》的时候，撇开了那位丹麦王子。这些知识分子的作品都很多，经历一般都非常丰富，性格也常常相当复杂，对他们必须进行深入、细致的研究，才能作出全面的评价，约翰逊所作的结论显然是过于简单化了，这些人物涉及的领域是如此广泛，恐怕他也不具备进行深入研究的各种专门知识。

而且，从十八世纪以来，对现代社会产生重大影响的西方知识分子还有很多，比如大诗人歌德、主张进化论的达尔文、提出相对论原理的爱因斯坦、提出无意识理论的弗洛伊德等，都是第一流的、具有世界意义的人物。此外，两百多年来，欧美还有一大批知识分子，比如俄国的陀思妥耶夫斯基、德国的尼采、法国的柏格森、英国的 T. S. 艾略特、美国的福克纳等，他们的影响未见得就比约翰逊所评述的那些人小，约翰逊却没有论析他们，他仅仅根据不足二十个人物的经历和性格，就得出关于知识分子的总的结论，否定知识分子对社会进步的特殊贡献，就更不公平、不科学，难以使人信服。

不过，约翰逊的这本书也有其价值。《知识分子》的广大读者并不都是出于猎奇的目的，通过阅读本书，还是可以从中得到某些教益，约翰逊为我们认识和评价知识分子提供了一个新的视角。

不能不承认，约翰逊击中了知识分子致命的一种弱点：脱离实际。罗素喜欢喝茶而不会煮茶，妻子外出时，把煮茶的程序一条条写在纸上，放在厨房里，让他依照着操作，可是这位大哲学家还是把一切搞得一团糟。这类事情在知识分子中是司空见惯的，大人物有这样的小故事也无伤大雅，人们听了感到好笑，并不以为奇。约翰逊对此却有更深一层的思考，他发现，某些大知识分子不光是在日常小事上，而且在重大的社会问题上，也可能脱离实际，但又不容易被人们发觉，他们是思想领域的探索者，他们的思维方式常常以自我为中心，把自己的思想成果绝对化，自以为是真理的发现者而一意孤行，而且他们是公众的精神领袖，他们的弱点会影响到社会，被人们所盲从，这将带来严重的后果，甚至是空前的灾难。因此约翰逊在《知识分子》一书中发出了“警惕乌托邦”的呼吁。

历史正是如此。因为人类总是不满于现实，知识分子的那种如彩虹一般绚丽迷目的幻想常常可以得到大批信徒，众多的追随者心甘情愿地为之献出一切。早在希腊时代，哲学家柏拉图就写了一部《理想国》，柏拉图对自己不中意的人物，比如诗人，就要把他们驱逐走，不过他还准许诗人们作出答辩；此后，基督教的早期博士们在《圣经》的基础上又吸收了柏拉图的某些思想，建立了基督教的乌托邦“天堂”。掌握了世俗权力的基督教会为了实现这种乌托邦（当然也包含了各种实际的政治和经济利益），所采取的手段远远超出了柏拉图，他们使用了铁与火，双手带上了浓烈的血腥味，其中包括对异端的残酷迫害和十字军的七次远征。天堂离人们毕竟过于遥远，十五世纪，英国哲学家托马斯·莫尔在他的《乌托邦》中设计了一个尘世的理想国，此后各种此岸世界的乌托邦就接踵而来，层出不穷，这些都是知识分子的杰作。他们以为自己的信仰是人类唯一正确的选择，谁不接受，谁就是傻瓜或反动派；目标既然如此伟大，当然也就可以采取一切手段，至于所付出的代价，那只不过是无足轻重、必不可少的牺牲。

比如，高兰茨和赫尔曼，就是为了一种乌托邦的理想，不惜故意歪曲事实，拼命掩盖三十年代苏联发生的恐怖主义的大清洗。乌托邦主义一旦与权力相结合，会让人类付出更惨重的代价。约翰逊举出斯大林在苏联强制推行的集体化运动和波尔布特在柬埔寨实施的“社会工程”的例子，当然，我们中国读者对此同样有切肤之痛，在1958年和1966年，中国不也是为一种乌托邦而疯狂吗？它带来的灾难又何尝小于在苏联和柬埔寨所发生的悲剧。我们应当思考约翰逊在《知识分子》一书中最后的结论：“任何时候我们必须首先记住知识分子惯常忘记的东西：人比概念更重要，人必须处于第一位，一切专制主义中最坏的就是残酷的思想专制。”

对历史人物的评价历来是个难题，中国历来有所谓“公德”和“私德”、“大节”和“小节”之说，许多人看重的是“公德”和“大节”，对大人物就更是如此，“私德”和“小节”对他们似乎并不重要，约翰逊所揭露的大体都属于“私德”之类，其实在许多地方两者是很难区分的。约翰逊认为：“知识分子领袖人物的私人生活同他们的公开形象是不能分开的，一个可以帮助解释另一个。私人的罪恶或弱点几乎总是反映到他在世界舞台上的行为中。”约翰逊的这一观点已为无数事实所证明。世界上固然没有完人，但私德极糟的人真的会有什么“公德”、会“大节无亏”吗？在全世界都在呼吁重建道德的时代里，我们的道德标准应当是两者的统一。《知识分子》的一位美国读者说得好：“我们有着太多的道德相对主义，这是二十世纪的真正宗教，它导致了在各种各样的乌托邦中尸积如山。”一个人如果真的是在为国家、为民族，以至为人类着想,就应当多考虑一些实际的、具体的问题,我们最好也听其言、观其行,首先看看他是否爱他周围的人,对朋友、对家人是否诚实和忠诚。

英雄崇拜是人类的一种本能。英雄固然可以为人们树立榜样,给人们以鼓舞和激励;但是盲目的英雄崇拜却会给人类带来灾难。希特勒曾被德国人奉为民族的英雄和救星,但他被德国人捧上台以后,却给德意志民族,也给全世界带来空前的祸害,类似的例子我们还可以举出许多。谁又能保证人们现在或将来崇拜的人物当中,没有当年的希特勒?当然,英雄身上有着崇拜者的投景,偶像是自我的一种寄托、一种希望,所以偶像的幻灭总是一件令人痛苦的事,有时人们宁愿闭起眼睛,无视事实,也不愿让泥足的巨人坍塌。这就是约翰逊所说的:“正如意大利南方的农民,他们所喜爱的圣徒被揭露只是虚构的人物,并没有存在过,但过了很久,他们还是继续去贡献祭品和进行祈祷。”约翰逊认为,人类有一种“拒绝接受他所不愿承认的证据的嗜好”。果真如此,揭露并不存在的圣徒,或是还人物以本来的面目,匡正一种未必有益的嗜好,也是人类的进步所需要的,从这一点看,约翰逊的《知识分子》也有其价值。

1999 年

明星自传与卢梭的《忏悔录》

“认识自我”是人类的一种古老而顽强的情结，传记即从此而来。随着人类自我意识的不断强化，传记日益风行。在我国，1911—1949 年间，平均每年出版的传记作品（包括他传和自传，以及回忆录、日记、书信集等）约九十种；到解放后，1949—1966 年间，平均每年二十余种；到八十年代，每年约两百余种；九十年代初，每年三百余种；从 1995 年起，每年达到四百种以上，新版传记作品的数量已经接近甚至超过了长篇小说。难怪英国当代传记作家米歇尔·霍尔劳依德不久前说：“传记已经成为文学领域新的超级大国。”

中国传记还没有所谓“身份危机”，而是同时代精神密切结合在一起。传主的变化就鲜明地反映出这一点。“文革”结束，随着中国社会民主化的进程和政治内幕的逐步解密，“政要传记”蜂拥而来，中国现代史特别是中国人民共和国历史上的几乎所有重要人物，都有不止一种传记问世。当今时代商业大潮汹涌，发家致富成为许多人梦寐以求的目标，“明星传记”应运而生。这些“明星”，除了少数例外，不是因为他们艺术造诣、运动成就或是节目主持方面有多高水平，也不是因为他们出了名，而是因为他们是最富有的一批中国人，成为许多人羡慕和效仿的对象。随着经济的发展带来道德水平的普遍下降，一些学者呼唤“人文精神”的复归，所谓“文人传记”即脱颖而出，其传主或为学界名流、士林耆宿，或为诗人、作家、艺术家。

古今中外传记虽多，优秀之作从来少见。传记具有历史和文学的双重品格，要写出一部好的传记实在不容易。小说家弗吉尼亚·伍尔芙又是一位传记作家，深知其中甘苦，她就感叹过："传记是所有文学形式中最困难的一种。"我国当代传记也证明了这一点。"政要传记"的热潮已过，因为忌讳既多，而且除了炒冷饭，已经没有多少政治秘闻可以满足读者的好奇；"文人传记"的传主虽然成就各有高低，但毕竟是一时之选，其著作宏富，非浅学所能体验，其风范和人格，也非急就章所能展示；对许多"明星传记"的热炒和冷遇恰好构成有趣的对比，其中不少正积压于库房甚至化为纸浆，但这类作品读者多，需求量大，在相当长的一段时间内，还会是传记市场中的主打产品之一。

听说许多"明星传记"（主要是自传）的作者都读过并效仿卢梭的《忏悔录》，这大约是事实。这部法国经典自传 1928 年就有了第一个中译本，其后二十年间，共有五位译者的九个中译本问世。八十年代的《忏悔录》新版，一、二两部已经至少分别印刷了五十万册和四十万册。从二十年代到四十年代，在郭沫若和郁达夫等自传大家的作品中，就可以看到卢梭的影子，在当代明星自传中，对这部经典自传的模仿更是随处可见。卢梭有一段名言："万能的上帝啊！……请您把无数的众生叫到我跟前来！……让他们每一个人在您的宝座前面，同样真诚地披露自己的心灵，看看有谁敢于对您说，'我比这个人更好！'"在明星自传中，那种大言不惭，"老子（或老娘）天下第一"（至少在自己的行当里）的自吹自擂，也比比皆是。卢梭喜欢自我揭露，他供认了自己撒谎、偷窃、背信弃义、忘恩负义等恶习和丑行，一些"明星"在自传中也是津津乐道于自己的追名逐利、玩世不恭、轻浮放荡。他们不以为耻，而是同卢梭一样，以"坦率"自诩。

不过，虽有这些形似，如果把卢梭《忏悔录》同明星自传作一比较，品位的高下立时可判。卢梭虽然乐于暴露隐私，描述琐事，但读者也能感受到一种宏大的历史视野。卢梭是时代的弄潮儿，法国大革命前夕社会的急剧变化，专制王朝的没落和第三等级的兴起，启蒙运动的发展，政治、经济和思想领域内的尖锐斗争，在《忏悔录》中都留下生动的记录。我们警惕同样处于一个社会急剧变革的时代，但写作传记的“明星”，急于向芸芸众生所炫耀的，是他的成功之路。我们看到他只活动在一个小小的舞台上，一个毫无生气、千篇一律的时代背景，除了亲属、朋友和恋人，他看不到他所从属的那个复杂的社会结构，他常常告诉我们他如何影响了时代，但我们看不到时代如何造就了他。

卢梭是现代自传的开创者，他描述并且解释了自我成长的历史，带来了自传中的一场革命。卢梭在忏悔的名目下暴露自己的过错，但这并非他的目的，他认为自己本性善良，社会造成了他的恶，是专横暴虐的强者“摧残了我那温柔多情，天生活泼的性格”。所以《忏悔录》不但具有强烈的批判性，又是一部心灵的发展史，我们看到了卢梭从“自然的自我”到“社会的自我”的历程，他的忏悔并不彻底，不过他的心灵是向读者开放的。我们的一些“明星”在自传中，似乎还在演出，始终把自己包裹在出场服中，我们看不到他的心灵和实在的人格，只是看到一本流水账：他作为明星的经历和辉煌。

诗人拜伦曾这样评价卢梭：“他能把疯狂的性格描绘得美丽端庄/把不规的行为涂上灿烂的色彩/他的言语就像眩眼的日光/使人的眼睛流下同情的泪水”。卢梭是一位旷世奇才，他在一个巨大而又精巧的结构中，细腻地记录了丰富的情感世界，充满诗意地描绘大自然，批评家圣勃夫称他是第一个使法国文学充满青翠绿意的作家。如果我们掩卷《忏悔录》，再打开明星自传，那些别字、病句以及常识性的错误，真让人不堪卒读。

自传是自我人格的解读，从这个意义上说，谁都可以写作自传，“明星”当然也有这个权利。但要写出一部好的自传，真诚和认真总归必不可少。如果学习卢梭只学表象，就难免东施效颦之讥。

2000 年

“二难并”佳传出

——读王耀成《赵安中传》

王耀成先生的《赵安中传》是一部成功的传记。赵安中先生在一幅题字中把宁波的北仑同宁波大学并称为“二难”，这是借用初唐才子王勃《滕王阁序》中称贤主、佳宾“二难并”的典故，赵先生把经济建设和人才培养并列，是远见卓识。这里我也借用一下，一部成功的传记也是“二难并”，需要同时具备两个基本条件：一是值得写的传主，一是既能把握传记特点又能同传主心灵契合的传记作家。

《赵安中传》的成功，首先是选择了一位好传主。在中外传记史上，以商人为传主的作品早已出现，如司马迁《史记》中就有《货殖列传》；到现代社会，实业家传记更是大量出现，但是这类传记鲜有佳作，其原因主要在两个方面：传记的本质，决定了它承担着社会道德教诲的责任，许多商人的价值观难以承担这样的责任；此外，商人经历一般比较单一，个性中缺少情趣，难以展现生活的丰富多彩和人文关怀。

赵先生是个非常成功的商人，他白手起家，最后成为香港著名实业家，但人们所以记住他、怀念他，是因为他对教育事业的无比热忱。多少年来，他不图名利、不要回报、不顾高龄，风尘仆仆奔波于穷乡僻壤，考察浙江等地的中小学教育，他慷慨解囊甚至节衣缩食，捐助了一百六十多个教育项目，几乎倾其所有。赵先生不但是一个会赚钱的商人，而且是一位胸怀宽广、志向高远的慈善家。他还是一个有丰富精神世界的人，他重感情、重道义、守承诺，喜欢交朋友，他言谈风趣、兴趣广泛，他白发苍苍，却同小学生一道唱歌，虽然学历不高，但熟读古典诗文，出口成诵。这样一个具有鲜明个性的人物，正是传记写作的好对象。

一个好传主遇到适合的传记家，或是一位好的传记家发现适合的传主，是机缘，也是双方的幸运，赵安中传记由王耀成来写作，就是一例。两人从年龄、经历、职业看，有很大的差距，但在许多问题上却心心相印。王耀成不只是把这部传记当作一个任务来完成，还用心去感受赵先生的精神世界，他不但叙述了赵安中，而且理解和解释了赵安中，从家庭教育、文化传统、时代发展等方面说明了赵安中个性形成和发展的原因。

王耀成也注意到传记的历史性和文学性相结合的要求，为了写作这部传记，他做了充分的准备，对赵先生不同时期的经历及其生活环境，诸如民国时期宁波和上海的风俗人情、半个世纪中香港的发展变化、钱庄业的行规、纺织厂的经营等，都掌握了第一手的资料，并且反复核实，再进行客观的、准确的叙述；此外，王耀成也顺应了现代传记的故事化倾向，他选择了不少生动的轶事穿插在历史叙事之中，因而这部作品写得波澜起伏、趣味盎然。这些都说明王耀成是一位成熟的、有着现代传记意识的作家。

2007 年

传家三味，味在文史之间

——读徐光荣《国宝鉴定大师杨仁恺》

文物是古代的艺术珍品，其中的精妙和意蕴需要观赏者细细去品味。徐光荣先生的《国宝鉴定大师杨仁恺》(辽宁人民出版社，2004 年)写的是一位文物专家，其中佳处也需要读者细细去品味。

杨仁恺大师是书画文物界的泰斗，对中国文物事业作出过重大贡献。这样一位传主，需要一部厚实的传记，否则与其丰富多彩的经历不能匹配。光荣先生正是追随大师的脚印，一步一步记述其长达大半个世纪的一生。在记述中，杨仁恺的形象越来越清楚了：无论少年时代在巴蜀故里，还是后来经受战争和动乱的洗礼，又北上京城，最后定居辽沈，从西南而到东北，可谓颠沛流离、颇经坎坷，但任何时候他总是痴迷于书画艺术。无论在古董店和地摊，还是在北京琉璃厂和各地博物馆，他总是刻苦学习、虚心求教，终于成为誉满天下的一代宗师、名扬四海。光荣先生在记事中记人，凸显出大师的人格：他知识渊博、才学极高，为人谦和、诚恳，他生活中亲切、幽默，对待工作和治学又是一丝不苟、严谨求实，在发表见解、判别作品真伪的时候，他总是不计得失、不论私谊，慷慨直言。这是一位多么可敬、可亲的长者！

这是一部人物传记，但也可以当作一部美术史或是中国文物鉴赏的专著来阅读。大师不但在辽宁博物馆工作，他还参加过“全国古代书画鉴定小组”，八年中走遍全国，一生鉴定书画文物无数，每一鉴定都不是凭空而发，他总要反复考察、观摩，依据当时经济水平、文化背景、风俗习惯，以至饮食衣着、天时物象，常常是从一笔一画、一枝一叶的细节之中作出判断。一幅几乎被当作赝品的《清明上河图》，就是大师慧眼识珠，断定为真迹，使这幅稀世珍品得以重见天日；唐代周昉的《簪花仕女图》、宋代米芾的《行书苕溪诗》、清代蒲松龄的《聊斋志异》手稿等书画珍品，也是通过大师的鉴定而为世人所识。大师是怎样鉴定的、他的根据是什么，这部传记都深入浅出作了介绍，读罢此书，可以学得很多东西，我等外行，对文物鉴定虽还不能因此而窥其堂奥，但也可获得不少入门知识了。

这部传记也可以当作一部社会文化史来读。大师九十余年的经历，此为全传之经，社会文化史则为全传之纬。大师交游极广，现代史上的一大批名流，如郭沫若、沈尹默等文化名人，如徐悲鸿、潘天寿、张大千、黄宾虹、傅抱石等书画家，如张伯驹、陈半丁、邓拓等鉴赏家，大师都有交往，他们一一在传记中出现，作者常常寥寥数笔勾勒出他们的形象和风貌。其间穿插着时代风云、民俗世态、文坛掌故、名人轶事，作者如数家珍，娓娓道来，生动有趣，增加了这部传记的可读性。作者在结构上也多推敲，对大师本人的叙述同背景叙述和故事外的叙述交织在一起，成竹在胸、材料多而不乱，如织锦穿珠、收束自如。

我前年冬月在京城结识光荣先生，承蒙赠我这部大作，读毕钦佩之余产生一个强烈的愿望：希望有一天烦请光荣先生引见杨老，面聆大师教诲、必为人生快事。去年岁末又有幸赴京列席“第三届中国传记文学优秀作品授奖会”，参观光荣先生等获奖盛典，拜访大师的愿望更加强烈，不料东北之游还未成议，却已传来噩耗：大师鹤驾西去了。哲人其萎，我也留下终身憾事。不过幸运的是，这部传记已把大师的经历和成就都记录于册，也把大师的音容笑貌、学识人格保留下来，让我等后辈可以永远纪念和学习了。

光荣先生此传的成功，首先在于他的勤奋和努力。为写此书，他作了三年多的采访准备，从传主本人及其亲朋好友和同事那里掌握了大量第一手材料，对其中时间、地点、细节都进行了考订；他还仔细研读了传主两百多万字的著作，熟悉其涉猎的中国美术史、书法史、书画鉴定史等诸多领域，才终于写出这部三十余万言的大作。光荣先生是一位多产的传记家，他写过各种各样的传主，除了文物鉴定大师外，还写过科学家、厨师、教练等，他是个热爱生活的人，无论写谁，他总是怀着极大的热情全身心投入，总是收集大量资料，进行专业知识的学习和补课。他也尽可能同传主交往、熟悉他们，不但了解他们的经历和专业，而且尽可能地了解他们的心灵和感情世界，努力写出一个活生生的人物来。

传记是个困难的文体，光荣先生在实践中积累了相当丰富的传记写作经验。中国诗论曾有言曰："诗家三味，味在酸咸之外。"传记家的甘苦似犹过之，传记写作最困难的地方是文学和历史如何结合的问题，要把握得恰到好处，真是难。读罢这部传记可以说，光荣先生得其味矣！

2008 年

关于外国传记的阅读和鉴赏

一

什么是传记?《牛津字典》对传记的定义是:“作为文学分支的个别人的生平的历史。”尽管学术界关于传记有许多争论,但这一定义仍被多数人所接受。从这个定义可以得出关于传记的最重要的两个结论:第一,“生平”是传记的基础,是任何传记作品必不可少的条件,涉及生平的文本就带有传记性;第二,传记既是“文学分支”也是“历史”,也就是说,文学性和历史性是传记的基本特性。

文学同历史学本来是两个不同的文类,而传记把这两者结合了起来,但又同它们各别的性质不同。传记同历史学一样,都必须真实。传记所描写的中心人物,即传主,他的生平事迹、主要活动以及他生活于其中的那个世界,都是真实存在过的,不能想象和虚构。传记同文学一样,以人为对象,讲述了某人的生平和性格的故事。不同的是:历史学通过重大事件及其因果关系写出历史发展的基本线索,历史学也写到人,但只写那些影响了社会的重要人物,只写他们在公众中的重大活动;传记则可以选择任何人作传主,这个传主就是传记的核心,其他一切人(包括那些大人物)都围绕着他出现。为了写出传主的个性,传记特别注意传主的那些鲜为人知的轶事和各种细节;这虽同某些小说相似，但它们是真实的而不是小说的虚构，传记不允许那种典型化的人物塑造方法。真实是传记的灵魂，传记的真实意味着准确和公正。

传记是一个非常庞杂的概念，其英语形式是来自拉丁文的"biography"。一般把传记分成写他人的他传"biography"和写自己的自传(autobiog-raphy)两大类，也有人把它们用英语"auto/biography"合称。他传最简单的形式是名人录，然后有资料传记、学术传记、历史传记、标准传记、文学传记、通俗传记等形式，按照上述顺序，其中的文学成分在逐渐增强、历史的成分在逐渐减弱。自传除了正式的自传以外，还有言行录、回忆录等形式，此外书信、日记、游记等私人文献也属于广义的自传范畴。传记作为文类具有开放性，其界限处于变化之中，近几十年来，就又出现了"口述历史"、"博客"等新兴形式。现在英语中，用"life-writing"一词来指称广义的、包含各种形式的传记。

传记是人的历史，也是人性的真实记录，传记把那些已经逝去的人物在文本中复活，传记家会带着时代的、读者的和他自己的问题，到传主那里去寻找答案，在传记中传记家、传主和读者打破了时空的界线，展开了一场对话，体现人与人之间的理解、同情和关怀，优秀的传记作品总是温暖和感动了无数读者，弘扬了人道主义精神，成为人与人之间联系的纽带。传记帮助读者认识人生、认识世界，也给读者一种真切的示范：人应当这样、而不应当那样去度过自己的一生，法国传记家罗曼·罗兰在解释他为什么要写《贝多芬传》的时候说：因为传主是"教导我们如何生、如何死的大师"。这正是传记的意义和价值所在，因此传记有着强大的生命力，在不同的时期、不同的民族那里，传记始终得到社会和读者的欢迎。

二

传记也是一种具有悠久历史的文化形式。传记起源于纪念，是人类纪念本能的表征。自人类文明诞生之初，就出现了传记的萌芽，比如埃及金字塔的石壁上就用图画的形式记录了法老的生平。随着文明的进步，文字的记录就成为对已逝者最便利、也最容易保存的纪念形式。荷马史诗《奥德赛》讲述希腊英雄俄底修斯在特洛亚战争结束后回到祖国的途中在海上漂泊十年的经历，希伯来文学的《旧约》开篇所谓“摩西五经”记载希伯来人最伟大的一位民族英雄摩西一生的事迹，从这些故事都可以看到传记的雏形。

《旧约》“摩西五经”之后的“历史书”，标志着传记的正式诞生，《撒母耳记》和《列王记》等篇中记录了几个著名的君王，如扫罗、大卫、所罗门等人的事迹，是可信的短篇传记。此后希腊在其盛期，也出现了正式的传记，特别是柏拉图对他老师苏格拉底的几篇回忆录，对后世产生了重大影响。

传记诞生后不久，进入了古典的黄金时代，在公元前二世纪到公元一世纪，世界的东方和西方，分别出现了幅员辽阔、国力强盛的大国：西汉帝国和罗马帝国，伟大的传记就出现在这个伟大的时代，其中司马迁的《史记》不但是中国传记中最伟大的作品，而且影响到后代的日本和东亚传记。罗马出现了三大传记家：普鲁塔克写出《希腊罗马名人传》、塔西佗写出《历史》和《编年史》，绥通纽斯写出《十二恺撒传》。稍后，以色列人《新约》开篇的“四福音书”是关于耶稣基督的四篇传记，罗马末期出生在北非的奥古斯丁写出第一部长篇自传《忏悔录》。这些作品标志着古典传记的最高成就，不但创造了古典传记的完美形式，而且对人性的探索也进入相当深入的层次，为后代传记的发展作出了示范。此后，在中世纪的混乱纷争中，也由于基督教会的思想禁锢，欧洲传记的发展进入一种相对停滞的状态。

十八世纪在西方先进的国家，经过文艺复兴的思想和个性解放运动，传记的发展得到新的动力，出现了历史上的第二个高峰。在英国有约翰生的《诗人传》和鲍斯威尔的《约翰生传》，在法国以卢梭的《忏悔录》为代表，在德国则以歌德的《诗与真》为代表，在大洋彼岸的美国也出现了富兰克林的《自传》，这些作品标志着现代自传的诞生。传主的范围扩大了，不再局限于君王和权贵，传记中出现了具有鲜明个性的中产阶级代表人物，传记的文学水平得到很大提高，出现了第一流的作品，传记的真实性和准确性问题也得到了重视。

到了二十世纪，西方传记经历了一场意义深远的“革命”，进入了第三个高峰。随着世界民主化进程的加速，人们自我实现要求的强化，对传记的兴趣更为强烈。弗洛伊德的精神分析也对传记产生了重大影响，精神分析的核心是用个体无意识特别是性意识说明人性，这就为传记提供了一种解释人和人性的新方法，弗洛伊德自己写过一部《达・芬奇》，也为传记使用这一方法做了示范。二十世纪西方重要的传记家几乎无不受到弗洛伊德的影响，把重心转入对传主的解释，特别是分析传主无意识的心理动因。“新传记”的出现是这一变革的标志，其代表作家有这样几位：英国的斯特拉奇以《维多利亚时代名人传》、《维多利亚女王传》和《伊丽莎白与埃塞克斯》名噪一时；法国的莫洛亚被称为“二十世纪传记之王”，他写作了十四部长篇传记，其中《雪莱传》、《拜伦传》等都产生了世界性的影响，他还写了一部奠定现代传记理论基础的《传记面面观》，奥地利的茨威格也是一位有巨大影响的传记家，《玛丽・斯图亚特》和《巴尔扎克》是其代表作。

在“新传记”以后，通俗传记异军突起，成为大众文化的一个重要组成部分，其中以欧文・斯通为代表，他的《凡・高传》被翻译成多种文字，拥有广大的读者。文学传记则继承了“新传记”的传统又有所发展，美国艾德尔的五卷巨著《亨利・詹姆斯》，既包含丰富的资料，又注意故事性，既熟练地使用了精神分析的方法，又避免了精神分析常见的弊病。到1960年代以后，西方传记的风格和写作方法更加多样化，传记在文学中的地位日益提高。

俄罗斯也是一个传记大国，并以其独特的风格——厚重的历史感独树一帜。十九、二十世纪俄罗斯出现的一批自传或回忆录，如赫尔岑的《往事与回想》、柯罗年科的《我的同时代人的故事》、爱伦堡的《人・岁月・生活》、索尔仁尼琴的《牛犊顶橡树》等，都具有史诗的规模和风格，作者通过自己亲身的经历和见闻，在广阔的背景上记录了一个伟大民族的苦难、斗争和希望。

在东方国家，传记是文学领域相对比较落后的部门。在日本，十一世纪前后日记体流行，以《紫式部日记》为代表，作者以细腻的风格记录了宫廷和皇室事件，在传记作品中别具一格。明治维新以后，日本社会迅速发展，效仿欧美精英人物的传记大量问世，夏目漱石、川端康成、大江健三郎、三岛由纪夫等作家的自传产生了较大影响，在方法上也可以看到精神分析的痕迹。二十世纪以后，在亚洲、非洲、拉丁美洲各国，民族英雄和领袖人物的传记流行，甘地、纳赛尔、曼德拉等人的自传和传记都有大量读者，在人民和民族解放运动中发挥了巨大的鼓舞作用。作家和艺术家写作自传也成为一种相当普遍的风气。

在世界上许多国家，特别是西方发达国家，传记出版的总量已超过小说，成为文学中的最大门类。人们预言：二十一世纪是属于传记的时代。

三

传记同小说有许多类似之处，比如塑造人物的方法、环境描写、结构技巧、文学语言等，从表面看来，传记同小说似乎没有区别，事实上自古以来传记家和小说家就一直在互相学习。不过传记同小说毕竟是两个不同的文类，它们材料不同，写作方法也不同。在鉴赏传记的时候，除了其文学手法外，还有两个角度是更应当注意的。

一个是从传记构成要素的角度来欣赏。传记的基础是传主的生平，但是文学传记不满足于仅仅叙述传主一生事迹，还描述传主的个性；随着传记的发展，个性描述成为传记鲜明的特征；而在那些优秀传记作品中，不但可以看到对传主人格的重视，还包含了对传主的某些解释。生平、个性和解释是传记构成中的三个要素。解释则是现代传记的主要追求，斯特拉奇说过："没有解释的事实正如埋藏着的黄金一样毫无用处；而艺术就是一位伟大的解释者。"对一位优秀传记家或现代传记家来说，对传主不进行解释，就是放弃了他的任务。用社会历史的方法，也就是用传主的生活条件来解释，这是传记解释的基础和基本的方法；心理学的方法、主要是精神分析方法来解释是现代传记中流行的；也有许多传记家把这两种方法结合起来，加以综合的运用。

传主一生几十年中经历了无数事件，不可能把这一切都写入传记，传记家选择哪些材料入传？又为什么选择这些材料？传主的一生中总有一些关键事件，一些影响了他的关键人物，这些事件和人物是什么？传记家用哪些事件、轶事和细节来表现传主的个性？传主一生的命运怎样，他为什么会有这样的命运？他有什么样的性格，这一性格是怎样形成的？他的一生中有哪些疑难、费解之处，应当如何解释？在欣赏一部传记的时候应当注意传记家是怎样回答这些问题的，特别应当注意他是怎样解释传主的。而且还要注意，传记家必须使用真实的材料，他只能在细节上依据事实进行合乎情理的想象和推想，否则他就违背了传记的原则和传记家的道德。一方面要求历史的真实，另一方面要求文学的生动，这两者互相牵制、互相制约，传记家的任务就是要把它们统一起来。

另一个是从传主和传记家的关系的角度来欣赏。传记家和传主之间的关系是传记的核心问题。传记家要根据可信的历史材料来写作，但传记又是高度个性化的写作，越是优秀的传记家，他的主体力量就越是强大，他就越是要顽强地表现自我。一般说来，传记家对传主总是同情的，但是他不能因为同情就隐恶扬善、歪曲事实。这样传记写作就处于又一种矛盾之中。传记家不能歪曲或杜撰传材，但是可以依据自己的兴趣、理念和需要来选择传主和传材，对传材进行安排、使用和解释。其结果，传记打上传记家个性的烙印，传主的身上也或隐或显地记录了传记家的人格。有些传记家用喜剧的眼光，有些则用悲剧的眼光看待传主和人生；有些更多看到传主身上的弱点，有的更多看到优点；有的看到诗意，有的看到可笑。在阅读和欣赏一部传记的时候，就应当注意传记家同传主究竟处在一种什么关系中，看他是怎样把自己的好恶和感情统一起来的。

传记既要求历史，又要求文学；既要描述传主的个性，又要表现传记家自己的个性。正如伍尔芙所作的比喻，一方面如花岗岩般坚硬，另一方面如彩虹般变幻不定，传记要把它们融为一体。这真是难题，但这也构成了其他文类所无法达到的巨大张力，传记的魅力就在于此，那些优秀的传记作品也证明这是可以实现的目标。

2009 年

《玛丽·斯图亚特》赏析

玛丽女王出身高贵、美艳多才，一生充满传奇色彩。她的命运引起了西方人普遍的兴趣，也一直是传记家喜爱的人物，有关她的传记多达几百种。关于这段历史的可信资料传世不多，这就为传记写作留下了广阔的想象空间。茨威格的《玛丽·斯图亚特》叙述了玛丽女王的一生，作者在写作前曾详细研究过已有的玛丽传记，他发现："对于玛丽的生活和性格的答案既多种多样，又相互矛盾。有些人把她看成谋杀犯，另外一些人则把她看成牺牲品；有人说她是私通者，另外一些人则说她是圣人。——每一个得到充分证明的'是'总是有同样得到充分证明的'不'来加以反对，每一种指责都遭到反驳；错误和真实，事实和虚构那么复杂地混合在一起，任何一种可能证明她有罪或无罪的观点（特别是她是否是杀死达伦雷的共谋犯），似乎同样都可以得到可信的证据来支持。"这种争论又同宗教和民族问题纠缠在一起：伊丽莎白是新教徒，玛丽则虔信天主教，这位苏格兰女王被英格兰女王所杀，所以一般说来，新教徒指责玛丽，天主教徒责怪伊丽莎白；英国历史学家毫不犹疑地把玛丽说成是谋杀犯，而苏格兰方面则宣称她无罪，说她是诬蔑的牺牲品，伊丽莎白才是真正的杀人凶手。

茨威格常选择那些经历复杂、命运具有戏剧性的女性来展示他的传记才能。这部传记的重点是解释玛丽女王的性格和命运，其中包括两个主要问题，一个问题是对于达伦雷的死和玛丽下嫁包斯威耳，玛丽女王自己要负多少责任。茨威格认为："玛丽・斯图亚特属于那种少见的、很有趣的女人，她的重大行为的时期受到时间的限制，她有一个短暂的但活跃的兴旺期，她的生活主要是一个短促的、但有巨大激情的灼热阶段，而不是同等地散布在全部经历的每一个时期。"她二十三岁前和二十五岁后都是平静的，而这两年之间她的激情在燃烧，她的悲剧就在于她不可遏止的情欲，达伦雷不能满足她，而健壮如野兽的包斯威耳正是她所需要的，所以她就不顾一切地同意了包斯威耳所策划的谋杀达伦雷的宫廷阴谋。这里可以看到茨威格所受弗洛伊德精神分析的影响，不过也寓含着更深刻的意义：既不把这位高贵的女王神圣化，也不把她妖魔化，而是把她看作一个有七情六欲的常人。茨威格是一位伟大的人道主义者，在他的笔下，女王的命运得到了人性化的解释。

另一个问题是，玛丽在被关押近二十年后，已经不可能有任何政治作为，伊丽莎白为什么还要把她处死。伊丽莎白是英国以至世界历史上最著名的女王之一，正是在她的治理下，英国历史发生巨大变化，成为世界一流强国。女王在她的统治期内基本上实行开明和温和的政策，但她却对自己的法定继承人采取这样极端的手段，这使许多人感到不可思议。茨威格对这个问题也作出了自己的解释，他的答案是：从伊丽莎白的角度看，她对玛丽的态度始终是从政治斗争的需要出发的，她不愿担当杀人的恶名，但是她更注重巩固统治、扩大权力，因此她也更加痛恨玛丽对她的挑战。不过，她对玛丽的仇恨中也夹着宗教信仰的分歧和一个单身女人的嫉妒，玛丽的美貌和恋爱、婚姻都是她所没有的；从玛丽的角度看，在长期被关押、失去了一切复辟的希望之后，"死"成为她唯一可以使用的武器，她故意拼命激怒这位表姐，逼迫她杀死自己，让她永远在历史上承担杀人的罪名，以此作为报复。

这部《玛丽・斯图亚特》可以说是二十世纪心理解释传记或精神分析传记的典范，不过，除了细致地分析了人物的心理世界外，茨威格也写出了现实的政治斗争和历史的风云变幻。在苏格兰，贵族大臣相互倾轧、刀光剑影，玛丽同她的亲生儿子为了王位和名分问题最后弄到了你死我活的地步。在英格兰，女王虽然具有最大的权威，大臣们表面忠顺，骨子里也都有自己的利益和打算，一个个老奸巨猾、各怀鬼胎。在海峡对岸的欧洲大陆，包括法国、西班牙和罗马教廷，各种政治势力纵横捭阖、尔虞我诈，今夕结盟、明朝毁约，欧洲历史上这样一个非常时期，在茨威格的笔下生动地重现。

茨威格不但是传记家，也是小说家，在这部传记里，他使用了许多小说笔法，种种矛盾错综复杂、人物命运跌宕起伏、细节描写栩栩如生，一切都是那么富有戏剧性，其实他并没有多少可信的史料为根据，不少情节是他的猜测和想象。所以也有人认为《玛丽·斯图亚特》不是一部严格的历史传记，而是一部传记小说。

2009 年

《雪莱传》赏析

《雪莱传》是莫洛亚的第一部传记作品，也是他的代表作。这部传记的传主、英国诗人雪莱是个有争议的人物：他中学时代就得到“疯子雪莱”的绰号，有人认为他有精神病，有人根据他的两次婚姻以及他同一些妇女的关系，认为他非常不道德，他受到英国舆论的猛烈攻击，以至在祖国不能容身；不过也有一些人认为雪莱是个道德纯净的人，他的妻子玛丽和他的一些朋友，包括诗人拜伦，在他们关于雪莱的回忆录里都这么说，并且提供了种种证据。

莫洛亚采取了后一种说法，他对雪莱寄予了深深的同情。他后来回忆说，他第一次阅读一篇关于雪莱的短文时，一下子就产生了强烈的激情，他发现自己有一段时间的政治和哲学思想同雪莱被牛津大学开除到达伦敦时的思想极为相似，于是他就决定写作这部《雪莱传》。确实，莫洛亚同雪莱有不少相似之处，比如莫洛亚的第一次婚姻也很不幸，所以他能够体验和深入雪莱的感情世界。

莫洛亚写作这部传记的任务不仅是叙述雪莱，他还要解释雪莱。《雪莱传》有一个副标题“爱丽儿”，爱丽儿是莎士比亚传奇剧《暴风雨》中的那个小精灵，在莫洛亚看来，雪莱敏感细腻的感情和自由的精神也如爱丽儿那样飘忽不定，难以捉摸；爱丽儿被魔法拘禁在荒岛，而雪莱则被拘禁在自己情感的藩篱之中,不能越出。"爱丽儿"是一种寓意和象征,它就是莫洛亚对雪莱的理解和解释:雪莱过于脆弱,容易沉溺于幻想,他毫无自我保护的能力,他不能适应这个社会。

在莫洛亚笔下,雪莱是个具有强烈悲剧色彩的人物,他是个天生的叛逆者,同这个世界格格不入,这个世界不是为他建造的:在伊顿公学,他因为不愿依据惯例去伺候高年级学生,因而遭到围攻和毒打;在牛津大学,他因为宣传无神论而被学校开除;他因为拒绝父亲的管教而失去经济资助,同家庭几乎断绝了关系;他这个百万富翁和男爵爵位的继承人,却不顾身份同一个小咖啡店主的女儿结婚,因此遭到无数讥讽。但是这个不合时宜的雪莱又是那么善良,他有杰出的才华,也有崇高的理想和献身精神:好朋友豪格调戏他的妻子,他很生气,但很快就原谅了他;他可以把钱随便送人,而自己却靠朗读莎士比亚来忘掉饥饿;他对任何弱小者或处在困难中的人,总是伸出援助的手,尽自己的能力去帮助他们。

从节选的部分可以看到雪莱这种善良而又任性、脆弱而又脱离实际的性格:他同爱慕虚荣的第一任妻子哈丽艾特分手、同玛丽相爱并私奔了,但是他心里却还挂念着哈丽艾特,甚至想入非非,打算邀请哈丽艾特来同他们一道生活;他同玛丽私奔,却还要带着玛丽的同父异母的妹妹简·克莱尔,简是拜伦的情妇,心里却暗恋着雪莱,雪莱出于对她处境的同情,就带着她一道去欧洲,完全不顾这可能给自己带来的种种麻烦。他领着两位年轻的女士满怀希望离开英国来到战争刚刚结束的欧洲,旅途中遇到的那些战后难以避免的不便,而对雪莱来说,要克服这些障碍实在太麻烦,远不如阅读诗歌愉快。于私奔出国没有几天,他又很快打了退堂鼓,同来时一样,匆匆忙忙作出决定,带领两位女士掉头返回英国了。

莫洛亚写作传记的一个特点是特别注重人物关系,雪莱同他周围人物的关系及其发展变化、他们对雪莱的评价,成为莫洛亚刻画雪莱性格的重要手段。除了同几位女性的关系外,莫洛亚还精细地描述了雪莱同几位男士的关系，其中最重要的一位是拜伦。雪莱和拜伦齐名，是英国十九世纪初期两位重要诗人，他们都有杰出的才华，并相互尊重；但莫洛亚揭示出他们性格的极大不同，并对他们进行了比较：拜伦的意志飘忽不定，他是自己情绪的奴隶，也是女人的奴隶。雪莱周围也有一些女性，但是“雪莱在女性身上寻找奋发上进的力量源泉，而拜伦却以休憩为遁词，把她们当作玩物”。拜伦爱慕虚荣，他是一位心灵受到创伤的贵族老爷，为了报复他玩世不恭、愤世嫉俗。雪莱却是一位道德家，他的意志是一股纯洁而强劲的力量。莫洛亚对拜伦也颇有研究，后来写过《拜伦传》，他对两位诗人个性的比较是非常深刻的。

莫洛亚是一位语言大师，他的文笔非常优美，无论是对人物行为举止和心理世界的刻画，还是描写自然风光，他都能把握那些精微之处，用非常简洁的笔墨生动地表现出来，具有极强的感染力。他也非常善于剪裁，他把雪莱一生中那些最具有典型意义、最精彩的片断选取出来加以精心的描绘，揭示出其中的戏剧性。莫洛亚用大量笔墨描写传主活动的一些主要场面，场面与场面之间则用高度凝练的笔墨进行过渡性的交代。这样既完整叙述了传主的一生，又具有很强的可读性。《雪莱传》出色的剪裁致使一些读者误认为这是一部小说。

莫洛亚对雪莱的同情使他忽略了一些对雪莱不利的材料，对雪莱的诗歌作品也缺少分析和评介。不过虽有这些不足，这部《雪莱传》仍然是莫洛亚最出色、最有影响的传记作品之一，在西方传记史上具有重要地位。

2009 年

《但丁传》赏析

但丁是意大利诗人，在西方文学史上具有崇高的地位，被称为“永恒的但丁”。但丁同薄伽丘以及另一位诗人彼特拉克都是佛罗伦萨人，在文学方面都取得巨大的成就，被称为意大利文艺复兴“文学三杰”。彼特拉克比薄伽丘年长九岁，他们之间有着十分深厚、终生不逾的友谊；但丁比薄伽丘年长四十八岁，但丁去世时薄伽丘才八岁，他们之间自然不可能有什么直接的交往，但是薄伽丘怀着十分崇敬的心情，为这位先贤写作了传记，为传记史留下一部名篇和一则佳话，历史记录下他们的成就，也记录下他们的友情。

《但丁传》完整地记录了但丁的一生，其中有三个重点。

第一个重点是但丁对比阿特丽丝的爱情。薄伽丘是个人文主义者，在他的思想意识中，人占有核心的地位，他的代表作《十日谈》被人称为“人曲”。和许多人文主义者一样，薄伽丘坚决反对中世纪基督教会的禁欲主义，他把爱情看作一种非常美好的东西和人类生活的重要内容，他在《但丁传》中描写了但丁同比阿特丽丝的爱情，以及这种爱情对但丁的巨大影响。值得注意的是，薄伽丘在《十日谈》中十分大胆地描写了男女之间的性爱，以致这部作品长时期里被认为是“淫书”而被封禁，然而薄伽丘在《但丁传》中竭力歌颂的则是一种“最贞洁的，不论在神志、言词或示意动作方面，都没有显露任何带有肉欲的成分”的精神之爱。

第二个重点是但丁的政治活动。但丁出于一种高尚的动机和爱国的热诚参加了佛罗伦萨的政治活动，他施展了“他的全部天才、全部艺术和全部学术”，希望能使佛罗伦萨团结起来走上正道，但结果是党派纷争却愈演愈烈，那些狡猾、精明的政客逃之夭夭，但丁却成为牺牲品，遭遇流放，永远离开了自己的祖国，在贫穷和寂寞中度过剩下的大半生。

第三个重点是但丁的学术活动。但丁年轻时代就热爱学习，掌握了丰富的知识。被流放以后，他又将主要精力用于学术著述。薄伽丘研究了但丁的各种作品，《十日谈》中的许多内容就是他对但丁的《神曲》和其他作品的思考。1373 年，薄伽丘还开设了关于但丁的系列讲座。《但丁传》中反映了薄伽丘对但丁的研究成果，他对但丁在神学、哲学、语言学方面的成就都进行了简略而中肯的评价，所以这篇《但丁传》也具有评传的性质。

薄伽丘重点论述的这三个方面，确实是但丁生平中的主要事件，但是它们也同薄伽丘本人有关。但丁不但是一位伟大的诗人，也是一位积极的政治活动家和渊博的学者，薄伽丘同样是如此。此外，薄伽丘年轻时也有过一场刻骨铭心的恋爱，他曾同那不勒斯国王的私生女玛丽亚（也就是他作品中的“菲娅美达”）相爱，结果以悲剧告终，这也同但丁和比阿特丽丝的恋爱相似。所以可以说，薄伽丘写的是但丁，但是读者可以从这些描述中看到薄伽丘自己的身影。在《但丁传》中，薄伽丘常常站出来讲话，对但丁生平的叙述、性格的分析与他自己的议论常常交织在一起，毫不掩饰地表示了他对但丁的同情、赞美和惋惜；薄伽丘对人物和事件旗帜鲜明地发表自己的看法，还常常分析历史事件的背景、探析发展的规律。从这些地方读者可以看到，薄伽丘不但知识渊博、眼界开阔、兴趣广泛、目光敏锐，而且还具有强大的个性和表现自我的激情，这正是文艺复兴时代的巨人性格。

薄伽丘是个说故事的能手，这篇《但丁传》中选择了但丁的一些轶事，比如母亲生下但丁前做的那个关于孔雀的梦、但丁和比阿特丽丝的相识与相恋，这些事件虽然很难得到确证，但生动而富有感染力。薄伽丘在叙事中常常加入细节的描写，寥寥数笔，就生动地把人物的性格和心理传神地刻画出来，显示出他出色的叙事技巧。

文艺复兴是西方现代社会的萌芽，薄伽丘的《但丁传》是文艺复兴传记中的第一篇名作，其风格和特点都预示了西方现代传记发展的方向。

2009 年

诗心的对话

——读许结《诗囚》

传记的写作是文学各文体中难度最大的一种，难点在于作者同传主之间的契合与理解。正如美国著名传记家里翁·艾德尔所说的："传记家同传主的关系正是传记活动的核心。"传记家找到适合他的传主，是传记家的幸运，也是传主的幸运。

《诗囚》的作者许结教授写的是他父亲许永璋先生。许结三岁时，父亲被囚于狱中，母亲短命而亡。永璋先生忍辱负重，既当严父又当慈母，父子相依为命，共同走过了四十余年。许结永远不能忘怀与父亲相濡以沫、刻骨铭心的岁月。如今它只存在于永璋先生的诗中，这些诗一首首和着泪、滴着血，夹带着时代的沙尘和风云，其中的意味和底蕴，只有许结能够理解。许结选取了其中一百多首代表作，凭借着丰厚的历史文化知识和出色的记忆力，加以注释、解读、补充和发挥，串联成这部独特的传记——一部诗传。

许永璋(1916—2005)先生是位高产诗人，他八岁作诗，八十年间作诗词万首以上。五四新文化运动以后，旧体诗词式微、作者不多，就数量而言，永璋先生或许可称第一人(生于1887年的柳亚子一生作诗词七千余首)。

先生以诗为生命，几乎到了不可一日无诗的地步。他读诗、写诗、吟诗、教诗、论诗、著述诗。他的命运离不开诗：他出身耕读之家，因为写诗而结识了孙科、陈立夫、胡适、胡小石等高官显宦、学界名流，抗战期间还因此跻身官场，当了“上校秘书”。1957 年他因诗罹祸入狱、中了“阳谋”成了“右派”，结果毁家残身，被打入社会最底层，经历了人间惨剧。晚年他因诗得到匡亚明校长的器重，成为南京大学兼职教授，并因为讲诗而获奖、扬名学界。

先生有很高的古典文学修养。但他写诗不用僻典、不掉书袋、不事雕琢，常以现代词汇或口语入诗，写入生活细节和轶事，他继承了中国古典诗歌特别是杜诗的传统，显示了鲜明的写实主义风格。他笔下没有风花雪月、无病呻吟的靡弱之音，即使闲适时写自然景物、田园风貌，也多关系农事民生；咏史及赠送之作，则抒怀励志，散发出刚健的精神。

中国人常说“国家不幸诗家幸”，西方也有“愤怒出诗人”的说法，这反映在永璋先生的身上，他写得最感人的是战祸和动乱之中的广大民众，包括他自己所经历的苦难。抗战中首都南京失守，他悲愤万分：“守将弃甲走，神土沦沧瀛。一江白水赤，两岸鬼悲鸣。”战乱中“烧杀虏淫忧鼎沸，油盐柴米虑途穷”。成为右派以后，他被剥夺了教书的权利，“抛笔砚，立地化为奴。除草清尘移瓦砾，送肥刷厕倒痰盂”。他被送去劳教，“囚印囚符囚相貌，丧魂丧魄丧形骸”，每天还要服十六个小时的苦役，在疲惫和绝望中又遭到横祸，“飞石下，左腿尽离身”，落下终生的残疾。妻子死去的噩耗又接踵而来，他哀号：“叶落风摧人去也，骸残骨碎苦来哉”，从此他“断弦断腿断肠声”。他失去公职和收入，生活的环境是“蜗居恶，窗外是猪群。矢溺纵横臭气溢，朝来东晒暮西曛，人似上蒸笼”。先生所经受的种种苦难，是一代平民知识分子命运的写照。

本书以诗为主线，但它不是传主的年谱或诗歌的笺释，许结在一步步探索父亲的心理，解释其发展的轨迹，显示其个性和人格。读者看到的这位“诗囚”是一位传统的知识分子，出于儒家的入世精神，他青年时代就抛弃田产，负笈远游，但是在那个动荡不安的时代，济世安民的理想无法实现，他又不得不转向老、佛，以求精神的解脱。不过他的价值目标始终没有改变，他坚守传统道德，谨慎为人、不肯随波逐流。战后失业，生活无着，但他谢绝了孙科给他的“武汉特别市税务局长”的肥缺，君子固穷、安贫乐道。在大饥荒的年代，邻家的枣子熟了，他不准孩子去偷摘，甚至别人打下的枣子掉在自己屋子里，他也捡起来丢出窗外。他坦荡真诚，极重情义，妻子早逝，他誓不再娶，鳏居四十余年，含辛茹苦把七个孩子培养成人。他慈眉善目，笑口常开。但是他的内心隐藏着痛苦，只有独自玩味和寻找解脱。他的断腿很容易摔跤，他一次次跌倒，爬起来就出口成章：“天阴直下高坡滑，一跌横量大地宽”，“一跌街边鬼，醒来隔世人”。只有宽广、超脱的胸怀才能把惨痛和悲哀化解为这样的自嘲。逆境之中，他保留着一颗诗心——对善和美的追求。

二十世纪的中国天翻地覆、充满戏剧性，这是民族觉醒、个性解放的时代。对这段历史，在主流意识形态指导下的宏大叙事已有很多，目前特别需要的是民间记忆的收集、整理和研究。新时期以来陆续出版了一些重要日记以及据此写出的传记，《诗囚》的问世使我们又看到一种新的文献——永璋先生的诗歌。以传主的诗歌为依据写作的传记已出现过好几种，比如陈寅恪《柳如是别传》、陈贻欣《杜甫评传》。不过传主都是古人，除其诗作外，还要依靠大量文献资料才能作传。许结在国外完成《诗囚》，几乎没有参考公开的历史文献，他把笔墨集中于对父亲诗歌意蕴的阐释以及写作背景的介绍，加入自己的亲历、亲见和亲闻。这样，《诗囚》成为一部私人化程度很高的诗传。

许结写的是父亲。十七世纪以后，西方和我国先后出现了为亲近者写作长篇传记的风气。这类作品中有一些佳作，但也常见一种通病：颂扬、感念有余，理解不足。新历史主义的领袖斯蒂芬·格林布拉特有句名言：“同死者对话。”优秀的现代传记就是传记家同传主的一种对话。传主虽然已去世，传记家带着有关他的许多问题阅读文献，从中寻找答案。问题不断提出，不断解决，或者被取消、修正，又提出新的问题。这是一个动态的过程，传记家似乎在同传主对话，这是传记家与传主取得契合和理解时的写作姿态，它不仅叙述传主的生平，而且再现其人格并予以解释。

许结是一位卓有成就的学者，他创造过一个并不多见的奇迹：三岁失母，十三岁随着父亲被“遣送”皖南，这时他初中都没有读完，此后当知青和代课教师，再无接受学校教育的机会；但是他通过自己顽强的奋斗终于成为著名学府的教授和博士生导师。许结的成功离不开父亲的言传身教，他们父子都是在逆境中成长，不屈服、不懈怠，始终坚守自我。许结也爱诗，写诗，具有诗人的才华和敏锐。无论经历、职业、专业还是兴趣、性格，儿子同父亲都颇具相似之处，这使他能够超越亲情和感恩而进入更高的层次：用心去理解父亲的诗和人。

青山不老，诗心永存。《诗囚》是这对父子诗心的对话，它虽然在短短的三十六天中写成，但也是两代人长时间感情和思想交流的结晶，是儿子念念不忘的、同父亲“心灵契约”的完成。还值得一提的是，《诗囚》的装帧朴素典雅而又意蕴深远，其设计者许玄是一位美术专业的四年级学生，也是许结教授的公子。这么看来，这部著作凝聚了祖孙三代人的心血，诗心的对话还在延续。

许永璋先生一生坎坷，经历了太多的苦难；但他又是幸运的：他的诗记录了一个时代，他最亲近的人如今重光了他的诗歌、再现了他的心灵，他复活在文本之中，用诗为我们诉说了一个时代的故事。

2010 年

聆听传记家和传主的对话

新时期以来，传记持续高产，我们还记得当年花花绿绿、以揭露秘闻为卖点的传记塞满书摊的情景，也记得一年出版一千多种明星传记、最后大部分化为纸浆的传闻。现在这些都过去了，中国传记成熟了，出现了一批优秀作品，可以说，中国传记很少长篇名著的历史结束了。

传记家同传主的关系，是传记写作的核心问题，传记的成败与此有关。一批优秀作品的出现，证明传记家已经认识到这个问题。比如张胜写《从战争中走来》的体会是："要写他，你就必须是他。"这类说法体现了现代传记理念。传记写作中有两个主体：传记家和传主，他们在身份、经历、气质、兴趣、价值观等方面应当具有尽可能多的一致性，这样他们之间才能形成对话和互动，传记家才能理解传主，对他的人格、命运和人生选择作出准确的描述和合理的解释。如果没有起码的一致，就不可能写出好传记。传记家应当选择适合自己的传主。

张胜写的是父亲张爱萍，他用了一个看似平常但颇有张力的副标题"两代军人的对话"，他们是父子，同为军人，都是从士兵提升为将军并进入总部，这里传记主体具有高度的一致性。父亲是身居高位手握重权的首长，儿子也有军人的尊严和人格，他没有父亲那样的军功，但有年轻一代的优势：现代知识和国际眼光，他得到父亲的器重，也有资格对父亲进行分析和评价，一道讨论历史和现实问题。即使父亲已经去世，他还是“每天都在和他对话，讨论战争、军队、人生的意义和国家的命运”。主体的一致和对话，使张胜不但写出父亲的光荣历史，也写出他的失误和弱点；不但写出他的正直、坚毅和对他的崇敬、热爱，也写出他晚年的固执、天真、不合潮流和苦闷。这样一位可敬、可信而又血肉丰满的高级领导人的形象并不多见。

十多年前出现了写父母的长篇传记，如今风气更盛，形成传记史上从未有过的景观而引人注目。季羡林在学界有很高的地位，他的公众形象是德高望重、学识渊博；季承的《我和父亲季羡林》则披露了他鲜为人知的一面：家庭生活中的孤独、寂寞、吝啬和无情。他的形象似乎不再那么完美，但也更加真实。季承写作的目的在于“同父亲谈心”，虽然透露出对没有父爱的不满，但也分析了无爱的婚姻给父亲带来的不幸，对他的不近人情作出解释，通过对话实现了父子间的进一步和解。这部传记虽然不符合“子为父隐”的传统，但也反映了现代传记的潮流：对真相的顽强追求。还有一部《诗囚》，是许结写他父亲许永璋，父子都是诗人和学者。儿子从父亲两万多首诗作中精选出一部分，用于叙述他坎坷的一生并解析其心态历程。诗为传材，别具一格，父子间的“心灵契约”也得以完成。子女写父母，有得天独厚的条件和无可替代的优势，主体的一致更容易具备。这类作品纪念是必然的起点，颂扬也能理解，但不应有重大负面事实的缺漏，过多的感情因素也可能使对话难以深入。

英国传记史家说过：鲍斯威尔遇到约翰生、约翰生遇到鲍斯威尔，对他们都是幸事，《约翰生传》就此诞生，这是主体一致的典范。李辉写《传奇黄永玉》，让人产生联想：作者同传主都是有广泛兴趣的文人，关系在师友之间，有长期的、密切的交往，而且从相识开始就为传记进行准备。李辉的写作方法是从黄永玉的小说、诗歌、散文以及书信、讲演、档案等各式资料中清理、考订他的生平故事及其心理发展的线索，资料不足或是把握不住的时候，他就询问黄永玉。二十年中无数次交谈，使他深入了传主的世界。李辉把所收集到的材料称为“风中碎片”，而他们的谈话无论在传记文本中出现还是没有出现，都成为粘合剂，把“碎片”拼贴成完整的画像。这也正是鲍斯威尔写约翰生的方法。

传记家同传主的对话，语言只是形式，关键是传记家对传主用心理解和体验。有些传主已经去世，对话仍然可以进行：传记家带着种种困惑和问题，对传主的资料进行“症候式阅读”，寻找答案。他也会不断发现新的问题，就继续去寻找，这样的过程反复进行，传主仿佛复活了，同传记家在互动、解答问题，诉说自己的隐秘。这也是新历史主义主张的“同死者对话”。西方传记惯用弗洛伊德去解读传主，中国传记家则抛弃了其中不合国情的泛性论而吸收合理的成分，他们克服了传统传记的局限，注意到童年时代以及婚姻和两性关系对传主的影响；不过他们对传主的解释主要还是通过历史背景、生存形境和人物关系来进行。

张培忠是写张竞生传的不二人选：他们是同乡，张培忠十分熟悉这位“性学大师”童年的生活环境，很早就听到民间流传的他的故事，十六七岁就有了写他传记的梦想，这种一致性是他们对话的基础。张培忠把此传取名为《文妖与先知》，清楚地表明他为传主辩诬，解读其人格、确定其历史地位的目标。他让我们看到张竞生阴沉灰暗的童年、浪漫的气质以及偏激、容易冲动的个性。对家庭和社会的不满使他向往革命；在法国，他深受卢梭影响，也更加特立独行、不计后果；他回国后无论从教还是做实业，总是不能长久，不断碰壁。但这种性格也使他取得多方面成就，成为许多领域的先行者。张培忠并不刻意进行人物分析，而是让读者明白了这个“中国的堂·吉诃德”为什么要写一本引起无穷争论的《性史》，又为什么会这样磕磕碰碰走过一辈子。

同传主对话、对传主作出解释的前提是掌握大量资料，上面说到的一些作品就是证明，它们的厚重和作者为此付出的精力让人感叹。《从战争中走来》对于解放军军史、《传奇黄永玉》对于现代美术史、《文妖与先知》对于现代史的许多领域，都是很有价值的参考著作。不过它们的个性化叙事又不同于正史的宏大叙事，它们重建了一个个历史场景：传主占据着中心，众多平民百姓或是历史名流从他们身边走过，其中有生动的轶事和细节，也有人物的感情和感受。它们是民间记忆，鲜活的内容是正史无可替代的。

近年长篇传记的成绩使人鼓舞。但是读来也不能不产生隐忧：当下各种文化形式在激烈争夺着受众，传记需要参与竞争、需要趣味，但是不能为趣味失去真实，“纪实传”真是不可逾越的界限。如果用了太多不合传记规范的虚构，就会失去公信力，结果是消解传记文类。上述作品中有的用注释说明材料的来源，这对作者是必要的约束，对读者是赢得信任。但许多传记家还不习惯用注释，使人遗憾。

传记难写；但传记是时代精神的表征和国民教育的重要手段，过去的一个世纪也出现了那么多值得立传的人物，我们的传记家应当迎难而上、不辱使命。

2011 年

传记研究中的新局面

——读《传记文学新近学术文论选》

《传记文学新近学术文论选》(中国传记文学学会编,中国青年出版社,2011 年)的问世是中国传记界的一个重要事件。

上世纪三四十年代,前辈学者胡适等人大力倡导并身体力行,中国传记出现了一个生气勃勃的黄金期。1979 年新时期开始,随着思想解放运动的进行,中国传记进入现代史上的第二个黄金期。正如这部《文论选》的序言所说,当前中国传记文学欣欣向荣、蓬勃发展,其表现之一就是"传记文学研究出现新局面"。这部《文论选》是这一新局面的展示,它汇集了近几年来中国传记研究的重要论文,基本代表了传记学术所达到的水平,它也显示了当前传记研究三个方面的进步。

第一,突破了早期的狭隘和封闭,在传记史、传记理论和传记评论等各个领域全方位展开。

这部《文论选》中的四十多篇论文分成五个部分,第一部分是对传记基本问题的讨论,比如传记中的真实和虚构、文学性和历史性、目的和功能以及传记的写作方法等,虽然这些都不是传记研究中的新问题,但是作者大都结合中国传记的实践,采用新的角度和材料,显示出时代精神和本土特点;第二部分是对中国传记现状的思考,一些论文考察了传记的现代化问题和民族特色问题，有的考察了中国传记文学的勃兴及其原因，也有学者发现其中的危机、分析其出路；第三部分是对国外传记的论析，其中既有对西方传记史上不同时期的重要传记家、传记作品和传记类型的研究，也有对现代派和后现代传记的研究，还有对非洲自传的研究；第四部分是专类和专题研究，专题研究中包括传记写作中的档案利用，传记家的法律权利和风险防范，传记的撰写、编辑、译注等问题，专类研究中包括传记的审美研究，对作家、军事人物、宗教人物等类型传记的研究以及对影视传记的研究；第五部分是对章太炎、丁玲、沈从文、张爱玲等名人传记以及对传记家朱东润等人的评论。

这五个部分的论文可以说视野开阔、包罗极广，同上世纪末出现的那些传记论文相比已有很大不同，那时所作的工作还处于历史的梳理和资料的积累阶段，集中于传记史研究和传记史代表作品的研究，或是对国外传记作品和理论的译介，还有一些是作品的序跋，带有随感的性质。现在的中国传记界则大大前进一步，以一种更加开阔、包容和自信的目光审视传记的历史和现实，直面国内和国外传记中所出现的各种问题，力图予以理论的解决，发出自己的声音。

第二，确立了比较明确的传记意识，进行独立的传记学理研究。

中国的传记研究曾经长期落后，原因之一是传记不被看成一个独立的文类，而是看成文学或历史学的一种形式，人们常常用历史学或是散文、小说、报告文学的标准去考察和评论它。新时期以来，特别是本世纪以来，越来越多的学者认识到传记是一个独立的文类，传记可以且应当像其他文类学习，但是它有自己的价值目标和写作方法，传记研究和评论有自己的话语体系，这些都不能同其他文类混为一谈。

可以看到，这部《文论选》的作者虽然观点不完全一致，但是其中多数作者，无论是研究传记理论或传记史，还是评论作品，都开始具有比较明确的传记意识，不再套用小说、历史或报告文学的那些范畴和概念。比如说，这部六十多万字的《文论选》中，出现最多的一个概念可能就是“传记真实”，传记界越来越认识到，传记要求真实，但这不同于历史学所要求的真实，也不同于小说所要求的真实。传记离开了自己的真实标准，就无法生存和发展。

学术史证明，任何学科的发展都以学科的独立为前提，这部《文论选》的出现又一次证明了传记学独立的可能和必要。

第三，传记研究中对话和国际对话格局的形成。

在文化全球化和多元化的时代，学术研究已经摈弃了独语而采取了对话的形式。对话是学术成熟的标志，不同观点、不同思想进行碰撞、交锋和交流，中国的传记理论在成长的过程中特别需要吸取与融合一切有价值的话语、观念和材料。

中国传记界和中国传记文学学会已经注意到这个问题，大家越来越清楚地发现中国传统传记和传记理论的弱点，感到了对话和交流的必要。这本《文论选》主体是 2009 年在香港召开的国际讨论会上发表的论文，这一讨论会除了两岸三地的传记学者外，还有美国、日本、韩国等国学者参加。在那次盛会以前，中国大陆、香港和台湾的传记界还在广东召开了一次两岸三地的学术讨论会，此后又组团去台湾交流访问，去年还在北京召开了一次中国古代传记的国际讨论会。

中国传记文学学会最初是一个以传记作家为主体的组织，但是也越来越多吸收学者参加活动。传记家和传记学者之间的对话取得了积极的成果，传记作家不再停留于总结经验和发表感想，许多传记家也开始关心理论问题，学者则打破了传统的学院派的模式，注意到传记写作中的实际问题和具体作品。这一变化在《文论选》中清楚地体现出来。

一些中国港台、日本和欧美传记界人士参加了中国传记文学学会的一系列活动，一批受过硕士和博士教育、有过国外学习经历的年轻学者加入了传记研究的队伍，国外的传记作品和传记理论更多地介绍到国内，中国传记界进入了国际对话。国际对话不但在讨论会上进行，也更多地在学术著作中进行。比如传记中的虚构及其允许范围、传记家的主体性及其与传主的对话、传记中的伦理与法律规范等，这些国外传记理论中经常讨论的问题，在这部《文论选》中也都有涉及。值得注意的是，一些学者把中国传记同其他国家的传记进行比较研究，比较传记学正在形成，中国传记界逐步融入了国际潮流。

各个时代、各个民族都是把传记当作国民教育最重要的手段之一，在迫切需要振奋民族精神、提高国民道德的今天，繁荣传记是一项重要的任务。传记是独特的文类，离不开思想，也需要技巧和技术，需要理论的指导，这方面还有大量的、艰巨的工作要做，这部《文论选》为我们展示了方向。

2011 年

传记出版为何这么热?

——答《光明日报》记者问

记者: 近来传记出版呈现非常火热的现象,这体现了怎样的社会(心理)需求?

答: 传记在中国出现很早,战国后期出现的《晏子春秋》是第一部正式的传记作品。到汉朝,以司马迁的《史记》和班固的《汉书》为代表,形成中国传记史上的第一个高峰。但此后传记长期处于比较沉寂的状态。经过五四新文化运动,上世纪三十年代前后,中国现代传记出现了,并形成新的高峰。当前,传记进入又一个黄金期,作品数量不断增加,目前各种形式的长篇传记每年大约出版一万部,远远超过长篇小说的约一千两百部。

传记热的出现有非常复杂的背景,读者的心理需求是一个重要原因。这可以从两个方面来分析。一方面,人类总是很好奇,总是在顽强地追寻事实的真相和人的真相,传记要求"纪实存真",尽管传记中的真实也是相对的,但毕竟在满足人们的这种需求;另一方面,人类的本性是向上的,人们总是希望得到一种健康、积极的力量来激励自己,希望找到自己可以效仿的榜样。传记的对象绝大部分是各种各样的英雄、伟人、成功者和君子,他们正面的形象和性格可以满足读者的精神需要。

这两个方面也都同小说的某些发展趋势有关。在当代小说中,想象以至幻想、魔幻、变形的成分越来越多,离真实越来越远。它不能满足人们对真实的追求和对崇高的向往,这种需要由传记来完成了。《亮剑》、《士兵突击》等电视剧受到热烈欢迎,也是这个道理,它们充满了阳刚的崇高精神。

记者:目前,哪些类型人物的传记更受国人欢迎?在世界范围内,传记出版是否也非常热?

答:在美国,传记也是十分重要的文类,拥有极其广大的读者。据《大不列颠百科全书》统计,在英语世界,传记作品占书籍出版总量的5%,这是比较早的统计,现在比例恐怕更高。

“美国梦”是美国文学的重要主题,那些实现了美国梦的人,比如比尔·盖茨和刚去世不久的乔布斯,他们的传记在美国总是受到热烈的欢迎。美国普利策奖中有传记奖,是一个非常重要的奖项。今年它授给了罗恩·切尔诺夫的《华盛顿传》;去年授给了T.J.斯泰尔斯的《第一位大亨》,是写一位商界巨子的。好奇是人类的天性,那些披露内幕和隐秘的传记总有人爱看,这类传记在美国很热销。

记者:在中国,很多并非名人或者专家的普通公民也开始写传记并出书,有的取得了不错的社会效果,传记发展的背后是否意味着国人写作意识的觉醒?或是其他的意义?

答:写普通人的传记古已有之,如司马迁《史记》中的《货殖列传》、《游侠列传》等。写普通人意识的日益觉醒当然是传记繁荣的一个重要原因,还有一个原因是人们对宏大叙事越来越不能满足,于是充满细节和轶事的私人记忆和民间叙事应运而生,它们贴近生活,包含着原生态的历史,成为官方史学的重要补充。

记者:您认为传记热能够持续多久?传记的发展是否有新的趋势或特

点出现?

答: 我认为,所谓“传记热”会持续下去,至少目前找不到任何“退热”的迹象和理由,这是因为传记适应了社会的需要和人性的需要。

目前我国传记的水平在提高,出现了不少好作品。原因之一是许多作者摆脱了单纯的记事,采取了更加积极的写作姿态,同传记主体进行精神的对话,力图探究其心理和命运的动因,这样写出来的传记就比较耐读。还有一个特点是回忆录的盛行,回忆录不需要写出传主完整的一生,可以写他一生中精彩的片段,它比正式的传记更加自由、更容易写作,也更具文学性和可读性。这是一种世界性的潮流,正如美国一篇文章的标题:“现在是一个文学回忆录的时代”。

2011 年

木版刻出的英雄交响曲

——读忽培元《耕耘人生·木刻家修军评传》

修军没有创造过惊天动地的伟绩，他只是一位木刻艺术家。许多人爱他的画，向他求画，但他从不卖画，只靠微薄的工资养活家小。数九寒天，画室里没有暖气，家里装不起电话，外出舍不得打出租车，有病不敢去医院。他清贫寂寞却不失志向操守，创作或构思时总是那么专注，“哪怕画一幅速写，都是一次战斗”。他视功名利禄为粪土，过着苦行僧一般的生活，并一生致力于木刻艺术与人才培养。为此，他曾一次次下乡，同农民睡在一个土炕上。他曾画了四十多幅画，内容是教农民科学养猪。“文革”中他下放农村，后来省里要调他回去，他就是不走，一拖六年——他丢不开那些农民朋友，他要把那里建成一个版画县。

这位名扬中外的画家，一辈子没有举办过一次个人画展。他唯一的“个展”，是在癌症化疗期间，叫孩子把他的作品在自己的画室中布置起来，他不顾家人的劝阻从医院来到这里，把自己反锁其中，用这样的方式向艺术告别。生命的最后时刻，他向亲人提出的要求是：“你们就是抬，也要把我抬回画室。”他在四十多年的艺术生涯里创作的四百多幅木刻原版，至今仍寂寞地堆放在画室一角，他数以万计的速写也被放在箱中，年复一年地度过那清冷的岁月……

读完忽培元写的这本《耕耘人生·木刻家修军评传》,我倍感沉重。中国现代木刻始于鲁迅倡导,有过辉煌,但也始终为一些人所轻视,认为它只能用于乡间年画或书籍插图。如今,电子画风行世界,电脑把制版和印刷变得简单便捷,在这样的时代,木刻和版画是否注定是“夕阳艺术”? 我们同作者一样,无法回答这个问题。作者坦言:“自古以来,世间真正的艺术家几乎都是悲剧的结局”,木刻更是一门“苦难的艺术,孤独者的艺术”。

但如果悲剧苦难超越了一己利害,那就达到了悲剧的极致:崇高。在这里,沉重之后我们就感到了崇高:为信仰、为理想献身,一往无前、永不退缩、永不懈怠。这就是英雄主义,就是本书所呼唤的我们时代所需要的一种精神。作者说得好,修军的木刻“是由一组一组的系列组合成的一个完整的精神家园,是以歌颂祖国、人民和母亲为基本格调创造出的气势恢宏的‘英雄交响曲’,是以黑白为色调创造出的一部波澜壮阔的历史画卷”。

一部传记能否成功,传记家对传主的理解是决定性前提。修军 1925 年出生于山东莱阳,1994 年因病去世。在中国版画艺术星空中,修军不是最明亮的,却无疑是最重要的那一颗。作者忽培元是尽力从精神、从文化心理、从劳动者对大地的深情上去理解他的传主,他说:“修军先生是以他生命的热情,点燃了他的艺术,我便以同样的热情体味他的热情、他的艺术。”一些传记作者喜欢那些富有传奇色彩和戏剧性的东西,以增强作品的可读性和趣味性。修军的一生中也有这类故事,但对这类故事,作者只是一笔带过,他倾听的是修军“心中永远都奏响着的英雄交响曲”。修军的故事、艺术追求,常常引起他的思考,他会情不自禁地探索和反思人生和现实中的种种问题,并把他的思绪倾吐出来。因此,这部评传不但是“灵魂之间的对话”,还包含着作者的“心灵独白”。

这部评传在叙述修军生平、剖析其精神世界时,也评析了他的作品。木刻是修军生命存在的方式,是其身份的标志,脱离作品,不可能了解其人。修军的一些代表作,如《重建家园》、《黄河入海流》、《山村小学》等在这部评传中都有分析。作者敏锐把握了作品中的“画眼”，剖析其中精妙，也辨析了个别作品的不足，体现了“不虚美、不隐恶”的传记精神。

此书文字同其结构、插图一样，很精致。作者也是一位诗人，他以诗人的敏锐深入修军的精神世界，又用简洁、流畅的语言把它描述出来。各部分的标题都是选用修军最喜欢的屈原的诗，既切题，也给读者深长的回味。《耕耘人生・木刻家修军评传》既是一位艺术家的传记，也是一部艺术化的传记。

2012 年

传记怎么写才吸引人?

有人统计说,本世纪以来中国每年出版传记作品在一万种以上(长篇小说是一千多种)。看到这样的数字,总是有点疑惑:书店和图书馆里的传记书架,哪有这么多啊。一次问行家,他回答说:这数字是有根据的,但相当多的传记作品书店和图书馆没购进,自然也没人阅读。再想一想,这没什么奇怪,有一个阶段,美国出版的传记作品每年以50%的速度增长,传记书籍在英语世界里占到全部出版物的5%,这个数字大得让人生疑,但这是《大不列颠百科全书》的记载,应当可靠。由此可见,传记作品数量庞大,但也最少经典和优秀作品,古今中外都一样。

这就提出了许多让人思考的问题,其中一个是:传记怎么写才吸引人呢?

读者阅读传记也可能是为了消遣、打发时光,但总的说来是希望有所得。他希望得到什么呢,说到底,是从一位真实存在过的人物身上为他所关注的问题找到答案。二十多年前,比尔·盖茨的传记铺天盖地,青年几乎人手一册,几年前乔布斯的传记又再现这种盛况。这类传记的读者大多是那些即将走出校门进入社会或进入社会不久的青年,他们渴望着成功,他们需要从自己的偶像,或者说从微软和苹果手机那里获得启发、智慧和勇气。再早一点,八十年代初,"文革"各式风云人物的传记占据着书摊,读者无非想知道，那场给自己带来无穷灾难的革命，究竟是怎样发生的，那些左右着国家和自己命运的人，究竟是怎样的人。

也有最近的例子。张胜的《从战争中走来——两代军人的对话》位于第四届中国传记文学优秀作品的榜首，得到了专家和读者，包括一些高层领导的一致好评。这部传记写的是张爱萍。这些年来写将帅的传记太多了，张爱萍并不是他们中最显赫的一位；而且这部传记篇幅浩大、内容繁复，并不易读。但它却连版四次，畅销海内外。为什么它能吸引读者？因为读者从中读到的关于中国革命史和军史的许多内容，不同于教科书上刻板的叙述，具有生动鲜活的细节。此外，作者和他父亲两代军人撞击心灵的对话、他们关于国家和民族的命运所进行的思考，回答了当下许多中国人关心的问题。反过来说，如果此书写得像张爱萍所说的那样，“书店里有的是，拿下一本，换个名字就行了”，有谁会感兴趣呢！

读者阅读传记，为的是求得新知，也可以说是出于好奇。好奇是人类的天性，读者对传主怀有好奇心。有些传记家喜欢挖掘传主未为人知的隐秘，作为传记的卖点。如果确有新的发现，当然不能无视。但这也是可遇而不可求，如果是捕风捉影的东西，也许可以哗众取宠于一时，但结果必然适得其反，虚假是传记的致命伤，读者一旦知道真相，会毫不犹豫地抛弃它。传记家为了满足读者的好奇，他应当对传主进行解释，解释可以带来趣味，带来对传主认识的深化。古代优秀的传记家，比如司马迁就已经注意到这一点，不可一世的项羽最终乌江自刎，司马迁这样解释他失败的原因：“自矜功伐，奋其私智而不师古，谓霸王之业，欲以力征经营天下。”到了现代，解释更成为传记不可缺少的因素，英国传记家斯特拉奇有过名言：“没有解释的事实正如埋藏着的黄金一样毫无用处；而艺术就是一位伟大的解释者。”同他齐名的法国传记家莫洛亚也一再强调：“如果说传记家没有权利杜撰事实，然而他完全有权利甚至有义务解释事实。”莫洛亚的《雪莱传》和《拜伦传》是中国读者熟悉的，其中都解释了这两位诗人独特性格的成因。

弗洛伊德对达·芬奇的解释是现代传记中的经典。达·芬奇是一位有着无限创造力的天才,他的《蒙娜丽莎》和《最后的晚餐》等绘画是全世界都熟悉的。他还是一位杰出的科技工程师,有过许许多多的发明,我们生活中随处可见的螺纹,就是他发明的。他还是一个优秀的运动员,据说他的跑、跳记录让今天的运动员汗颜。达·芬奇的天才从哪里来?弗洛伊德的《达·芬奇传》就解释了这个问题,他是用俄狄浦斯理论来解释的,他用达·芬奇的恋母情结解释了他艺术创造力的来源,用他同父亲的关系解释他科学技术创造力的来源。弗洛伊德的解释人们未必赞同,但是他也为现代传记写作树立了一个榜样。

一些传主看来一生平平淡淡,似乎没有什么可以吸引人的故事,美国小说家詹姆斯就是这样一位。但是美国传记家艾德尔的《亨利·詹姆斯》,却写了厚厚的五大卷,而且趣味盎然,他的方法就是依靠解释。詹姆斯把自己的文集编成二十三卷出版,为什么不是二十四或二十五卷?他的小说中常常出现气球,这又是为什么?诸如此类看来鸡毛蒜皮的小事,艾德尔都找出原因,经过他深入底蕴、独树一帜的解释,立即散发出光彩,成为展示詹姆斯人格的重要手段。

胡适写自传时有个设想:"从这四十年中挑出十来个比较有趣味的题目,用每个题目来写一篇小说式的文字……这个方法是自传文学上的一个新路子。"胡适说这是自传写作的路子,其实也是传记写作的路子。传记,特别是文学类传记成功的经验正是这样:从关于传主的无数材料中选择"有趣味的题目",胡适选的就有"我的母亲的订婚"、"九年的家乡教育"、"从拜神到无神"、"在上海"、"我怎样到外国去"、"逼上梁山"等,按照题目讲故事,即围绕着一个核心来组织材料,把相关的事件集中到一起叙述,即进行所谓"场面化"叙述,"场面"类似于胡适说的"题目"。胡适说得也不完全准确,其实传记的这种写作方法并不是"新路子",古代就已经出现,司马迁的《史记》已经用了这样的方法。那些著名的历史人物,一般读者记住的不是他某年某月做了什么事,而是他的一个个故事,比如说到项羽会想起“鸿门宴”和“霸王别姬”,说到蔺相如会想到“渑池会”和“将相和”。《史记》中的这些篇章成为后代戏剧和小说的题材,正是因为他场面化叙事接近小说和戏剧,取得出色的阅读效果。二十世纪西方的传记大家,包括前文提到的几位,也都主张传记叙事场面化并在实践中取得了成功。

传记家不能编造故事,不能杜撰材料,但是他可以对材料进行故事化的叙述和戏剧化的处理。有些传记作者不明白这一点,似乎自己辛辛苦苦收集到的材料不用就很可惜,于是按照年代顺序统统编入作品,材料似乎越多越好、越全越好、越细越好,这样写作的结果是,传记成为资料汇编或年谱,平铺直叙,既无深度的解释,也无取舍和组织,这样的传记谁爱读呢。

一百多年来,中国历史风起云涌、色彩斑斓,为传记家提供了无数值得作传的对象,可惜这些素材没有得到充分的使用。传记是最难写的文类,怎么写才吸引人,真是个值得注意的问题。

2014 年

人物研究

无私的？不道德的？疯狂的？

——关于雪莱的故事

雪莱是中国读者最熟悉的外国诗人之一，他的主要作品大都早就翻译为中文出版，雪莱“如果冬天已经来临，春天怎么还会遥远”的诗句以及他笔下“西风”、“云雀”、“普罗米修斯”等意象，都曾广为流传，诸如“社会主义的急先锋”、“天才的预言家”、“诗坛上的普罗米修斯”，是对他常见的评价。保罗·约翰逊《知识分子》的中译本出版以后，书中对雪莱（以及其他一些西方著名知识分子）的尖锐批评和攻击，引起了我国读者的强烈兴趣。

其实，雪莱从来就是一个有争议的人物，对雪莱一直有截然相反的两种评价。首先是关于他的作品。雪莱在艺术上，同他在政治、宗教和社会问题上一样，观点非常激进。他蔑视世俗，写诗也是独树一帜，他把自己直觉的感受、情绪的变化、哲理的思考都融铸于诗中，当时的英国读者已经习惯了“湖畔派”平直的诗句，他们视雪莱为晦涩和艰深，所以评论界几乎是一致对他予以嘲笑和谩骂，读者则予以冷落。雪莱在世时，除了《麦布女王》因为攻击了现行制度，受到激进派的欢迎，其余的作品没有一部可以卖到十册以上的。不过雪莱以后，英国的诗风发生了重大变化，读者对雪莱已经比较容易接受了，批评界给了他很高的地位，保罗·约翰逊也承认雪莱是个“伟大的诗人”。

有关雪莱的争论主要是针对他的人品。雪莱的一些亲密的朋友，都认为他是一个很纯洁、很善良的人，比如拜伦说雪莱是“最无私而善良的人，比我知道的任何人都更能为别人牺牲自己的财富和感情”。雪莱夫人——玛丽·雪莱在诗人去世以后，也一再撰文证明他人格的高尚。十九世纪英国著名文艺批评家马修·安诺德称雪莱是一个“美丽而不切实际的安琪儿，枉然在空中拍着他闪烁的银色的翅膀”，这一充满诗意的评论经常被人引用。

这种看法被大多数喜爱雪莱诗歌的读者所接受，人们不能想象，《西风颂》、《云雀》、《解放了的普罗米修斯》中那些美丽的诗句会出自一个邪恶者之手。正如保罗·约翰逊所说，关于雪莱，“直到最近，总的观点还是他的第二个妻子和未亡人玛丽·雪莱所作的不疲倦的宣传：这位诗人是一个极其纯洁、天真、不谙世事的人物，他没有过失和恶行，他献身于艺术和同胞，虽然他绝不是一个政治家，毋宁说是个极其聪明和过分敏感的孩子。这一观点被他同时代人对他外貌的描述所强化了：他苗条、苍白、纤弱，直到二十好几岁还保持着青春的娇嫩。”

中国读者对雪莱的看法恐怕在很大程度上还受到法国传记大师安德烈·莫洛亚的影响。莫洛亚的第一部传记作品，同时又是他的成名作就是《雪莱传》(1923)，莫洛亚笔下的雪莱是一位降临凡世的天使，赢得了人们无限的同情。早在1942年，即中国抗日战争最困难的岁月里，商务印书馆就出版了这部《雪莱传》的中译本，此后该书又一版再版，广为流传。

莫洛亚笔下的雪莱是否真实呢？莫洛亚自称言必有据。他确实没有杜撰什么东西，但他也承认，他想把《雪莱传》写成一部小说，所以他对历史材料作了精心的选择，他把雪莱一生中那些零碎、分散的东西，那些平凡的、不具有故事性的东西基本略去了，他把笔力集中在雪莱一生中那些最有趣味性、最能产生戏剧效果的事迹上。莫洛亚对雪莱的某些行为也作了有利于这位诗人的解释，他还有意略去了雪莱生平中容易引起非议的东西。到这部《雪莱传》出版近二十年后，莫洛亚在一次讲演中说：“传记家没有权利留下一个他自己知道是不准确的画像。比如说我自己就应当重写我的《雪莱传》。根据最初莱斯里·胡顿先生，后来纽曼·怀特教授的发现，我在1923年所说的一些东西现在证明是不真实的，雪莱的全部性格被最后在1931年所发现的一些‘丢失的信件’所改变了。今天说出这些是我的责任，一旦环境许可，我甚至要修改我书中的某些部分。”莫洛亚说这些话的时候并不知道，几年以后又发现了一批有关雪莱的重要材料，比如雪莱的妻子玛丽和他的朋友豪格之间的通信。

莫洛亚所提到的纽曼·怀特教授是研究雪莱的权威，他写过《雪莱传》、《雪莱画像》两部传记，对雪莱基本上也是肯定的，他特别强调雪莱是个非常善良的人，“就雪莱的本性而言，完全的同情几乎是一种维护生命的必需品，他的一生和全部作品就是他寻找这种同情的记录”。

认为雪莱道德败坏，是十九世纪上半叶英国官方和舆论界几乎一致的观点。在雪莱生前，英国大法官法院就以他有“不道德的观点和行为”，剥夺了他扶养自己两个孩子的权利，让他在英国无法存身。1822年7月8日，雪莱在意大利因海难去世，伦敦《信使报》幸灾乐祸地报道了这一消息：“那位渎神诗歌的作者雪莱已被淹死，此刻他知道是否有个上帝了。”《剑桥英国文学简史》的作者也认为安诺德对雪莱的评价“不十分符合事实，在雪莱的一生中有很多不美丽、不无实际效果和非尽天使般的作为”，他的早逝“仿佛是对明显的罪恶的判决”。当代一部雪莱传记《雪莱：追求》的作者理查德·霍尔姆斯一开头就声明：“雪莱总是有许多爱好者，但是这本书不是为他们写的。”他对雪莱的批评态度也是一目了然。

人们对雪莱的批评主要集中于他对爱情和婚姻的观点以及他同几位女性的关系。雪莱的一生可以说始终处于女性的包围之中，他是她们的领袖和爱慕的对象。

雪莱最初爱上的是比他大一岁的表姐哈丽艾特·格罗夫，谁都认为他们是珠联璧合，天生佳偶，但是不知道什么原因，他们不久就分手了，这给雪莱留下了苦涩的回忆。

雪莱十八岁进入牛津大学，在那里只待了半年就因为宣传无神论被学校开除，他不愿回家，去看望在伦敦一所寄宿学校读书的妹妹，因此认识了妹妹的同学、一个也叫哈丽艾特的姑娘。她是个小酒店主的女儿，长得非常美丽，困境中的雪莱同她相爱了。这时的哈丽艾特才十六岁，雪莱为了表示对她负责就向她求婚，哈丽艾特表示同意，于是两人背着父母私奔苏格兰，因为在苏格兰结婚手续比在英格兰简单。

这场婚姻注定是一场悲剧。雪莱不只是一位诗人，他读书极多，知识渊博，喜爱哲学，这是哈丽艾特难以企及的。客观地说，少女时代的哈丽艾特天真烂漫，她也曾努力学习，试图跟上雪莱的步伐；可是后来她逐步同许多市民阶级的妇女一样，变得越来越世俗、浅薄，同雪莱的差距越来越大。哈丽艾特的姐姐伊丽莎是个狭隘的小市民，哈丽艾特对她又很信任，受到她很深的影响。

婚后三年，哈丽艾特已同雪莱生了一个女儿，又即将生出一个儿子，这时雪莱同他的精神导师葛德文的女儿、十七岁的玛丽相爱了，他丢下怀孕的妻子，同玛丽私奔法国。哈丽艾特被雪莱遗弃以后走投无路，据说成了妓女，最后投水自杀。毫无疑问，对她的悲剧雪莱负有责任。

雪莱同哈丽艾特相识不久，偶然认识了一位小学教师希钦纳小姐，这个老姑娘又高又瘦，既不漂亮又不随和，但她富有想象力，思想激进，倾向于女权主义和共和主义，雪莱把她当成宣传自己那一套理论的最好的对象，同她保持着通信关系。一年多以后，雪莱已经同哈丽艾特结婚，他又邀请希钦纳小姐来同他们一道生活。这时流传着一种说法，雪莱早就要求希钦纳小姐当他的情妇，过去不方便，现在雪莱结婚了，哈丽艾特就可以做掩护，所以希钦纳同意来了。听到这种谣言，希钦纳很犹豫，她父亲更是坚决反对，但是在雪莱的一再要求下，希钦纳还是辞去自己的工作同雪莱汇合。雪莱非常高兴，热烈欢迎这位“灵魂之姐”的到来，但是没有多久，矛盾就暴露出来了，哈丽艾特，特别是伊丽莎，一点也不欢迎这位饶舌的女人，三位女士整天唇枪舌剑、钩心斗角，雪莱对希钦纳也越来越感到厌烦，仅仅过了四个月，就把她称为"狡诈、浅薄、丑陋、不男不女的母兽"，要她滚蛋。希钦纳小姐提出，是雪莱的一再邀请她才来到这里的，雪莱必须给她赔偿，因为她接受了邀请，失去了工作、名誉和谋生的手段。希钦纳小姐说的也是事实，雪莱不得不接受她的赔偿要求，每年付给她一百英镑。

玛丽深爱雪莱，但她也没有得到幸福。葛德文家是个成员复杂的大家庭，玛丽是葛德文同他前妻所生，家里还有另外两个年轻姑娘：范妮和克莱尔，她们是葛德文先后两个妻子同她们在葛德文之前的丈夫所生，她们同葛德文没有血缘关系，克莱尔甚至同目前葛德文家里的任何人都没有血缘关系，她们在这个家庭中的境遇可想而知，她们都爱上了雪莱。雪莱同玛丽私奔，克莱尔居然也加入到他们中间，一道去了法国。回到英国以后，克莱尔拒绝回到葛德文家，继续住在雪莱家中，这就引起玛丽的不满，雪莱不得不为克莱尔找了一份家庭教师的工作。克莱尔离开雪莱，就向当时名满天下的拜伦发起了进攻，她终于成为拜伦的情妇，还生了一个孩子。但她的真爱是雪莱，献身于拜伦是为了摆脱内心的痛苦，她很快又同风流成性的拜伦分手，在意大利孤独而艰难地度过漫长的一生。

范妮也爱着雪莱。玛丽带着克莱尔离家投奔雪莱以后，留在葛德文家中的范妮承受着更大的痛苦，葛德文太太把全部怨气集中在她身上，向她发泄，两个妹妹的私奔也连累了她的名声，她找不到工作。更使她痛苦的是，她对雪莱的爱是那么深沉，但是两个妹妹已在雪莱身边，她毫无希望，于是服毒自杀了。雪莱闻讯，赶去安排了她的丧事。

雪莱还爱过其他几位女性，结局都是悲剧。雪莱是不幸的，他也总是造成他周围女性的不幸，他的一生是悲剧，也是别人悲剧的根源。这些悲剧同雪莱对爱情和婚姻的态度有关，这可以从他同豪格、哈丽艾特和玛丽的关系上看出来。豪格是雪莱的第一位好友，雪莱被牛津大学开除，豪格因为公开表明了对大学当局的不满，也被开除，此后两人就居住在一道。雪莱婚后有次外出，托豪格照料哈丽艾特，豪格却乘机向哈丽艾特求爱，哈丽艾特拒绝了他并告诉了雪莱，雪莱十分气愤，同豪格一度断交。三年以后，豪格同雪莱的第二个妻子玛丽相爱了，从现在我们可以读到的玛丽给豪格的十一封情书来看，雪莱知道这件事，他却采取了支持的态度。

为什么豪格诱惑哈丽艾特的时候，雪莱非常生气，而他又支持豪格同玛丽恋爱？只有一个解释：他遵循"恋爱自由"的原则，哈丽艾特不爱豪格，所以他谴责豪格，玛丽和豪格出于自愿，所以雪莱支持他们恋爱，他并不认为这是对他的伤害；同样的，他同一些妇女包括友人的妻子恋爱的时候，他也不认为自己伤害了妻子和朋友。他同玛丽私奔法国，天真而又诚恳地邀请哈丽艾特同行，参加到他们之中，做他们的姐妹。他后来幻想着同一位修道女爱米丽·维维安尼私奔，他同样不愿意丢下玛丽，希望玛丽同行。

雪莱在《麦布女王》中就提出恋爱自由的原则，他认为爱情最重要的因素是自由，没有爱情的婚姻是一种罪恶，现行的婚姻制度是"出售爱情"，是"娼妓制度恶毒的祸根"。这种理论虽然不是雪莱的发明，西方许多不同派别的思想家、社会学家提出过类似的主张，但都不过是一种理论空想而已；雪莱却认真地企图实行它，他试图建立一种彻底打破传统观念的新型的两性关系。他的长诗《伊斯兰的起义》中，那对革命者就既是情侣，又是兄妹。雪莱在世时就有一种流言（保罗·约翰逊也采用了），说雪莱想把一些男性和女性友人组织起来，形成一个以他为核心的性自由的团体，这是有可能的。

不能笼统地说雪莱"不道德"，约翰逊也承认，雪莱的诗歌"本质上是政治的和道德的"。雪莱有自己的道德追求，从某种意义上说，雪莱是法国大革命的儿子，以自由、平等、博爱为旗帜的法国大革命的精神不但反映在雪莱的诗歌中，也表现在他的人格上，表现在他对爱情和婚姻的态度上。雪莱所爱恋的对象，大都是那些孤立无助的弱者，在那些女性最需要帮助的时候，雪莱向她们伸出援助之手。他的每一次恋爱，也是他自己最孤独、最苦闷、最需要同情和慰藉的时候。他的恋爱以真诚的同情为基础，也包含着寻求理解和同情的意义。他的恋爱和婚姻没有功利的目的，没有门第的观点，他本来是男爵爵位和国会议员席位的继承者，而他前后两位妻子都出身平民，他把妇女的人格看作是同自己平等的。当然，他追求和实行的恋爱自由，事实上损害了处于社会弱势的妇女，给她们带来痛苦和灾难。他对恋爱自由的理解是幼稚的、不切实际的空想。雪莱追求不受束缚的自由，其中包含着他的幼稚和任性。

保罗·约翰逊认为："在追求自己的理想时，雪莱的专心致志令人吃惊，但又是冷酷无情，甚至是野蛮地清除那些阻挡他道路的人。同卢梭一样，总的说来他爱人类，但对特定的人他常常是残酷无情。强烈的爱使他燃烧，但这是一种抽象的火焰，可怜的凡人靠近时常常会被烤焦。他把观念放在人之上，他的一生就是在证明无情理念会是怎么一回事。"这段评论有正确的地方，雪莱在追求自己的理想时确实是专心致志、百折不挠，甚至是不顾一切，为此他不惜同上流社会，也同自己的家庭和父母决裂。

但是说雪莱"残酷无情"又未免失之片面，雪莱也有非常温情、非常善良的一面：对穷人、对那些处于不幸中的人们，雪莱总是给予最大的同情，见到穷人他会掏空自己的钱袋，冬天到了，他给附近的穷人买来被单和毛毯送去，还给病人送去营养品。有次他看到一个妇女光着脚在石子路上步履蹒跚，就脱下自己的鞋给她，自己光脚回家，把脚都磨破了。雪莱也确实如约翰逊所说，常常借钱不还，但是他把钱借给别人也常常不知道索还。雪莱可以说"视钱为粪土"，他从小有一个爱好：用白纸叠成小船放入水中，看其随风远去。有一次在河边，他又想叠一只纸船，但找不到一张纸，于是他就拿出一张五英镑的钞票(这在当时是一笔不小的款项)，叠成纸船放入水中。雪莱是个诗人，他具有典型的诗人气质，性格急躁，容易冲动，甚至有些神经质，在伊顿读书的时候他就得到了"疯子雪莱"的绰号，我们不能用他激动时所说、所写的片言只语作为评判他人格的依据。

雪莱是法国大革命精神的继承者，同这场革命一样，雪莱有他的贡献，也有他的弱点，保罗·约翰逊犯了一个同莫洛亚相反但又类似的错误：他突出了雪莱的过失和弱点，而无视另一个方面，他更没有对雪莱复杂的人格进行合理的解释——这才是现代传记研究最重要的任务。

2002年

游戏中的困惑与痛苦

——玛丽·雪莱及其《弗兰肯斯坦》

玛丽·雪莱(1791—1851)是当前英美文化的热点人物之一。玛丽·雪莱的丈夫是英国诗人珀西·比希·雪莱,父亲是哲学家威廉·葛德文,母亲是女性主义运动的先驱玛丽·沃尔斯通克拉夫特,他们都是英国历史上的著名人物;不过玛丽·雪莱之所以引起人们的浓厚兴趣,同他们都没有什么关系,而主要是因为她的《弗兰肯斯坦》。迄今为止,这部小说已经被翻译成一百多种语言(目前有二十六个英语版本和四个中文版本),九十六次被改编为戏剧,拍摄过八十一部电影,还被改编成无数卡通片、电视片和电脑游戏节目,小说中的怪物也成为万圣节流行的面具图像,在西方家喻户晓。过去几个月里,美国的纽约和芝加哥、英国的伦敦和格拉斯哥等地都在演出以玛丽为主人公的歌剧;根据《弗兰肯斯坦》改编的舞台剧和电影也一直在演出或放映。美国心理学家、普林斯顿大学路·波勒德-高特(Lucy Pollard-Gott)博士前几年进行过一项大规模的研究,她收集了大量数据,根据接受状况来确定世界文学和传说中最重要的一百名虚构人物,根据她的统计结果,第一名是哈姆雷特,《红楼梦》中的贾宝玉名列第八位,弗兰肯斯坦排名三十三。

这样一部世界名著,它的诞生却是在一次偶然的游戏之中。

雪莱从小就对神秘事物感兴趣，常常编鬼怪故事讲给几个妹妹听，还带着她们躲进庄园中长久无人居住的空屋或是废墟，扮演妖魔鬼怪的故事。他十八岁还出版了两部哥特体恐怖小说《查斯特罗齐》和《炼丹术士圣欧文》，他的这种兴趣延续了一生。

1816 年 4 月，诗人拜伦因为种种绯闻已经无法在英国存身，就去欧洲大陆游历。玛丽·雪莱同父异母的妹妹克莱尔这时追求着拜伦，一定要雪莱带她到瑞士同拜伦见面，雪莱答应了，他带着玛丽和刚出生三个月的儿子威廉以及克莱尔一道来到日内瓦。在风光秀丽的日内瓦湖畔，两位大诗人相会了，住所也相距不远。他们白天写作，累了就去爬山、散步，去日内瓦湖划船。6 月中旬，连续几天的大雨使他们只能待在雪莱家中闲聊，拜伦说到诗人柯尔律治作品中的一个鬼故事，这正是雪莱感兴趣的话题，于是大家都谈起了鬼。6 月 18 日那天，谈到半夜，越讲越怕人，大家心里都有点发毛，窗外又下起了雨，风声、雨声更增加了几分恐怖。雪莱本来神经就有点问题，老是感到有人要谋害他，这时他眼睛定视着玛丽，一声不发，渐渐地他觉得玛丽变了，就像他听过的一个恐怖故事，她的眼睛变成了两个乳头，他害怕极了，发出一声凄厉的尖叫，一手按着头，一手抓起一根蜡烛，向室外冲去。大家知道他又犯病了，跟在后面追了出来，幸好拜伦的私人医生波里多利在场，用乙醚和冷水使他镇静下来。

不过谈鬼的兴致并没有因此而减少。拜伦又提议，每个人都把自己讲的故事写下来，为了鼓励玛丽，拜伦还表示，他愿意把自己的故事同玛丽的故事一道出版。这时的拜伦因为长诗《恰尔德·哈洛尔德》前两章的出版一夜之间名满天下，成为书商追逐的对象，他的提议对玛丽、对雪莱都是个很大的鼓舞。雪莱一心想让玛丽写出个好故事来，他每天一早醒来第一件事就是问玛丽故事写得怎样了。玛丽一开始写不下去，有天晚上她听到雪莱和拜伦谈到尸体复活的话题，她听着听着沉沉睡去，做的全是尸体复活的梦。她醒来把梦中的故事告诉了雪莱和拜伦，得到他们的支持，于是玛丽第二天就开始动笔，两个月后，这部小说《弗兰肯斯坦，或现代普罗米修斯》写完了，到1818年1月，小说加上雪莱的序言在英国出版。

这场游戏中的另一位成功者是波里多利医生。医生是个急性子的年轻人，他的故事开了个头，就再也讲不下去了；后来他就接着拜伦开头的故事往下讲，三年后这个故事出版了，名叫《吸血鬼》，也非常流行。在这场讲故事的游戏中，两位主角拜伦和雪莱没有拿出什么成绩来，两位配角却因此名传于世。而且《弗兰肯斯坦》一出版销路就很好，当时就远远超过了雪莱的任何一部作品。

《弗兰肯斯坦》的主要内容是日内瓦青年维克多·弗兰肯斯坦讲述的故事：他在德国一所大学学习自然科学，学到了传递生命的方法，就收集来人和动物尸体的各种部分，拼成人形，并赋予它生命。他制造出来的这个怪物具有超自然的力量，但外貌十分丑陋，见到它的人都很讨厌它，它因此感到绝望，特别仇恨给了它生命的弗兰肯斯坦，它杀死了弗兰肯斯坦所爱的一切人，包括他的弟弟和朋友，还在新婚之夜杀死了他的妻子。弗兰肯斯坦恨透了这个怪物，决心把它消灭，他追到北极，反而为怪物所害，这个怪物也消失在冰天雪地之中。

长期以来，《弗兰肯斯坦》被认为是一部恐怖小说，至今有人称它是"哥特式小说中最伟大的作品"或"有史以来最伟大的恐怖作品之一"。玛丽最初确实是要写一部鬼怪小说，小说中的许多恐怖场面会让读者产生相当强烈的恐怖感。但是如果仔细推敲一下就可以发现，原著同传统的哥特式小说有所不同，小说的背景并非中世纪的哥特式城堡，而是当代生活。也有人说《弗兰肯斯坦》是西方科幻小说最早的源头，最近二三十年来，基因研究和克隆技术的迅速发展以及关于克隆人问题的争论，人们又很自然地想起了它，一些批评家甚至惊叹，近两个世纪前玛丽·雪莱就预见到克隆人的可能以及因此可能带来的灾难，还有生物学家把通过基因改良得来的食物称为"弗兰肯斯坦食品"，意思是说转基因植物将破坏植物的自然序列，威胁人类的生存。

把《弗兰肯斯坦》说成是恐怖小说或是科幻小说都有其理由，但是其意义并非“恐怖”或“科幻”所能全部概括的。恐怖小说和科幻小说作为大众文化形式，出现过无数作品，其中绝大多数早已被历史所淘汰，为什么《弗兰肯斯坦》至今受到重视和欢迎，显然还有更重要的原因。

《弗兰肯斯坦》出现在西方第一次工业革命时期，古老的庄园式的经济开始解体，科学的发展带动了生产力的飞跃，但是它也引发了一系列的问题，人们在新的生产方式面前产生了新的困惑；它又是出现在法国大革命失败、人道主义信仰出现危机的时刻，启蒙主义者提出的理想破灭了，知识分子正在体验着幻灭的痛苦。《弗兰肯斯坦》就是表达了这种困惑和痛苦。但是，它的内涵又超越了那个时代，它所提出的问题不仅是那个前维多利亚时期所独有的，后现代社会又重新面临着这些问题。

弗兰肯斯坦的目标是为了探索生命的秘密，这是从文艺复兴以来直至今天自然科学最重要的课题之一。他通过废寝忘食的艰苦劳动完成了这个任务，制造出生命。但是他努力的成果并没有给任何人带来好处，只带来灾难和死亡，他无法控制这个创造物，甚至无法消灭它，而自己则被它所毁灭。怪物对弗兰肯斯坦说：“你是我的创造者，但我是你的主子。”人的创造物成为奴役人的力量和人的统治者，这是一种多么可怕的异化。

这部小说第一次提出了科学技术的发展可能带来的危险性问题。人类为了追求权力、财富和荣誉而去揭露大自然的秘密，企图改造自然，但是大自然有其活动的内部规律，人们活动的结果可能是破坏了人与自然之间的平衡。一些学者在担心，由于计算机技术和信息技术的发展，《弗兰肯斯坦》中出现的那种可怕的后果，会不会变为一种现实？现实世界中许多最高级的科学技术正是用来制造杀人武器的，科学技术发展带来人类生存环境极大恶化的现象也随处可见。今天人们强烈要求销毁核武器，取消那些重污染行业，正类似于弗兰肯斯坦决心毁灭那个怪物。

弗兰肯斯坦如同普罗米修斯造人一样把那个怪物制造了出来，但是这个怪物同其他科幻小说里的创造物不同，它不是一架机器，它有着同人一样复杂的思想和感情世界，它的经历是一场悲剧。它最初想把弗兰肯斯坦当作父亲一样来爱，它希望过着和普通人一样、充满温情的生活，还希望结婚。但是它的丑陋吓跑了一切人，包括弗兰肯斯坦本人和它帮助过的人，它曾经向弗兰肯斯坦和其他人乞求慈爱和同情，但是谁也不能理解和接受它，反而要毁灭它。它于是用报复来发泄内心的痛苦和仇恨，它的报复阴险、狠毒，它要让弗兰肯斯坦永远处于悲惨的境遇。但是它一边在作恶，一边又在问自己："我是谁？""我从哪里来？""我的命运是什么？"这个怪物是一个没有财产、没有地位，甚至连姓名也没有的另类，它是一个没有身份的存在。

失去身份，是人的一种极大的痛苦，后现代社会的动荡、混乱和纷争，造成身份的流动性或使人们很容易失去身份，他们会对这个怪物提出的问题产生共鸣。玛丽生活在一个构成复杂的家庭中，继母不喜欢她，要把她尽早赶出家门。家中的两个姐妹同她都不是一母所生，她们也都爱着雪莱，其中包括克莱尔，而且她就在他们身边。玛丽爱雪莱，她和雪莱私奔，还生下了孩子，可是这时雪莱的妻子哈丽艾特还在。正是这样的处境中，玛丽才对这个身份问题有那么深切的感受。

弗兰肯斯坦临死前认识到自己犯下的错误：他没有在造出这个怪物以后给它更好的生活、给它幸福和爱；怪物也在弗兰肯斯坦的尸体前忏悔，为自己杀死了那些从来没有伤害过它的无辜的人们感到后悔，它决定去地球的极点，用烈火消灭自己的生命。玛丽·雪莱用这样一个结尾表达了一种理想：世界需要理解与宽容，以暴抗暴只能带来可怕的恶果。这个结尾使故事具有了悲剧气氛，也淡化了其恐怖色彩而强化了人性主题。这是作者对时代、也是对她自己的困惑和痛苦所作出的解答。这样的结局在西方小说中并不少见，但是对于十九世纪初期的一位十九岁少女，宽恕与和解，就是她所能提供的答案了。

前不久《纽约时报》在一篇评论中说:“《弗兰肯斯坦》是我们流行的文化神话中那种傻乎乎的珍宝之一。”玛丽“傻乎乎”的幼稚自然难免。她出生才几天,母亲就去世了,她由父亲扶养长大,在父亲的书房里接受教育,没有一天进过正规学校的大门。但是同丈夫、父亲、母亲一样,她是个天才,在一场游戏中她写出一部风行世界的名著,并且具有那么强烈的超越性,这不能不说是文化史上的一个奇迹。

2002 年

她使英国历史变了样

——关于伊丽莎白女王

"脆弱啊,你的名字是女人!"

这句名言出自西方最伟大的戏剧家之口,它引起后人许多争论;不过人们未必想到,当哈姆雷特在舞台上讲出这话的时候,旁边就坐着一位属于"脆弱"的人物,但她实际上却握有至高无上的权势,而且意志坚定、智慧超群,建立了不世之功。

这就是英国伊丽莎白女王一世(1533—1603)。今年是这位女王逝世四百周年和诞辰三百三十周年,在英国,在世界许多国家,都有人纪念她,她有许多崇拜者。第二个千禧年来临前夕,不同领域的专家推选出一百位对世界历史影响最大的人物中,这位女王就在其中,人们公认,她是历史上最伟大的君王之一,如果没有她,英国和西方的历史很可能是另外一个样子。

从混乱进入辉煌

莎士比亚对女性的态度是个非常复杂的问题(他也写过《威尼斯商人》这样热情歌颂女性的作品),这里不作详论。不过伊丽莎白女王似乎并没有为那句蔑视女人的话而感到不快，因为这是时代风气。举例说，伊丽莎白的父亲亨利八世，同王后凯萨琳离婚，后来又把她杀掉，主要原因就是她生了女儿没有生儿子。第二个王后安娜生下了伊丽莎白，不到三年，这位王后又被国王所废并投入阴森可怖的伦敦塔囚禁至死，起因还是她没有生儿子。伊丽莎白登基以后，国会两次派出代表团请愿，请求女王早日成婚和生下男孩，女王在答词中也并没有因为他们对妇女的轻视而予以训斥。

“这真是一个颠倒混乱的时代”，哈姆雷特的这句话用于女王之前的英格兰也很适合，甚至可以说，这之前几百年，英国就没有平静过，各种势力进行着激烈的斗争，宫廷内外充满阴谋诡计和血腥杀戮。亨利八世 1509 年登基以后，国外征战不休，国内圈地运动如同“羊吃人”，农民破产、贫富对立、盗贼蠡起，最大的麻烦则是他的婚姻问题引起的宗教纷争。亨利八世本来是个虔诚的天主教徒，他为了有个儿子继承王位，要同凯萨琳王后离婚，但天主教不允许离婚，王后又是个大有来头的人物，她是神圣罗马帝国皇帝的姑妈，罗马教廷也不愿意得罪这个声势显赫的家族，所以亨利八世的要求没有得到教皇批准。这位国王实在要子心切，一怒之下同教廷决裂，宣布英国教会独立，并自封为首领。他不但同罗马教廷闹翻了，也引得宫廷内部一片混乱，一批重臣不赞成他这样做，但他毫不手软，予以镇压，比如大法官莫尔（著名的空想社会主义著作《乌托邦》的作者）被吊上绞刑架，红衣主教沃尔赛被囚死于伦敦塔。

亨利八世立过六位王后，第三位终于给他生了儿子，至于前面的女儿，他好像就忘掉了，照管伊丽莎白的宫女看到这位小公主一天天长大，衣服越来越不合身，不得不给国王写信，要求给她做一些新衣服。从这里可以想象，伊丽莎白童年时代过的是怎样一种生活。1547 年亨利八世死了，他唯一的儿子，也是伊丽莎白同父异母的弟弟爱德华六世继位，这个小国王只有十岁，身体孱弱，过了六年就病死。继任王位的是玛丽，她是被亨利八世杀掉的第一位王后的女儿，是天主教徒，她认为母亲的死和她遭受过的苦难同新教有关,她又嫁给了西班牙王子、笃信天主教的菲力(后来成为西班牙国王菲力二世),大权在手,她对新教徒进行残酷镇压,短短三年间,伦敦等地就被她烧死三百多人,史称“血腥玛丽”。新教徒不堪压迫,他们拥护信奉新教的伊丽莎白,这自然引起“血腥玛丽”的嫉恨,她把妹妹投进了伦敦塔。伊丽莎白的母亲就是死在那里的,在一个阴冷的雨夜,她一路哭泣着走进这所令人闻风丧胆的监狱。

“血腥玛丽”也没有孩子,1558 年她还不到四十岁就死了。这时本来被认为是私生女、谁也不看好的伊丽莎白成了王位唯一的继承人。就是在这个瞧不起女人的时代,一位孤女成了国王,统治英国四十五年之久。而且在她的治下,腥风血雨的英格兰大体稳定了,工商业和海外贸易迅速发展,国力日益强盛,击溃了不可一世的西班牙“无敌舰队”,成为海上霸主,从偏安一隅的岛国成为欧洲先进,为未来“日不落”的大不列颠王国奠定了基础。也是在这时,英格兰进入文艺复兴盛期,即以莎士比亚、斯宾塞、培根等一批巨人为代表的辉煌时代。

“婚姻游戏”中的智慧

后代的历史学家常常感到费解:这位女王是依靠什么来统治并带领动荡不安的英格兰走向兴盛的?人们有种种解释,但是恐怕无法否认,女王的能力和才华是重要的因素。从画像看,女王前额很高,那时普遍的看法是,前额高是聪明的标志,有人认为,这是化妆的结果。实际情况是否如此,已无法考证,但确实可以说,女王是一位有着极高智慧的人物,她依靠智慧周旋于各种政治力量之间,取得稳定和平衡。

女王的智慧表现在她明白自己作为女人的弱点,并且非常聪明地把这种弱点变成了优势。她登基以后,几乎所有的大臣和国民都认为,她应当做的第一件事，就是结婚。她已经二十五岁，已过了结婚年龄，而且毫无治国经验，有个丈夫就可以帮她治理国家，而且可以生下孩子，作为王位合法的继承人，国家才能稳定。

伊丽莎白一岁就有了第一位求婚者，到登上王位，她就成了欧洲未婚女人中最有价值的一位。英格兰王位不知道有多少人觊觎着，现在却在一个年轻姑娘的手中，这就更刺激着他们的野心，最简单、最省事的办法是同女王结婚，自己成为实际的统治者。因此女王的求婚者络绎不绝，到女王五十二岁，重要的求婚活动有近三十次，其中包括英格兰最强大的两个敌手：法国国王查尔斯九世和西班牙国王菲力二世，菲力在同“血腥玛丽”结婚之前，就以王子身份向伊丽莎白求过婚，伊丽莎白成为女王后，他为自己的儿子来求婚，他的王后死了，他又亲自出马，以西班牙国王的身份向英格兰女王求婚。这三次求婚中的任何一次成功了，就不会有无敌舰队的覆没和西班牙王国的衰落，欧洲的历史就会改写。

但是伊丽莎白被称为“童贞女王”，她始终没有结婚、没有子女。在欧洲中世纪和文艺复兴时代，对于王室来说，婚姻是头等大事，涉及国家的兴衰存亡，女王为什么不结婚呢？这是历史学家和公众都十分感兴趣的问题。

一种解释是：不幸的童年和在伦敦塔中的幽禁在女王心灵里留下巨大创伤，她也目睹了父王虐杀妻子的种种惨剧，并看到姐姐“血腥玛丽”嫁人后的乖厉，所以对婚姻有种本能的厌恶。

还有一种解释是：女王一生只爱过一个男人，但无法同他结婚，那就是英俊潇洒的莱塞斯特伯爵。传说伯爵同女王同年同月同日生(事实上可能比女王早生一年)，他们从小相识，而且是患难之交，都曾被“血腥玛丽”关进伦敦塔。不过女王登基时，莱塞斯特已结婚八年，后来他妻子神秘死亡，谣言甚多，他的品德遭到非议。伯爵曾两次向女王正式求婚，女王也想嫁给他，但是民情不允许这么做。女王真心喜欢他，称他是她的“眼睛”，把许多重要的任务交给他，给他许多封号和赏赐，包括骑兵总监这个显赫的官衔，让他经常在宫廷作伴。不苟言笑的女王有次居然打扮成女仆模样去见他，有意让他吓一跳；还有次女王换上便装，偷偷出宫同他一道吃饭。在同西班牙“无敌舰队”决战时，女王把陆上军队的指挥权交给了他。但就在那一年，伯爵死于胃癌。得到他的死讯，女王把自己锁在屋子里，不肯出来，最后三朝元老、女王信任的大臣塞西尔爵士只有破门而入。传说女王弥留时，还呼喊着莱塞斯特的名字，这无法得到证明，不过女王死后，人们确实在她床边的珍宝箱里发现了伯爵临终前给她的信，上面有女王亲笔写的几个字：“他的最后一封信”。

这两种说法都是有道理的，可能都是造成女王未婚的因素，但还有更重要的原因：女王是出于政治的考虑。“血腥玛丽”的婚姻是英国的一场灾难，女王从中吸取了教训，她反过来把自己的婚姻当作一种获取最大利益的手段。登基后的二十多年中，她始终吸引着一个个求婚者，她把婚姻当作讨价还价的筹码，从中获取政治的利益和丰厚的礼品。那些求婚者在梦想，女王却在把这个“婚姻游戏”变成英国极具价值的资产和外交政策的重要组成部分：当英国需要某个国家的支持或缓和关系时，就会建议对方向女王求婚，那些王公贵族谁也无法抵御这个巨大的诱惑；但是他们忙活了好久，耗费了许多钱财，最后发现又是一场空欢喜。女王却取得了力量的平衡，赢得了时间，她在积蓄着力量，一步一步地巩固着自己的统治和英格兰的地位。

当然，这位“童贞女王”也付出了重大的代价：至少到了晚年，她是孤独和寂寞的。一个未婚而有地位的女人常常会引起各种流言，虽贵为女王也不能幸免，英格兰和欧洲各地的敌手就是用各种谣言对她进行攻击和污蔑。比如说她实际上有许多情人，甚至生过许多孩子，她喜欢的那些青年贵族都是她的私生子；又说她是一个怪物，有六根手指头，还是个秃头，三十岁头发就掉完了，头上戴的是假发，她的牙齿乌黑，所以她从来不笑，说话也口齿不清，因为越老越丑，她就下令把所有的镜子都从宫中拿走；更离奇的是说她实际上是个男人，或是个半男半女的阴阳人。

这些谣言找不到任何证据。历史却证明,那些求婚者中的任何一位都没有多少才华和作为;同女王相比,他们黯淡无光。很难想象,他们中任何一个人成了女王的丈夫,英国是否还能出现那个伟大的时代。

宽容:女王的治国之道

在国内,女王同样依靠智慧来化解矛盾、治理国家,她面临的有那些老奸巨猾、野心勃勃的权臣,时时牵制、难以驾驭的国会,闹独立的爱尔兰,无家可归的穷人和兴风作浪的黑社会,最棘手的则是天主教问题。女王登基不久就正式宣布新教为国教,罗马教廷恨透了她,1570 年教皇庇护五世宣布把她逐出教会,废除她的王位。1580 年教皇格列哥里八世宣布暗杀她不算犯罪。但是女王知道“血腥玛丽”那样的残酷镇压是没有效果的,她没有报复天主教徒,而是采取了宽容的政策,她的名言是:“只有一个耶稣基督,这是唯一的信仰,其余的一切争论都是小事。”她允许天主教徒在家中保持信仰,但不允许去天主教堂,不过如果去了,也只是罚款而已,而不是火刑架。这种政策的结果是,在女王统治期间,新教徒和天主教徒基本相安无事,他们之间的仇恨得到缓解,英格兰保持了民族的统一。这同德国的状况形成鲜明的对比,在德国,宗教冲突导致了“三十年战争”,这个民族四分之一以上的人口在劫难中丧生,此后又是长期的分裂。

对于政治敌手,女王也不愿斩尽杀绝,这集中表现在她对叛乱事件的处理上。女王的婚姻游戏也有其消极后果,特别是到她五十岁以后,按照当时的标准,她已进入老年,求婚者也不再抱希望,女王既无丈夫也无孩子,这就意味着她死后英国王位会出现空缺,野心家们又蠢蠢欲动了,在他们的策应下,女王统治的后期出现了几起重大叛乱案件。

第一件是苏格兰女王玛丽·斯图亚特案,这是威胁最大的一次。玛丽·斯图亚特出生六天就继承苏格兰王位，她美艳多才，算起来还是伊丽莎白的表亲，如果伊丽莎白没有子女，她就有权继承英国王位。玛丽先嫁法国国王弗朗西斯二世，但这位国王在位一年就去世。玛丽女王回到苏格兰，再嫁英国贵族唐莱，但又同贵族包斯威耳相好。1567 年 2 月，苏格兰宫廷突然发生爆炸，唐莱被炸死，4 月包斯威耳同妻子离婚，5 月玛丽女王同他结婚。这一连串闪电般的宫廷事变引起了苏格兰国内普遍的不满，叛乱爆发，玛丽兵败，逃亡英国。伊丽莎白开始欢迎她的到来，但拒绝帮助她重登王位。玛丽是个虔诚的天主教徒，她得到罗马教廷的支持，在英国一些信奉天主教的贵族和西班牙政府的策划下，她暗中活动，企图发动叛乱，杀死伊丽莎白，重登苏格兰王位并继承英格兰王位。这些阴谋被侦破了，伊丽莎白却一直容忍着，把玛丽软禁了近二十年，直到最后玛丽的活动过于猖獗，直接威胁到英国的稳定，伊丽莎白这才征得玛丽的亲生儿子、苏格兰王詹姆斯六世的同意，把她送上断头台，平息了叛乱。

第二件是犹太医生案。罗德里戈·罗坡兹是位出生于葡萄牙的犹太医生，1559 年来到英国，其后他治好许多名流的病而名声大振，成为女王的御医，深得信任。1594 年他突然被女王宠臣埃塞克斯伯爵逮捕，罪名是在女王服用的药中下毒，企图暗害女王，有人说他是受菲力二世的指使并接受了财宝，罗坡兹本人也招供有罪。不过死刑一再被延期，女王后来下令埃塞克斯回避此案，由同埃塞克斯矛盾颇深的塞西尔爵士重审，塞西尔也断定罗坡兹有罪，最后将其处死。

第三件是埃塞克斯案。伊丽莎白到了晚年，她所信任的老臣相继去世，这时她看中了莱塞斯特的养子埃塞克斯伯爵。埃塞克斯二十岁初入宫廷，这时已经五十四岁的女王对他宠爱有加，这位伯爵英俊、聪明，为人慷慨、勇敢，但说到底他不过是个纨绔子弟，他不能胜任女王委派的各种任务，女王一次次原谅了他。后来他率军去平定爱尔兰叛乱，他违背女王命令，指挥失当，大败而归，女王不得已把他逐出宫廷。埃塞克斯心怀不满，1601 年在伦敦纠结一帮无赖之徒发动叛乱，但是伦敦市民无人响应，这群乌合之众一击即垮，埃塞克斯被送入伦敦塔中，审判后被处死刑。

在处理这几件叛乱案时，女王似乎都显得迟疑不决，有人说这反映了她的性格，但是许多事实证明，女王是一位性格顽强、意志坚定的人，杀人前的迟疑不决与其说反映了她的优柔寡断，不如说反映了她的宽容，每开杀戒之前她都要反复掂量，权衡其得失和后果，尽可能减少杀戮，不扩大事态的发展，避免社会的震荡，防止国内外敌手的反扑。可以想象，这样的叛逆重案如果发生在亨利八世或是“血腥玛丽”的时代，那将不知道会掀起多大的风浪，株连多少无辜。女王宽大的处理方式得到当时大多数英国人的拥护。

女王的敌手攻击她脾气暴躁，今天可以核实的只有这样几件事：有次女王认为一位大臣办事不力，十分生气，就拿起拖鞋向他砸去；还有个宫女，女王答应要给她找丈夫，她却没有告诉女王就结婚了，女王得知以后在愤怒中用蜡烛台打了她一顿；还有一次，一位大臣穿的衣服女王觉得很难看，有碍观瞻，伸手对这位倒霉的家伙打了一巴掌。女王不会没有缘由地发脾气，她生气时常说要把人投进伦敦塔，不过那通常只是威吓而已。当然，“君王的震怒”总是会让那些大臣和宫女们感到畏惧，但同那个时代的其他君王以及贵族相比，女王的个性温和，在大多数情况下她总是彬彬有礼。

女王的宽容不光表现在对天主教和对政敌的态度上，也表现在她对文学艺术，特别是对戏剧开明的扶持上。在女王之前，英国就有严格的书籍和戏剧审查制度：1538年颁布了书籍审查法，任何作品都必须经过审查才能出版，这当然包括剧本；1549年又颁布了戏剧审查法，所有演出的戏剧都必须经过审查才能演出；违背法令者最严重的可以处以绞死、挖出内脏、分尸等酷刑。但在伊丽莎白时代，这些法律的执行并不严格，也没有什么实施这类重刑的记录。

后代许多评论家认为，莎士比亚戏剧具有强烈的颠覆性，他的大多数历史剧和悲剧都在揭露宫廷的黑幕，涉及种种罪恶、阴谋和叛乱，许多君王都是反面人物，观众很容易把他们同现实以至同女王本人联系起来，精明的女王对此并非没有察觉。莎士比亚的《理查二世》在伦敦上演时，女王就担心剧情会使观众联想起她本人，因为剧中篡夺理查二世王位的正是女王的祖父亨利七世，她对周围的大臣埋怨说："这部悲剧在剧场和剧院里演出四十次了。"到 1601 年埃塞克斯伯爵叛乱前，伯爵的一些同伙还专门来到演出此剧的宫廷大臣剧团，指定剧团在某一天（实际上是叛乱的前夕）重新上演这部戏剧。他们开出了高价，因为剧中有废黜国王的场面，他们以此作为发动叛乱的信号。

但是叛乱被平定以后，无论《理查二世》的作者还是演员和剧团，没有任何人因为这个戏剧受到惩罚。如果同后代统治者进行比较，更可以看出女王的宽容：女王的继任者詹姆斯二世就攻击戏剧在舞台上蔑视君王，这是"叛变和混乱之母"，英国内战中克伦威尔掌权后所发布的第一个命令就是关闭伦敦一切剧场。

女王和戏剧审查官对莎士比亚戏剧也进行过干涉，《亨利四世》中的那个大胖子骑士，原名约翰·沃德卡斯特爵士，英国有一个同名的家族，所以审查时要求作者改换其姓名，以免引起那个家族的不快，于是被改成了福斯塔夫。福斯塔夫是英国观众，包括女王本人都十分喜爱的喜剧人物，在《亨利五世》中他死了，于是女王下令让这个快乐的老流氓复活并恋爱，这样莎士比亚又写了一部新剧《温莎的风流娘儿们》。这些与其说是干涉，毋宁说是一种善意的帮助。

女王对国家的治理更善于依靠智慧而不是凭借暴力，表现出更多的宽容而不是专制。如果说马基雅维利为现代政治哲学奠定了理论基础，那么伊丽莎白女王一世就是现代政治文明的最早实践者。政治文明有着非常丰富的内涵，人们常常强调民主和法治，不过，民主的真谛不只是少数服从多数，还包含着对少数派的宽容和尊重，法的正义性应当以人性和人权为基础,暴力应当减少到最低程度。智慧和宽容是现代政治文明中不可或缺的因素,作为封建君王,伊丽莎白自然不能避免其局限,但在封建主义向资本主义过渡的那个时代,她也为现代政治文明作出了最初的榜样。

2003 年

关于莱特的故事

一

第二次世界大战爆发前，一场间谍战早已提前开始，为大战进行准备并伴随其始终；大战结束了，它还在继续进行。上海是中心战场之一，这里有各国的租界，也有共产国际远东情报局，各路间谍之间的搏斗从这里还扩展到香港和南洋各地。

其中的一位重要人物是莱特（1903？—1947），研究东南亚二次大战史、共运史和谍战史都离不开他。1939—1947 年任马来亚共产党总书记，这是他公认的身份。但是他又像一个影子，一生扑朔迷离，始终处于地下，从来没有公开活动过。在伦敦、巴黎，以及新加坡、吉隆坡、中国香港，官方已经公开的档案中，没有找到任何关于他的材料。现有的关于他的种种说法，大都来自同时代人的回忆和民间的传说。不过可以肯定，他至少是法国、英国和日本的三重间谍。他在马共的继任人陈平（1924—2013）应当是比较了解他的人之一，陈平这样评价他："莱特是个既恶毒又神秘的人物。多年来情报界人员和史学家为解开他的阴谋诡计和谜团，费尽心机。今天我是唯一仍在世的人，能够提供有关这个人的冷酷无情的真相。”[①]其实陈平对他的了解也有限，马共组织严密、等级森然，他们的领导人及其出身、在组织中的地位都是机密，他们用的全是假名，对自己的经历更是讳莫如深，而且陈平也只有几年的时间同他有所接触。

莱特肤色黝黑、身材矮小，不到1.65米，说华文的时候带有浓重的越南腔，有人说他是越南华人，有人说他是越南人，陈平猜测他是欧亚混血种。他党内的名字是英文 Wright，华文就是莱特，通常写作 Lai Teck，但有时也写作 Lai Tek、Loi Tak，此外他还有张红、黄金玉、黄绍东等化名，用于不同的场合，比如黄绍东就是同中共联系时专用的。

莱特是那种魅力型的领袖。他会说越南文、英文、法文、马来文、华文以及多种方言，据说还会驾驶飞机和坦克。他告诉同志们：他是共产国际的成员，同国际高层领导熟悉，他在法国、苏联、中国和印度支那工作过。他在中国见过毛泽东，担任过上海市委书记，后来被共产国际调回法国，路过新加坡，发现马共组织工作混乱，就改变计划，代表国际来整顿马共，他随身带有国际的文件。莱特的组织能力和领导能力都很强，口才尤其出色，他曾经一口气作了六个小时的报告，讲起马列主义理论来头头是道，深得同志们的信任和拥戴。陈平这样回忆他同莱特的第一次谈话：“我汇报完毕后，莱特便详细地为我分析国际共产主义运动的发展。我必须承认，他滔滔不绝的谈话，对国际事务的知识丰富，了解深入，令我佩服得五体投地。因此会后离开时，我很庆幸党有一位很有能力的领导人。”[②]在莱特之前，马共十年间有过九任总书记，没有一个能立住脚。1939年4月莱特在党的中央委员会第

---

① 陈平：《我方的历史》，新加坡：Media Master，2004年，页73。

② 同上，页80。

六次扩大会议上当选总书记后[1],很快扭转了这种混乱局面,树立了很高的威信。同志们亲切地叫他"亚列","亚"是方言中习惯称呼,同"阿"一样,放在人名前面,表示亲爱,"列"是列宁的简称,也就是说他是"马来亚的列宁"。多年后一位马共负责人阿成(原名单汝洪)回忆莱特是这样制造个人崇拜过程的:"说他曾去上海同'立三路线'斗争啦!曾去过苏联当红军航空驾驶员啦!曾去法国参加'人民阵线'运动啦,暗示他是共产国际东方局代表。我们那些土包子('六扩'和'七扩'选出的中央委员)不加思考地信以为真,又再做了莱特的传声筒,向我们这些年轻的土包子散播莱特神话。"[2]

经过学者们多年的努力,大致弄清楚了莱特的经历:他1903年前后出生于西贡,念过中学和技术学校,在同学的影响下接触了马列主义而加入印度支那共产党的青年组织。越南当时是法国殖民地,他在法国军舰上工作,因向海员宣传左倾思想而被追查,逃到香港。1927年到上海和天津的法租界。1930年受胡志明派遣去苏联学习,后来在东北被张作霖的警察逮捕,九一八事变后被释放。他回到上海,继续在法租界活动,被法国密探捉拿押回越南。他答应为法国情报部充当间谍,并且接受了训练。由于他的出卖,越共(印度支那共产党)受到巨大打击。他的活动逐步暴露,法国情报部就在香港把他转让给英国,英国谍报机关1934年把他派到新加坡和马来亚,任务是打入马共内部,进行瓦解和破坏。莱特的工作很有成效,他把那些危险的或妨碍他上升的马共党员密报给英国人,殖民当局就把他们逮捕,然后遣送

---

① 莱特开始担任马共总书记的时间,马共中央《莱特事件文告》说是1939年(见《内奸莱特事件揭秘》,页166,当时没有"总书记"的名称,叫"中央书记"),澳大利亚学者利昂·康伯尔和日本学者明石阳至也都认为是1939年(见 Leon Comber:"Traitor of All Traitors"——Secret Agent Extraordinaire: Lai Teck, Secretary-General, Communist Party of Malaya〔1939-1947〕; *Joural of the Malaysian Branch of Royal Asiatic Society*, Volume 83, Part 2, September 2010, No. 299; Akashi Yoji, "Lai Teck, Secretary-General of the Malayan Communist Party, 1939-1947," *Journal of the South Seas Society*, 1994, Volume 49)。但陈平说是1938年(《我方的历史》,页52),又说是1940年(页51),应当是记忆错误。

② 单汝洪:《森美兰抗日游击战争回忆录》,香港:南岛出版社,1999年,页173。

回中国,为他一步步登上总书记的宝座扫清障碍。李光耀曾经回忆这段历史:“过去有数以千计的人被关进马来亚的拘留营。在四五十年代,英国更把数千名共产党员驱逐到中国。”[①]这中间就有莱特的功劳。

二

1937年抗日战争爆发后,以陈嘉庚为首的新加坡和马来亚华侨发动了轰轰烈烈的抗日救国活动。1942年2月15日,新加坡沦陷于日军之手,占领军随即开始了名为“大检证”的报复行动,命令十八至五十岁的华人男子到“检证中心”报到,逐一进行甄别,被认定为抗日、反日的立即拘捕,随后被卡车运到海边或偏僻之地屠杀,尸体被海水冲走或掩埋。死难者有人说五千人,有人说十万人,已经无法统计。

日本占领军除了镇压带有反日倾向的民众外,更要对付马共及其领导的“抗日军”游击队,马共这时已同英国合作,构成很大的威胁。日本宪兵部队中成立了一个由五十人组成的特警队,它拥有很大权力,其领导人是大西觉(不久升为少佐)。大西曾在中国东北伪满洲国干过,颇有经验,但是他不熟悉新马的环境,不会说华语和马来语。他特别需要两种人,一种是英治时期的密探,一种是马共叛徒。他很快就得到了最好的收获——一个把这两种身份结合在一起而且最高级别的人,即莱特。

大西找到了两个英国留下的华人密探。1942年3月10日,新加坡沦陷二十五天,特警队获得情报,说有个像马共总书记黄绍东的人,藏匿在小坡亚拉街一所伊斯兰教堂附近,下村曹长带了两个密探,骑脚踏车到达目的地。密探先写了一封“黄绍东亲收”的信,然后敲门造访。应门的是个二十

① 李光耀:《李光耀回忆录1965—2000》,新加坡:联合早报,2000年,页131。

多岁的女人，她看了信封说："他不在家，要十点才回来。"下村稍后再去，果然有一个身穿背心、短裤的男人出来开门。他看了信封上的名字，起初否认，说这里没有这个人，但被一再盘问便面色转白，他被扣上手铐，带到南天酒店，详细审查。

他开始还强辩，说他是黄少东，不是黄绍东。经过一番拷打，并威吓要到他家中彻底搜查。为了封锁消息和避免惊动四邻，莱特很快承认自己就是黄绍东。于是他被带到特警队，接受更详尽的审问。莱特面对大西，显得非常神经质，他向大西恳求说，他可以替日本人做任何事情，只要能饶他一命。他还告诉大西：马共没有什么中央委员会，实际上他本人就是中央委员会。

大西真是喜出望外，直到三十多年后，1978 年他在接受明石阳至采访时还说："我很惊讶，为什么这样脆弱的一个人，会升任至马共最高的职位。"[①] 大西经过两个多星期的考察，决定冒险使用莱特。他给莱特一笔资金，把他放走，指定他手下的山口少尉与下村曹长同他联系，下村身穿便服，跟踪莱特，在指定的几个不同地点会面。有一处是莱特的越南籍妻子在乌节路开设的一间咖啡店。莱特把情报交给下村，下村再转交山口和大西。

莱特释放回家后对党内解释说，他在"大检证"中被日军关了十天，日本人找不到证据把他放了。莱特做事十分缜密，他觉得可能揭露他的人，就立即杀人灭口。马共新加坡市委委员李英抗被日军逮捕，他在监狱里看到莱特在同日本人打交道，就向外面传递消息。莱特不知怎么知道了，就要求大西把他放了，然后通知中央，李英抗是叛徒，下令把他活埋。中央委员阿宁是莱特向宪兵队告密被捕的，阿宁在狱中发现了莱特在同日本人开会，莱特知道这一情况后立即要求大西把他处死。

---

① Akashi Yoji, "Lai Teck, Secretary-General of the Malayan Communist Party, 1939-1947," p. 60.

三

莱特成为日本间谍以后，对马共的伤害是灾难性的。他一般住在新加坡，每个月到马来亚几天收集情报。人们看到他戴着墨镜，穿着白衬衫，身旁还伴着情妇，驾车通过柔佛长堤在公路上疾驶。他通常在约定的地点，从党的"交通员"（多是女同志）那里接收秘密情报，他也会同各州的地委成员接触。他对于各地党的情况都了如指掌。提供的情报十分准确，由于他和特警队的充分合作，在不到六个月的时间，便把新加坡的马共组织肃清了。"日本特务把莱特弄到手上之后，就等于把所有的马共的高级机构，人员、联络渠道，出版机构掌握在手中，他们布置得似乎天衣无缝，在星洲的所有高干无一幸免，无一漏网。"①日本学者明石阳至说："保守点估计，莱特大多是通过特警队，对至少一百零五位党内同志的被捕和处死发挥了作用。"②

莱特有洁癖，他从不杀人，但他的双手沾满鲜血。他的手段特别阴险而有效，他通常是利用总书记的身份，指定他要消灭的人"自投罗网"。比如，有天他突然来到马共中央常委、组织部长林江石和新加坡市委代表林亚当的驻地，指令他们第二天晚上从某地渡海到内地去，还假惺惺地对林亚当的妻子说："他过两天就可以自由飞翔了。"次日马共这两位领导人来到指定的码头，大西的人马已经在那里布置好，他们插翅难飞，被捕后不久都死于狱中。

对马共最大的一次打击是"黑风洞事件"。在莱特和大西的联手打击下，马共的联络系统被严重破坏，中央决定召开一次会议，制定对策。莱特

---

① 《血碑增补本》，香港：血碑增补本编辑委员会，1997年，页53。

② Leon Comber, "Traitor of All Traitors"——Secret Agent Extraordinaire: Lai Teck, Secretary-General, Communist Party of Malaya(1939-1947), p. 11.

指令党的最高级别的四十位干部1942年9月1日在雪兰莪州黑风洞开会。莱特说他当天上午十时左右到达，要求其他参会者8月31日下午和晚上先举行预备会议。到31日那天，一些日军伪装度假，带着吉隆坡的舞女来到黑风洞寻欢作乐，实际是进行侦察。凌晨时分，两千日军包围了马共会场，发动突袭。双方激战约半小时，二十九位马共高级干部和警卫战士当场战死，十五人被捕，日军还搜获了大批军械和文件。日军也有中校、少校和大佐各一名被打死，可见战斗之激烈。后来马共把9月1日定为“革命烈士节”[①]。这对马共是一次致命的打击，元气大伤，很长时间都无法恢复。莱特事后则解释说：他在来黑风洞途中汽车抛锚，到达时已是9月1日下午一点，所以没有遭到日军伏击。

莱特对黑风洞的战果还不满意，他还要斩尽杀绝。几周以后，他指定在霹雳州美罗郊外重新召开一次会议，继续讨论黑风洞留下的问题。这次会议由陈平负责筹备，按照陈平的安排，党的最高级领导人，包括莱特，先到金宝，然后被分别带往会场，其他代表则必须经过美罗去会场。中央委员蔡克明因为火车误点，他到达金宝时日本宪兵已经发动过袭击，逮捕了两名高级干部，蔡克明侥幸逃脱。莱特还是不肯放过蔡克明：他要蔡克明回新加坡，在爱同小学同他见面，但是蔡克明刚到达那里，特警队就把他逮捕。蔡克明不久被杀害，他是马共的高级理论家，极有可能出任马共领袖职位。

大西觉后来这样评价莱特：“首先，他想保住自己的命，即使出卖他的同志也在所不惜。其次，他想通过与我合作，以达到保住他在党内的地位，并进一步实现他的野心。他所出卖的人显然是那些能够威胁到他在党内的地位与权威的人。现在我知道，有好些事情他不让我知晓。”[②]大西觉的一位部

---

① “黑风洞事件”中马共伤亡情况说法不一，陈平说“半数同志当场战死”，《内奸莱特事件揭秘》说十八人（页168）。这里依据黄大礼《血碑补遗》（新加坡：青年书局，2008年，页63）和Leon Comber “Traitor of All Traitors”（页11）的说法。

② 转引自陈平：《我方的历史》，页73。

下甚至说:“实际上是他(莱特)在指挥宪兵队消灭反日力量,而不是宪兵队指挥他。”[①]莱特的目标很快就实现了:“到这年(1943 年)4 月,莱特成为马共中央委员中唯一一位还在位的人。”[②]

属于中国国民党方面的新加坡著名抗日英雄林谋盛的牺牲是否同莱特有关,至今难以断定。1943 年中英联合组成的“136 部队”在马来亚海岸登陆,进行敌后谍报战,并不断通过潜水艇补充经费、军火和通讯器材,这支部队在米罗山建立了营地。他们联系到马共的抗日军,同莱特和陈平进行了谈判。莱特本来就是英国间谍,“136 部队”的英国军官知道这一点;莱特要为自己留后路,也不能把英国人出卖给日本人。但他也认出了“136 部队”中化名陈春林的林谋盛。后来林谋盛下山部署谍报网被捕,1944 年 6 月 29 日死于狱中。“136 部队”一再指责马共领导人“出卖情报”,他们认为是莱特告密导致林谋盛被捕和牺牲。大西觉本人不承认他从莱特那里得到关于林谋盛的情报,他说,林谋盛是因为戴着英军的专用手表过关卡时暴露的。[③] 不过,当时形势十分复杂,各方间谍和反间力量犬牙交错,背叛和反水不断,大西只是领导着特警队,未必掌握日方的全部情报。另一位“136 部队”成员陈崇智也说,他是因为有英军专用手表而被捕的[④],大西觉是否记错了人?当时为大西觉服务的马共叛徒黄耶鲁就坚持认为:“莱特要对……几名像林谋盛的国民党领袖被捕和被消灭和一名英国军官马丁少校 1945 年 1 月 25 日被日本人杀害于柔佛负责。”[⑤]

第二次世界大战 1945 年结束,日本投降,这意味着莱特的末日快要来临

---

① Akashi Yoji, “Lai Teck, Secretary-General of the Malayan Communist Party, 1939-1947,” p. 86.

② Leon Comber, “Traitor of All Traitors,” p. 12.

③ Akashi Yoji, “Lai Teck, Secretary-General of the Malayan Communist Party, 1939-1947,” p. 93, n. 85.

④ 陈崇智:《我与 136 部队》,新加坡:海天发行与代理中心,1994 年,页 207。

⑤ 杨进发:《内奸莱特》,《内奸莱特事件揭秘》,“马共文集(第八辑),战后和平时期(三)”,吉隆坡:二十一世纪出版社,2014 年,页 449。

了，日本人不需要他了，下村曹长给他一大笔钱，叫他离开新加坡，但他不肯走，而是藏了起来等英国人。日军为了避免暴露同莱特的关系，把可能的知情人全都处死灭口；莱特为了守住他同日军合作的秘密，也下令把一些投降了马共的日本军人杀死。

莱特还活着，并在领导着马共，战后重返新加坡的英国政治部知道了；不但如此，连他为日本宪兵队效力的事，英国人也从被俘的大西觉嘴里得到证实。不过因为多种原因，英国人决定日后再调查，只是吩咐他暂时不得露面。这就是为什么英军司令蒙巴顿上将接收新加坡后，给马共抗日军领导人陈平等人颁发勋章，作为马共最高领导的莱特却没有得到这份荣耀。

莱特还是为英国旧主做了几件事。大战结束时，马共抗日军已经相当强大，最多时有一万人，还悄悄吸收了四百多名日本投降军人加入。这时马共内部形成两派意见，一派是继续进行武装斗争，从抗日转为反对英国的殖民主义，最后夺取政权；一派是和英国合作，通过合法的途径、民主的方式从选举中争取政治权力。莱特根据英方的要求，提出了放弃武装斗争的“八项主张”，1945 年冬他以中央军委名义下令解散马共的武装，向英国人上缴了四千支枪，还要求各地组织提供日本投降后所建立的秘密武器库的详情。他的这些做法瓦解了马共的斗志，加剧了党内的混乱。后来马来亚的反英活动愈演愈烈，印度支那共产党和印尼共产党领导的武装斗争取得重要成果，这激发了马共激进派以武力夺取政权的决心。莱特下台、陈平掌权后，马共 1948 年 3 月通过决议：重返森林开展游击战争。但这时马共游击队已经无法恢复当年的声势，更失去了扩张的机会。①

① 曾有“印度国民军”一个师一万人和日军五千官兵（带着五十卡车军火），表示愿意同马共合作，共同抗英。这些提议都被莱特拒绝了。见单汝洪：《森美兰抗日游击战争回忆录》，页 169。

四

最早公开揭露莱特的，就是黄耶鲁（1913—2003），他又名黄国魂，厦门人，毕业于厦门大学，中共党员，后来受中共派遣，从福建南来新加坡，转入马共担任文化部长，他还同在新加坡的中国著名作家郁达夫有过一场轰动一时的笔战。黄耶鲁在1939年被英国人逮捕，日本占领新加坡前获得释放，参加了林谋盛组织的华侨抗日义勇军的工作，新加坡沦陷后他转入地下。4月10日被逮捕，他向日本人跪地求情，供出了一批同志，他们大都被处死或病死狱中。黄耶鲁本人被判十年徒刑，他继续为大西觉的特警队效劳，分析和翻译搜查到的共产党文件，在狱中得到优待。

被黄耶鲁供出的同志中，有一位是马共中央常委黄诚（1913—1942）。黄诚原名张元豹，又名黄石，福建游仙人，1933年加入中共，次年因身份暴露逃亡新加坡，任小学教师和报纸记者，不久加入马共，任中央委员会常委和宣传部长，是党内仅次于莱特的第二号人物，在马共中有很高威望。他1942年被捕，关入四排坡军事监狱，不久因毒刑拷打牺牲。这位宣传部长在狱中写了一首《揭叛歌》，五字一句，十二节，每节八句，共九十六句。内容是揭露关押于同一座狱中的两个叛徒黄耶鲁和林义生[①]，曲调则模仿中国民歌《孟姜女》。当时狱中大部分难友都会唱，黄诚的妻子李明也在狱中，出狱后把歌词记录下来，其中有两节是：

事实就如下，请你记在胸：叛徒黄耶鲁，降敌骂马共，还有林义生，共同钻狗洞，为何这无耻，原因只一种：叛徒亲口说，怕受刑挨疼，故甘投降

① 林义生，又名郑声烈、亚宁，马共中央常委、组织部长。

敌，狼狈真是凶。将党内文件，尽量向敌送；还有党机关，亲自带敌封。[①]

黄诚的这首《揭叛歌》歌词尖利，狱中难友见到这两个叛徒时就唱得更加响亮，黄耶鲁听到十分恼火，当时回答了一句话："我们的问题，等待历史来回答。"黄耶鲁是个非常机警的人，他被捕之后，立即意识到出卖自己的是莱特。他当时住在新加坡芽笼的贫民区，住所街道无名称、房屋无门牌。小巷狭窄，但是日本人竟找到了，没有人指路是不可能的。而且到他家时，特警队马上查看他儿子的头发，看到异于常人的两个发旋，便立即把他逮捕了。没有其他人，只有常到他家的莱特知道他儿子有两个发旋，所以黄耶鲁断定莱特是叛徒。

莱特害怕黄耶鲁揭发他的秘密，要求大西觉杀掉黄耶鲁。但大西觉认为黄耶鲁很有价值，就把他从监狱中放出来，去主持大西洋行，同莱特分隔开来。黄耶鲁穿上了日本军装，挎着指挥刀，洋洋得意。但他认为自己被莱特所害，始终咽不下这口气，他对人说："留条命不死，等时机揭发莱特。"他看到大西觉在一本日本警察杂志上说，日方正在利用隐藏在马来亚抗日军内部的情报人员，这使他更坚信莱特是叛徒。日本战败、新马光复后不几天，1945 年 9 月，黄耶鲁就在马来亚的《星槟日报》发表公开信，揭露莱特出卖马共。他还找到著名侨领陈嘉庚申诉。莱特知道这封公开信后大为震惊，立即下令暗杀黄耶鲁，但遭到党中央委员兼新加坡市委书记的反对。在党的会议上，莱特又拿出这封信，带着满面愁容叫人读给大家听，结果他再次赢得胜利，马共中央觉得"没有理由相信叛徒的话（这种态度是正确的）"[②]。莱特又发动反击，指责黄耶鲁同日本人勾结，黄耶鲁有口难辩。莱特在马共的巨大影响力依然存在，在 1946 年 1 月召开的马共中央委员会第八次扩大会议上，他继续当选为总书记。

---

① 1946 年 2 月出版的有关新加坡抗日烈士的最早文献《血碑》初版中，《揭叛歌》中叛徒姓名写作"黄某某"，作者说记不清名字了。2008 年出版的《血碑补遗》，叛徒名为黄耶鲁。

② 《莱特事件文告》，《内奸莱特事件揭秘》，页 168。

五

按照陈平的说法，他早就对莱特产生怀疑。这是由一封信引起的：1943年，泰国共产党总书记李启新(老黑)给莱特送来一封信，陈平把信交给他，他看不懂让陈平看，绝大多数成员都是华人的马共，总书记居然看不懂华文，这太可疑了。莱特还夸张地对陈平说："这个老黑，是个好人，我已经认识他多年了。"陈平明明看到，老黑在信中说他过去没有听说过莱特的名字。总书记为什么要说谎呢？

大战结束后，马共的另一位高层领导杨果也对莱特产生了怀疑：为什么他总是能躲过敌人的追捕，或是被捕后很快就被释放？他同陈平商量后决定暗中进行调查。1946年10月中央的一次会议上，陈平和杨果制定了国际形势分析、领导人的作风和财务等三项议程，这些都是针对莱特的。莱特看了议程却不动声色，他先是为自己的观点辩护，但没能说服大家，他就转而称赞陈平的工作能力，陈平发脾气，他又抱头大哭。一系列出色的表演使他博得了与会者的同情，人们纷纷埋怨陈平，为总书记辩护。在老练的总书记面前，陈平还是显得很幼稚，不过他暗中抓紧了调查。

1947年1月的马共中央会议，莱特没有参加，不知去向。陈平的调查却不断取得新的收获：莱特在日占时期同日本人有联系，一个在南天酒店当侍者的越南人，揭发莱特常在那里同日本人会面；莱特有五个女人，她们被安置在新加坡和吉隆坡不同的地方；党的一百万以上的基金不翼而飞，这是莱特负责保管的。此外陈平还发现，关于莱特的许多传说，比如留学苏联，参加过中共上海市委，追随过胡志明等，"我们展开的调查无法证实这些臆测"①。不过，陈平也承认，莱特如果不离开新加坡，也来参加会议，党内没有

---

① 陈平：《我方的历史》，页52。

人可以推倒他。

陈平带着这些调查结果，1947 年 3 月 6 日召开中委会，公布了各种证据。中央委员会经过讨论最后确认莱特是日本间谍，把他开除出党，处以死刑，并正式委任二十三岁的陈平为总书记，不过这些都暂时保密，不向党内外公开。中央还委托新加坡市委书记负责追捕莱特，成立特别锄奸小组，在第一时间消灭他。但是在新加坡所有的行动都失败了。马共也把中央的决议通知了莱特在新加坡的一个妻子（她也是马共党员），她的回答是："我相信你们必须杀死他。"后来英国当局逮捕了她，把她遣送回中国。

新任总书记陈平 1947 年 7 月前往泰国、越南和香港，同这些地方的共产党建立联系，同时说明莱特给马共带来的危险，要求协助消灭莱特。按照陈平的说法，他在泰国时，有次看到一个路边买香烟的人，背影很像莱特，但是那人也发现了他，随即登上一辆小汽车向相反的方向逃走了，那时路上十分拥挤，无法追赶。陈平把此事通报给越共在泰国的总部，越共保证立即采取行动。越共几天后在曼谷发现了莱特的行踪，应陈平的要求，派出一个三人行动组去抓捕，经过一番激烈的搏斗，把他扼死，然后放入麻袋用黄包车运走，丢到水流湍急的湄南河中，结束了这个"间谍之王"的一生。他所携带的巨额资金不知去向。

对各国间谍机关来说，莱特都是一个不可多得的奇才，都很需要他。英国谍报机关得到马共追踪莱特的情报后，为了保护这位"英国人最大间谍战功臣"①，立即派出一位高级官员来到曼谷，打算向他发出警告，可是来迟了一步，对莱特的死刑已经秘密执行。②

---

① 陈平：《我方的历史》，页 168。

② 没有人见到过莱特的尸体，他的死亡始终有人质疑。1950 年代和 1970 年代，两度出现传闻说他并没有死，而是在新加坡继续为英国人工作一段时间后，去了香港和泰国，参加泰共的活动，英国方面还接到他的报告。这些说法无法得到证实。

六

半个多世纪以来，莱特一直是东西方一些史学家感兴趣的人物，但是深入的研究成果并不多，许多真相至今难明，著名的南洋现代史专家杨进发感叹说："莱特何许人也，但是，这是一个多么棘手和令人困扰的话题啊。"①1999年2月，马共游击队已经放下武器十年，马共已经不复存在，它的最后一任总书记陈平在澳大利亚国立大学同二十位来自世界各地、对马共历史感兴趣的学者（其中包括陈平当年战场上的对手）进行了两天对话，这些学者提出各种问题请陈平回答，放在第一位的问题就是"莱特事件的真相"。

十多年又过去了，各种新出的回忆录，特别是陈平《我方的历史》问世，莱特的真面貌被进一步揭露，但是还存在着一系列的疑问。

第一，莱特是在为谁服务。

莱特背叛了自己的党、用残酷的方法来消灭党内同志，他究竟出于什么目的？除了最后逃命时带走了马共资金外，康伯尔认为："没有任何证据说他是为了经济上的好处或物质上的利益。"②有一个阶段他经济非常拮据，是党内发动捐款给他养病。他是一个非常熟悉马列主义，也把马列主义挂在嘴上的总书记，但他究竟信仰什么，他有没有信仰？明石阳至提出这样一种见解：

> 更重要的是，莱特确定了一种独立于中共或共产国际的稳健政策。如前所述，莱特的兴趣是建立一个以各民族的联合阵线为基础、同英国

① 杨进发：《内奸莱特》，《内奸莱特事件揭秘》，页444。
② Leon Comber, "Traitor of All Traitors," p. 22.

人合作的“民主共和国”。①

明石的这种说法只是一种猜测，没有什么可信的证据。抗日战争结束以后，莱特解除马共的武装，这反映了英国的利益，放弃武装斗争，走议会道路，也是战后一些国家共产党的共同主张，不能说是莱特确定的政策。莱特的所作所为，特别是他不择手段杀死大量马共领导人，看不出同“稳健的政策”和“民主共和国”有什么联系，一个背负着无数人命的阴谋家不太可能是个理想主义者。那么，他到底出于什么目的呢？

第二，莱特同共产国际和中共的关系。

莱特的一生，现在知道的主要是日占时期他在新马的活动，其余大都是空白。据说，英国警察突袭共产国际在上海和香港的办公地时，发现了莱特提交的报告②；莱特在莫斯科和上海究竟干了些什么、是否接受了什么任务，仍然是一连串的谜。马共成立于1930年，从成立起就同中共有非常密切的关系，其前身是一些中共党员大革命失败后逃亡南洋所建立的中共南洋支部（后改名临时委员会）。党员绝大多数是年轻的华人，他们都认为自己是中国人，愿意为祖国效力和接受中共的指导。③ 莱特曾经在上海会见过董必武，战争结束后不久在香港会见了中共代表连贯和方方。④ 莱特说的是否可靠？人们自然期待着发现更多相关内容和细节。

第三，莱特、黄耶鲁、大西觉等人的关系。

黄耶鲁是莱特的第一个牺牲品，也是第一个公开揭发莱特的人，他投敌后

① Akashi Yoji, “Lai Teck, Secretary-General of the Malayan Communist Party, 1939-1947,” p. 86.

② Ibid., p. 91, n. 28.

③ 出生于马来亚的陈平说过：“我当自己是中国人，不是马来人。因为那个时候根本就没有马来亚的概念。”（陈剑：《与陈平对话——马来西亚共产党新解》（增订版），吉隆坡：马来西亚华社研究中心，2012年，页65）1950年代以后，新马华人国家认同开始从中国转向居住地。

④ Anthony Short, *The Communist Insurrection in Malaya, 1948-1960*, London: Frederick Muller Ltd., 1975, p. 44.

得到大西觉的重用和保护，同莱特势不两立。大西觉战后被英国战争法庭认定是“大检证”的元凶之一，以屠杀华人罪被判终身监禁，但五年后就被送回日本并予以释放，1977年他出版回忆录《昭南华侨肃清事件》，还接受记者采访，他对莱特始终有所袒护。黄耶鲁对莱特却仇恨难消，莱特死后二十多年，1968年8月他还在新加坡《国际时报》上发表了一篇题为《马共中央总书记莱特如何杀害国共两党及联军干部——给一切爱护马共愿意主持公道的人们》的文章，对莱特再作揭露。黄耶鲁战后改名黄望青，李光耀执政后他平步青云、飞黄腾达，成为新加坡名人，他担任过政府轻业咨询委员会主席、中华总商会董事、星洲船务公会主席；他涉足华人教育和学术机构，担任过南洋大学理事会理事、义安学院理事长，东南亚研究院常务理事、南洋学会顾问。1973年，他得到了一个显赫的官方职务：新加坡驻日本大使，长达七年，回国后又出任新加坡广播局主席。他后来同李光耀关系突然破裂，离开新加坡去了厦门。他们两人都曾被日军拘捕，后来都当了日本人的翻译。黄耶鲁的被捕和叛变，是马共历史上的重要事件，可是陈平在《我方的历史》里却没有提及，是否有什么默契？这里似乎内幕重重，也是人们感兴趣的话题。

第四，莱特同陈平的关系。

莱特暴露以后，马共中央下发了《岳（莱特的代号）事件检查和报告》，详细介绍了对莱特所做的调查和结论，1947年5月又向全党正式发布《莱特事件文告》，其中对这样一个“内奸”为什么能长期占据党的最高职位进行了解释，但是许多问题并没有说清楚。陈平继莱特之后担任总书记，他们之间的关系引起人们的好奇。一些学者在澳大利亚同陈平对话时，曾当面尖锐地提出一个问题：

你在1924年出世，十五岁参加马来亚共产党，然后在二十三岁时，你是马共的总书记。从你在党内的地位那么迅速的擢升，有人推测你一定是非常接近莱特，在某种程度上，没有莱特的庇护，你的迅速擢升是不可能的。你跟莱特有多密切呢？

陈平的回答是：

我的擢升，用另一种说法，是由于他的出卖行为，因为一个又一个领袖被他出卖，被日本宪兵逮捕，被日本宪兵抓去。最后，我是州委仅存的资深党员。他被迫擢升我，否则就没有人接手了。①

陈平加入马共三年后，十九岁就被提拔为霹雳州委书记，很快又被提拔为马共的第三号人物，莱特不在的时候，还代理总书记，这些当然都是莱特的旨意。如此信任这么年轻的一个人，把他安排在如此重要的位置，最后又是陈平下令处死了莱特。如此戏剧性的情节，陈平的解释太简单了。

陈平同莱特一样，也是谜一样的人物。马共 1989 年同马泰两国签订和平协议之前，进行了四十多年的游击战争，这是二十世纪历时最久的游击战。陈平担任了四十二年的马共总书记，是国际共运中任职时间最长的领导人。他 1961 年就去了北京，直到 1989 年始终没有回马来亚。这位总书记在干什么？他是怎么领导党和指挥战争的？马共内部那些倾轧和杀戮，是怎么发生的？他留下了许多谜，需要另外的文章来解读；他和莱特的真实关系，只是其中之一。

2015 年

---

① 陈剑：《与陈平对话——马来亚共产党新解》，页 79。

书序与后记

《灵魂的挣扎》序

孙勇彬的博士论文《灵魂的挣扎：鲍斯威尔〈约翰生传〉中的人格叙说》即将问世了，他要我作序，我提笔之时不免产生许多感慨。

就勇彬而言，他还很年轻就出版了第一部著作，自然值得称赞；但就中国学界而言，这部著作的出现则显得太迟了。有人说过：如果说荷马写出了最伟大的史诗，莎士比亚写出了最伟大的戏剧，那么，鲍斯威尔就写出了最伟大的传记。《约翰生传》问世二百余年来对英国文学和传记文学的发展发挥了深刻的影响，成为文学史上一部伟大经典。二十世纪是所谓“传记革命”的时代，传记文学进入迅速发展的时期，成为一个十分重要的文类，在西方学术界，在过去三十年中传记成为学术研究的热点和核心关注，对鲍斯威尔及其《约翰生传》的研究成为其中最重要的、不可或缺的内容之一。

胡适曾经指出“中国文学最缺乏、最不发达的是传记文学”，中国对传记的研究就起步更迟。近百年来，胡适以及梁启超、郁达夫等人一再呼吁发展和研究中国的传记文学，朱东润先生则身体力行，为此贡献了几乎毕生的精力，其后更有学人，追随前贤、前赴后继；但毕竟任务繁重，至今成效难言彰显。就以鲍斯威尔的《约翰生传》为例，虽然早在上世纪三四十年代，朱东润、范存忠诸先生就向中国读者推介此书，并给予极高的评价，可是几十年过去了，中国大陆至今没有《约翰生传》的中译本，对这部世界名著的研究成果也只限于几篇论文以及几种文学史的相关章节，对比国外通俗小说的大量印行以及二三十种大同小异的西方文学史的问世，这真让我们研究西方传记的人感到颜面无光。约翰生曾对中国表现出极大兴趣，幻想哪一天自己能光荣地登上万里长城，可是就在长城屹立着的那块土地上，并没有多少人知道这位属于全世界的文豪。

勇彬对这种让我们感到尴尬的局面发起了冲击。2000 年他考入南京大学比较文学与世界文学专业攻读博士学位，出于对传记文学的兴趣和雄心，他的博士论文选择了《约翰生传》。这一课题的重要意义自不待言，但是其难度也很大：《约翰生传》卷帙浩繁，内容丰富，要读懂就需要具备丰富的背景知识，其时台湾的中译本还未传到大陆，深入的研究就得细读一千二百页的英文原本；西方学界对《约翰生传》的研究成果虽多，在国内却很少见到，收集资料十分费时劳神。勇彬知难而上，他凭借出色的英语基础，一遍遍细读文本，他也收集了传统的以及当代各种学派研究《约翰生传》的文献，一本一本读下去。鲍斯威尔说过："我在收集和整理材料写成这几卷书时所花费的劳动和注意力的紧张，是那些轻松地阅读他们的人难以想象的。"作者是这样，研究者也是如此吧。

读者常常感到困惑，《约翰生传》涵盖了传主漫长的一生，这么一本大书，表面看来杂乱无章，只是收录了传主大量的轶事和对话，也有种种细节的描写，但似乎没有什么主旨，除了专业的学者，很少有人把这本书从头读到尾的。但是不管什么年龄的读者，随便什么时候拿起这本书来，随便翻开一页，都可以兴致勃勃地读下去，不但能得到许多教益，而且会从中感到极大的乐趣。《约翰生传》成功的秘密究竟在哪里？

对这个问题，西方学界有过种种解答。勇彬对《约翰生传》的研究选择了一个新的视点：冲突。他发现，在英国历史、文化和宗教的宏大背景中，鲍斯威尔主要描写了三类冲突，即约翰生同他周围环境的冲突，同当时英国文化传统的冲突，以及他内心的冲突。正是通过对这些冲突的叙说，鲍斯威尔展示了约翰生生动丰满的人格，也使表面看来杂乱无章的材料成为内部统一的有机整体，从而具有了永久的艺术魅力。提出传记冲突和《约翰生传》中的冲突问题，勇彬并非第一人；但是把这一观点系统地运用于《约翰生传》的研究，这还是第一次。

勇彬的这篇论文在答辩时就获得了专家的好评，取得博士学位以后，他又去浙江大学做博士后，这一期间他又对全文进行了精心的修改，并进一步充实了内容。勇彬从攻读博士学位开始，至今五年过去了，我相信他一定体会到学术研究是一种多么沉重的劳动，时间也没有白费：有关鲍斯威尔的《约翰生传》，他写出了中国第一篇博士论文，出版了中国第一部专著，他对中国传记研究作出了自己的贡献，传记的学者和爱好者一定可以从中得到许多教益。

2005 年

《文学的殉道者：索尔仁尼琴》序

李小驹的《文学的殉道者：索尔仁尼琴》即将问世了，我感到由衷的欣慰，这当然是为小驹，因为他的辛勤劳作终于有了结果；不过也是为索尔仁尼琴，因为这位孤独的老人并没有被人们遗忘，在遥远的中国他也有着知音。

说到索尔仁尼琴，我们会立即联想起“古拉格群岛”，还有“癌病房”，这些源自索尔仁尼琴的词语今天已经不仅是某一文学作品的名称或一种文学话语，而且蕴含具有普世价值的寓意，它们意味着对专制腐败的揭露和批判，意味着作家的真诚和良知，意味着对真理的信仰和捍卫。索尔仁尼琴从他的第一部作品问世起，就成了一个充满争议的人物，也可以预言，他将会长期被人们争议。可是照我看来，人们可以不同意他对斯大林时代的揭露和批判、不同意他所主张的改造社会的东正教药方，但是正如诺贝尔文学奖给他的授奖辞中所说的，索尔仁尼琴的作品体现出“对俄罗斯苦难的沉思和对俄罗斯母亲的挚爱”，这才是索尔仁尼琴小说的灵魂和真正价值。这位作家从不屈服于任何暴力和权贵，也从不向权贵献媚，无论是在恐怖的劳改营中、在国外的流亡岁月里以及在莫斯科郊外寂寞的乡间居所，他时时刻刻关怀着俄罗斯的命运和俄罗斯大地上苦难的人民，也正是在这一点上，他继承了以普希金、陀思妥耶夫斯基、托尔斯泰等人为代表的俄罗斯文学最伟大的传统，体现出深厚的人道主义精神。

其实，任何一位能让历史记忆的作家，他能无视祖国和人民的命运吗？他能漠视苦难的存在，丢弃人文关怀，抛弃“诗歌正义”的原则吗？环顾四周，“后现代主义”的幌子固然炫人眼目，背后“前资本主义”的原始积累却被身体力行，在质疑宏大叙事的旗帜下消解真理、告别崇高，实际上是为鲜廉寡耻、纸醉金迷寻找辩词。所以，索尔仁尼琴至今并没有失去其价值。

索尔仁尼琴不是一个新话题，但小驹的这部著作对年轻一代的读者来说仍是一部及时的书。它对国内学界索尔仁尼琴的研究成果加以综合和发挥，并开拓了新的论题，求得新的突破（比如索尔仁尼琴同郭沫若的比较研究、对索尔仁尼琴思想资源的探讨等）。这也是一部有特色的专著，大体可以把它归为评传的范畴。评传通常依照时间的顺序述评传主的一生和主要成就，小驹则打破这种惯例：全书三章，前两章分述索尔仁尼琴的生平和作品，但不是面面俱到，而是择其要者划分为专题予以论析；第三章对其人其作进行专题研究和比较研究。这种专题式的评传突出了重点，更便于青年读者检读，这种结构在西方传记中已相当流行，国内尚不多见，小驹为这种评传写作形式做了有益的尝试。

小驹曾来南京大学随我做访问学者，从那时起我们成了好朋友。我知道他为写作这部著作所花费的时间和精力：其间他除了承担教学和行政的两副重担外，还经历了他所挚爱的父亲的染病、病重和去世的过程，还有其他种种生活的坎坷；但是重担并没有把他压倒，他坚强地生活着、工作着。我也知道，小驹所以长时期里选择索尔仁尼琴作为研究对象，因为他尊重这位作家的真诚、正直和不屈不挠的批判精神，这也是我所熟知的小驹自己的性格。

我祝贺小驹，也期待着他的学术研究取得更大成就。

2006 年

《中国新时期传记文学研究》序

李健的博士论文《中国新时期传记文学研究》即将出版了，我真感到高兴。

我认识李健是在一个传记文学的学术讨论会上，听说这位英姿飒爽的上校正在写传记文学的博士论文，就不由刮目相看；她研究的又是新时期的传记，就更使我感兴趣。传记文学的兴盛是世界性的潮流，传记研究是当代学术的核心课题之一。我国新时期以来传记文学取得重大成就，成为文学领域使人瞩目的分支，李健这个课题具有很强的现实意义；但也有点为她担心，这个题目也不好做：材料那么分散，收集十分繁难，我国现代意义上的传记研究刚刚起步不久，可资参考的学术成果极少，十多万字的博士论文，写来谈何容易！

不久李健送我一本她的散文集《漫漫寻你》，是写军旅生活的。我这个从来没有过军旅生活体验的人，读了以后感到非常新鲜。不过我更欣赏的是李健清新的文笔、细致的观察以及文字背后体现出来的那种强烈的责任感和使命感。于是，我虽然还没有看到她的论文，但开始有了信心。

读了《中国新时期传记文学研究》，我不再担心而是感到喜悦。这部论文同《漫漫寻你》虽是不同性质的作品，但也继续着李健的风格：强烈的责任感和使命感，她知难而上、勇于探索；她广泛收集了大量新时期的传记作品，进行认真的清理和文本的细读;她读出了底蕴,把当代传记同古代以及西方传记进行比较,辨析出新时期传记的基本特点和发展轨迹,比如"史传合一"的特征和新英雄主义的精神、人文精神的重建和大众化的趋势,以及她对新时期传记得失的反思,这些都是国内学界还没有提出或是没有进行过充分论证的见解。

继上世纪三四十年代之后,中国传记正进入第二个黄金期,大量的传记作品涌现出来,其中自然难免良莠不齐,这就更需要理论的总结和指导,李健这部著作虽然不是完美无缺的,但是她敏锐的发现和提出的问题,无论对传记作者还是研究者都很有参考价值。对中国当代传记研究,李健作出了自己的贡献。

李健是个热爱生活的人,她不甘平庸,几年前她从首都北京去西北高原求学,在兰州大学拿到了博士学位,现在她又去了东海之滨,到复旦大学做博士后了。《漫漫寻你》的最后写一位跋涉者,李健自己也是一位不知疲倦的跋涉者,她永远不会满足。我相信:无论是作为记者,还是作为学者,她都会取得更大的成绩。

2008 年

《〈富兰克林自传〉与美国精神》序

袁雪生博士的《〈富兰克林自传〉与美国精神》即将出版了，这对中国学术界来说，是一本及时的书。

西方自传通常从罗马末期奥古斯丁的《忏悔录》算起，这是一部西方经典，但还不是一部严格意义上的自传，因为作者生平的叙述是服从于他的宗教哲学的，自我的忏悔是为了赞美上帝，没有写出完整的人生经历。严格意义上的自传的出现，是文艺复兴以后的事。到了十八世纪，西方先进国家进入了自传的一个高峰期(传记也同样如此)，这表现为：自传作品大量出现，长篇自传和回忆录也开始流行；作者的范围从宫廷贵胄扩大到民间，主要是中下层出身的知识分子在写作；这些作者叙述了自己丰富的人生经历，也留下了鲜明的个性和广阔的社会历史画面，文学水平也越来越高。西方自传的这一里程碑是三位伟大人物所创建的：在法国，卢梭写了《忏悔录》；在德国，歌德写了《诗与真》；在大洋彼岸新兴的美国，富兰克林写了《自传》，它们标志着西方自传进入了现代形态。

自传是当代学术研究的热点问题，研究西方自传或是对西方自传感兴趣的读者，就不能无视这三部作品，正是它们预示了西方自传发展的方向，至今发挥着深远的影响。而且从另一方面说，中国古代很少严格意义上的自传，自传和回忆录的大量出现是从 1920 年代才开始的，这一变革的出现，西方自传的影响是重要原因之一。所以研究中国自传的人，也应当关注这些西方经典自传。

当然这三部作品的价值不仅在于自传文类，还在于它们的思想意义。无论是欧陆的卢梭、歌德，还是美国的富兰克林，都是卓越的启蒙思想家，这三部自传是从十八世纪开始的西方启蒙运动的一部分，或者说这场运动的重要成果。这些作品所体现的理性精神和人文关怀，对自我权利的主张以及对人格完善和社会发展的关注是共同的，这些也正是启蒙运动的思想精华。

当然，这三位自传者的家世、成长环境和人生经历差异极大，他们也有不同的写作目标和写作风格，所以在启蒙主义的大旗下，三部作品又各具思想和文学的特征。对《富兰克林自传》来说，一个鲜明的特点就是其中所蕴含的"美国精神"。

人们常常会产生一个问题：美国立国的时间不长，一批起初来自欧洲、后来来自世界各地的移民在这块国土上创造出伟大的奇迹，在短短两百多年里建立起世界上最强大的一个国家，许多人在这里实现了他们的"美国梦"。原因是什么呢？对此可以有各种各样的解释，但是其中有一个比较公认的因素："美国精神"带来了美国的繁荣和强大，正如"希腊精神"是希腊文化的核心一样，"美国精神"是美国立国的精神支柱。美国文化最初是欧洲基督教文化的精华向北美大陆移植和发展，其后又被各种移民文化所丰富和补充，它是一种本土化的多元文化，美国精神是美国文化和主流意识形态的核心内容，它适应着一个生气勃勃的新大陆的需要。

如果从源头说起，美利坚合众国的那些创建者们就开始在鼓吹和确立一种美国精神，并且以自己的行动作出了示范。富兰克林是美国独立运动中的著名领袖人物之一，曾经帮助杰弗逊起草《独立宣言》，也参加起草《美国宪法》。富兰克林在这部自传中，回顾了他自我奋斗的一段历史，实际上也是用自身经历说明了美国精神的内涵。他出身社会下层，是一个没有受过正规教育的印刷厂学徒，但是他不甘贫贱，通过努力，他学到印刷技术，后来自己办了印刷厂，又创办了报纸，挣得了财富。他有强烈的求知欲，坚持自学数十年，成为一个知识非常渊博的人。他还以很大的兴趣投入刚刚开始的电学研究,并且在这一领域取得重大成就。他也热心公益事业,得到公众的信任,当选为费城市议员。他努力提高自己的道德修养,每天对照检查自己的不足,道德水准不断提升,赢得了人们的尊重和爱戴。《富兰克林自传》里出现的就是这样一位积极的、有理想的政治活动家,一位通过奋斗获得成功的实业家,一位走在时代前列、不断进步的大众思想家。或者说富兰克林是实践"美国精神"最早的榜样,他的这部作品是用自传的形式现身说法,对美国精神作出生动的诠释。

《富兰克林自传》是美国第一部,迄今为止也是美国最重要、读者最多的自传作品之一,无论从自传的角度还是从美国思想史的角度来看,都具有重要意义。但是这部作品在中国学术界似乎至今没有引起充分的重视,研究成果并不多见。针对这一状况,雪生及时地把《富兰克林自传》作为自己博士阶段的研究课题,并在2005年获得了南京大学博士学位。此后他又对这篇论文进行了修改和补充,写成这部专著。雪生阅读了大量第一手英文资料,对美国学界研究《富兰克林自传》的成果进行了认真的清理,探究其中得失,为这部著作奠定了很好的学理基础。他细读文本,以美国精神为主要论题,从思想史和文化史的角度,也从传记文类的角度对《富兰克林自传》进行了比较完整和全面的研究,剖析其思想资源和历史内涵。雪生的研究也吸收了新的学术话语和视角,体现了当代自传研究和美国研究的特点。可以说这部著作是迄今为止中国学术界对《富兰克林自传》研究中最厚实的成果之一,也在起步还不久的自传研究领域作出了可贵的探索。

我祝贺雪生这部论著的出版。雪生志于学,我相信他会继续努力,为中国学术作出更大的贡献。

2008年

《精神分析与西方现代传记》序

去岁，山奎南游，移居金华，就是那座“水通南国三千里，气压江城十四州”的文化名城。未及一年，山奎给我寄来了他的《精神分析与西方现代传记》，面对着即将付梓的这部书稿，我感到非常欣喜。

山奎研究的是西方现代传记中最重要的课题之一。精神分析学的奠基之作——弗洛伊德的《梦的解释》问世于1900年，这一年既是两个世纪的界线，也大体上可以看作西方学术的分野，正如人们常说的，它是一部改变历史的著作，也是从十九世纪下半叶开始的西方学术变革最重要的标志之一。弗洛伊德的学生厄涅斯特·琼斯曾全面论析精神分析对西方学术思想的巨大影响，其中包括临床医学、哲学、人类学、生物学、社会学、宗教学、文学和艺术等十个方面；但是我们今天看来，琼斯当时还没有注意到一个十分重要的领域：传记。

西方现代传记的出现以鲍斯威尔的《约翰生传》为代表。这部作品基本具备了现代传记的主要特征：不但叙述传主的生平、描述他鲜明的个性，而且对传主进行了相当深入的解释。“解释”是传记的要素之一，特别是现代传记的标志；不过鲍斯威尔解释约翰生的人格时，主要还是着眼于时代的特点和传主的经历，这种方法仍然是传统的。

使传记中的“解释”发生根本改变而且具有当代特征的，是弗洛伊德的精神分析学。二十世纪被称为“传记革命”的时代，这场“革命”的发生有着复杂的背景，精神分析学的影响则是其中最重要的原因之一。弗洛伊德对梦的解释，从本质意义上来说，是对人的解释，他通过解释梦，也解释了人的心理机制及其对人类行为的影响，进而解释了人类文明的起源。弗洛伊德也为自己的理论作出了示范，他的《达·芬奇》着重解释一位伟大人物的人格形成，尽管其中没有完整的传主生平、不是严格意义上的传记，对达·芬奇解释也未必能为人们普遍接受，但是它也预示了西方传记发展的新的方向，深度的心理学解释从此成为西方传记的显著特点。

在弗洛伊德之后，精神分析的影子在西方传记中或隐或显，随处可见，一些传记家向弗洛伊德学习，用俄狄浦斯情结或是性理论和精神病理论来解释传主，更多的传记家则从弗洛伊德那里得到启发，用传主童年时代的经历来解释其一生。精神分析在改变着西方的传记观念，而诸如传记的真实性、传记的伦理规范以及传记家和传主之间的主体关系等一系列的问题也都因为精神分析学的介入而引起人们更多的思考，从而大大推动了现代传记理论的发展。

山奎的这部著作对这些问题都进行了相当深入的研究。国内还没有人做过这项工作，在国外关于精神分析同传记关系的论著可谓汗牛充栋，但是这样综合的、系统的研究似乎也未曾有过，其难度可以想见。山奎脚踏实地，他首先广泛收罗资料，从弗洛伊德本人的著作和传记观点入手，再以具有代表性的西方传记文本为对象，在细读文本的基础上考察精神分析各方面的影响，最后剖析传记理论对精神分析的接受以及所产生的分歧和争论。山奎把文本分析同理论探讨结合在一起，以出色的思辨和综合能力，对纷繁复杂的西方现代传记史作出明晰、简洁的梳理，对传记同精神分析的关系择其要点进行剖析，作出客观而中肯的评价。

本书的原稿是山奎在我指导下完成的一篇博士论文，这篇论文答辩的时候，得到专家一致好评，被评为“南京大学文学院优秀博士论文”。但是山奎并不满意这一成绩，这些年来又不断收集资料，对文稿反复修改，扩充了研究的范围，也深化了自己的观点。他以七年的辛勤劳动，向中国传记界奉献了这一重要成果，这部著作必将推动我国传记研究的发展，无论对传记学者还是传记作家来说，它都具有重要的参考价值。

我祝贺山奎的成绩，我也相信他不会停止前进的脚步。浙江师大有研究传记的传统，在那里正可大展身手，努力吧！不过我也要提醒山奎：双溪春好，颇可泛舟，也别辜负了那美丽的风光胜景啊！

2009 年

《东海西海之间》序

德翔好学，读书甚多；德翔亦好游，所到之地遍游名胜。他生于北国边陲，在白山黑水之间读到大学毕业，其后负笈京华，在未名湖畔拿到硕士学位，又南下金陵，在石头城中获得博士学位；他还先后去广西桂林和浙东宁波执教。这么说来，德翔的足迹已遍及半个中国，现在听说他又有了游学英伦的计划。我常想，“读万卷书，行万里路”，可以看作“天行健，君子以自强不息”原则的具体化，是中国知识分子可以躬行的价值选择中比较积极的一种，德翔是在实践着。

德翔的博士论文《东海西海之间》也同“游”有关，他研究的是中国最早一批驻西方外交使节（或其随从）的日记。鸦片战争之后，老大帝国的国门被迫打开，清政府不得不派官员出使西洋各国，这些官员把他们出使的经过和见闻记录下来，即是所谓“使西日记”。这类作品的文本形式是日记，而从实际内容来看，也可以视为“游记”。

“游”是人类最基本的生命行为之一，文明因“游”而传播和交流，得到发扬和光大。游记则是个体出游的记录。在游记的各种形式之中，异域游记——使西日记即属于此——因为比较文学和传记学的流行，是当前学界最关注的对象。在这类游记中包含着丰富的文化内涵，存在着巨大的学术空间：它是一种历史文献（使西日记还是一种外交文献），保留了一个特定时代的丰富信息，其中充满生动的细节；它是文化研究的重要对象，记载了两种文化之间的交流、撞击的过程和真实的评价；它叙述了作者在异域的一段经历，反映了他的人格和个性，也是一种重要的自传形式；它对异域的描述，具有开拓眼界、传播知识、启迪民智的意义，是具有众多读者的文学读物。

产生于晚清的使西日记自上世纪八十年代重新整理出版以后，引起了国内学界的重视，在当时的历史背景下，研究者主要是把它们作为一种历史文献，用以探讨中国社会的现代化问题。德翔的这部著作继承和吸取了前辈学者的成果，又与时俱进从多重视角重新考察。使西日记传世至今大约三十余种，著者二十余人，德翔选择了其中十五位作者，重点则是斌椿、志刚、郭嵩焘、刘锡鸿、张德彝、薛福成等六位最有代表性的作者，对他们的日记进行考订、解读和比较。德翔凭借很好的外语基础，借鉴当代西方学术研究的新成果，如自传学、形象学的方法以及身份理论，另辟蹊径，以“文化观察、认证与选择”作为自己研究的重点；他也有很好的国学修养，这使他比较成功地把传统的实证研究同文化研究结合起来，充分关注历史的细节，避免那种空洞、浮躁的公式化结论。德翔最基本的方法是细读，他从常常是枯燥无味、流水账式的记录中努力清理出线索，如同新历史主义所说的那样，“同死者进行对话”，探析他们的情绪和心理。文本因此而复活了，德翔发现并分辨这些初出国门的外交官对陌生的西方文化不同的接受姿态，以及他们对母土文化不同的守护立场，并进一步从他们的教养、个性、生活环境和生活道路去解释其中的差异。这样，德翔就为使西日记的研究开辟了新的方向。

这部《东海西海之间》本来是德翔的博士论文，三年前德翔这篇论文在答辩时得到专家一致好评，并脱颖而出，被评为“南京大学文学院优秀博士论文”和“南京大学优秀博士论文”。不过，德翔并不满足于这一成绩，三年来他对这篇论文不断进行修改，大大扩展了篇幅，也深化了研究的内容。我想，这是近年来国内学术界关于游记和自传研究的最重要的成果之一，德翔博士为这一领域的学术发展作出了宝贵的探索。

德翔曾从我学于金陵，暇日亦与诸生随我游于江南，记得江花胜火、江水如蓝的时节，舟行于绿水青山之间，德翔在涛声中放歌一曲“太湖美”，他唱得那么动情，赢来满船掌声和笑语，这时我突然想起孔子所说的“浴乎沂，风乎舞雩，咏而归”，对先哲的精神我有了新的体会。学与游，志于此，乐亦于此，德翔当与我同心焉。

2009 年

《斯特拉奇与“新传记”》序

世纪之初，岫敏考入南京大学攻读比较文学与世界文学专业的博士学位。在那批博士生当中，她是年龄最大的一位。但我很快发现，岫敏的心态很年轻，她兴趣广泛，有强烈的求知欲和探索的热情，她非常珍惜这个机会，学习认真刻苦。虽然她还承担着繁重的教学任务，而且为人妻为人母，家务负担也很重，她却选听了许多课程，校内外有什么学术会议以及讲演、展览、演出之类，总是挤出时间、不辞辛劳赶去参加，我在校园里见到的她，总是提着书包来去匆匆。

岫敏好学的精神在她的博士论文中得到了收获。论文研究的对象是里敦·斯特拉奇，斯特拉奇在英国文学界享有盛名，对中国读者来说也不算太过陌生，他去世后，梁遇春和朱东润都曾予以评论或推介，其后卞之琳也把他的《维多利亚女王传》翻译出版。但是半个多世纪过去了，中文世界还没有出现过一部深入研究这位传记家的专著，有关论文也极少见。这同斯特拉奇的历史地位很不相称。

如果说鲍斯威尔的《约翰生传》是英国和西方现代传记诞生的标志和伟大代表，那么从1920年代开始，斯特拉奇以及法国的安德烈·莫洛亚、奥地利的斯蒂芬·茨威格、德国的埃米尔·路德维希等人的出现，则标志着西方现代传记的成熟。这些被称为“新传记”的作家们进行了一场“传记革命”，他们一方面承续了十八世纪以来西方传记的经验以及文学和历史学的成就，另一方面又追随当代学术特别是心理学的发展，创建了新的传记流派，体现了时代精神，也在一定程度上预示了传记发展的方向，至今发挥着影响。

研究斯特拉奇也有强烈的现实意义。中国传记正进入一个发展的黄金期，出现了大量作品，其数量已经超过小说，传记已经成为一个重要文类。但是传记在发展过程中也存在许多需要认真解决的问题，应当对传记理论进行深入的探讨，对中外传记史的成败得失进行科学的总结。对“新传记”的研究是其中不可或缺的一项任务。今天的中国读者不会像当年英国人那样去追捧斯特拉奇，但是这位传记家在鲜明的个人风格中把历史科学的严谨和文学的生动结合起来的写作方法，可以给中国传记许多启示。

呥敏选择了一个很有价值的课题。她凭借出色的英语能力和在英国剑桥大学访学一年的机会，为写作这篇论文收集和阅读了大量第一手文献资料（其中包括英美有关斯特拉奇和“新传记”的博士论文），这使她的研究得到了一个坚实的基础，能够站在国际学术研究的前沿同西方学界进行对话。呥敏从历史和文化的视角出发，首先考察了“新传记”赖以产生的历史语境和所汲取的思想资源，其后分析“新传记”所体现的价值观和所使用的话语，揭示了它对维多利亚时代的反叛性，最后从“新传记”所采用的传记方法着手，剖析它的艺术试验和创新。这是我国学术界迄今为止对以斯特拉奇为代表的“新传记”所作的最全面和最深入的专题研究。

呥敏以这篇《斯特拉奇与“新传记”》一文取得博士学位，但是她并没有止步于此，她的研究在不断深化，并且扩展到整个英国传记史，还得到了国家社会科学基金的资助。这本论著附录的几篇论文就是她新的研究成果，可以拓展人们对斯特拉奇和英国新传记的认识。

写到这里，我想起了斯特拉奇在写作他的第一部作品《维多利亚时代名人传》的时候，曾经这样评说自己：“他航行于材料的大海，在这里或那里放下一只小桶，从大海深处捞起一些独具特色的东西，在阳光下细心而又满怀好奇地考察一番。”正是这样，对斯特拉奇以及他那些布罗姆斯伯里文化圈里的朋友们来说，无论文学、艺术还是传记，都是一种不计功利的诗性的探索或创造，这多么让人羡慕和神往！于是，我也想起了岫敏，眼前又出现了她提着书包来去匆匆的身影。

2009 年

《自传忏悔：从奥古斯丁到卢梭》序

九经寒暑，曹蕾的专著《自传忏悔：从奥古斯丁到卢梭》终于付梓了，这对曹蕾来说是完成了一项沉重的任务，对读者和中国学术界来说，是及时出现了一本好书。

这部著作的一个关键词是“忏悔”，对这个词，人们已经不陌生了。这些年来，在报刊和互联网上，我们看过不少题为“某某，你为什么不忏悔”之类的文章，这个被责问的某某，有中国人、有日本人、有名作家、有红卫兵，也有作者问自己“我们为什么不忏悔”，这些诘难常常引起激烈的争论，但是也从来没有看到被问者因此就去忏悔。

这种现象在西方社会恐怕不会出现。对西方人来说，忏悔是一种普遍的精神和文化现象，忏悔意识是西方人的一种心理构成。据学者统计，单是用文字写下来并流传至今的“忏悔录”就有一千多部。忏悔话语在西方自传类文献中随处可见，著名诗人斯宾德说过：“当我们观察现代文学的时候，发现它被忏悔式的自传材料所淹没，虽然很少作品明确地写出来。”[①]法国大哲学家福柯也说过：“西方社会成了特殊的忏悔的社会”，“西方人已经变为忏

---

① Stephen Spender, "Confessions and Biography," *Autobiography: Essays the Oretical and Critical*, ed. James Olney, Princeton: Princeton University Press, 1980, p. 122.

悔的动物”。[①]

中国的情况则有所不同。中文“忏悔”一词出于佛教教义，从梵语移译而来，到晋代文献中才出现。无论在基督教还是在佛教中，忏悔最初是宗教活动的一种形式。以儒家学说为核心的中国主流文化中基本没有宗教的合法地位，基督教把人视为有“原罪”和“本罪”，忏悔是同“罪”联系在一起的。儒家学说认为人性本善，人没有天生的罪恶。“人非圣贤孰能无过”，但是过错是其次的，通过“自省”可以改正，所以孔子主张“吾日三省乎吾身”。他的学生子贡还做了发挥：“君子之过也，如日月之食焉：过也，人皆见之；更也，人皆仰之。”到了孟子更是主张“吾养吾浩然之气”，他所追求的“富贵不能淫，贫贱不能移，威武不能屈”的大丈夫，不可能有种种罪恶在身。所以自古以来中国文化中很少见到忏悔话语，日本学者川合康三甚至认为：“一句话，中国文人写自传，归根到底都是为了强调自己的正确。”[②]

到了现代，这种状况才有所改变。甲午海战和戊戌维新的失败，中华民族经历了沉痛的教训。从鲁迅开始提出国民性问题，其意义十分重大，这是中华民族第一次认真的自我批判，在鲁迅的许多作品中，如《伤逝》、《风筝》诸篇已经可以看到沉重的反思和自责。到“文革”结束以后，以巴金为代表的一批知识分子，经历了炼狱般的苦难后反省，巴金要求“说真话”，在社会批判之中包含了真诚的自我批判，他的《随想录》可以看到卢梭《忏悔录》的投影。

但是正如一些读者所指出的，中国现代作家虽有更多的自省、自责，但同西方文化中以宗教为基础的忏悔相比还是有所不同。“自省”不同于“忏悔”，它不是一种宗教道德的要求，不具有精神的强制性。“忏悔”的基础是自我的罪感，“自省”的基础是对自我的信仰。

---

① Michel Foucault, *The History of Sexuality*, New York: Vintage Books, 1978, p. 59.

② 川合康三：《中国的自传文学》，蔡毅译，中央编译出版社，1999 年，页 206。

对这个相当复杂的问题，如果读一读曹蕾的这部《自传忏悔》就可以得到更多的了解。在西方社会，忏悔以多种形式进行，忏悔话语最集中地呈现于自传文本，曹蕾的研究就是从此入手。她不辞劳苦收集了丰富的第一手资料，先从自传忏悔产生的历史文化背景入手，揭示其特征；然后进行历史的梳理，经过仔细的辨析，她把自传忏悔划分为宗教和世俗两大传统，后者是前者的继续和发展；曹蕾分别论证了它们各自产生的历史基础以及前者向后者过渡的条件、它们之间的承续关系和对后代的影响。通过这一系列的考察，曹蕾对西方自传忏悔作了完整的剖析，揭示了忏悔在西方自传中的意义。

曹蕾所做的工作在中国学术界还是第一次，这对西方自传研究和思想史研究都具有重要的参考价值。当我们认识了“忏悔”作为一种起源于宗教的精神文化现象在西方发展的历史，就可以同中国文化的进程进行比较，更好地认识中国文化的特点，对国民性研究和国民人格建设问题也可以得到启迪。

曹蕾是一位沉静的学者，做什么都是勤勤恳恳、一丝不苟。2003年她进入南京大学攻读博士学位，当时同我商定了这一课题，此后她就心无旁骛、认认真真地做下去，这样做出来的论文自然得到答辩专家的好评。但她还不满足，取得博士学位以后，在繁重的教学工作和家务之余，继续不急不躁，踏踏实实地修改、增补，丰富其内容，加强了论析的深度。

我想，这样写出来的书，读者会得到教益，曹蕾自己可以问心无愧，当然，我也欣慰、高兴。对曹蕾，我表示祝贺，也有新的期待。

2012年

《自我的现代觅求》序

美国传记理论家保罗·墨莱·坎道尔在其名著《传记艺术》中说，那些优秀的传记作品能够“从冰冷的故纸堆中引发出温暖和鲜活的生命”。其实，评论家对传记作品，特别是对自传作品的解读和评论，同样可以产生这样的效果，他们剥离表象、深入底蕴的剖析，旁征博引、独具慧眼的解读，同样可以让读者重新感受到已逝生命的“温暖和鲜活”。

读梁庆标的这部《自我的现代觅求》就有这样的感受：我们如同在观看新文化运动兴起后二十年间中国现代知识分子的一幅群体画像，特别是其中的郁达夫、巴金、郭沫若、吴宓，他们的音容笑貌重新出现在我们面前，举手投足有声有色。庆标从中国自传第一个黄金期里出现的近百位作家中选择出这四位最具代表性的人物，他们都是新旧交替时期的知识分子，身上充满矛盾，反映了那个时代固有的特点；他们又各具个性，有自己独有的价值选择和人生道路。在庆标的笔下，我们看到郁达夫集“零余者”和反抗者于一身，他具有文人传统的家国情怀，也要求西方式的个性解放，但又自卑、困惑、颓丧，始终处于自我分裂的状态；巴金以“讲真话”为旗帜，显示出强烈的社会批判意识，以对社会和家庭黑暗的揭露体现责任感和启蒙精神，不过他的“讲真话”和“忏悔”又是在一个有限的范围内，反映了他的软弱和妥协；郭沫若自传的内容、思想和风格在不断变化，这是由于他身份的变化：从启蒙者成为革命家，再成为政客，其中虽也显示出矛盾和分裂的痛苦，但都被他善变的性格所调和；吴宓本性保守而又具有浪漫气质，他以道德家自命，就不得不压抑强烈的性苦闷，他有知识分子救国济民的人生目标，并且努力维护自己的形象，其实迂腐而脱离实际，不时陷于尴尬和窘境。对这四位传主的分析是本书中最成功也最有趣的部分，庆标为人沉静多思，对文本的细读常有独到的发现，显示出他的文学悟性。

庆标对理论也有强烈的兴趣，近二三十年西方出现的一批自传研究的论著，他都认真收集和研读，这使他具有开阔的眼界，可以运用新的研究方法。他选择了一个视角：卢梭的《忏悔录》同1917—1937年间中国自传的关系，其中又以同卢梭关系最为密切的几位作家为重点，以他们文本中的“身份”为考察的中心。这是一个极佳的切入点，因为卢梭是西方现代自传的奠基者和重要代表，他的《忏悔录》是介绍到中国最早，也是对中国现代自传产生重大影响的作品。庆标发现，这几位作家虽然都熟悉卢梭和他的《忏悔录》并受其影响，但是他们生活的时代、环境和文化传承同卢梭又有重大的差异，他们同卢梭的关系具有复杂性：郁达夫赞颂卢梭但只能片面地效仿；巴金对卢梭怀有终身的崇拜但难以克服其间的差异；郭沫若出于自己身份的变化对卢梭从推崇、模仿到否定；吴宓对卢梭表面道德化的批判，而行为、气质又颇有相似。独特的视角和“身份”概念的应用使庆标避免了传记史研究中的俗套，为刚刚兴起的中国比较传记研究提供了一个有价值的范例。

庆标从事自传和传记研究迄今已八年，他始终目标如一，专心致志，无所旁骛。这部著作是他辛勤劳作的成果。中国的传记已经进入新的黄金期，传记研究的潮流已经启动，庆标是其中出色的一位，我相信他一定可以作出更大的贡献。

2013年

《传记文学史纲》后记

到现在写后记的时候，我几乎无法想象当初我是怎样决定写这部《传记文写史纲》的——或者说是怎样给自己套上如此沉重的一副枷锁的。它如同一座祭坛，上面奉献着我学术生命中最宝贵的一段时光。回顾近十年来的艰辛，我真为自己当年近乎疯狂的勇气感到惊异。

始于本世纪初，一些前辈学者一再呼吁发展中国的传记文学，其中包括梁启超、胡适、郁达夫等文化学术界的领袖人物，他们自己还身体力行，写出不少传记名篇，特别是自传一度兴盛。但是由于种种原因，自《史记》、《汉书》以后，中国传记文学创作和研究长期落后的状况并没有因此得到根本改观。

直到八十年代中期，随着思想解放运动的发展，人们自我意识的强化，传记繁荣的条件在逐步成熟。书市上传记作品和刊物日益增多，对传记的研究也逐步为人们所注意，朱东润先生在复旦大学首次招收传记文学博士生，给学术界发出了一个强烈的信号。在国外，传记文学也越来越成为热点，不时会出现一部传记作品轰动文坛，剑桥大学和夏威夷大学的传记研究中心多次召开传记的国际讨论会。在这样的氛围下，我少年时代就萌发的对传记文学的兴趣更加强烈，也开始关注传记理论问题；可是，当我打开文献书目时却发现，现代意义上的传记研究当时在我国几乎一片空白，国外的学术成果也不算多。于是,我雄心顿起,决心向这一领域进发,写出一部包含世界各主要国家的传记文学史。

在我的构思中,这部传记文学史不但要打破国别的界线,把有史以来世界各主要民族的传记文学当作一个整体来考察,而且要研究各国传记文学不同的发展道路,写成一部比较传记史;它应突破文学史的陈旧模式,具有现代理论形态和包含传记理论的内容;它不只是史料的铺陈,它应把理性的规律探索同感悟的文学鉴赏结合起来,把传记史同作家、作品论结合起来,既可供专家也可供一般读者阅读,还可供传记作家参考;鉴于古今中外传记作品汗牛充栋,许多国外经典传记至今又无中译本,所以它还应适当选录传记名作中那些最精彩的片段,为读者的欣赏和研究提供方便。

我所以敢下这个决心,一方面固然是自恃精力充沛,也积累了一些治学经验;另一方面那时我正准备去美国堪萨斯大学英文系进修,美国著名的传记理论家坎道尔生前就在该系任教,估计那里资料会多于别处。1987 年 8 月,我到堪大后的第四天,就钻进图书馆,首先熟悉堪大的图书分类方法,学习计算机检索系统和微缩胶卷阅读系统的使用方法,此后的三百多个日日夜夜,我基本上就是在堪大图书馆里坐拥书城,写下了或者说翻译了二十万字的摘要,补充了国内资料的不足,奠定了完成本书的基础。

但是随着研究工作的深入,我越来越感到困难重重,其大者有三。首先是外语方面的麻烦。我的工作外语主要是英语,勉强读一点法文。所以原来准备写的印度和日本传记,由于不懂这两国文字,英文资料也太少,只有割爱了。幸运的是,我在美国读到了大多数未有中译本的传记名著的英文本,在国内外,我周围又都有各种外语的专家,在他们的帮助下,硬起头皮一步一步往前走,最后,我实际上写出了中国、希腊、罗马、希伯来、英、法、美、德、俄苏等九个国家或民族完整的以及意大利文艺复兴时期的传记史。

其次是资料的不足。既然是一部传记史,就应当具备历史著作的系统和严谨,我曾经专程去美国国会图书馆查阅资料,但发现,即便这世界最大的图书馆，也远不可能把三千年中十个国家或民族比较重要的传记作品收罗无遗。这里不必细说我在收集、核对和考证资料时所经历的种种烦难和花费的大量时间，使我至今惶恐的是，本书共评述了古今中外三百多位传记作家的六百多部(篇)代表作品，其中是否还有重要的遗漏(特别是二十世纪部分)，我并无把握。

最后是自己学力的欠缺。弗吉尼亚·伍尔芙认为传记是一切文学艺术形式中最困难的一种，“一方面是真实，另一方面是个性，如果我们想到真实是某种如花岗岩般坚硬的东西，个性是彩虹般某种不定的东西，再想到传记就是把这两者融合成浑然一体，我们承认这是个棘手的难题”。从伍尔芙的这一论述也许可以推断：传记史是文学史中最难写的一种。传记处于文学和历史的交汇点，研究传记需要这两方面的修养；传记是人类为自己树立的一座纪念碑，研究传记需要人文科学的各种知识和对人性的深刻洞察，也需要对民族文化背景的全面了解。大多数国家迄今还没有出过完整的传记史，我所见到的几种英美传记史也已显得比较陈旧。在可参考的著作如此缺乏的情况下，要以个人之力写出一部东西方多民族的传记史，实在是一件让人心力交瘁的事。

这重重困难——更不必说联系出版时的屡屡碰壁，使我几次差一点搁笔，我所以坚持下来，是由于得到了许多朋友的鼓励，其中也有我的学生。本书的部分内容，我从 1989 年起，在南京大学曾给不同层次的学生——包括研究生、本科生和进修作家——开过课，他们对传记文学的浓厚兴趣，他们强烈的求知欲望使我在窗外的一片灯红酒绿中也看到了春天枝叶的青翠，我想，只要人们还在求知，人文精神就有复兴的希望，人性就会净化铜臭和污浊而走向正途。于是我竦然振作，重新提起枯涩的笔。

写作此书的时候，国内外学术界都在讨论重写文学史的问题。记得钱锺书先生选注宋诗，先是确定几条标准，然后根据这些标准从无数宋诗中精选出近三百首；但他又说：“我们在选择的过程里，有时心肠软了，有时眼睛花了，以致违背这些标准，一定犯了或缺或滥的错误。”编选本时的甘苦钱先生已说透，写文学史的困难似犹以过之；不过文学史又不同于作品选本，文学史家过去通常也是把最符合自己的审美标准的作品写入文学史，接受美学已向这种文学史观发起了挑战；文学的全过程有待于读者来完成，理想的文学史观应当包含文学接受史。我赞同并采纳这种观点，文学史固然要评述那些优秀的作品，不过那些艺术上虽未臻一流，但有过广大读者或在历史上产生过重大影响的作品也不应为文学史所忽视，否则文学史就会游离于文化史和思想史之外。

经过无数困难的磨炼，到现在任务总算完成了，我知道自己最初的雄心恐怕只是一种奢望；成败得失，请读者诸君评判吧，我自己也将继续深化在这一领域的研究。对许多师友的鼓励和帮助，我这里无法一一致谢，但我必须说的是，南京大学余一中教授在繁重的教学和科研工作之余，抽出时间为本书中的俄苏部分写出了初稿；洪天富教授为德语部分提供了一些资料；张竹明教授帮我解决了某些拉丁文方面的困难；北京师大韩兆琦教授我至今无幸识荆，但我收到过他充满友情的来信，并承蒙惠赠大作《中国传记文学史》（可惜我已来不及汲取其中的许多精辟观点和丰富资料）。中国比较文学学会会长、国际比较文学学会副会长、北京大学乐黛云教授一直关心我的工作，她在极其繁忙的国际学术活动的间隙为本书作序，为拙作增添了光彩，我向他们诸位表示深深的谢意。江苏教育出版社在学术著作出版极其困难的情况下慨然接受本书并迅速安排出版，我特向薛正兴先生等表示由衷的感谢。

1994 年

《众生自画像》后记

本书是八位研究传记的博士(个别在读博士生)同我合作的成果。我们为写作本书组成了编委会,实行学术民主、在主编领导下集体负责。各部分的执笔人是:导论与结语杨正润,第一章尹德翔,第二章赵山奎,第三章曹蕾,第四章梁庆标,第五章袁祺、郑歆,第六章王军,第七章周凌枫。

2005 年秋,本书正式列入国家“985”工程第二期“汉语言文学与民族认同”哲学社会科学创新基地项目,通过主编遴选组成编委会,确定了全书写作大纲并进行分工。年底各章执笔者拿出写作提纲,编委会进行过多次讨论予以认可,此后转入收集资料和写作。2007 年 12 月全书初稿完成,全体编委都通读了全稿,提出书面意见,主编将意见汇总整理后再予分发,并对各章提出具体意见,通知各章执笔人进行修改。2008 年 2 月各章交出第二稿,再次分发全体编委审阅;3 月 8 日编委集中开会,经过讨论对各章再次提出修改要求。5 月初本书第三稿交齐,此后主编用一个半月时间定稿,主要做一些技术性的工作,包括文字的润色和个别表述的调整,同时删去某些重复或不当之处。各章的主要内容、基本观点以及一些核心概念,已经编委会多次讨论,所以基本保留不动。

为了显示出历史的发展变化,本书采用了分期论析的方法。这样带来了一种困难:比如胡适、吴宓、巴金等人,他们自传类作品的写作延续了几个时期，本书由不同作者分别写作其中一个阶段，虽然尽量注意到相互的衔接，但是还可能有不一致之处。作为集体著作，这恐怕是难以完全避免的。

多年来我本人主要从事传记史和传记理论的研究工作。这八位同学听了我关于传记研究的课程，在我写作《现代传记学》时他们帮我查找、核对资料，参加了本书以及我主编的《外国传记鉴赏辞典》的编纂工作，他们大多还写作了有关传记的博士论文。培养了这样一批对传记感兴趣、致力于传记研究的人才，是我最大的收获。传记研究在我国是一个新兴的领域，迫切需要学术新军的加入，我相信他们一定会在传记研究领域作出更大成就的。

中国现代自传的系统论述在国内学术界似乎还没有见到过，本书作为第一部、又是以年轻人为主的专著，其中的缺点、错误和遗漏在所难免，衷心期待读者的指正。本书资料的收集、清理十分繁难，历时三年的撰写也颇艰苦。不过这又是个非常愉快的过程，记得那些日子：我们讨论问题，也难免分歧和争论，一天工作结束了，我们带着收获和新知，喝酒聊天、齐聚一堂，笑语喧哗、海阔天空。我们还多次驱车出游，锦绣江浙、绿水青山，留下了我们的足迹和歌声。

多么让人留恋的时光，一去不复返了；昔日江南学子，如今各分西东。我们的共同纪念，就是这本虽有不足但凝聚着我们心血的著作。

2008 年

《现代传记学》后记

美国堪萨斯大学是我难忘的地方。堪大位于劳伦斯的主校园，建于山顶，放眼看去，四周都被纯净的蓝色天幕所包围，洁白的云朵飘浮而去，宽广的草坪如同绿色的绒毯，上面散立着精致、典雅的石建筑，还有一片片枫树林，枫叶如同火苗在闪动，紫红、橘红、浅红……真是一幅色彩斑斓的风景画。二十年前我在这美丽的校园里待了一年，在那里我第一次读到西方传记和传记批评的许多重要著作。当时中国的传记研究几乎是一片空白，国外的材料也难得一见。到了堪大我才明白，胡适、朱东润等前辈学者一再指出中国传记文学落后、要人们向西方传记学习，是多么深切的感受。我作为传记学者，也是从这时才开始了严格意义上的传记研究，这确定了我一生学术的主要方向。

在堪大，我有过一次难忘的谈话。我的导师、英文系的道格拉斯·阿特金斯教授(Douglas Atkins)对中国的文学批评感兴趣，有一天他问我中国学者现在研究什么问题，我告诉他中国刚召开了一次学术讨论会，学者们总结了二十世纪世界文学的基本特点。这位温文尔雅的教授听完我的介绍，沉默一会儿后说："这是一场高度浪漫主义的讨论。"他看出了我的惊愕，解释说："一些学者希望自己创建出一种涵盖一切的文学理论，但是谁具有这样的能力、读过这么多书呢？"

二十年过去了，我记着阿特金斯教授的话，也反复告诫自己和学生，不要轻易做大课题和去总结"规律"，不要到象牙塔里去思辨文学。可是说来也奇怪，我自己还是喜好大题目，改不了对“宏大叙事”的偏好，而且用“人的超越本能”来安慰自己，我为自己的癖好辩解：历史上毕竟出现过亚里斯多德、黑格尔等百科全书式的学者，在文学研究的领域也出现过勃兰兑斯、韦勒克等建立体系的人物，我就在比他们更小的传记领域进行“宏大叙事”吧。这样，艾德尔建立“传记诗学”的倡议就成了我终身的宏愿。

我为自己的爱好付出了沉重的代价。为了避免把传记理论变成“浪漫主义”的空言或时髦的解构游戏，我决心脚踏实地，从传记作品和传记史开始，那一年里我几乎整天泡在堪大的图书馆里收集和阅读资料。这前后我总共花了大约十年的工夫，写成一部《传记文学史纲》，在这部著作中，我把世界传记文学看成一个整体，清理和考察了十个主要国家或民族的传记文学的历史。

这部著作1994年出版后，得到多种奖励和国内外同行的好评，我的志向更加坚定了，又花了十多年的时光，终于完成了这部《现代传记学》。萨特在其自传《词语》中说他被“词语”所异化，我好像是先被词语、后被电脑所异化，我先是在国内、香港以及美国收集资料，资料大体齐全了就整日面对电脑屏幕，一字一句打出六十多万字来，再一字一句推敲修改，日复一日，年复一年。不知不觉韶华已逝，老之将至。有时难免问自己：一生就这样度过吗？不过转念一想，幸亏有书、有电脑，我可以阅读、写作、上网，真应当庆幸，它们使我忘掉了人间的种种不公和丑恶。

在这部著作之外，我也做了其他一些同传记有关的工作，我写了一部《雪莱传》，目的是为了亲身体验一下传记写作的甘苦，把我的写作经验融入传记理论之中。我还带领一批学生编撰了一部《外国传记鉴赏辞典》和一部《众生自画像——中国现代自传与国民性研究（1840—2000）》，也都同这部传记学有关。我还指导了一批传记研究方向的博士生，他们所研究的都是传记史和传记理论中的重要课题，如英国新传记（唐岫敏）、鲍斯威尔《约翰生传》（孙勇彬）、《富兰克林自传》（袁雪生）、精神分析传记（赵山奎）、自传与忏悔录（曹蕾）、使西日记（尹德翔）、卢梭和中国现代自传（梁庆标）、新时期自传(周凌枫)、口述历史(王军)等,我一方面指导他们的博士论文,同他们进行各种讨论(这里还包括研究新时期传记的兰州大学博士李健),另一方面他们的研究成果也在丰富和深化我对传记的认识。

这部著作即将出版了,但我并没有原来设想的那么轻松。建立现代传记学的时机已经成熟,但这并不意味着我这部著作就很成熟。一个完整的传记理论体系,这个目标实在是太过艰巨,国内外还没有同样性质著作可供我借鉴,相关的论著又非常分散,我必须一切从头开始。从全书的宗旨、思路和框架结构,到各章节的论题,再到具体论点的阐释和引用的例证,我都曾反复推敲和修改,甚至小到确定一个比较合理又符合国际惯例的脚注方式这样的问题,就颇费斟酌,多方比对。尽管如此,书中的错误和缺点定然不少,我希望得到读者的指教。我在《传记文学史纲》中的一些观点在本书中有所修正和发展,我今后会继续深化对传记的研究,也会尝试着把自己的理论同写作的实践结合起来进行验证。

在本书的写作过程中我得到许多人的帮助,我的学生,除了上面提到的诸君,还有刘佳林、刘萍、陈瑞红以及蒋亭亭都不辞辛劳帮我核对文稿或查找资料;本书目录的英文翻译是一件麻烦的事,我得到了北京大学英语系刘意青教授、美国东伊利诺斯大学英语系露丝·霍布曼(Ruth Hoberman)教授的帮助;我1999年去美国查阅资料期间,华盛顿大学(圣路易斯)比较文学系何谷里(Robert Hegel)教授给了我热诚的接待,提供了种种方便;台湾师范学院中文系廖卓成教授对拙作《传记文学史纲》曾予评介并赠送大作《叙事论集》;中国传记文学学会会长万伯翱先生、副会长孙海峰先生、秘书长张洪溪先生和理事王希宁先生都非常关心本书的写作,给了我宝贵的支持;本书的写作一直得到老友徐宗文编审和许结教授的鼓励。在这里我向他们,以及伴随我、照顾我度过这段时光的妻子和家人,还有许许多多国内外的朋友表示深深的谢意。

2008年

图书在版编目(CIP)数据

岩石与彩虹：杨正润传记论文选／袁祺 编. —桂林：广西师范大学出版社，2016.7
(现代传记文库)
ISBN 978－7－5495－8083－5

Ⅰ. ①岩… Ⅱ. ①袁… Ⅲ. ①传记－研究－文集 Ⅳ. ①K810－53

中国版本图书馆 CIP 数据核字(2016)第 080618 号

出 品 人：刘广汉
策　　划：魏　东
责任编辑：魏　东
装帧设计：孙豫苏

广西师范大学出版社出版发行
(广西桂林市中华路 22 号　　邮政编码:541001
网址:http://www.bbtpress.com)
出版人:张艺兵
全国新华书店经销
销售热线：021－31260822－882/883
北京东君印刷有限公司印刷
(北京市大兴区黄村镇三间房工业区　邮政编码：102600)
开本：690mm×960mm　1/16
印张：32　字数：370 千字
2016 年 7 月第 1 版　2016 年 7 月第 1 次印刷
定价：78.00 元